BWL für Ingenieure

Philip Junge

BWL für Ingenieure

Grundlagen – Fallbeispiele – Übungsaufgaben

2., aktualisierte und erweiterte Auflage

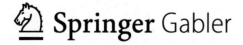

Springer Gabler

Philip Junge
München, Deutschland

ISBN 978-3-8349-3009-5   ISBN 978-3-8349-7058-9 (eBook)
DOI 10.1007/978-3-8349-7058-9

Die Deutsche Nationalbibliothek verzeichnet diese Publikation in der Deutschen Nationalbibliografie;
detaillierte bibliografische Daten sind im Internet über http://dnb.d-nb.de abrufbar.

Springer Gabler
© Gabler Verlag | Springer Fachmedien Wiesbaden 2010, 2012

Lektorat: Susanne Kramer
Einbandentwurf: KünkelLopka GmbH, Heidelberg

Gedruckt auf säurefreiem und chlorfrei gebleichtem Papier

Springer Gabler ist eine Marke von Springer DE. Springer DE ist Teil der Fachverlagsgruppe Springer
Science+Business Media.
www.springer-gabler.de

Vorwort zur 2. Auflage

Ich freue mich sehr über das große Interesse, auf das die erste Auflage dieses Buches gestoßen ist. Da das Buch regelmäßig vor allem für seine pragmatische und praxisnahe Herangehensweise an das Thema BWL gelobt wurde, liegt mir besonders daran, die zweite Auflage in genau diesen Punkten noch zu verbessern. Aus diesem Grund habe ich das Buch an verschiedenen Stellen um Praxisbeispiele und praxisnahe Fallstudien ergänzt.

An dieser Stelle möchte ich allen danken, die mich bei der Erstellung der Neuauflage unterstützt haben. Im Speziellen bei meinen Eltern, Jennifer Wroblewsky, Berthold Barodte und Sabrina Frank.

München, Januar 2012 Philip Junge

V

Vorwort zur 1. Auflage

Jeder Mensch hat individuelle Stärken. Ausgehend von diesen erfolgt häufig auch die Studien- und Berufswahl. Diese Situation führt dazu, dass sich im Laufe der Jahre Stereotypen gebildet haben, die heute mit bestimmten Studien- und Berufsrichtungen assoziiert werden. Diesen Stereotypen entsprechend, tragen beispielsweise Studenten der Betriebswirtschaftslehre häufig ein Polohemd mit aufgestelltem Kragen, während Biologiestudenten einen Hang zum Alternativen haben und Ingenieure meist an ihren Karohemden zu erkennen sind.

Im Fall von Betriebswirten und Ingenieuren führen die starken Stereotypen leider häufig zu Vorurteilen und diese im Extremfall zu einer gewissen Überheblichkeit auf beiden Seiten. Aufgrund der Tatsache, dass diese Berufsgruppen in der wirtschaftlichen Praxis täglich und eng zusammenarbeiten müssen, stellt diese Situation eine besondere Herausforderung dar. Diese verschärft sich dadurch, dass die Zusammenarbeit oft in direktem Zusammenhang mit dem Markterfolg von Produkten und damit mit dem Unternehmenserfolg steht. Daher ist es im Interesse aller Wirtschaftsteilnehmer eine Brücke zwischen den Disziplinen zu bauen. Des Weiteren verkennen Ingenieure oft, dass ein Großteil ihrer „Artgenossen" nicht in der Forschung & Entwicklung arbeitet, sondern in klassischen betriebswirtschaftlichen Schwerpunktgebieten wie Marketing, Vertrieb oder Business Development.

Aufbauend auf meiner Vorlesung an der Hochschule München, soll das vorliegende Buch diese Brücke bauen, mit Vorurteilen aufräumen und Ingenieure auf ihre Tätigkeit in betriebswirtschaftlich geprägten Unternehmensbereichen vorbereiten. Dabei sind mir zwei Punkte besonders wichtig:

Zwischen Ingenieuren und Betriebswirten scheitert es oft schon an der Sprache. Betriebswirte benutzen Wörter und Abkürzungen, die für Ingenieure oft schwer verständlich sind – umgekehrt ist es genauso. Um diese Situationen zu vermeiden, soll dieses Buch ein breites Grundverständnis der wichtigsten betriebswirtschaftlichen Teilgebiete schaffen, um das Einordnen bestimmter Begriffe und Begebenheiten in Gesamtzusammenhänge zu ermöglichen.

Das zweite und nicht minder wichtige Ziel dieses Buches ist das Vermitteln von verständnisorientiertem betriebswirtschaftlichem Wissen, welches Grundlage für die Arbeit in bestimmten Positionen ist, die in der Wirtschaftspraxis häufig von Ingenieuren besetzt sind.

Als ich mit der Arbeit an diesem Buch begonnen habe, hätte ich es mir nicht träumen lassen, wie viel positives Feedback und wie viel Unterstützung mir dafür zu Teil werden würde. All denen, die mich tatkräftig unterstützt haben, möchte ich herzlich danken. Allen voran meinen Eltern, meinem Bruder, meinen Freunden Michael, Philipp, Jan und Sabrina, Prof. Dr. Sascha Götte sowie Prof. Dr. Hermann Englberger.

München, Februar 2010   Philip Junge

Inhaltsverzeichnis

1 Grundlagen

1.1 Einleitung

Es ist eine Herausforderung, Wissen über ein Fachgebiet zu vermitteln, welches nicht in erster Linie zu den Gebieten zählt, die der Leser oder Zuhörer als sein Schwerpunktthema ansieht. Die Gründe hierfür sind vielschichtig – hauptsächlich liegen sie aber in der Fremdartigkeit und Neuheit der Materie. Es ist daher wichtig, einen leichten Einstieg in das neue Thema zu finden. Aus diesem Grund ist der Aufbau dieses Buches eng an die tatsächlichen Gegebenheiten in Betrieben und deren Umwelt angelehnt. Abbildung 1-1 zeigt ein Modell der betriebswirtschaftlichen Gesamtzusammenhänge sowie den Aufbau des Buches.

Den Rahmen, in dem sämtliche Betriebe operieren, bildet die Volkswirtschaft. Diese umfasst alle Wirtschaftsteilnehmer wie beispielsweise Konsumenten, Betriebe oder Staaten. Der einzelne Betrieb operiert innerhalb einer Kette von anderen Betrieben – der sogenannten Wertschöpfungskette. Vor ihm: seine Lieferanten, nach ihm: seine Kunden, an den Schnittstellen zu Kunden und Lieferanten: die Märkte. Der Betrieb selbst findet sich in der Mitte der Abbildung. Er ist schematisch durch seine sogenannte Wertkette dargestellt, welche sämtliche übergeordneten Aktivitäten, wie beispielsweise Einkauf, Produktion oder Vertrieb innerhalb des Unternehmens beinhaltet. Im Ansatz sind links und rechts vom Betrieb auch noch die Wertketten eines Zulieferers und eines Kunden zu erkennen.

In diesem Buch werden alle Zusammenhänge, die in Abbildung 1-1 ersichtlich sind, beschrieben und auf verständliche Art und Weise erklärt.

Beginnend mit einigen grundlegenden Begriffsdefinitionen, werden anschließend die sogenannten konstitutiven Entscheidungen, wie Standort- oder Rechtsformwahl, behandelt. Danach wird auf die Grundlagen der (marktorientierten) Unternehmensführung eingegangen. Im Anschluss werden wichtige Aspekte des Leistungserstellungsprozesses behandelt. Abschließend gibt das letzte Kapitel einen kurzen Einblick in das betriebliche Rechnungs- und Finanzwesen.

Abbildung 1-1: *Aufbau des Buches in Anlehnung an das betriebswirtschaftliche Gesamtmodell*

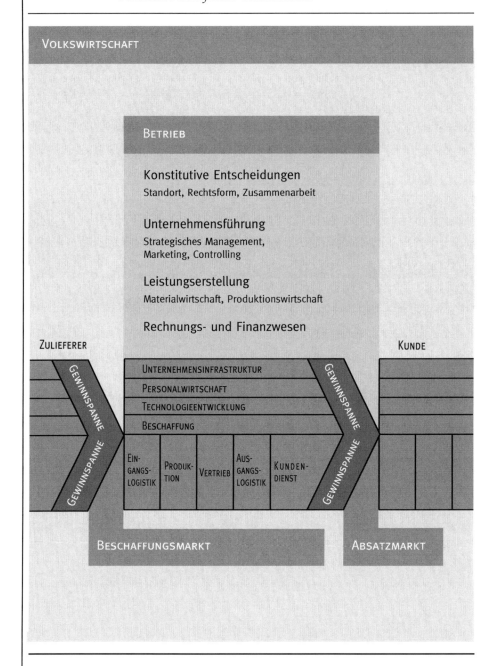

1.2 Begriffe

In den Medien wird täglich über Neues aus der Weltwirtschaft berichtet. Volkswirtschaften wachsen, Aktienkurse sinken und Unternehmen fusionieren. Um Aussagen dieser Art verständlicher zu machen, werden im ersten Teil dieses Buches einige grundlegende Begriffe und Zusammenhänge erklärt.

1.2.1 Knappe Güter und die Wirtschaft

Jeder Mensch hat Bedürfnisse. Manche davon, wie Essen und Trinken, sind lebensnotwendig. Andere, wie zum Beispiel eine teure Armbanduhr, sind es nicht. Zur Befriedigung dieser Bedürfnisse benötigt jeder Mensch *Güter* (wie Wasser oder Brot).

Bis auf wenige Ausnahmen stehen Güter allerdings nicht in uneingeschränktem Maße zur Verfügung. Die Güter, die in unbegrenztem Umfang zur Verfügung stehen, werden als *freie Güter* bezeichnet.[1] Freie Güter sind in einem bestimmten Gebiet zu einem bestimmten Zeitpunkt im Überfluss vorhanden und können daher kein Geld kosten (z. B. Atemluft). Freie Güter sind selten.

Umgekehrt gibt es Güter, die zwar in großer Menge vorhanden sind, aber in noch größerem Umfang nachgefragt werden. Diese Situation wird als *Güterknappheit* bezeichnet.[2] So hätten zum Beispiel viele Erdenbürger gern einen roten Ferrari. Gäbe es diesen umsonst, würde die Nachfrage nach diesem Produkt mit hoher Wahrscheinlichkeit die am Markt angebotene Menge übersteigen. Um Angebot und Nachfrage ins Gleichgewicht zu bringen, gibt es die Wirtschaft (oder das *Marktwirtschaftliche System*).[3] Da mit *knappen Gütern* wirtschaftlich umgegangen werden muss, werden diese auch als *Wirtschaftsgüter* bezeichnet.

Bei den Wirtschaftsgütern wird weiterhin zwischen Realgütern und Nominalgütern unterschieden. *Realgüter* sind materielle Güter (greifbare Güter, wie Maschinen oder Autos) und immaterielle Güter (nicht greifbar, wie Dienstleistungen oder Lizenzen), die für sich betrachtet einen Wert darstellen. Im Gegensatz dazu besitzen *Nominalgüter* nur einen zugewiesenen Wert, z. B. in Form von Krediten oder Forderungen. Auch Bargeld ist ein Nominalgut, da der aufgedruckte Wert nicht dem tatsächlichen Wert des Scheins oder der Münze entspricht.[4]

---

1 vgl. Vahs, D./Schäfer-Kunz, J., Betriebswirtschaftslehre, 2007, S. 13.
2 vgl. Thommen, J.-P./Achleitner, A.-K., Betriebswirtschaftslehre, 2006, S. 35.
3 vgl. Wöhe, G./Döring, U., Betriebswirtschaftslehre, 2008, S. 40.
4 vgl. Thommen, J.-P./Achleitner, A.-K., Betriebswirtschaftslehre, 2006, S. 36.

Im Hinblick auf den Verwendungszweck lassen sich Investitionsgüter und Konsumgüter unterscheiden. *Investitionsgüter* (auch Produktionsgüter oder *B2B*-Güter - Business to Business Güter) sind dabei alle Güter, die zur Produktion von anderen Gütern eingesetzt werden (z. B. Fertigungsanlage, Rohstoffe, menschliche Arbeit). *Konsumgüter* (*B2C*-Güter - Business to Consumer-Güter) dienen dagegen ausschließlich der Bedarfsdeckung der Haushalte (z. B. Taschentuch, Handy oder Spielkonsole).[5]

Im Hinblick auf die Lebensdauer lassen sich Konsumgüter in Verbrauchsgüter und Gebrauchsgüter einteilen. Als *Verbrauchsgüter* (auch als Repetierfaktoren bezeichnet) werden die Güter bezeichnet, die bei ihrer Verwendung sofort oder sehr schnell aufgebraucht werden. Zu ihnen zählen Güter wie Fertigungsmaterial oder Schmierstoffe. Im Gegensatz zu den Verbrauchsgütern werden *Gebrauchsgüter* bei ihrer Verwendung gar nicht oder nur sehr langsam aufgebraucht. Zu ihnen zählen Grundstücke oder Maschinen. In Abhängigkeit von der Art des Kaufprozesses lassen sich Konsumgüter in Convenience Goods, Shopping Goods und Speciality Goods einteilen. *Convenience Goods* sind Produkte, die ein Kunde häufig und mit einem minimalen Vergleichs- und Einkaufsaufwand kauft (z. B. Lebensmittel). Vor dem Kauf von *Shopping Goods* informieren sich Kunden ausführlich über mögliche Kaufalternativen und vergleichen mögliche Alternativen (z. B. Möbel). *Speciality Goods* sind Güter, für die keine Substitute existieren. Speciality Goods im gewünschten Zustand zu finden, bedarf eines großen Suchaufwands auf Kundenseite (z. B. Oldtimer).[6]

Auch Investitionsgüter lassen sich in Abhängigkeit produktspezifischer Eigenschaften und ihrer Zielkunden in verschiedene Klassen einteilen: Im *Produktgeschäft* werden vorgefertigte Güter als Massenware in einem anonymen Markt angeboten. Im *OEM-Geschäft* (Original Equipment Manufacturing) werden die Produkte für einen bestimmten Kunden entwickelt und im Anschluss für diesen massengefertigt (z. B. Frontscheiben für ein bestimmtes Automobil). Im *Systemgeschäft* werden Produkte vermarktet, die für einen anonymen Markt entwickelt wurden. Der Verkauf dieser Produkte erfolgt im Systemgeschäft allerdings nicht einmalig (als Gesamtpaket), sondern sukzessive. Kunden kaufen also zunächst einen Teil des Systems, der dann später durch weitere Systemteile ergänzt wird. Im *Anlagengeschäft* werden komplexe Leistungen für einen speziellen Kunden kundenindividuell gefertigt (z. B. Kraftwerk). Im Anlagengeschäft erfolgt der Verkauf eines Produktes vor dessen Fertigung.[7]

---

5   vgl. Wöhe, G./Döring, U., Betriebswirtschaftslehre, 2008, S. 39.
6   vgl. Bruhn, M./Hadwich, K., Produktmanagement, 2006, S. 15 ff.
7   vgl. Backhaus, K., Industrie, 1997, S. 296.

In einem *marktwirtschaftlichen System* erfolgt der Ausgleich zwischen dem knappen Güterangebot und der höheren Nachfrage über den Preis.[8] Dabei wird davon ausgegangen, dass die Mittel, die ein Mensch zur Befriedigung seiner Bedürfnisse aufwenden kann, beschränkt sind. Aufbauend auf dieser Annahme, ergibt sich aus einer Erhöhung des Preises von bestimmten Gütern in der Regel eine Reduktion der Nachfrage nach diesen Gütern. Umgekehrt kann mit einer Preissenkung eine Steigerung der Nachfrage erreicht werden.

Sowohl die Beschaffung von knappen Gütern als auch deren Verwendung ist somit Gegenstand des Wirtschaftens. Unter *Wirtschaften* versteht man dabei das planvolle Beschaffen und Verwenden von Gütern. Man spricht in diesem Zusammenhang auch vom Handeln nach dem *ökonomischen Prinzip*, welches in der Volkswirtschaftslehre (VWL) die fundamentale Annahme beschreibt, dass jede Wirtschaftseinheit aufgrund der Knappheit der Güter eingesetzte Mittel und Ergebnis ins Verhältnis setzen und entsprechend ihren persönlichen Vorlieben vernünftig handeln muss: Erziele mit vorgegebenem Aufwand das bestmögliche Ergebnis (*Maximalprinzip*), oder erziele ein vorgegebenes Ergebnis mit so wenig Aufwand wie möglich (*Minimalprinzip*).[9]

1.2.2 Betriebs- und Volkswirtschaftslehre

Die Gesamtheit aller Einrichtungen, wie Unternehmen, private und öffentliche Haushalte, sowie deren Handlungen, die der planvollen Deckung des menschlichen Bedarfs dienen, wird als Wirtschaft bezeichnet. Diese hat sowohl die Herstellung, den Verbrauch, den Umlauf als auch die Verteilung von Gütern zum Inhalt. Der Begriff Wirtschaft wird dabei oft in eine räumliche Beziehung gesetzt. So wird beispielsweise zwischen *Volks- und Betriebswirtschaft* unterschieden. Die zugehörigen Lehren heißen dementsprechend Volks- und Betriebswirtschaftslehre. Beide Disziplinen gehören zu den Wirtschaftswissenschaften.

Die *Volkswirtschaftslehre (VWL)* beschäftigt sich mit der Gesamtheit der wirtschaftlichen Entscheidungen aller Individuen und Gruppen. Basierend auf der Knappheit von Ressourcen (Gütern und Produktionsfaktoren), untersucht sie die Zusammenhänge und Prozesse bei der Allokation (Zuordnung) dieser Ressourcen zu den einzelnen Wirtschaftssubjekten.[10] Dabei teilt sie sich in mehrere Disziplinen und untersucht die Volkswirtschaft sowohl einzelwirtschaftlich (*Mikroökonomie*) als auch gesamtwirtschaftlich (*Makroökonomie*). Die Mikroöko-

---

8   vgl. Baßeler, U./Heinrich, J./Utecht, B., Volkswirtschaft, 2002, S.102 ff.
9   vgl. Baßeler, U./Heinrich, J./Utecht, B., Volkswirtschaft, 2002, S. 14 und S. 228.
10   vgl. Schierenbeck H., Betriebswirtschaft, 2000, S. 6.

nomie (griechisch: mikrós „klein") beschäftigt sich mit dem wirtschaftlichen Verhalten einzelner Wirtschaftssubjekte. Die Makroökonomie (griechisch: makros „groß") untersucht die Struktur, die Leistungsfähigkeit, das Verhalten und die Entwicklung der Gesamtwirtschaft.[11]

Ein Ziel der VWL ist es, Gesetzmäßigkeiten zu finden, um aus gewonnenen Erkenntnissen Handlungsempfehlungen für die Wirtschaftspolitik ableiten zu können. Dabei arbeitet sie mit Modellen, die den Marktmechanismus beschreiben und erklären. Ein Beispiel für ein solches Modell ist der *Wirtschaftskreislauf* (vgl. Abbildung 1-2).[12] In diesem sind die Haushalte Anbieter der volkswirtschaftlichen Produktionsfaktoren Arbeit, Kapital und Boden sowie Nachfrager von Gütern (Waren und Dienstleistungen). Unternehmen setzen die zur Verfügung gestellten Produktionsfaktoren zur Produktion dieser Güter ein und bieten diese unter dem Ziel der Gewinnoptimierung auf dem Markt an.

Im Gegensatz zur VWL konzentriert sich die *Betriebswirtschaftslehre* (oft auch mit BWL abgekürzt) auf die Abläufe und Auswirkungen menschlicher Entscheidungen in Betrieben. Diese Entscheidungen haben natürlich auch Einfluss auf die Schnittstellen zwischen den Betrieben (Lieferanten und Kunden). Ziel der Betriebswirtschaftslehre ist es, diese betriebsinternen Entscheidungsprozesse zu systematisieren und Handlungsempfehlungen für die Unternehmensführung abzuleiten.[13]

1.2.3 Wertschöpfungskette und Wertkette

Die Wertschöpfungskette (*Supply Chain*) eines Gutes beschreibt das Netzwerk von vor- und nachgelagerten Wirtschaftseinheiten, die an der Herstellung des Gutes beteiligt sind[14]. Die Wertschöpfungskette von Brennholz umfasst somit den Förster, der den Baum anpflanzt, den Holzfäller, der ihn fällt, das Sägewerk, das ihn zersägt sowie den Händler, der es verkauft. Die Länge und Komplexität der Wertschöpfungskette ist je nach Produkt sehr unterschiedlich. Da die Abläufe und Prozesse entlang der Wertschöpfungskette zuweilen höchst komplex sind, beschäftigt sich das Supply Chain Management, ein Spezialgebiet der Betriebswirtschaftslehre, ausschließlich mit diesem Thema.

Im Gegensatz zur Supply Chain beschäftigt sich das von Michael E. Porter entwickelte Konzept der Wertkette[15] (*Value Chain*) mit den unternehmensinternen

---

11 vgl. Baßeler, U./Heinrich, J./Utecht, B., Volkswirtschaft, 2002, S. 1.
12 vgl. Baßeler, U./Heinrich, J./Utecht, B., Volkswirtschaft, 2002, S. 37.
13 vgl. Schierenbeck H., Betriebswirtschaft, 2000, S. 6.
14 vgl. Vahs, D./Schäfer-Kunz, J., Betriebswirtschaftslehre, 2007, S. 503.
15 vgl. Porter, M., Wettbewerbsstrategie, 2000, S. 66 ff.

Abbildung 1-2: *Volkswirtschaftliches Modell des Wirtschaftskreislaufs*

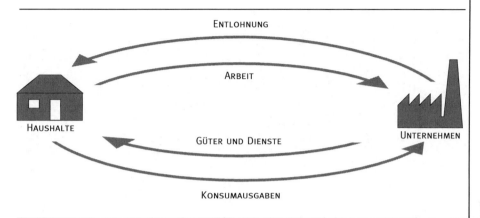

ENTLOHNUNG

ARBEIT

HAUSHALTE

GÜTER UND DIENSTE

UNTERNEHMEN

KONSUMAUSGABEN

Prozessen. Ziel ist es, die strategisch relevanten Aktivitäten eines Unternehmens systematisch zu erfassen, da diese den Fokus beim Aufbau von Wettbewerbsvorteilen bilden. Dabei unterscheidet Porter primäre und sekundäre (unterstützende) Aktivitäten. Primäre Aktivitäten sind direkt an der unternehmensinternen Wertschöpfung beteiligt (z. B. Fertigung oder Vertrieb), während die sekundären Aktivitäten diesen Prozess unterstützen (z. B. Unternehmensführung oder Personal). Die Gewinnspanne ist der Unterschied zwischen dem Gesamtwert der unternehmensinternen Tätigkeiten und den für die Ausführung entstandenen Kosten.[16] Abbildung 1-3 veranschaulicht den Unterschied zwischen der Wertschöpfungskette und der Wertkette grafisch.

1.2.4 Wirtschaftseinheiten und Güterklassen

An unserem Wirtschaftsleben sind zwei Arten von Wirtschaftseinheiten beteiligt: *Betriebe* und *Haushalte*. Als *Betriebe* werden planvoll organisierte Wirtschaftseinheiten bezeichnet, in denen *Produktionsfaktoren* (menschliche Arbeit, Betriebsmittel und Werkstoffe – oft auch als Ressourcen bezeichnet) kombiniert werden, um daraus Sach- und Dienstleistungen herzustellen und abzusetzen.[17] *Sachleistungen* sind die materiellen Eigenleistungen und Produkte, *Dienstleistungen* sind die immateriellen Eigenleistungen und Produkte von Betrieben. Eigenleistungen sind alle Güter, die für die betriebsinterne Verwendung produziert werden. Im Gegen-

---

16   vgl. Bea, F.-X./Haas, J., Management 2005, S. 112 f.
17   vgl. Wöhe, G./Döring, U., Betriebswirtschaftslehre, 2008, S. 36 f.

Abbildung 1-3: *Abgrenzung von Wertschöpfungs- und Wertkette*

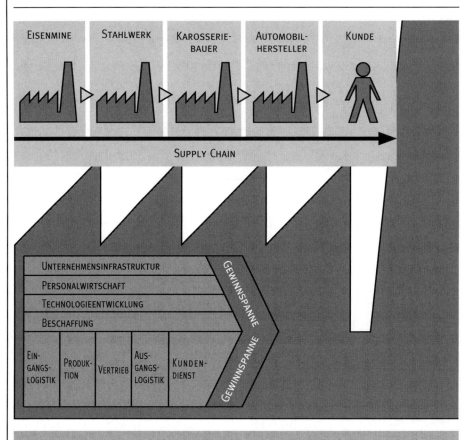

satz dazu, sind *Produkte* die für den Absatz bestimmten Güter von Betrieben. Häufig wird der Begriff *Leistungen* synonym für Produkte und Dienstleistungen verwendet. Sachleistungen werden in Waren und Erzeugnisse unterteilt. *Waren* sind für den Absatz bestimmt, werden allerdings von Betrieben eingekauft und abgesetzt, ohne dabei in irgendeiner Form verändert zu werden. Der Kauf und Absatz von Waren wird als *Handel* bezeichnet. *Erzeugnisse* sind Produkte, die im Betrieb hergestellt wurden. Sie können in fertige und unfertige Erzeugnisse unterteilt werden. *Unfertige Erzeugnisse* werden an Betriebe verkauft, die diese in ihrem Produktionsprozess weiterverarbeiten (z. B. ein Zulieferer, der einen

Kotflügel an einen Automobilhersteller verkauft). Sie werden oft auch als Halbfabrikate, Halbzeug oder Zwischenprodukte bezeichnet. *Fertige Erzeugnisse* stellen das Endprodukt dar. Sie werden daher auch als Endprodukte bezeichnet. Abbildung 1-4 veranschaulicht die Güterklassifikation grafisch.

Abbildung 1-4: *Güterklassen*

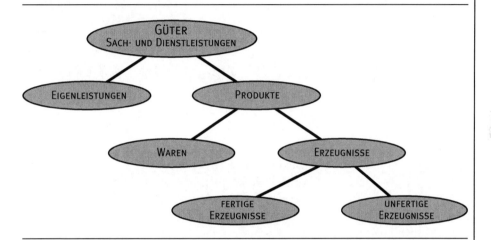

Je nach Erzeugungsstufe unterscheidet man *Gewinnungsbetriebe* (diese gewinnen Urprodukte wie Erz oder Getreide), *Veredlungs- bzw. Aufbereitungsbetriebe* (Weiterverbreitung der Urprodukte zu Zwischenprodukten, z. B. Motor, Lager), *Verarbeitungsbetriebe* (Weiterverarbeitung der Zwischenprodukte zu Endprodukten, z. B., Lager + Motor + ... = Auto) und ***Dienstleistungsunternehmen*** (Diese bestehen an allen Stellen entlang der Wertschöpfungskette und erbringen Dienstleistungen, wie z. B. Banken oder Unternehmesberatungen).

Im Sprachgebrauch der Volkswirtschaftslehre werden entlang der Wertschöpfungskette drei Sektoren unterschieden: Gewinnungsbetriebe bilden den sogenannten *primären Sektor*, die Veredlungs-, Aufbereitungs- und Verarbeitungsbetriebe den *sekundären Sektor* und die Dienstleistungsunternehmen den *tertiären Sektor*.

Im so genannten *Wertschöpfungsprozess* wandeln Betriebe bestimmte *Inputfaktoren* (Produktionsfaktoren) in bestimmte *Outputfaktoren* (Sach- und Dienstleistungen) um (vgl. Abbildung 1-6). Synonym für die Begriffe Input- und Outputfaktoren werden oft die Begriffe Einsatz- und Ausbringungsfaktoren verwendet.[18]

---

18 vgl. Vahs, D./Schäfer-Kunz, J., Betriebswirtschaftslehre, 2007, S. 8 ff.

Abbildung 1-5: *Wirtschaftseinheiten*

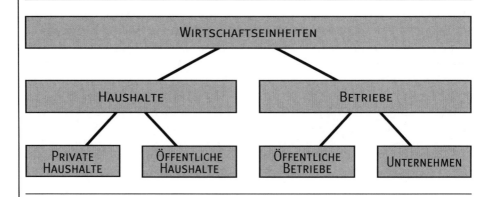

Betriebe können in Unternehmen und öffentliche Betriebe / Verwaltungen unterteilt werden. Die Abgrenzung dieser Unterteilung ist in der Praxis allerdings oft schwierig. Als Kriterien gelten rechtliche Grundlagen, der Grad der Selbstbestimmung, sowie die Herkunft des eingesetzten Kapitals (privat oder aus öffentlicher Hand). Unternehmen lassen sich weiter in Profit- und Non-Profit-Organisationen unterteilen. Diese unterscheiden sich in ihrem Streben nach Gewinn: während *Unternehmen* gewinnorientiert arbeiten, versuchen *Non-Profit-Organisationen* ihre Ziele kostendeckend zu erreichen. Grundsätzlich sind alle Arten von Betrieben Untersuchungsgegenstand der Betriebswirtschaftslehre. Da die traditionelle Betriebswirtschaftslehre jedoch die erwerbswirtschaftlich ausgerichteten privaten Betriebe in den Mittelpunkt ihrer Untersuchungen stellt, wird in diesem Buch der Begriff Unternehmen als Synonym für den Begriff Betrieb verwendet.[19]

Haushalte fragen die Güter nach, die von den Betrieben produziert wurden. Haushalte können in zwei Arten unterteilt werden: Private Haushalte und Öffentliche Haushalte (Bund, Länder, Kommunen).[20]

1.2.5 Märkte

Märkte bilden sich am Übergabepunkt von Produkten und Dienstleistungen zwischen den beteiligten Wirtschaftseinheiten. Ein *Markt* besteht aus der Gesamtheit

---

19 vgl. Thommen, J.-P. / Achleitner, A.-K., Betriebswirtschaftslehre, 2006, S. 37 ff und 64 f.
20 vgl. Vahs, D. / Schäfer-Kunz, J., Betriebswirtschaftslehre, 2007, S. 4.

Abbildung 1-6: *Wertschöpfungsprozess*

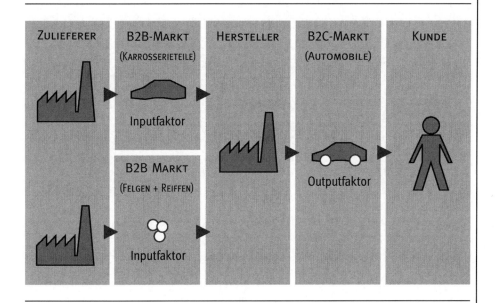

von Wirtschaftseinheiten, die ein bestimmtes Gut oder ein Substitut anbieten und nachfragen.[21] Als Substitut werden im wirtschaftlichen Rahmen Güter angesehen, die die Nachfrage ebenso decken können wie das originale Produkt (z. B. Nassrasierer vs. Trockenrasierer oder Schallplatte vs. CD). Die theoretische Marktgröße hängt stark davon ab, wie eng die Substituierbarkeit des Produkts definiert wird. Märkte lassen sich nach ihrem Inhalt und ihrer Stellung zum Betrieb in vier Klassen unterteilen: Arbeitsmärkte (auf denen mit Arbeitskraft gehandelt wird), Geld- und Kapitalmärkte (auf denen mit finanziellen Ressourcen gehandelt wird), Beschaffungsmärkte (auf denen Unternehmen ihre Inputgüter beziehen) und Absatzmärkte (auf denen Unternehmen ihre Produkte anbieten). Die Anzahl der Marktteilnehmer (Anbieter und Nachfrager) charakterisiert die Konkurrenzsituation auf dem Markt. Aus diesem Grund werden in Abhängigkeit von der Zahl der Marktteilnehmer drei *Marktformen* unterschieden: Polypol, Oligopol und Monopol (vgl. Abb. 1-7).

In einem *Polypol* gibt es eine so große Anzahl an Anbietern eines bestimmten Produkts (oder Substituts), dass der Einzelne keine nennenswerte Marktmacht aufbauen und damit keinen Einfluss auf die Preisbildung am Markt nehmen kann. Er wird deshalb auch als Preisnehmer oder Mengenanpasser bezeichnet.

---

21   vgl. Wöhe, G./Döring, U., Betriebswirtschaftslehre, 2008, S. 414 f.

Abbildung 1-7: *Marktformen*

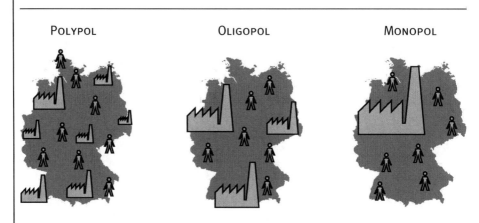

| POLYPOL | OLIGOPOL | MONOPOL |

Wenn in einem Polypol auch auf Nachfrageseite polypolistische Verhältnisse herrschen (sehr große Zahl an Nachfragern), spricht man von einem zweiseitigen Polypol. Trifft man nun die Annahmen, dass alle angebotenen Güter gleichwertig (homogen) sind, es unter den Nachfragern keine Vorlieben (Präferenzen) für bestimmte Produkte gibt (z. B. für eine bestimmte Marke), dass volle Markttransparenz herrscht und es keine Markteintritts- und Marktaustrittsbarrieren gibt, dann spricht man im Zusammenhang mit dem zweiseitigen Polypol auch vom *vollkommenen Markt*.[22]

Das *Oligopol* ist durch eine relativ geringe Anzahl von Anbietern gekennzeichnet. Ein Beispiel für eine solche Marktform ist die Mineralölwirtschaft. Jedes der Unternehmen hat dabei einen so großen Marktanteil, dass jede Veränderung des Absatzpreises oder der Angebotsmenge eines Anbieters Einfluss auf die Marktsituation hat und Reaktionen der anderen Anbieter hervorruft (Reaktionsverbundenheit). Oligopolistische Märkte fördern Kartellbildung, da sich Preis- und Mengenabsprachen leicht organisieren lassen.[23]

Im *Monopol* gibt es nur einen einzigen Anbieter eines Produkts (Monopolist). Dieser strebt nach Gewinnoptimierung und setzt nach diesem Prinzip seinen Preis sowie die entsprechende Angebotsmenge in Abstimmung auf die Nachfrage fest.[24]

---

22   vgl. Baßeler, U./Heinrich, J./Utecht, B., Volkswirtschaft, 2002, S. 170.
23   vgl. Baßeler, U./Heinrich, J./Utecht, B., Volkswirtschaft, 2002, S. 180.
24   vgl. Baßeler, U./Heinrich, J./Utecht, B., Volkswirtschaft, 2002, S. 177.

1.2.6 Shareholder vs. Stakeholder

Ein Unternehmen beeinflusst durch seine Tätigkeit verschiedenste Personen und Institutionen in seiner Umwelt. Alle diese Personen und Institutionen, die in einer Beziehung zu dem Unternehmen stehen, von diesem beeinflusst werden und daher ein verstärktes Interesse an der Handlungsweise des Unternehmens haben, werden als Anspruchsgruppen oder Stakeholder bezeichnet. Zu diesen zählen neben den Eigentümern oder Anteilseignern die Manager, die Mitarbeiter, die Kunden, die Lieferanten, die Kapitalmärkte und der Staat (vgl. Abb. 1-8). Der Stakeholder-Ansatz versucht das Unternehmen in seinem gesamten sozialökonomischen Kontext zu erfassen und die Bedürfnisse der unterschiedlichen Anspruchsgruppen miteinander in Einklang zu bringen.

Im Gegensatz zum Stakeholder-Ansatz werden beim Shareholder-Value-Prinzip die Bedürfnisse und Erwartungen der Anteilseigner eines Unternehmens in den Vordergrund gestellt. Dabei gibt der Shareholder-Value Auskunft über den Marktwert eines Unternehmens zum Betrachtungszeitpunkt. Aus dem Kurswert der Unternehmensaktie, multipliziert mit der Summe der von einem Anteilseigner (Shareholder) gehaltenen Anteile ergibt sich der Vermögenswert, den der Anteilseigner einer Aktiengesellschaft besitzt. Eine auf Shareholder-Value angelegte Unternehmenspolitik (Shareholder-Value-Ansatz) versucht daher, den Kurswert der Aktien und damit den Marktwert des Gesamtunternehmens zu steigern.[25]

1.3 Ziele von Unternehmen

Jedes Unternehmen verfolgt im Rahmen seiner Tätigkeit bestimmte Ziele. Neben den grundsätzlichen Zielen, wie der langfristigen Existenzsicherung und der Erzielung von Gewinn, leiten sich diese aus den Interessen der Stakeholder, dem Wertesystem des Unternehmens sowie in Teilen auch aus den persönlichen Zielen der Geschäftsleitung ab.

Als Beispiel für den Einfluss der Geschäftsleitung auf die Unternehmensziele kann der ehemalige Vorstandsvorsitzende von Daimler-Benz herangezogen werden, der sich zum Ziel gesetzt hatte die „Welt AG" zu schaffen und im Rahmen dieses Traums verschiedene Unternehmen, wie z. B. Chrysler zu akquirieren. Ausgehend von diesen Einflussgrößen werden von der Unternehmensführung das Leitbild und der Handlungsauftrag des Unternehmens

---

25 vgl. Bea, F.-X. / Haas, J., Management 2005, S. 83f und S. 105.

Abbildung 1-8: *Stakeholder*

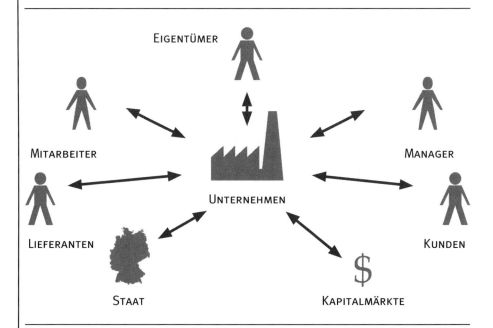

definiert. Diese bilden die Grundlage für die Festlegung der quantitativen Unternehmensziele und das Herunterbrechen der Ziele in Geschäfts- und Funktionsbereichsziele. Abbildung 1-9 verdeutlicht den Prozess der Zielbildung.

1.3.1 Corporate Governance

Auf Grund der Verschiedenheit der Zielsetzungen der am Wirtschaftsleben beteiligten Stakeholder, kommt es in der Wirtschaftspraxis regelmäßig zu Zielkonflikten. Im Bezug auf das einzelne Unternehmen versuchen also verschiedene Anspruchsgruppen die Entscheidungen des Unternehmens zu ihren Gunsten zu beeinflussen. Um eine fokussierte Zielausrichtung eines Unternehmens sicherzustellen, ist es daher erforderlich, diesem „Treiben" einen bestimmten Rahmen zu setzen. Diesen Handlungsrahmen bildet die *Unternehmensverfassung* (englisch: Corporate Governance).[26] Diese legt fest, in welchem Umfang, welche Interessensgruppen am Zielbildungsprozess beteiligt werden.

---

26 vgl. Bea, F.-X. / Haas, J., Management 2005, S. 77.

Abbildung 1-9: *Zielbildungsprozess*

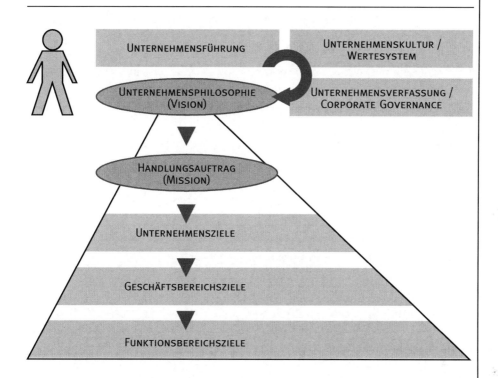

Ursprünglich wurden alle Unternehmen von deren Eigentümern geführt. Es gab also niemanden, der neben dem Eigentümer Ansprüche geltend machen konnte. Die Interessen der Arbeitnehmer fanden wenig Beachtung – es gab keine Mitbestimmungsrechte. Diese Situation änderte sich mit dem Aufkommen der Aktiengesellschaft als Rechtsform. Die Unternehmenseigentümer waren nun in vielen Fällen nicht mehr direkt an der Unternehmensführung beteiligt und die Unternehmensführung etablierte sich Mitte des 19. Jahrhunderts mehr und mehr als eigenständige Institution. In diesem Umfeld entwickelte sich auch ein neuer Berufsstand – der *Manager*, eine angestellte Führungskraft. Diese Entwicklung stellte Unternehmen vor eine Herausforderung: wie können die Interessen der Unternehmenseigentümer gewahrt bleiben, wenn diese das Unternehmen nicht selbst leiten?

Im Gegensatz zu den Eigentümern können Manager nur in sehr eingeschränktem Maße für ihre Handlungen haftbar gemacht werden, sie tragen also ein geringes Risiko. Des Weiteren sind sie im Gegensatz zu den Eigentümern lediglich extrinsisch, d. h. von außen (meist durch monetäre Anreize) motiviert. Da sich ihre Bezahlung oft an den kurzfristigen wirtschaftlichen Unternehmenserfolg gekoppelt ist (z. B. Jahreserfolg), handeln Manager in vielen Fällen risikoavers und nicht notwendigerweise im längerfristigen strategischen Gesamtwohl des Unternehmens. Im Gegenteil, stellt sich der Unternehmenserfolg nicht ein oder wurden Fehlentscheidungen getroffen, können sich Manager jederzeit von einem Unternehmen lossagen, um eine andere Stelle anzunehmen.

Diese Fragestellung führte zur Einführung und Verankerung der „dualistischen Spitzenverfassung" von Unternehmen im Deutschen Handelsgesetzbuch. Diese schreibt eine Gewaltenteilung vor, in der der Aufsichtsrat als unabhängiges Kontrollorgan, das Leitungsorgan eines Unternehmens (den Vorstand) kontrolliert.[27]

Leider konnte die Einführung der Dualistischen Spitzenverfassung das unverantwortliche und eigensinnige Verhalten mancher Manager nicht vollständig verhindern, was 1998 zur Einführung des *KonTraG* (Gesetz zur Kontrolle und Transparenz im Unternehmensbereich) sowie 2002 zur Verabschiedung des Deutschen Corporate Governance Indexes geführt hat. [28]

Ziel des KonTraG ist die Stärkung der Kontrollfunktion des Aufsichtsrates und der Hauptversammlung, sowie die Verbesserung der Qualität der Jahresabschlussprüfung. Um dies zu erreichen, wurden mit dem KonTraG unter anderem die Informationspflichten des Vorstands erheblich erweitert und etliche Handlungsrichtlinien eingeführt (Vorstände sind heute nach § 70 des Aktiengesetzes (AktG) zum „Handeln zum Wohl des Unternehmens" verpflichtet). Des Weiteren gehört es nach § 91 II AktG zu den Sorgfaltspflichten eines Vorstands, ein angemessenes Risikomanagement (inkl. entsprechender Frühwarnsysteme) sowie ein internes Überwachungssystem zu etablieren. Das KonTraG betrifft entgegen weit verbreiteter Meinung nicht ausschließlich Aktiengesellschaften, sondern auch Kommanditgesellschaften auf Aktien (KGaA) und Gesellschaften mit beschränkter Haftung (GmbH).

Mit dem *Deutschen Corporate Governance Kodex (DCGK)* sollen die in Deutschland geltenden Regeln für die Leitung und Überwachung von Unternehmen für nationale wie internationale Investoren transparenter gemacht werden. Ziel ist es, das Vertrauen in die Unternehmensführung deutscher Gesellschaften zu stärken. Der Kodex versucht dabei die wesentlichen Kritikpunkte an Deutschen Unternehmensverfassungen, wie beispielsweise eine mangelhafte Aus-

---

27 vgl. Macharzina, K., Unternehmensführung, 2003, S. 137.
28 Das KonTraG ist kein eigenständiges Gesetz, sondern eine Veränderung von Vorschriften aus dem Handels- und Gesellschaftsrecht.

richtung auf Aktionärsinteressen, eine mangelnde Transparenz deutscher Unternehmensführung, eine mangelnde Unabhängigkeit deutscher Aufsichtsräte oder die eingeschränkte Unabhängigkeit von Abschlussprüfern zu adressieren. Der DCGK ist kein Gesetz und hat lediglich einen empfehlenden Charakter. In Deutschland existiert daher keine einheitliche Unternehmensverfassung, was dazu führt, dass Unternehmensverfassungen in Deutschland, im Rahmen der vom Gesetzgeber vorgegebenen Gestaltungsspielräume, individuell für jedes Unternehmen erschaffen werden. [29]

Vorstand und Aufsichtsrat von börsennotierten Aktiengesellschaften sind nach § 161 des AktG dazu verpflichtet, einmal jährlich zu erklären, ob sie die Empfehlungen des DCGK eingehalten haben und weiterhin einhalten werden. Die Erklärung muss den Aktionären zugänglich gemacht werden.

1.3.2 Vision

Die Unternehmensvision bildet im Allgemeinen die Spitze der Zielhierarchie. Sie beschreibt eine allgemein und grundsätzlich gehaltene Vorstellung der künftigen Rolle des Unternehmens. Synonym wird häufig der Begriff Unternehmensphilosophie verwendet.[30] Die Unternehmensvision wird aus dem System von Vorstellungen, Orientierungsmustern, Verhaltensnormen, Denk- und Handlungsweisen abgeleitet und möglichst präzise ausformuliert.

Eine gute Unternehmensvision kann als Identifikationsfläche der Stakeholder mit dem Unternehmen dienen. Sie richtet sich dabei sowohl nach innen als auch nach außen und drückt aus, warum ein Unternehmen das tut, was es heute tut und wo es in fünf bis zehn Jahren stehen will.[31]

1.3.3 Mission

Die Unternehmensmission drückt den Handlungsauftrag der Unternehmung aus. Sie beantwortet wesentliche Fragen über das Kerngeschäft von Unternehmen: Welche Kundenbedürfnisse werden befriedigt? Welche Kundengruppen werden bedient? Auf welche Weise / mit welchen Technologien oder Aktivitäten möchte das Unternehmen dies tun? Sie ist eng mit der Unternehmensvision verbunden, richtet sich allerdings verstärkt an die Kunden. Eine gute Unter-

---

29   vgl. Macharzina, K., Unternehmensführung, 2003, S. 136.
30   vgl. Bea, F.-X. / Haas, J., Management 2005, S. 68.
31   vgl. Thompson, A. / Strickland A., Management 1999, S.27 ff und Welge, M. / Al-Laham, A., Strategisches Management, 2008, S. 195 f.

nehmensmission sollte einem Mantra ähneln. Mantras sind im Buddhismus kurze Silben oder Sprüche, die energiestimulierend wirken. Wie sie, sollten auch Unternehmenmissionen kurz und prägnant formuliert werden, um sich leicht in das Gedächtnis der Zielgruppen „einzubrennen".[32]

1.3.4   Abgeleitetes Zielsystem

Sowohl Unternehmensvision als auch Unternehmenssmission sind recht vage gehaltene übergeordnete Zielsetzungen, die keine quantitativ messbaren Größen enthalten. Im nächsten Schritt wird daher aus dem übergeordneten Zielsystem ein System von konkreten Handlungszielen abgeleitet, welches auf die verschiedenen Hierarchieebenen eines Unternehmens heruntergebrochen wird. Auf diese Weise entsteht eine Zielhierarchie, die von „oben" nach „unten" Unternehmens-, Geschäfts- und Funktionsbereichsziele unterscheidet. Die darin beschriebenen Ziele sind quantitativer Natur und daher Teil des strategischen Planungsprozesses.

- **Unternehmensziele**

   Unternehmensziele ergeben sich aus der strategischen Analyse des Marktes und des Unternehmens und beschreiben konkrete quantitative Zielsetzungen auf Unternehmensebene. Abbildung 1-10 zeigt mögliche Unternehmenszielsetzungen.

- **Geschäftsbereichsziele**

   Große Unternehmen sind in der Regel in mehrere Geschäftsbereiche untergliedert. In diesem Fall muss die Summe der erreichten Geschäftsbereichsziele das Erreichen der Unternehmensziele zur Folge haben. Aus diesem Grund müssen im Rahmen der Zielfestlegung die Unternehmensziele auf die einzelnen Geschäftsbereiche abgebildet werden.

- **Funktionsbereichsziele**

   Ausgehend von den Geschäftsbereichszielen werden durch weiteres Herunterbrechen die Funktionsbereichsziele abgeleitet. Dabei werden die übergeordneten quantitativen Größen der Geschäftsbereichsziele in konkretere Maßnahmen umgewandelt. So kann beispielsweise der RoI (vgl. Kapitel 5.3.2.1.3) gesteigert werden, indem ein Unternehmen das eingesetzte Kapital senkt. Dies könnte beispielsweise durch Kostensenkungen in der Fertigung, eine verbesserte Durchlaufzeit oder durch eine Optimierung der Lagerhaltung erreicht werden.

---

32 vgl. Kawasaki G., Start, 2004, S. 6 und Kotler P./Armstrong G., Marketing, 2008, S. 37.

Abbildung 1-10: *Katalog möglicher Unternehmensziele*

vgl. Ulrich, P./Fluri, E., Management, 1995, S.97.

1. Marktleistungsziele	■ Produktivität ■ Produktinnovation ■ Kundenservice ■ Sortiment
2. Marktstellungsziele	■ Umsatz ■ Marktanteil ■ Marktgeltung ■ Neue Märkte
3. Rentabilitätsziele	■ Gewinn ■ Umsatzrentabilität ■ Gesamtkapitalrentabilität ■ Eigenkapitalrentabilität
4. Finanzwirtschaftliche Ziele	■ Kreditwürdigkeit ■ Liquidität ■ Selbstfinanzierung ■ Kapitalstruktur
5. Macht und Prestige	■ Unabhängigkeit ■ Image und Prestige ■ Politischer Einfluss ■ Gesellschaftlicher Einfluss
6. Soziale Ziele in Bezug auf die Mitarbeiter	■ Einkommen und soziale Sicherheit ■ Arbeitszufriedenheit ■ Soziale Integration ■ Persönliche Einstellung
7. Gesellschaftsbezogene Ziele	■ Umweltschutz und Vermeidung sozialer Kosten der unternehmerischen Tätigkeit ■ Nicht-kommerzielle Leistungen für Stakeholder ■ Beiträge an die volkswirtschaftliche Infrastruktur ■ Sponsoring (z.B. finanzielle Förderung von Wissenschaft und Kultur)

Übungsaufgaben

Aufgabe 1:   Umschreiben Sie die Begriffe „freie Güter" und „Wirtschaftsgüter" und grenzen Sie diese voneinander ab.

Aufgabe 2:   Zeigen Sie, mit welchen Arten von Wirtschaftsgütern eine Bank und ein Industrieunternehmen vorwiegend zu tun haben.

Aufgabe 3:   Was versteht man unter dem Begriff „Wirtschaftsgüter"?

Aufgabe 4:   Umschreiben Sie die Begriffe „Realgüter" und „Nominalgüter" und grenzen Sie diese voneinander ab.

Aufgabe 5:   Beschreiben und diskutieren Sie die Begriffe „Investitionsgüter" und „Konsumgüter".

Aufgabe 6:   Wodurch zeichnen sich „Convenience Goods" aus?

Aufgabe 7:   Was versteht man unter „Shopping Goods"?

Aufgabe 8:   Über welche Merkmale definieren sich „Speciality Goods"?

Aufgabe 9:   Bitte grenzen Sie die Begriffe „Produktgeschäft", „OEM-Geschäft" und „Systemgeschäft" voneinander ab.

Aufgabe 10:   Was versteht man unter dem „ökonomischen Prinzip"?

Aufgabe 11:   Diskutieren Sie die Begriffe „Maximalprinzip" und „Minimalprinzip".

Aufgabe 12:   Was ist der Untersuchungsgegenstand der „Volkswirtschaftslehre" und worin unterscheidet sich dieser von dem der „Betriebswirtschaftslehre"?

Aufgabe 13:   Wie unterscheiden sich „Makroökonomie" und „Mikroökonomie"?

Aufgabe 14:   Umschreiben Sie die Begriffe „Betriebe" und „Haushalte" und grenzen Sie diese voneinander ab.

Aufgabe 15:   Dienstleistungen können Produkte sein. Diskutieren Sie diese Aussage.

Aufgabe 16:   Worin unterscheiden sich „Waren" von „Erzeugnissen"?

Aufgabe 17:   Was versteht man unter einem „Substitut"?

Aufgabe 18:   Umschreiben Sie die Begriffe „Monopol", „Oligopol" und „Polypol" und grenzen Sie diese voneinander ab.

Aufgabe 19:   Was versteht man unter einem „Stakeholder"? Nennen Sie ein Unternehmen Ihrer Wahl und mindestens drei zugehörige Stakeholder.

Aufgabe 20:   Was versteht man unter „Corporate Governance"? Nennen Sie ein Synonym.

Aufgabe 21:   Was versteht man unter dem Begriff „KonTraG"? Was wurde mit dessen Einführung bezweckt?

2 Konstitutive Entscheidungen

Als konstitutive Entscheidungen werden die grundsätzlichen Entscheidungen bezeichnet, mit denen Unternehmen bestimmte Strukturen und damit ihren Handlungsrahmen für einen längeren Zeitraum festlegen. Ein großer Teil dieser Entscheidungen ist in der Gründungsphase von Unternehmen zu treffen. Hierzu gehören sowohl die Standortwahl und die Wahl der Rechtsform, als auch die Wahl des Produktportfolios. Des Weiteren müssen einige Entscheidungen getroffen werden, die die innere Struktur des Unternehmens betreffen: Welche Ziele hat das Unternehmen, nach welchen Leitlinien soll das Unternehmen handeln (Unternehmensverfassung), wie soll die Organisation aufgebaut werden? Ein Merkmal von konstitutiven Entscheidungen ist, dass von ihnen längerfristige Folgewirkungen, wie beispielsweise die Durchführung bestimmter Investitionen, ausgehen. Konstitutive Entscheidungen sind im Regelfall nur schwer, mit großem Aufwand und über einen längerfristigen Zeitraum rückgängig zu machen.[33]

2.1 Standortentscheidungen

In vielen Fällen wird die Wahl des ersten Standorts eines Unternehmens stark von persönlichen Motiven des Unternehmers beeinflusst. So legten viele der Gründer heutiger Großkonzerne, wie Siemens oder Bosch, ihre ersten Standorte in unmittelbare Nähe ihrer eigenen Wohnorte. Die Wahl weiterer Standorte ist jedoch weitaus komplexer und stellt Unternehmen regelmäßig vor eine Herausforderung.

Es muss darüber entschieden werden, in welchen Märkten und an welchen Standorten ein Unternehmen grundsätzlich aktiv sein, wo es produzieren, wo es eigene Vertriebsniederlassungen haben möchte, wo die Produktentwicklung stattfindet und wo eine Repräsentanz durch einen Zwischenhändler ausreicht. All diese Entscheidungen hängen von einer Vielzahl von Faktoren ab: So ist zum Beispiel die Wahl eines Produktionsstandorts nicht nur vom Lohnniveau, sondern auch vom dortigen Arbeitsmarkt, der Steuerlast, der Produktionsqualität und der technischen Infrastruktur abhängig.

Im Folgenden werden zunächst mögliche Ziele von Standortentscheidungen aufgezeigt. Im Anschluss daran wird der Planungsprozess vorgestellt. Zu guter Letzt werden Faktoren vorgestellt, die die Attraktivität von Standorten beeinflussen und daher im Zusammenhang mit der Standortwahl zu beachten sind.

---

33   vgl. Wöhe, G. / Döring, U., Betriebswirtschaftslehre, 2008, S. 221.

2.1.1   Ziele von Standortentscheidungen

Grundsätzlich können Standortveränderungen wachstums-/schrumpfungs- oder strukturbedingt sein. Abbildung 2-1 zeigt eine Übersicht möglicher Standortentscheidungen.

- *Wachstumsbedingte Standortveränderungen* führen zur Errichtung neuer und zur Erweiterung bestehender Standorte. Dabei streben Unternehmen meist nach folgenden Zielsetzungen:
  - ➲ Unternehmen versuchen sich räumlich näher an ihren Beschaffungsmärkten zu positionieren.
  - ➲ Unternehmen wollen ihre Produktionskapazitäten vergrößern.
  - ➲ Unternehmen wollen ihre Produktpalette erweitern und müssen daher neue Kapazitäten schaffen.
  - ➲ Unternehmen wollen neue Absatzmärkte erschließen.

- Auch Unternehmen, die *schrumpfen,* müssen ihre Struktur anpassen. Zu diesem Zweck können Standorte entweder teilweise oder gänzlich stillgelegt werden.

- Bei *strukturbedingten Standortveränderungen* kommt es zur Aufteilung, Verlagerung oder Vereinigung von Standorten. Gründe hierfür können beispielsweise das Ausnutzen von Synergieeffekten, die Reduktion von Arbeitskosten, die Reduktion von Transportkosten, die Realisierung einer Just-in-Time Belieferung oder eine Verbesserung der Infrastrukturanbindung sein.

2.1.2   Ablauf der Standortplanung

Zunächst wird im Rahmen der *strategischen Standortplanung* festgelegt, in welchen Staaten welche Produkte angeboten werden sollen und wie hoch das Umsatzpotenzial dieser Produkte ist. Aus dieser Analyse wird eine Soll-Standortstruktur abgeleitet, die zum Zeitpunkt der Untersuchung die strategisch optimale Standortstruktur des Unternehmens darstellt. Im nächsten Schritt, der *operativen Standortplanung*, wird diese Soll-Struktur dann mit der bestehenden Ist-Struktur verglichen. Es werden Wachstums- und Strukturveränderungsmaßnahmen abgeleitet. Im dritten und letzten Schritt erfolgt die *Umsetzung der Strategie* sowie die *Kontrolle* der Ergebnisse.

Im Zuge der strategischen Standortplanung muss jeder potenzielle Standort gründlich untersucht werden. Die Vorteilhaftigkeit von Standorten wird dabei

Abbildung 2-1: *Mögliche Standortentwicklungen*

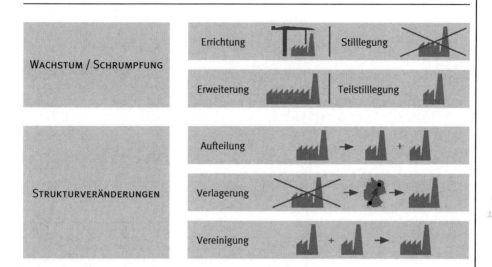

von einer Reihe von Faktoren beeinflusst. Abbildung 2-2 zeigt eine Übersicht der wichtigsten Standortfaktoren. Diese lassen sich in drei Bereiche einteilen: Gesellschaft und Politik, Produktion und Absatz.

- *Politik und Gesellschaft* beeinflussen die Attraktivität von Standorten in vielen Bereichen, wie beispielsweise der Steuerpolitik oder der Macht der Regierung Verträge und Gesetze durchzusetzen.

- Im Bezug auf die *Produktion* sind verschiedene Faktoren relevant, die direkten Einfluss auf die Qualität der Leistungserstellung haben. Dazu zählen beispielsweise das Klima, die technische Infrastruktur sowie die Verfügbarkeit von qualifizierten Arbeitskräften.

- *Absatzbezogene Standortfaktoren* geben Auskunft darüber, wie sehr sich ein Land für den Absatz von Produkten im Land selbst, sowie für den Export von Produkten eignet. Dazu zählen Faktoren, wie beispielsweise die Nachfrage vor Ort oder die Konkurrenzsituation.

Abbildung 2-2: *Standortfaktoren*

2.2 Rechtsformentscheidungen

Die unternehmerische Tätigkeit beginnt mit der Gründung eines Unternehmens und der damit verbundenen Wahl der Rechtsform. Nach deutschem Recht stehen hierfür eine Reihe von möglichen Rechtsformen zur Verfügung, zwischen denen ein Existenzgründer wählen muss. Im Folgenden werden zuerst wesentliche Entscheidungskriterien, die bei der Wahl der Rechtsform zu beachten sind, beschrieben. Im Anschluss daran werden die in Deutschland am weitesten verbreiteten Rechtsformen kurz dargestellt.[34] Abbildung 2-3 zeigt eine Übersicht der im Folgenden behandelten Rechtsformen.

2.2.1 Entscheidungskriterien zur Wahl der Rechtsform

Bei der Abwägung unterschiedlicher Rechtsformen ist eine Reihe von Kriterien zu berücksichtigen. Wie alle unternehmerischen Entscheidungen, orientiert sich auch diese meist am übergeordneten Ziel der langfristigen Gewinnoptimierung (nach Steuern).[35]

■ *Leitungs- und Kontrollbefugnisse*

Im Hinblick auf die Leitungsbefugnis bestehen substantielle Unterschiede zwischen Einzelunternehmungen und Personengesellschaften einerseits und Kapitalgesellschaften andererseits. Während Kapitalgesellschaften unabhängig von der Kapitalbeteiligung immer von angestellten Geschäftsführern geführt werden (die Geschäftsführer können auch die Kapitalgeber selbst sein), werden eigentümergeführte Unternehmen meist von den Eigenkapitalgebern geleitet. Bei Kapitalgesellschaften haben die Kapitalgeber nicht notwendigerweise Geschäftsführungsbefugnis.

■ *Haftungsumfang der Eigenkapitalgeber*

Im Hinblick auf Haftungsregelungen der Rechtsformen interessiert die Unternehmer vor allem die Frage, ob ihr Kapitalverlustrisiko beschränkt ist oder nicht und in welchem Maße Anteilseigner für die Verbindlichkeiten des Unternehmens aufkommen müssen. Bei Personengesellschaften unterliegen alle Gesellschafter einer persönlichen und unbeschränkten Haftung und haften somit im schlimmsten Fall auch mit ihrem Privatvermögen.[36]

■ *Finanzierungsmöglichkeiten*

Die Wahl der Rechtsform beeinflusst die Möglichkeiten der Eigenkapitalbeschaffung. Während der Einzelunternehmer bei der Kapitalbeschaffung auf sich allein gestellt ist und auf Banken seiner Wahl zugehen muss, können Publikumsaktiengesellschaften über den Kapitalmarkt ungleich leich-

---

34 zu den Rechtsformen vgl. Hierl, S./Huber, S., Rechtsformen, 2008, S. 31-232; Rose, G./Glorius-Rose, C., Unternehmen, 2001, S. 30-71.
35 vgl. Camphausen, B./u.a., Betriebswirtschaftslehre, 2008, S. 55ff; Thommen, J.-P./Achleitner, A.-K., Betriebswirtschaftslehre, 2006, S. 69.
36 Einzige Ausnahme bildet die GmbH & Co. KG, bei der die beschränkt haftende GmbH die Aufgabe des vollhaftenden Gesellschafters übernimmt (vgl. Kap. 2.2.3.3).

Abbildung 2-3: *Wesentliche Rechtsformen*

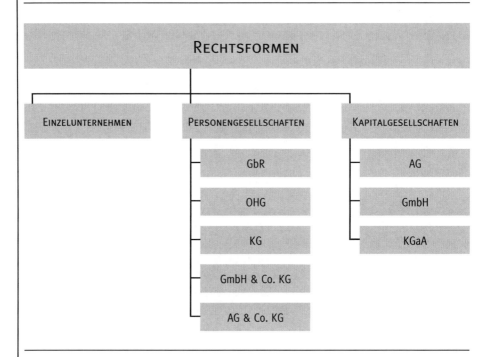

ter Haftungskapital beschaffen. Wie bereits erwähnt, sichern sich Banken unabhängig von der Rechtsform in vielen Fällen mit einer privaten Haftung der Gesellschafter ab, so dass der Haftungsvorteil der beschränkt haftenden Rechtsformen ausgehebelt wird.

■ **Rechnungslegung / Publizität**

Zur Sicherung einer guten Informationstransparenz für die verschiedenen Stakeholder des Unternehmens werden bestimmte Anforderungen an die Rechnungslegung und Publizität gestellt. Art und Ausprägung dieser Anforderungen sind abhängig von der Rechtsform und der Unternehmensgröße. Die Publizitätspflichten von Rechtsformen sind ein wichtiges Entscheidungskriterium, da die damit verbundenen Aktivitäten hohe Kosten für das betroffene Unternehmen verursachen.

■ **Steuerbelastung**

Zwischen den verschiedenen Rechtsformen bestehen grundlegende Unterschiede hinsichtlich der Besteuerung. Während bei Einzelunternehmungen und Personengesellschaften nicht das Unternehmen selbst, sondern die Gesellschafter steuerpflichtig sind, sind Kapitalgesellschaften selbst steuerpflichtig. Generell sind besonders drei Steuerarten von Bedeutung:

⮑ Gewinne von natürlichen Personen (Einzelunternehmern und Gesellschaftern) werden mittels der Einkommensteuer besteuert.

⮑ Gewinne von juristischen Personen (Kapitalgesellschaften) unterliegen der Körperschaftsteuer.

⮑ Zusätzlich zu den obigen Steuern fällt für alle Rechtsformen Gewerbesteuer an. Diese wird nicht an den Staat, sondern an die Stadt oder Gemeinde abgeführt, in der das Unternehmen seine jeweilige Niederlassung hat.

2.2.2   Einzelunternehmen

Ein Einzelunternehmen ist jedes Unternehmen, welches von einer einzelnen natürlichen Person[37] als Rechtssubjekt geführt wird. Rechte und Pflichten obliegen bei dieser Rechtsform nicht dem Unternehmen, sondern dem Unternehmer. Das Einzelunternehmen ist die in Deutschland am weitesten verbreitete Rechtsform. Etwa 70 Prozent der deutschen Unternehmen sind Einzelunternehmen.[38]

■ *Gründung*

Die Gründung eines Einzelunternehmens erfolgt formlos durch den Einzelunternehmer. Je nach Umsatzgröße des Unternehmens sind bestimmte Meldepflichten und Auflagen zu beachten. Einzelunternehmen, die eine bestimmte Kriterien erfüllen, werden zu sogenannten „Kaufmännischen Betrieben".[39] Die Geschäftsführer von Kaufmännischen Betrieben werden als Kaufleute bzw. Kaufmänner bezeichnet. Kaufmännische Betriebe müssen in das Handelsregister[40] eingetragen werden.

■ *Leitung*

Der Einzelunternehmer leitet das Unternehmen allein und ohne einen weite-

---

37 Ein Mensch in seiner Rolle als Träger von Rechten und Pflichten (Rechtssubjekt). Rechtssubjekte, die keine Menschen sind, nennt man juristische Personen.

38 Quelle: Töpfer, A., Betriebswirtschaftslehre, 2007, S. 236.

39 In der Praxis wird die Einordnung meist anhand von finanziellen Kriterien vorgenommen. Demnach sind Unternehmen, die einen Gewinn von 50.000 Euro oder einen Umsatz von 500.000 Euro übersteigen kaufmännisch tägig.

40 Als Handelsregister werden öffentliche Bücher bezeichnet, die den Zweck haben, die Rechtsverhältnisse der Kaufleute offenzulegen. Sie werden von den Amtsgerichten geführt.

ren Geschäftsführer. Eine Vertretung durch einen Handlungsbevollmächtigten ist möglich.

- **Haftung**

   Der Einzelunternehmer haftet mit seinem gesamten Vermögen persönlich und unbeschränkt für die Verbindlichkeiten seines Unternehmens.

- **Rechnungslegung / Publizität**

   Publizitätspflichten bestehen bei dieser Gesellschaftsform nicht. Kaufmännische Betriebe sind zur ordnungsgemäßen Buchführung verpflichtet. Diese umfasst die Pflicht, sämtliche Geschäfte des Unternehmens zu dokumentieren und zum Ende jedes Geschäftsjahres einen Jahresabschluss (Bilanz) zu erstellen.[41]

- **Steuerbelastung**

   Einzelunternehmer unterliegen der Einkommen- und der Gewerbesteuer.[42] Als Bemessungsgrundlage gilt der erwirtschaftete Gewinn.

2.2.3   Personengesellschaften

Eine Personengesellschaft entsteht beim rechtsgeschäftlichen Zusammenschluss von mindestens zwei natürlichen oder juristischen Personen. Mögliche Gründe für einen Zusammenschluss können die Teilung von Führungsverantwortung, die Reduktion von Arbeitsbelastung oder die Erhöhung des Eigenkapitals sein.

2.2.3.1   Gesellschaft bürgerlichen Rechts (GbR/BGB-Gesellschaft)

Die Gesellschaft Bürgerlichen Rechts gilt als Grundform aller Personengesellschaften und bildet somit den Prototypen für alle im Folgenden behandelten Rechtsformen von Personengesellschaften (OHG, KG).

Eine GbR darf keine kaufmännische Tätigkeit ausüben und muss daher nicht ins Handelsregister eingetragen werden. Eine GbR, die eine bestimmte Umsatzgröße übersteigt und somit kaufmännisch tätig wird, wird zu einer Offenen Handelsgesellschaft (OHG).

---

41 Vgl. Teil 5: Betriebliches Rechnungs- und Finanzwesen.

42 Eine Ausnahme bilden die sogenannten Freiberufler, die nach § 18 des Einkommensteuergesetzes einen der dort erwähnten Katalogberufe ausüben. Diese müssen keine Gewerbesteuer abführen. Hierzu zählen auch Ingenieure.

■ *Gründung*

Eine GbR wird von mindestens zwei Gesellschaftern zur Erreichung eines gemeinsamen Ziels gegründet. Gesellschafter können dabei sowohl natürliche Personen (z. B. Herr Maier und Herr Huber) als auch juristische Personen (z. B. Maier GmbH und Huber AG) sein. Diese schließen dazu einen formfreien (auch mündlich geltenden) Gesellschaftsvertrag – teilweise geschieht dies unwissentlich, so ist zum Beispiel eine Fahrgemeinschaft von zwei Personen bereits eine GbR. Eine GbR, die für ein bestimmtes Projekt und somit für eine begrenzte Zeit gegründet wird (z. B. Fahrgemeinschaft oder eine Arbeitsgemeinschaft [ARGE] in der Bauindustrie), wird auch als Gelegenheitsgesellschaft bezeichnet.

■ *Leitung*

Grundsätzlich übernehmen die Gesellschafter einer GbR die Geschäftsführung gemeinsam. Abweichende Regelungen für interne Führungsstrukturen können von den Gesellschaftern im Gesellschaftsvertrag festgelegt werden.

■ *Haftung*

Die Gesellschafter einer GbR haften unbeschränkt sowohl mit ihrem betrieblichen als auch mit ihrem privaten Vermögen. Ist einer der Gesellschafter eine juristische Person (z. B. Maier GmbH), so ist deren Haftung auf das Betriebsvermögen der GbR sowie auf das Gesellschaftsvermögen der Kapitalgesellschaft beschränkt.

■ *Rechnungslegung / Publizität*

Da eine GbR naturgemäß keine kaufmännische Tätigkeit ausüben kann, entfallen auch die handelsrechtlichen Buchführungspflichten.

■ *Steuerbelastung*

Die Besteuerung der GbR ist abhängig von der Rechtsform der beteiligten Gesellschafter. Die Eigentums- bzw. Körperschaftsteuer wird von den jeweiligen Gesellschaftern getragen. Die Gewerbesteuer trägt die GbR selbst.

2.2.3.2 Offene Handelsgesellschaft (OHG)

Die Offene Handelsgesellschaft ist die typische Rechtsform kleinerer und mittlerer Betriebe mit mehreren Gesellschaftern. Sie entspricht einer GbR, die eine kaufmännische Tätigkeit ausübt. Die OHG ist mit ca. 9 Prozent der Unternehmen die zweithäufigste Rechtsform in Deutschland.[43]

- ■ *Gründung*

  Der Gründungsprozess einer OHG verläuft analog zu dem einer GbR. Mindestens zwei Gesellschafter schließen einen formlosen Gesellschaftsvertrag. Die Gesellschafter können sowohl natürliche als auch juristische Personen sein. Eine Eintragung ins Handelsregister ist vorgeschrieben.

- ■ *Leitung*

  Falls im Gesellschaftsvertrag nichts anderes vereinbart wurde, obliegt die Geschäftsführung allen Gesellschaftern.

- ■ *Haftung*

  Alle Gesellschafter haften unbeschränkt für die gesamten Schulden der OHG.

- ■ *Rechnungslegung / Publizität*

  Für eine OHG bestehen keine Publizitätspflichten. Wie alle kaufmännischen Betriebe ist sie zur ordnungsgemäßen Buchführung verpflichtet.

- ■ *Steuerbelastung*

  Wie die GbR ist auch die OHG, abgesehen von der Gewerbesteuer, nicht selbstständig steuerpflichtig. Die Besteuerung orientiert sich also auch hier am Gesellschaftertypus, d. h. an der Rechtsform der Gesellschafter.

2.2.3.3 Kommanditgesellschaft (KG)

Die Kommanditgesellschaft ist der Offenen Handelsgesellschaft grundsätzlich sehr ähnlich. Die wesentlichen Unterschiede liegen im Bereich der Haftung.

- ■ *Gründung*

  Der Gründungsvorgang entspricht dem der GbR und der OHG. Mindestens zwei Gesellschafter schließen einen formlosen Gesellschaftsvertrag. Einzige Besonderheit ist, dass alle Gesellschafter sowie deren Kapitaleinlage im Gründungsvertrag festzuhalten sind.

---

43 vgl. Töpfer, A., Betriebswirtschaftslehre, 2007, S. 236.

- **Leitung**

  Wenn der Gesellschaftsvertrag keine abweichende Regelung vorsieht, obliegt die Geschäftsführung grundsätzlich den vollhaftenden Gesellschaftern (diese werden auch Komplementäre genannt).

- **Haftung**

  Spezielles Merkmal der KG ist, dass die Gesellschafter unterschiedlich stark für die Verbindlichkeiten der KG haften. Die Komplementäre haften unbeschränkt persönlich. Die anderen Gesellschafter (die sogenannten Kommanditisten) sind Teilhafter und haften maximal bis zur Höhe ihrer Kapitaleinlage, d. h. nur mit dem Kapital, das sie in die KG eingebracht haben.

  Häufig werden in Kommanditgesellschaften beschränkt haftende Kapitalgesellschaften als Komplementäre eingesetzt. Dies führt zur Entstehung von Mischformen, wie beispielsweise der GmbH & Co. KG. Grundform dieser Gesellschaft bleibt die KG also eine Personengesellschaft. In dieser tritt eine beschränkt haftende GmbH als Komplementär auf und ersetzt die natürliche Person als Vollhafter. Auf diese Weise wird das Haftungsrisiko der KG auf das Gesellschaftsvermögen der GmbH und die Kapitaleinlagen der Kommanditisten beschränkt.

- **Rechnungslegung / Publizität**

  Für die einfache KG bestehen keine Publizitätspflichten. Wie alle kaufmännischen Betriebe ist auch die KG zur ordnungsgemäßen Buchführung verpflichtet. Mischformen, wie die GmbH & Co. KG sind zur ordnungsgemäßen Buchführung verpflichtet und müssen ihren Jahresabschluss veröffentlichen (Publizitätspflicht).

- **Steuerbelastung**

  Wie GbR und OHG ist auch die KG, abgesehen von der Gewerbesteuer, nicht selbstständig steuerpflichtig. Die Besteuerung orientiert sich also auch hier am Gesellschaftertypus.

2.2.4 Kapitalgesellschaften

Im Gegensatz zu den Personengesellschaften sind Kapitalgesellschaften selbstständig rechtsfähig – daher werden sie auch als juristische Personen bezeichnet. Nach den gesetzlichen Regelungen unterscheidet man drei Arten von Kapitalgesellschaften: die Aktiengesellschaft (AG), die Gesellschaft mit beschränkter Haftung (GmbH) sowie die Kommanditgesellschaft auf Aktien (KGaA). Da die KGaA in der Praxis kaum verwendet wird, ist ihre Bedeutung als Rechtsform vernachlässigbar. Aus diesem Grund wird sie im Folgenden nicht näher beschrieben.

2.2.4.1 Aktiengesellschaft (AG)

Im Zuge der Industrialisierung wurde der Kapitalbedarf von Unternehmen immer größer. Dieser Trend verhalf der Aktiengesellschaft als Rechtsform zu wachsender Popularität, da neues Kapital durch Ausgabe neuer Aktien relativ leicht zu beschaffen ist. Dies ist vor allem bei sogenannten Publikumsaktiengesellschaften der Fall, deren Aktien an der Börse gehandelt werden. Auch heute ist die AG die typische Rechtsform von Wirtschaftsunternehmen mit großem Kapitalbedarf.

- *Gründung*

  Eine Aktiengesellschaft kann von einer einzelnen oder von mehreren Personen gegründet werden. Die Gründungsphase beginnt mit der Feststellung der Satzung, die notariell beurkundet werden muss, und endet mit der Eintragung der AG ins Handelsregister. Das Grundkapital einer AG muss mindestens 50.000 Euro betragen und wird in Aktien zerlegt, welche von den Grundaktionären (Aktionäre bei Gründung) zu einem bestimmten Ausgabebetrag übernommen werden müssen.

- *Leitung*

  Im Falle der AG sind Unternehmensgründung und Unternehmensführung voneinander unabhängig. Geführt wird die AG nach dem „Dualen System" von einem Aufsichtsorgan (Aufsichtsrat) und einem Leitungsorgan (Vorstand, dessen Vorsitz der Vorstandsvorsitzende [englisch Chief Executive Officer oder CEO] hat). Der Aufsichtsrat fungiert als Kontrollorgan der AG. Seine wichtigsten Aufgaben bestehen in der Wahl, der Überwachung und gegebenenfalls der Abberufung des Vorstands. Die Bestellung des Aufsichtsrats erfolgt grundsätzlich durch die Hauptversammlung (Versammlung aller Aktionäre).

■ **Haftung**

Die AG haftet für ihre Verbindlichkeiten mit ihrem Gesellschaftsvermögen. Alle Gesellschafter (Aktionäre) haften mit ihrer Kapitaleinlage, jedoch nicht mit ihrem Privatvermögen.

■ **Rechnungslegung / Publizität**

Aktiengesellschaften sind publizitätspflichtig, d. h. sie müssen ihren Jahresabschluss im Handelsregister veröffentlichen. Alle Aktiengesellschaften sind zur ordnungsgemäßen Buchführung verpflichtet. Sofern eine AG
bestimmte Größenmerkmale überschreitet, ist eine unabhängige Prüfung
des Jahresabschlusses durch einen Wirtschaftsprüfer vorgeschrieben. Für
diesen Fall muss der Jahresabschluss der AG um einen Lagebericht ergänzt werden. Dieser hat die Aufgabe, die Lage der Gesellschaft für die
Aktionäre transparenter zu machen.

■ **Steuerbelastung**

Aktiengesellschaften unterliegen der Körperschaftsteuer und der Gewerbesteuer. Die Einkünfte der Aktionäre (Aktiengewinne) unterliegen deren
Einkommensteuerpflicht.

2.2.4.2   Gesellschaft mit beschränkter Haftung (GmbH)

Die GmbH ist eine Kapitalgesellschaft und kann als juristische Person selbstständig
am Rechtsverkehr teilnehmen. Ihren Ursprung hat die GmbH in der Idee der Verbindung der Rechtsformen OHG und AG. Ziel war die Schaffung einer Rechtsform
mit eingeschränkter Haftung bei einer überschaubaren Anzahl von Gesellschaftern
zur Maximierung der Flexibilität im Hinblick auf die Unternehmensführung.

■ **Gründung**

Die GmbH kann von einer oder mehreren Personen gegründet werden und
setzt die Verfassung eines Gesellschaftsvertrags voraus, der notariell beurkundet werden muss. Die Gründungsphase einer GmbH endet mit ihrer Eintragung ins Handelsregister. Die GmbH muss bei Gründung über ein Stammkapital von mindestens 25.000 Euro verfügen, welches sich aus der Summe
der Einlagen der einzelnen Gesellschafter zusammensetzt. Die Rechtsform
„Limited" (Ltd.) ist die englische Form der deutschen GmbH. Die Höhe der
Mindesteinlage macht es für viele Existenzgründer unmöglich, sich für die
GmbH als Rechtsform zu entscheiden. Aus diesem Grund wurde 2009 die
Unternehmergesellschaft (UG) als eine neue Form der GmbH eingeführt. Be-
sonderes Merkmal der UG ist es, dass zu ihrer Gründung lediglich ein sym-

bolisches Stammkapital von einem Euro erforderlich ist. Das restliche Stammkapital wird erst nach ihrer Gründung, im Lauf der Jahre, durch Bildung von Rücklagen (Nichtausschüttung von Unternehmensgewinnen) aufgebaut. Hat die UG auf diese Weise ein Stammkapital von 25.000 Euro aufgebaut, kann die UG in eine GmbH umgewandelt werden.

- **Leitung**

  Die GmbH ist als Kapitalgesellschaft mit selbstständigen Organen ausgestattet, die für sie handeln. Dabei obliegt die Vertretung der GmbH dem oder den Geschäftsführer/n.

- **Haftung**

  Die GmbH haftet für ihre Verbindlichkeiten mit ihrem Gesellschaftsvermögen. Alle Gesellschafter haften mit ihrer Kapitaleinlage, jedoch nicht mit ihrem Privatvermögen.

- **Rechnungslegung / Publizität**

  Die GmbH ist publizitätspflichtig, d. h. sie muss ihren Jahresabschluss im Handelsregister veröffentlichen. Wie alle kaufmännischen Betriebe ist auch eine GmbH zur ordnungsgemäßen Buchführung verpflichtet. Sofern eine GmbH bestimmte Größenmerkmale überschreitet, ist für diese Rechtsform eine unabhängige Prüfung des Jahresabschlusses durch einen Wirtschaftsprüfer vorgeschrieben. Für diesen Fall muss der Jahresabschluss der GmbH um einen Lagebericht ergänzt werden.

- **Steuerbelastung**

  Die GmbH unterliegt der Körperschaftsteuer und der Gewerbesteuer.

2.3   Zwischenbetriebliche Zusammenarbeit

Zu den strategischen Zielen von Unternehmen zählt meist die langfristige Existenzsicherung sowie die Gewinnoptimierung. Beide Ziele korrelieren mit dem Wachstum und somit letztlich mit der Größe von Unternehmen, da diese den Unternehmen neben Kostenvorteilen und der Reduktion von Marktrisiken auch Vorteile in anderen Bereichen verschafft. Aus diesem Grund ist eines der strategischen Ziele der meisten Unternehmen die Erzielung von Wachstum.

Praxisbeispiel: Festgeschriebenes Ziel der Siemens AG ist es, aus eigener Kraft doppelt so stark zu wachsen wie die Weltwirtschaft.[44]

Dabei kann die Unternehmensstrategie auf internes oder externes Wachstum ausgerichtet sein. Als internes Wachstum wird jede Art von Wachstum verstanden, das durch Eigenleistung des Unternehmens entsteht. Dazu zählen die Gründung neuer Standorte, die Vergrößerung von Standorten oder die Ausweitung von Produktionsstätten. Externes Wachstum basiert auf der Zusammenarbeit mit anderen Unternehmen. Die Form dieser Zusammenarbeit kann dabei von projektbezogener Zusammenarbeit bis hin zur käuflichen Übernahme von Wettbewerbern reichen. Allen Formen ist gemein, dass kein Innenaufbau von Know-how stattfindet, sondern ein sprunghafter Anstieg durch die Aufnahme von Fremdwissen. Externe Wachstumspläne sind ein wesentlicher Treiber der Firmenzusammenschlüsse und -übernahmen (M&A, Mergers & Acquisitions) die regelmäßig am Markt zu beobachten sind. [45]

Im Folgenden werden die möglichen Ziele, Ebenen und Arten von externem Wachstum behandelt. Mögliche Ziele und Ausprägungen von internem Wachstum werden im Kapitel Unternehmensführung näher beschrieben.

2.3.1 Ziele zwischenbetrieblicher Zusammenarbeit

Wie anfangs schon erwähnt, zielen Unternehmensverbindungen meist darauf ab, die Marktstellung von Unternehmen zu verbessern. In Anlehnung an das Zusammenarbeitszielpentagon von Vahs/Schäfer-Kunz[46] geschieht dies im Zusammenhang mit Unternehmensverbindungen meist innerhalb von einem der folgenden Bereiche:

- *Vereinigung von Ressourcen*
  In vielen Fällen zielt die Zusammenarbeit von Unternehmen auf die Kombination der Unternehmensressourcen ab. Dies geschieht z. B. um teuere Entwicklungsprojekte für die beteiligten Unternehmen finanzierbar zu machen.

---

44 Quelle: Spiegel-Interview mit Peter Löscher (CEO Siemens) vom 30.7.2008
45 vgl. Wöhe G., Betriebswirtschaftslehre, 2008, S. 254 ff.
46 vgl. Vahs, D./Schäfer-Kunz, J., Betriebswirtschaftslehre, 2007, S. 190 f.

- **Zeitersparnis**

  Nach dem Motto „Zeit ist Geld", arbeiten Unternehmen in vielen Fällen zusammen, um mit Hilfe des kombinierten gemeinsamen Know-hows und der gemeinsamen Ressourcen Projekte schneller umsetzen zu können.

- **Kostenersparnis**

  Unternehmensverbindungen können zu Kostenersparnissen führen. Diese haben hauptsächlich drei Ursachen: Skaleneffekte, Kostendegressionseffekte und Verbundvorteile.

  ⮕ Skaleneffekte (englisch: Economies of Scale) haben ihre Ursache in der Unternehmensgröße und der damit verbundenen Marktmacht. Ein Beispiel für einen Skaleneffekt sind geringere Einkaufspreise für Rohstoffe, die große Unternehmen auf Grund der hohen Einkaufsvolumen von ihren Lieferanten bekommen.

  ⮕ Kostendegressionseffekte beschreiben die Verteilung von Fixkosten auf die verkaufte Produktmenge. Fixe Kosten sind dabei alle Kosten, die für das Unternehmen, unabhängig von der Produktionsmenge, entstehen (z. B. Miete für eine Fabrikhalle). Diese verteilen sich auf die Zahl der verkauften Produkte: je mehr Produkte verkauft werden, desto geringer ist der Anteil an Fixkosten pro Produkt.

  ⮕ Verbundvorteile (englisch: Economies of Scope): Die Grundidee hierbei ist, dass die Summe der Teile größer ist, als das daraus entstehende Ganze: 2+2=5. Die Ursache für diesen Effekt liegt in sogenannten Verbundvorteilen. So kann es beispielsweise sein, dass die Vertriebsstrukturen bei einer Unternehmensverbindung gemeinsam genutzt werden können und nicht jedes Unternehmen eine eigene Vertriebsstruktur unterhalten muss. Selbiges gilt auch für andere Unternehmensfunktionen, wie den Einkauf oder das Personalwesen.

- **Verbesserung der Marktstellung**

  In vielen Fällen ist eine Verbesserung der Unternehmensposition in einem bestimmten Markt nur durch eine Zusammenarbeit mit einem anderen Unternehmen möglich. So kann es beispielsweise sein, dass bestimmte Markteintrittsbarrieren einen Marktzutritt nur durch eine Zusammenarbeit mit einem ortsansässigen Unternehmen möglich machen.

- *Risikominimierung*

  Betriebliches Risiko hängt auf verschiedensten Ebenen von der Unternehmensgröße ab und kann unter Umständen durch Zusammenarbeit mit anderen Unternehmen minimiert werden. So können beispielsweise strategische und operative Risiken, wie z. B. die Kosten für die Entwicklung von Großprojekten, auf mehrere Unternehmen verteilt werden.

2.3.2 Ebenen der zwischenbetrieblichen Zusammenarbeit

Eine Zusammenarbeit von Unternehmen kann im Bezug auf die Wertschöpfungskette verschiedene Ausprägungen haben. Nach Art der verbundenen Wirtschaftsstufen und Branchen unterscheidet man drei Varianten: horizontale, vertikale und diagonale Zusammenarbeit.

- *Horizontale Zusammenarbeit*

  Eine Zusammenarbeit von Unternehmen auf derselben Stufe der Wertschöpfungskette bezeichnet man als horizontale Zusammenarbeit.

Praxisbeispiel: In 2001, the two groups signed a cooperation agreement concerning the joint development and production of small cars designed primarily for the European market, and badged by the Toyota, Peugeot and Citroën brands. Production is scheduled to start in 2005 at the Toyota Peugeot Citroën Automobile (TPCA) plant in Kolin (Czech Republic), which will have a capacity of 300,000 vehicles/year. Toyota is in charge of development and production, while PSA Peugeot Citroën will be responsible for purchasing. This project involves a total investment (Research and Development and industrial expenditure) of around 1.5 billion Euro. (Quelle: www.psa-peugot-citroen.com)

- *Vertikale Zusammenarbeit*

  Eine Zusammenarbeit mit Unternehmen auf vor- oder nachgelagerten Stufen der Wertschöpfungskette wird als vertikale Zusammenarbeit bezeichnet. Geht im Rahmen dieser Beteiligung die Selbstständigkeit des Kooperationspartners verloren (z. B. durch Kauf oder Mehrheitsbeteiligung), spricht man von einer Vorwärtsintegration (z. B. wenn ein Unternehmen einen bisherigen Kunden kauft) oder einer Rückwärtsintegration (z. B. wenn ein Unternehmen einen seiner Lieferanten übernimmt).

■ **Diagonale Zuammenarbeit**

Eine diagonale (auch laterale oder konglomerale) Zusammenarbeit erfolgt branchenübergreifend. Die Zusammenarbeit erfolgt also zwischen Firmen, die in verschiedenen Wertschöpfungsketten tätig sind (z. B. Zusammenarbeit von Lufthansa und Mastercard – Miles & More Kreditkarte).

2.3.3 Bindungsintensitäten

Die gegenseitige Bindung, die bei der Zusammenarbeit von Unternehmen entsteht, variiert in Abhängigkeit der Form der Zusammenarbeit stark. Grundsätzlich werden zwei Formen unterschieden: Kooperation und Konzentration. Beide Formen treten in der Praxis in unterschiedlichen Formen auf. [47]Abbildung 2-4 zeigt eine Übersicht der Ausprägungen zwischenbetrieblicher Zusammenarbeit.

Abbildung 2-4: *Unternehmensverbindungen*

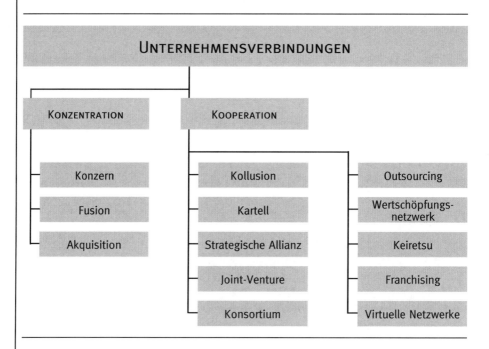

---

[47] zu den Bindungsintensitäten, vgl. Schierenbeck, H., Betriebswirtschaftslehre, 2000, S. 49 ff; Wöhe, G./Döring, U., Betriebswirtschaftslehre, 2008, S. 260 ff.

2.3.3.1 Kooperation

Eine Kooperation beschreibt eine freiwillige Zusammenarbeit von Unternehmen, die rechtlich selbstständig bleiben, jedoch für den Bereich der Zusammenarbeit einen Teil ihrer wirtschaftlichen Souveränität aufgeben. Die Bindung wird in entsprechenden Verträgen festgehalten.

- **Kollusion**

  Unter Kollusion versteht man das bewusste und gewollte Zusammenwirken von Firmen. Kollusionen sind Gegenstand des Kartellverbotes.

- **Kartelle**

  Ein Kartell ist ein Spezialfall einer Kollusion. Kartelle sind wettbewerbsbeschränkende Absprachen oder aufeinander abgestimmtes Verhalten von rechtlich und wirtschaftlich selbstständigen Unternehmen. Bekannte Beispiele sind Preiskartelle, in denen Unternehmen ihre Marktpreise absprechen, oder Gebietskartelle, in denen Unternehmen ihre Absatzgebiete abstimmen. Unternehmenskartelle sind schädlich für die wirtschaftliche Entwicklung und sind daher nach § 1 des Gesetzes zur Wettbewerbsbeschränkung (GWB) grundsätzlich verboten.

- **Strategische Allianzen**

  Strategische Allianzen sind längerfristige formalisierte Beziehungen zwischen Unternehmen. Die beteiligten Unternehmen wollten auf diese Weise beispielsweise Synergieeffekte nutzen, um Kosten zu senken, Risiko zu verteilen oder Know-how zu kombinieren.

- **Gemeinschaftsunternehmen (Joint-Ventures)**

  Joint-Venture sind auf Kapitalbeteiligung oder vertraglichen Vereinbarungen beruhende Zusammenschlüsse von zwei oder mehr unabhängigen Unternehmen. Hauptmotive für die Gründung eines Joint-Venture liegen meist in der Kombination von Kompetenzen zur Entwicklung neuer Produkte und der damit verbundenen Erschließung neuer Märkte, sowie in der Reduzierung von Entwicklungsrisiken.

- **Konsortien**

  Ein Konsortium ist eine befristete Vereinigung von zwei oder mehr rechtlich und wirtschaftlich selbstständigen Unternehmen zur Führung eines gemeinsamen, genau abgegrenzten Geschäftes. In der Praxis werden Konsortien meist zur Abwicklung von Großprojekten gegründet.

- **Outsourcing**

  Unter Outsourcing versteht man die Auslagerung einzelner Betriebsfunktionen oder Geschäftsprozesse an externe Anbieter. Ziele des Outsourcing können neben einer Fokussierung auf die Kernkompetenzen des Unternehmens, auch Flexibilitätssteigerung oder Kostensenkung sein. Eine bekannte Art des Outsourcing ist das Offshoring: dabei verlagert ein Unternehmen Aktivitäten vom Heimatstandort ins Ausland. Das Gegenteil des Outsourcing ist das sogenannte Insourcing, bei dem bestimmte Bereiche wieder in das Unternehmen eingegliedert werden.

- **Wertschöpfungsnetzwerke**

  Wertschöpfungsnetzwerke sind gezielte In- und Outsourcing-Aktivitäten von Unternehmen entlang der Wertschöpfungskette mit dem Ziel der strategischen Ein- oder Auslagerung von Randkompetenzen. Hauptziel eines Wertschöpfungsnetzwerks ist die Konzentration auf Kernkompetenzen innerhalb der beteiligten Unternehmen.

- **Strategische Netzwerke**

  Strategische Netzwerke sind langfristige institutionelle Einrichtungen zur Prozessoptimierung entlang der Wertschöpfungskette. Dabei koordiniert ein Unternehmen eine relativ große Zahl rechtlich selbstständiger, wirtschaftlich meist abhängiger Zulieferer. Strategische Netzwerke sind eine der Hauptvoraussetzungen für die Realisierung einer Just-in-Time-Fertigung. Weiteres Ziel ist oft die Fokussierung auf Kernkompetenzen.

- **Keiretsu**

  Das japanische Konzept der Keiretsu beschreibt eine hochintegrierte Form strategischer Netzwerke, an deren Spitze ein großes Unternehmen steht. Die Netzwerke sind straff organisiert und durch Personal- und Kapitalverflechtungen geprägt. Zwischen den einzelnen Einheiten findet ein Technologie- und Personaltransfer statt.

- **Franchiseunternehmen**

  Beim Franchising handelt es sich um eine langfristige vertraglich geregelte Kooperation, bei der ein Franchisegeber einem rechtlich selbstständigen Franchisenehmer die Nutzung eines Geschäftskonzeptes gegen ein Entgelt zur Verfügung stellt. Dies beinhaltet im Regelfall eine einheitliche Marke, patentierte Produktionsverfahren, ein abgestimmtes Waren - und Dienstleistungssortiment sowie zentrale Absatzprogramme und Werbekampagnen. Je nach Ausprägung des Franchisingvertrages bleibt die wirtschaftliche Selbstständigkeit des Franchisenehmers mehr oder weniger stark erhalten.

- **Virtuelle Unternehmen**

  Ein virtuelles Unternehmen beschreibt einen virtuellen Zusammenschluss unabhängiger Unternehmen mit individuellen Kernkompetenzen. Virtuell ist der Zusammenschluss deshalb, weil die Unternehmensverbindung lediglich durch Nutzung elektronischer Medien und moderner Kommunikationstechniken geschieht. In der Außenwirkung treten die Partner in vielen Fällen als ein Unternehmen auf.

2.3.3.2 Konzentration

Unternehmenskonzentration beschreibt den Prozess der Zusammenfassung von Marktanteilen und Ballung von Verfügungsmacht über Produktionsmittel. Dies kann auf drei verschiedene Arten geschehen: durch Unternehmenszusammenschlüsse (Fusionen), durch den vertraglichen Zusammenschluss von mehreren Unternehmen unter einer zentralen Leitung (Konzern) oder durch den Kauf eines Unternehmens durch ein anderes.

- **Konzerne**

  § 18 des Deutschen Aktiengesetzes definiert Konzerne als Zusammenfassung von einem herrschenden und einem oder mehreren abhängigen Unternehmen unter der einheitlichen Leitung des herrschenden Unternehmens. Die Zusammenfassung der Unternehmen kann dabei eine vertragliche Grundlage haben (Vertragskonzern) oder auf Mehrheitsbeteiligungen beruhen (faktischer Konzern). Eine spezielle Organisationsform von Konzernen ist die Holding-Organisation, deren Muttergesellschaft keine Güter oder Dienstleistungen produziert, sondern lediglich die Aufgabe der Konzernleitung trägt.

- **Fusionen**

  Eine Unternehmensfusion (englisch: merger) ist ein Zusammenschluss von Unternehmen ähnlicher Größe, bei dem mindestens eines der beteiligten Unternehmen neben seiner wirtschaftlichen auch seine rechtliche Selbstständigkeit aufgibt. Im Gegensatz zum Konzern bilden die Unternehmen nach einer Fusion also nicht nur eine wirtschaftliche Einheit, sondern verschmelzen auch rechtlich zu einer einzigen Einheit.

- **Akquisition**

  Im Falle einer Akqusition kauft ein Unternehmen ein anderes Unternehmen. Das gekaufte Unternehmen verliert dabei sowohl seine wirtschaftliche als auch seine rechtliche Selbstständigkeit.

Übungsaufgaben

Aufgabe 1: Was versteht man unter „konstitutiven Entscheidungen"?

Aufgabe 2: Nennen Sie drei Gründe für wachstumsbedingte Standortveränderungen.

Aufgabe 3: Was versteht man unter „strukturbedingten Standortveränderungen"? Nennen Sie ein Beispiel.

Aufgabe 4: Welches sind die drei wesentlichen Faktoren, die die Vorteilhaftigkeit von Standorten beeinflussen? Nennen Sie ein Beispiel aus jedem Bereich.

Aufgabe 5: Welche drei übergeordneten Rechtsformtypen lassen sich unterscheiden?

Aufgabe 6: Nennen Sie je zwei Beispiele für Personen- und Kapitalgesellschaften.

Aufgabe 7: Welche Rechtsform liegt der GmbH & Co. KG zugrunde?

Aufgabe 8: Nennen Sie die fünf Kriterien, die die Wahl der Rechtsform beeinflussen?

Aufgabe 9: Umschreiben Sie die Begriffe „juristische Person" und „natürliche Person" und grenzen Sie diese voneinander ab.

Aufgabe 10: Sie fahren in einer Fahrgemeinschaft. Damit haben Sie bereits eine GbR gegründet. Ist diese Aussage zutreffend? Begründen Sie Ihre Aussage.

Aufgabe 11: Worin besteht der wesentliche Unterschied zwischen einer GbR und einer OHG?

Aufgabe 12: Was charakterisiert Kapitalgesellschaften?

Aufgabe 13: Die Herren Meyer, Müller und Schulz wollen eine Gesellschaft gründen, die im Bereich der EDV tätig ist. Spätere Eigenentwicklungen von Softwarepaketen sind vorgesehen. Die drei Geschäftspartner haben genügend Mittel, um jede nach deutschem Gesetz erlaubte Gesellschaftsform zu wählen. Welche Gesellschaftsformen stehen Meyer, Müller und Schulz für die Gründung offen?

Aufgabe 14: Nennen Sie drei mögliche Ursachen für Kosteneinsparpotenziale im Zusammenhang mit zwischenbetrieblicher Zusammenarbeit. Geben Sie je ein Beispiel.

Aufgabe 15: Welche Ebenen der zwischenbetrieblichen Zusammenarbeit können unterschieden werden? Nennen Sie je ein Beispiel.

Aufgabe 16: Worin besteht der Hauptunterschied zwischen einer Unternehmenskooperation und einer Unternehmenskonzentration?

Aufgabe 17: Was versteht man unter einem „Joint-Venture"?

Aufgabe 18: Diskutieren Sie den Begriff „Mergers & Acquisitions".

3 Unternehmensführung

In der Betriebswirtschaftslehre sind viele Begriffe doppelt belegt und nicht alle Begriffsdefinitionen werden von Experten in gleicher Weise verwendet.

Auch der Bereich Unternehmensführung sowie die zugehörigen Aufgabengebiete werden in der einschlägigen Literatur nicht einheitlich abgegrenzt. Gründe dafür liegen mitunter in der Tatsache, dass die Verantwortungsbereiche der einzelnen Aufgabengebiete, wie Strategisches Management, Marketing, Innovations- und Produktmanagement auch in der Praxis stark überlappend ausgeprägt sind und kaum scharf abgegrenzt werden können.

Aus didaktischen Gründen ist eine Abgrenzung der Themengebiete jedoch durchaus sinnvoll. Im Folgenden wird die übergeordnete Aufgabe der Unternehmensführung daher in drei Teilbereiche gegeliedert: Strategisches Management, Marketing und Controlling. Die Bereiche Innovationsmanagement und Produktmanagement werden dem Themengebiet Marketing zugeordnet. Abbildung 3-1 verdeutlicht diesen Zusammenhang.[48]

Abbildung 3-1: *Aufgaben der Unternehmensführung*

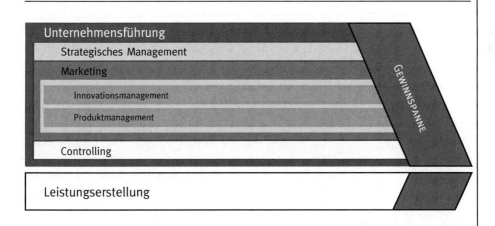

48 vgl. Porter, M., Wettbewerbsvorteile, 2000, S. 66.

3.1   Strategisches Management (7s-Modell)

Der technologische Fortschritt in den Bereichen IT und Telekommunikation sowie die Liberalisierung von Märkten haben die Weltwirtschaft und die globalen Märkte grundlegend verändert. Damit Unternehmen in diesem dynamischen Umfeld erfolgreich sein können, müssen sich Unternehmen diesen Veränderungen konsequent stellen und ihre Strategie diesen Anforderungen anpassen (System-Umwelt-Fit)[49].

Die Anpassung an diese Anforderungen erfolgt unternehmensintern nach dem Leitsatz: „Structure follows strategy"[50]. Demnach passt sich die Struktur von Unternehmen häufig der Unternehmensstrategie an, ergo sind Strategieänderungen häufig Auslöser von Reorganisationen. Aufbauend auf diesem Grundgedanken entwickelte die Unternehmensberatung McKinsey[51] ein Modell, welches ein Unternehmen als Geflecht von sieben Einflussfaktoren beschreibt. In einer gut funktionierenden Organisation befinden sich diese Faktoren im Gleichgewicht. Die Ausbalancierung dieser Faktoren ist Aufgabe des Strategischen Managements. Strategisches Management ist Aufgabe der Unternehmensführung[52].

- *Superordinate Goals (übergeordnete Unternehmensziele)*

    Zu den übergeordneten Unternehmenszielen gehören die Vision, die Mission sowie die quantitativen Ziele auf Unternehmensebene.

- *Strategy (Unternehmensstrategie)*

    Die Strategie des Unternehmens beschreibt alle Maßnahmen, die das Unternehmen als Reaktion auf Veränderungen in seiner Umwelt plant und umsetzt. In diesem Zusammenhang spricht man auch häufig von strategischer Planung. Im Zuge der marktorientierten Unternehmensführung wird auch die Marketingstrategie zu einem Teil der Unternehmensstrategie.

- *Structure (Organisationsstruktur)*

    Die Organisationsstruktur bildet die Grundlage für die Spezialisierung und die Zusammenarbeit sowie die Koordination einzelner Unternehmensbereiche, Abteilungen und Teams. Sie wird wesentlich von der Strategie, der Unternehmensgröße und dem Produktportfolio geprägt.

---

49   vgl. Ansoff, I., Strategy, 1979, S. 7.
50   vgl. Chandler, A., Strategy, 1965, S. 314.
51   www.mckinsey.com
52   vgl. Peters, T./Collins, R., Excellence, 1982, S. 10 ff.

■ *Staff (Personalwesen)*

Mitarbeiter werden heute als eine wichtige Resource angesehen. Die Ausgestaltung des Personalwesens sowie den damit verbundenen Aktivitäten kommt daher im Rahmen des Strategischen Managements eine bedeutende Rolle zu.

■ *Skills (Fachliche und soziale Fähigkeiten)*

Fachliche und soziale Fähigkeiten prägen die Kompetenzen von Untenehmens und haben direkten Einfluss auf alle anderen Faktoren. Sie beschreiben, was das Unternehmen am besten kann. Aufgabe des strategischen Managements ist es, Maßnahmen zur Ausdehnung und Entwicklung dieser wesentlichen Fähigkeiten und Kompetenzen zu etablieren.

■ *Style (Kultur)*

Die Kultur eines Unternehmens prägt dessen Charakter in verschiedenster Hinsicht und beschreibt dabei hauptsächlich die Art und Weise, in der das Unternehmen auf bestimmte Einflüsse und Veränderungen reagiert. Dies beinhaltet sowohl die Kultur der Organisation, d. h. die Werte und Normen, die sich im Laufe der Zeit innerhalb des Untenehmens entwickelt haben als auch die Managementkultur.

■ *Systems (Führungskonzept)*

Das Führungskonzept beschreibt die formellen und informellen Prozesse zur Umsetzung der Strategie in den gegebenen Strukturen.

Die Einflussfaktoren Strategy, Structure, Staff, Skills und Systems, werden im Folgenden näher erläutert. Die Ziele von Unternehmen waren Gegenstand des Kapitels 1.3 und werden an dieser Stelle nicht erneut behandelt. Der Faktor „Skills" wird in innerhalb des Bereichs „Staff" - Personalwesen behandelt und abgedeckt. Auf den Faktor Unternehmenskultur wird im Folgenden nicht näher eingegangen.

Im Zuge der marktorientierten Unternehmensführung gilt es, Marketing als Leitkonzept der gesamten Unternehmung zu institutionalisieren.[53] Somit sind auch die 7s in optimaler Weise auf die Bedürfnisse des Marktes auszurichten.

---

53 vgl. Meffert H., Marketing, 2000, S. 1067.

3.1.1   Unternehmensstrategie (Strategy)

Die Unternehmensstrategie ist nach dem 7s-Modell von McKinsey[54], einer der sieben Grundpfeiler der strategischen Unternehmensführung. Der Begriff Strategie stammt von den griechischen Wörtern „strategos" und „agein" ab und bedeutet Feldherr. Heute wird der Begriff zur Beschreibung von Taktiken benutzt, die ein Unternehmen langfristig erfolgreich machen sollen. Grundsätzlich haben Unternehmen hierfür zwei Möglichkeiten: Sie können versuchen sich eine Position in existierenden Märkten zu sichern, in dem sie sich mit wirkungsvollen Strategien gegen bestehende Wettbewerber durchsetzen. Kim und Maurbogne bezeichnen diesen Ansatz als „Red-Ocean-Strategie". Des Weiteren besteht für Unternehmen die Möglichkeit neue Märkte, so genannte „Blue Oceans", zu schaffen, in denen ihre Produkte einzigartig und ihre bisherigen Wettbewerber irrelevant sind.[55] Im Folgenden werden zunächst einige theoretische Perspektiven erläutert, die Einfluss auf die Strategiewahl von Unternehmen haben. Im Anschluss daran wird auf die klassische Strategiebildung in bestehenden Märkten (Red Oceans) eingegangen. Nachfolgend werden Möglichkeiten zur Umsetzung einer Blue-Ocean-Strategie vorgestellt.

Zu den grundlegenden Problemen der Betriebswirtschaftslehre gehört es, dass sich Theorien nur schwer überprüfen lassen. Im Zusammenhang mit der Unternehmensstrategie führte dies über die Jahre dazu, dass eine Vielzahl von unterschiedlichen Forschungsansätzen entstanden sind, die das Thema der Strategieformulierung auf sehr unterschiedliche Weise betrachten. Im Folgenden werden die beiden wichtigsten Ansätze kurz dargestellt.

- **Industrieökonomische Ansätze**

  Die Leitidee der industrieökonomischen Ansätze ist die Vorstellung, dass die Struktur einer Branche einen signifikanten Einfluss auf den wirtschaftlichen Erfolg der Marktteilnehmer hat. Erfolgreich sind diesem Ansatz zufolge diejenigen Unternehmen, die sich in der „richtigen" Branche befinden und sich bestmöglich auf die individuellen Rahmenbedingungen dieser Branche eingestellt haben. Den Mittelpunkt der klassischen Industrieökonomik bildet das *Structure-Conduct-Performance-Paradigma* von Bain.[56] Dieses unterstellt einen Zusammenhang zwischen der Struktur einer Branche (Structure), dem Verhalten der Unternehmen in der Branche (Conduct) und dem wirtschaftlichen Erfolg der einzelnen Branchenteilnehmer (Performance).

---

54 www.mckinsey.com
55 vgl. Kim, Maurbogne, Blue Ocean, 2005, S.4 ff.
56 vgl. Bain, J., Industrial, 1968, S. 3 ff.

Seit Beginn der 80er Jahre wird die Industrieökonomik als zentraler Auflagepunkt für strategische Entscheidungen von Unternehmen angesehen. Da diese die strategischen Handlungsoptionen von Unternehmen von außen nach innen (*„outside-in"*), also marktseitig betrachten, wird dieser Ansatz auch als *„Market-Based-View"* bezeichnet.

- **Ressourcenbasierte Ansätze**

Dem Kerngedanken der ressourcenbasierter Ansätze (*„Resource-Based-View"*) zufolge hat jedes Unternehmen ein individuelles Portfolio einzigartiger Ressourcen, welche die Quelle des Unternehmenserfolges sind. Im Gegensatz zur Market-Based-View machen diese Ansätze also nicht externe Faktoren für den marktseitigen Erfolg verantwortlich, sondern betrachten die Situation des Unternehmens von innen nach außen (*„inside-out"*). Unternehmensspezifische Ressourcen können physischer Natur (z. B. Gebäude, Maschinen usw.), menschlicher Natur (z. B. Wissen, Erfahrung, Fähigkeiten) oder organisationeller Natur (z. B. Planungssystem, Anreizsystem usw.) sein. Die Bündelung der Ressourcen ist für Konkurrenten nur schwer nachvollziehbar (Immitationsbarrieren) und kann daher ein Ausgangspunkt langfristiger Wettbewerbsvorteile sein.

Eine Weiterentwicklung des ressourcenbasierten Ansatzes stellt der wissensbasierte Ansatz dar (*„Knowledge-Based-View"*), welcher das im Unternehmen vorhandene Wissen als die strategisch wichtigste Komponente ressoucenbasierter Forschung in den Mittelpunkt der Betrachtung rückt.

In der Praxis lässt sich beobachten, dass die gewählen Ansätze stark von der Unternehmenskultur und der Branche anhängig sind. In Deutschland war in den letzten Jahren eine Tendenz zur Ressourcenfokussierung festzustellen, die oft in mangelnder Marktakzeptanz der entwickelten Produkte mündete. Innovative Produkte und Strategien lassen sich nur dann wirtschaftlich vermarkten, wenn der Markt bereit ist, diese auch anzunehmen. Vor diesem Hintergrund sollten Unternehmen bei der Strategieformulierung stets beide Ansätze betrachten.

3.1.1.1 Der strategische Planungsprozess

Strategisches Verhalten setzt eine Planungsperiode voraus, in der Maßnahmen durchdacht und beschlossen werden. In bestehenden Märkten (Red Oceans) erfolgt die Strategiebildung auf Unternehmensebene daher in einem informationsverarbeitenden Prozess, der häufig als „strategischer Planungsprozess" bezeichnet wird. Die Planungshandlung wird im Zusammenhang mit der Strategiebildung in bestehenden Märkten daher als „strategische Planung" bezeichnet. Die Informationen, die dabei verarbeitet werden sollen, müssen von Unternehmen zunächst durch eine sorgfältige Überwachung der Unternehmensumwelt und des eigenen Unternehmens gewonnen werden. Im Anschluss daran erfolgt eine Analyse und Bewertung der Ist-Situation, eine Definition konkreter Zielsetzungen sowie die Wahl geeigneter Strategien, um diese zu erreichen. Zuletzt müssen dann die Strategien implementiert und der Erfolg der Maßnahmen gemessen werden. Der strategische Planungsprozess besteht daher aus den vier Teilschritten Zielbildung, Situationsanalyse, Strategiewahl und Strategieimplementierung.[57] Abschließend erfolgt eine Kontrolle der Zielerreichung. Abbildung 3-2 stellt den Ablauf der strategischen Analyse grafisch dar.

Abbildung 3-2: *Komponenten des strategischen Planungsprozesses*
vgl. Bea, F.-X./Haas, J., Management 2005, S. 55.

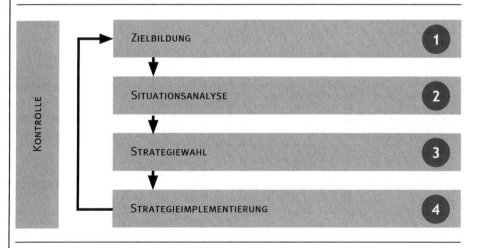

---

57 vgl. Welge, M./ Al-Laham, A., Strategisches Management, 2008, S. 12 f.

❶ Zielbildung

Das Formulieren von klaren Zielsetzungen ist eine wichtige Aufgabe des strategischen Managements. Mögliche Funktionen von Zielen sind dabei:[58]

- **Entscheidungsfunktion**
  Ziele liefern Kriterien zur Bewertung von Alternativen

- **Koordinationsfunktion**
  Ziele können als Grundlage von Führungsmodellen zur Ausrichtung von bestimmten Unternehmensaktivitäten dienen (z. B. Management by Objectives)

- **Informationsfunktion**
  Ziele können ein Anreiz für Mitarbeiter und somit Motivationsgrundlage sein

- **Informationsfunktion**
  Ziele informieren sowohl Mitarbeiter als auch Außenstehende über künftige Aktivitäten des Unternehmens

- **Kontrollfunktion**
  Ziele schaffen die Voraussetzung für eine effektive Kontrolle der Unternehmensaktivitäten (Soll-Ist-Vergleich)

- **Legitimationsfunktion**
  Ziele dienen als Legitimationsgrundlage von Handlungen gegenüber Außenstehenden

In der Literatur wird die Einordnung der Zielbildung in den strategischen Planungsprozess nicht einheitlich gesehen.[59] Die Frage, ob und an welcher Stelle die Zielbildung Gegenstand des strategischen Planungsprozesses ist, hängt davon ab, wie konkret die Ziele formuliert wurden. Im ersten Schritt des strategischen Plaungsprozesses liegen in der Regel nur die vage formulierten übergeordneten Unternehmensziele (Mission und Vision) vor. Konkretere und vor allem messbare Zielsetzungen können meist erst nach einer Analyse der Ausgangssituation formuliert werden. Aus diesem Grund könnte nach der Situationsanalyse ein weiterer Schritt vorgesehen werden, welcher der Bildung operationalsisierter Ziele (Unternehmensziele, Geschäftsbereichsziele, Funktionsbereichsziele – vgl. Abbildung 1-9) bzw. der Konkretisierung und/ oder Anpassung bestehender Zielsetzungen dient. Die Charakteristika der ver-

---

58 vgl. Minzberg, H., Planung, 1995, S. 19ff und Bea, F.-X./Haas, J., Management 2005, S. 73 ff.
59 vgl. Bea, F.-X./Haas, J., Management 2005, S. 68.

schiedenen Zielarten waren Gegenstand der Einführung und wurden bereits in Kapitel 1.3 behandelt. In der Praxis werden in Abhängigkeit des Planungshorizonts und der Planungsebene grundsätzlich drei Zielebenen unterschieden: strategische Ziele, taktische Ziele und operative Ziele.[60]

Strategische Ziele sind für Unternehmen von grundlegender Bedeutung. Sie beziehen sich auf alle Unternehmensbereiche und auf einen langfristigen Zeitraum von etwas 5 bis 8 Jahren. Sie können quantitativer (z. B. Ereichung eines Marktanteils von mehr als 25 %) oder qualitativer Natur (z. B. Errichtung einer Niederlassung in Australien) sein. Ausgehend von den strategischen Zielen werden im Rahmen der taktischen und operativen Planung die strategischen Zielvorgaben weiter konkretisiert. Ziel ist es, konkrete Maßnahmen zu definieren, mit denen die strategischen Zielvorgaben umgesetzt werden können. *Taktische Ziele* haben einen mittelfristigen Zeithorizont von 1 bis 5 Jahren. *Operative Ziele* sind noch detaillierter als die taktischen Ziele. Sie bestimmen konkret, wann, wer, welche Aufgabe zu erledigen hat. Sie haben einen kurzfristigen Horizont von bis zu einem Jahr.[61]

❷ Situationsanalyse

In der Situationsanalyse geht es darum, systematische Kenntnisse über volks- und betriebswirtschaftliche Zusammenhänge zu erarbeiten, die dem Unternehmen als Grundlage zur Identifikation von Strategien dienen, die die Erreichung der strategischen Unternehmensziele ermöglichen. Zu diesem Zweck werden in der Situationsanalyse die Unternehmensumwelt und das Unternehmen selbst getrennt von einander analysiert. Im Anschluss daran werden die Ergebnisse der beiden Analysen verknüpft, um Handlungsbedarfe und vielversprechende Handlungsoptionen zu identifizieren. [62]Abbildung 3-3 zeigt schematisch den Ablauf der Situationsanalyse.

❷-❶ Externe Analyse (Umweltanalyse)

Bereits in der Einleitung zu diesem Kapitel wurde darauf hingewiesen, dass es im Zuge des „Strategic-Fit" Ansatzes das Ziel des strategischen Managements sein muss, mit Hilfe geeigneter Strategien eine möglichst optimale Anpassungen an die Veränderungen der Unternehmensumwelt vorzunehmen. Vor diesem Hintergrund müssen Unternehmen im Rahmen der externen Analyse versuchen,

---

60   vgl. Küng, P., u.a., Management, 2006, S. 33.
61   vgl. Wöhe, G./Döring, U., Betriebswirtschaftslehre, 2008, S. 84.
62   zur Situationsanalyse. vgl. Bea, F.-X./Haas, J., Management 2005, S. 86 ff.

Abbildung 3-3: *Ablauf der Situationsanalyse*

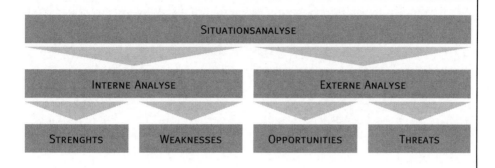

durch geeignete Methoden, relevante Einflussfaktoren ihrer Umwelt möglichst vollständig zu erfassen, um marktseitige Chancen (Opportunities) und Bedrohungen (Threats) identifizieren zu können. Zu diesem Zweck werden im Folgenden einige Methoden vorgestellt, die eine systematische Untersuchung der Unternehmensumwelt ermöglichen.

Praxisbeispiel: Bei einer Untersuchung des brasilianischen Mobilfunkmarkts könnte ein Ergebnis der externen Analyse beispielsweise dieses sein:

■ Das Bruttoinlandsprodukt (englisch: GDP = Gross Domestic Product) von Brasilien beträgt XX Euro pro Kopf (per capita) und wächst jährlich mit XX Prozent.

■ Die brasilianische Regierung hat mit sofortiger Wirkung beschlossen, auf alle Multimedia-Handys eine Luxussteuer einzuführen.

Ziel der externen Analyse ist es, Gelegenheiten (Opportunities) und Bedrohungen (Threats) zu identifizieren, die der Markt für alle Unternehmen, die in diesem tätig sind birgt. Eine Opportunity aus obigem Beispiel könnte die Folgende sein:

■ Da sich die Telekommunikationsausgaben proportional zum Einkommen verhalten, führt das starke GDP-per-capita-Wachstum in Brasilien dazu, dass künftig mehr Geld für Telekommunikation ausgegeben wird. Dies wird in den nächsten Jahren zu einer Verschiebung der Marktsegmente weg von den günstigen Prepaid-Segmenten hin zu den teureren vertragsgebundenen Multimedia-Segmenten nach sich ziehen.

An dieser Stelle sei darauf hingewiesen, dass der Ablauf der Umweltanalyse je nach Untersuchungsgegenstand regelmäßig variiert. Dies ist nötig, da es schon auf Grund der Informationsverarbeitungskapazität von Unternehmen nicht möglich ist, ein vollständiges Bild der Unternehmensumwelt zu erfassen.[63] Aus diesem Grund ist es sinnvoll die externe Analyse mehrstufig aufzubauen:[64]

- *Dominierende Trends der globalen Unternehmensumwelt:* Welche Veränderungen der Makroumwelt könnten das Unternehmen beeinflussen? Werkzeuge:

  ⮕ Früherkennung / Frühauflärung

- *Branchenstruktur:* Welche Wettbewerbsstrukturen liegen in der Branche vor? Wie hoch ist der brancheninterne Wettbewerb? Werkzeug:

  ⮕ 5-Forces

- *Positionen der Wettbewerber:* Gibt es nennenswerte Gruppen von Konkurrenten, die sich durch homogenes Verhalten auszeichnen? Wie sind die Stärken und Schwächen der Hauptwettbewerber ausgeprägt?

  ⮕ Konkurrenzanalyse

❷-❶-❶ Früherkennung / Frühaufklärung

Politische, ökonomische, soziologische und technologische Einflüsse können sich auf Unternehmen grundsätzlich positiv oder negativ auswirken.[65] Die indikatorbasierte PEST- oder STEP-Analyse[66] hat in diesem Kontext die Aufgabe führungsrelevante Informationen möglichst frühzeitig zu erkennen und weiterzugeben. Im Folgenden wird aus Vereinfachungsgründen unter Zugrundelegung einer positiven Grundeinstellung lediglich der Terminus STEP-Analyse verwendet.

Im Rahmen der Analyse gilt es jede einzelne Perspektive auf Faktoren zu untersuchen, die den Erfolg von Unternehmen in dem jeweiligen Markt beeinflussen könnten. Identifizierte Einflussfaktoren sollten dann nach Opportunities und Threats gegliedert und kurz erläutert werden.

Da viele der makroökonomischen Einflussgrößen länder- und/oder marktspezifisch sind, ist es erforderlich individuelle Analysen zu erstellen. Je nach Zielsetzung kann es jedoch sein, dass die zu untersuchenden Länder oder Märkte zu Beginn der Analyse noch nicht feststehen. Eventuell kann es sogar Ziel der Analyse sein, für

---

63   vgl. Kubicek, H./Thom, N., Umsystem, 1976, S. 3984.
64   vgl. Welge, M./Al-Laham, A., Management, 2008, S. 290 f.
65   vgl. Farmer, R./Richman, B., Management, 1970.
66   STEP: Sociological (soziologisch), Technological (technologisch), Economical (ökonomisch), Political (politisch)

das Unternehmen interessante Länder und Märkte zu identifizieren. Da auf Grund der schon erwähnten Problematik der beschränkten Unternehmensressourcen nicht alle Optionen einzeln untersucht werden können, sollten in diesem Fall zunächst die globalen Einflussfaktoren auf die Unternehmensumwelt aus einer Makroperspektive untersucht werden. In einem weiteren Schritt sollten dann diejenigen Länder oder Märkte weitergehend untersucht werden, welche für das Unternehmen als wichtig identifiziert wurden.

Nachfolgend werden zu jeder der vier Perspektiven einige wichtige Punkte genannt, die bei einer STEP-Analyse relevant sein könnten.[67]

- **Politische Situation**

  Politische und rechtliche Faktoren haben einen starken Einfluss auf Märkte und Unternehmen. Wichtige Faktoren sind in diesem Zusammenhang:

  - Regierungsform
  - Verschiebungen im Parteiengefüge
  - Regierungswechsel
  - Kriege
  - Freihandelszonen
  - Steuern
  - Embargos
  - Marktregulierung
  - Rechtssystem
  - Korruption
  - Subventionen
  - Gesetzesinitiativen
  - Ökologische Initiativen
  - Bürgerinitiativen

- **Ökonomische Situation**

  Die wirtschaftliche Gesamtsituation und deren Entwicklung birgt für Unternehmen stets Chancen und Risiken. Im Zuge der Untersuchung sollten folgende Faktoren näher beleuchtet werden:

  - Wachstum des Bruttosozialprodukts (GDP ppp)
  - Wachstum des Bruttosozialprodukts pro Kopf (GDP ppp growth per capita)
  - Entwicklung des Wechselkurses
  - Arbeitslosenzahlen
  - Inflation

---

67 vgl. zur Analyse der Makroumwelt Bennett, L., Environment, 1997; Junge, P., Markets, 2006, S. 13 f.

    ➲   Wachstum bestimmter Industriezweige

    ➲   Einkommensverteilung

    ➲   Durchschnittliches, frei verfügbares Einkommen

■   **Soziologische Situation**

Demographische und kulturelle Aspekte können die Nachfrage nach bestimmten Produkten entscheidend beeinflussen. Im Zuge der STEP-Analyse sollten folgende soziologische Einflussfaktoren untersucht werden:

    ➲   Geburtenrate

    ➲   Bevölkerungswachstum

    ➲   Altersverteilung

    ➲   Entwicklung der durchschnittlichen Haushaltsgröße

    ➲   Bevölkerungsverteilung im Land

    ➲   Bildungsniveau

■   **Technologische Situation**

Durch revolutionäre technologische Veränderungen und Innovationen, wie die der Kommunikationstechnologie der letzten Dekade, können sich Märkte und ihre Spielregeln grundlegend verändern.[68] Die Analyse der technologischen Umwelt, das Erkennen von technologischen Trends und das Entwickeln von möglichen Zukunftsszenarien sind für Unternehmen daher von essenzieller Bedeutung. Wichtige Indikatoren können in diesem Zusammenhang sein:

    ➲   Basistechnologien

    ➲   Branchenübergreifender Technologietransfer

    ➲   Substitutionstechnologien

    ➲   Lebenszyklusphase

❷-1-2   Frühaufklärung

Die Aufgabe der Frühaufklärung ist gezielte Vorbereitung auf mögliche zukünftige Szenarien. Die Grundthese der von Ansoff[69] formulierten Theorie beruht auf der Annahme, dass alle positiven oder negativen Entwicklungen nicht plötzlich auftreten, sondern durch sogenannte Diskontinuitäten ausgelöst werden, welche sich frühzeitig durch bestimmte Vorboten, sogenannte „schwache Signale" ankündigen. Schwache Signale sind qualitativer Natur und entstammen beispielsweise den Aussagen führender Wirtschaftskräfte der Politiker.

---

68   Für den Umgang mit Innovationen vgl. auch Kapitel 3.2.3.5 – Innovationsmanagement.

69   vgl. Ansoff, I., Management, 1976, S. 43.

Sie sind die Auslöser bestimmter quantitativer Veränderungen, welche von den Systemen der zweiten Generation erfasst wurden.[70] Zur Erkennung schwacher Signale müssen Unternehmen ihre Umwelt ständig ungerichtet scannen und beobachten. Ziel eines Unternehmens muss es sein, eine Art strategisches Radar zu entwickeln. Die Stakeholder-Analyse ist ein beliebtes Werkzeug zur Identifikation relevanter Anspruchsgruppen, welche die Quelle strategisch relevanter qualitativer schwacher Signale sein könnten. Ein Beispiel für eine solche Aktivität sind bezahlte Lobbyisten, die im Auftrag von Unternehmen in politischen Zentren (z. B. Berlin oder Brüssel) aktiv sind.

Im Rahmen der Früherkennung und der Frühaufklärung besteht die Makroanalyse der Unternehmensumwelt aus den vier Schritten: Scanning, Monitoring, Forecasting und Assessment.[71]

- *Scanning*

  Systematisches (ungerichtetes) Abtasten der globalen Unternehmensumwelt nach relevanten Trends oder Veränderungen.

- *Monitoring*

  Aufbauend auf den Ergebnissen des Scanning müssen die identifizierten Faktoren verfolgt und interpretiert werden. Im Gegensatz zum Scanning, fokussiert sich die Arbeit beim Monitoring auf einzelne Punkte.

- *Forecasting*

  Um die Ergebnisse der Analyse in die strategische Planung einfließen lassen zu können, müssen langfristige Aussagen über bestimmte Entwicklungen möglich sein. Aus diesem Grund ist es die Aufgabe des Forecasting, die künftige Entwicklung der identifizierten Trends zu prognostizieren.

- *Assessment*

  Im finalen Schritt werden die gefundenen Ergebnisse dann auf das Unternehmen bezogen, um festzustellen, welche Einflüsse die Umweltveränderungen auf das Unternehmen haben könnten. Die ermittelten Ergebnisse sollten dabei anhand ihrer Eintrittswahrscheinlichkeit und ihrer wahrscheinlichen Auswirkungen gewichtet und priorisiert werden.

---

70 vgl. Bea, F.-X./Haas, J., Management 2005, S. 299 ff.
71 vgl. Müller-Stewens G./Lechner, C., Management, 2003, S. 296 f.

Praxisbeispiel: *STEP-Analyse des chinesischen Mobilfunkmarkts*
                   Quelle: Junge, P., Markets, 2006, S. 64 ff.

Political Situation

In the terminology of political science, the People's Republic of China was and is still considered to be a communist state. But any attempts to characterize the nature of China's political structure into a single, simple category are insufficient and not satisfactory. In spite of the fact, that the Chinese regime has variously been described as authoritarian and communist, it appears that China is slowly becoming capitalist in its economic system. China recently released an official statement on its political structure, upholding the notion that the state should be ruled by democratic means. Today the government of the Peoples Republic is controlled by the Communist Party of China. While there have been some moves toward political liberalization, the party retains effective control over governmental appointments. While the state uses authoritarian methods to deal with challenges to its rule, it simultaneously tries to reduce dissent by improving the economy, allowing expression of personal grievances, and giving lenient treatment to persons expressing dissent whom the regime does not believe are organizers. The media have become increasingly active in publicizing social problems and exposing corruption and inefficiency at lower levels of government. The support of the Communist Party of China among the Chinese population is unclear, as there are no national elections. Political concerns in China include the growing gap between rich and poor and the growing discontent with widespread corruption within the leadership and officials. However, considering the rapid economic growth, the combination of currruption and an authoritarian system seems to be a petty evil as the rulers at least have the power to enforce their decisions.

Economical Situation

In the 1980's the Chinese goverment began moving the economy from an inefficient, Sovietstyle centrally planned economy to a more market-oriented system. Despite the fact, that the system operates within a communist framework, the economic influence of non-state organizations and individual citizens has ever since then been steadily increasing. The authorities switched to a system of household and village responsibility in agriculture in place of the old collectivization, increased the authority of local officials and plant mana- gers in industry, permitted a wide variety of small-scale enterprises in services and light manufacturing, and opened the economy to increased foreign trade and investment. The result has been a quadruplication of GDP (ppp) since 1978. In 2004, China was the second-largest economy in the world after the US, although in per capita terms the country is still poor. As a result of its hybrid system the leadership has often experienced the worst results of socialism and of capitalism: bureaucracy, lassitude, growing income disparities and rising unemployment. However, foreign investment remains strong and the economic growth remains remarkable.

The Chinese telecommunications industry has undergone dramatic restructuring in recent years, one of the most significant steps being the transfer of regulatory responsibilities from the Ministry of Posts and Telecommunications (MPT) to the Ministry of Information Industry (MII) in March 1998. China Mobile, which took over control of mobile services from MPT in 1998, still retains the majority (61%) of the wireless market, with 204mn subscribers at the end of 2004. China Unicom, a publicly-listed subsidiary of the Unicom Group, currently operates in 30 provinces and holds 33.5 percent of the market at the end of 2004. The operator recently completed its acquisition of Unicom New Century from China United Telecommunications for CNY 4.8 million, gaining an additional 16.6 million subscribers in the process. China's mobile market grew by 24 percent in 2004, with an astonishing 65 million net additions, but despite the scale of this growth China remains rooted to the bottom of Asia's mobile markets in terms of penetration.

With about 1.3 billion people, China is the most populous country in the world. The penetration rate is with 26.1% one of the lowest in the region, which offers a huge potential for further growth. The taxes on mobile commuication belong are among the lowest in the world which will support healthy growth in the future. The Chinese Mobile Phone Market

Sociological Situation

The People's Republic of China, in an attempt to limit its population growth, has adopted a policy which limits urban families to one child and rural families to two children when the first is female. Because males are considered to be more economically valuable in rural areas, there appears to be a high incidence of sex selective abortion and child abandonment in rural areas to ensure that the second child is male.

Technological Situation

Ever since the invention of mobile communication, mobile handsets and networks have undergone a rapid technological evolution. Phones have become more and more technologically advanced, data connection speeds have increased and mobile handsets are no longer only telecommunication devices. The rapid growth of the semiconductor industry and the rapidly increasing subscriber base, have led to enormous price drops in the component costs of mobile phones and therefore to a prize drop of the phones themselves. This has led to a rapid saturation of developed markets and hence to a decreasing rate of new subscribers in these markets. Today we can observe two technological trends in the development of mobile handsets: The first is continuous technological improvement. Never before have handset manufacturers been able to implement that sophisticated technologies into handsets. The second trend is an ongoing drop in component costs and therefore handsets - never before have handset manufacturers been able to offer handsets so cheaply.

Examplary list of Opportunities

- China is the most populous country in the world
- Stunning potential for ULC handsets
- The two big players on the Chinese market China Mobile and China Unicom are the world's largest and third largest operators in terms of subscribers
- Strength of domestic handset manufacturing
- Large numbers of new subscribers and the increasing GDP per capita will encourage a strong replacement demand
- Despite large number of fixed-line subscribers, the penetration rate of 26.1 percent is still relatively low compared to some of China's regional neighbours.
- Chinese is the only official language which facilitates market entry

Examplary list of Threats

- Many rural areas in China have neither fixed-line nor mobile telephony services available
- Popularity of fixed-wireless services developed by UTStarcom could hinder expected growth of wireless industry.

②—1—3 **Branchenstrukturanalyse**

Laut Porter ist einer der Schlüsselaspekte des Markterfolgs von Unternehmen das Verständnis der Branchenstruktur, welche den Charakter des Marktes beschreibt, in dem ein Unternehmen tätig ist. Dieser hat großen Einfluss auf die Wettbewerbsintensität und somit letztlich auf das Umsatzpotenzial eines Marktes. Die Branchenstruktur steht also in direktem Zusammenhang mit der Attraktivität eines Marktes. Dabei definiert Porter eine Branche als eine Gruppe von Unternehmen, die Produkte herstellen, die sich gegenseitig nahezu ersetzen können. Die Attraktivität der Branche wird dabei hauptsächlich von fünf Faktoren beeinflusst: von der Bedrohung durch neue Anbieter, von der Verhandlungsmacht der Kunden und Lieferanten, von der Bedrohung durch Substitutionsprodukte und letztlich von der Ausprägung der Rivalität zwischen den einzelnen Unternehmen innerhalb der Branche. [72] Abbildung 3-4 zeigt eine Übersicht der fünf Wettbewerbskräfte nach Porter.

Abbildung 3-4: *Einflusskräfte auf die Branchenattraktivität (5-Forces)*
    vgl. Porter, M., Wettbewerbsstrategie, 2008, S. 36.

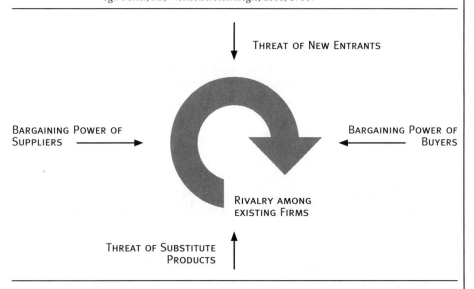

Die Wettbewerbsintensität, die die Attraktivität einer Branche maßgeblich beeinflusst, steht dabei im Zentrum und wird von den vier anderen Faktoren verändert.

---

72 zur Branchenstrukturanalyse vgl. Porter, M., Wettbewerbsvorteile, 2000, S. 28 ff.

■ **Brancheninterner Wettbewerb (industry rivalry)**

Die Intensität des Wettbewerbs zwischen bestehenden Firmen in einer Branche wird durch eine Reihe von Faktoren bestimmt. Die wichtigsten sind hierbei:

Die Struktur der Mitbewerber: Im Allgemeinen herrscht in Branchen mit unterschiedlichen Unternehmensstrukturen und -größen der Wettbewerber eine geringere Wettbewerbsintensität als in Branchen, in denen es viele gleich große und ähnlich strukturierte Wettbewerber gibt.

Kostenstruktur der Industrie: In Abhängigkeit von der Kostenstruktur verändert sich auch die Wettbewerbsintensität und somit die Attraktivität der Branche. Kapitalintensive Branchen mit hohen Fixkosten neigen dazu ihre Produktionsauslastung durch Preisanpassungen möglichst hoch zu halten. Dies führt meist zu einem hohen brancheninternen Wettbewerb.

Grad der Produktdifferenzierung: Branchen, in denen die Produkte standardisierte Gebrauchsgüter (Commodities) sind, tendieren gewöhnlich zu einer erhöhten Wettbewerbsintensität.

Wechselkosten: Verursacht der Wechsel zu einem Konkurrenzprodukt hohe Kosten, senkt dies die Wettbewerbsintensität. Ist es für Kunden kostengünstig und problemlos auf Wettbewerbsprodukte zu wechseln (z. B. bei Commodities), verschärft sich der Wettbewerb deutlich.

Strategische Zielsetzungen: Die Wettbewerbsintensität ist abhängig von der Strategie der Mitbewerber. Falls beispielsweise einer der Wettbewerber eine Wachstumsstrategie verfolgt und auf Grund dieser aggressive Preise anbietet, erhöht sich automatisch die Wettbewerbsintensität der Branche. In etablierten Branchen mit gefestigten Marktanteilen, in denen die Unternehmen nach dem Motto „leben und leben lassen" Gewinne abschöpfen (Skimming-Strategie) ist die Wettbewerbsintensität dagegen vergleichsweise gering.

Austrittsbarrieren: In vielen Fällen ist ein Ausstieg aus einer Branche nicht einfach zu bewerkstelligen. In manchen Fällen sind Unternehmen gar aus strategischen Gründen gezwungen in einer Branche aktiv zu sein. Mögliche Austrittsbarrieren sind beispielsweise Gewerkschaftsverträge, unternehmensinterne Verbindungen von Geschäftseinheiten oder die Tatsache, dass ein Unternehmen lediglich in einer Branche aktiv ist – also keine Ausweichmöglichkeiten hat.

Kapazitätsauslastung: Mit sinkender Auslastung der Produktionskapazität einer Branche steigt der branchinterne Wettbewerb und sinkt deren Attraktivität.

■ **Verhandlungsmacht der Kunden (bargaining power of customers)**

Je intensiver die Verhandlungsmacht der Kunden ist, desto höher ist der Preisdruck beim Verkauf. Dies führt im Normalfall zu einer Steigerung der Wettbewerbsintensität zwischen den Anbietern. Mögliche Einflussfaktoren auf die Verhandlungsmacht der Kunden können sein:

Verhältnis von Kunden zu Lieferanten: Stehen in einer Branche wenige kleine Lieferanten vielen großen Kunden gegenüber, zieht dies einen intensiven brancheninternen Wettbewerb nach sich. Im umgekehrten Fall wirkt sich dies positiv auf die Wettbewerbsintensität aus

Profitabiliät der Kunden: Sind Kunden hochprofitabel, wirkt sich dies oft positiv für ihre Lieferanten aus, da die Kunden nicht gezwungen sind bis zum letzten Cent zu verhandeln.

Rückwärtsintegration: Denken Kunden darüber nach ihre Lieferanten zu übernehmen, wirkt sich dies negativ auf die brancheninterne Wettbewerbsintensität aus.

Wechselkosten: Ist es für Kunden einfach ihre Lieferanten zu wechseln, steigt die Wettbewerbsintensität der Branche.

Branding: Gibt es Lieferanten mit dominierenden Marken, sinkt die brancheninterne Wettbewerbsintensität.

■ **Verhandlungsmacht der Lieferanten (bargaining power of suppliers)**

Je intensiver die Verhandlungsmacht von Lieferanten ist, desto geringer fallen die Gewinne der konkurrierenden Unternehmen einer Branche aus. Dies führt im Normalfall zu einer Steigerung der Wettbewerbsintensität. Mögliche Einflussfaktoren können sein:

Größenstrukturen der Lieferanten: Wird der Markt des einzukaufenden Produktes von wenigen großen Spielern beherrscht, führt dies zu einer Erhöhung der Verhandlungsmacht der Lieferanten und verschlechtert die Position der Abnehmer. Dies führt auf Abnehmerseite zu einer Verschlechterung der Branchenattraktivität.

Konkurrenzsituation der Lieferanten: Ist der Markt der Lieferanten hart umkämpft, verschlechtert dies die Verhandlungsmacht der einzelnen Unternehmen, da diese unter einem erhöhten Wettbewerbs- und Kostendruck stehen. Dies verbessert die Verhandlungssituation der Abnehmer .

Wichtigkeit der Güter für den Kunden: Ist das einzukaufende Produkt ein Hauptbestandteil des Endprodukts oder verhindern Wechselbarrieren oder Nichtvorhandensein einer zweiten Bezugsquelle die Verwendung eines Substituts, erhöht dies die Verhandlungsmacht des Lieferanten.

■ **Bedrohung durch Ersatzprodukte (Threat of Substitute Products)**

Ersatzprodukte (oder „Substitute") sind solche Produkte, die eine vergleichbare Funktionalität wie das Orginalprodukt aufweisen und diese daher ersetzen können. Substitute können Produkte aus völlig anderen Branchen sein. So kann beispielsweise das Internet eine Tageszeitung ersetzen oder ein wasserundurchlässiger Karton eine Glasflasche. Mögliche Einflussfaktoren auf den Grad der Bedrohung durch Substitutionsprodukte können sein:

Qualität: Ob die Kunden bereit sind, auf ein Substitut zu wechseln, hängt maßgeblich von dessen Fähigkeit ab, die Funktionalität des Orginalproduktes in gleicher oder besserer Qualität zu erfüllen.

Wechselbereitschaft: Der Grad der Kundenbindung an das Orginalprodukt bestimmt zum großen Teil, wie hoch oder niedrig die Schwelle zur Wechselbereitschaft bei den Kunden ist.

Preis-/Leistungsverhältnis: Das Preis-/Leistungsverhältnis des Substituts stellt eine Grenze dar, die von den Orginalprodukten überboten werden muss. Dies setzt alle Anbieter der Orginalprodukte unter einen enormen Preisdruck. Im Zusammenhang mit dem Preis-/Leistungsverhältnis spielen auch die Wechselkosten eine große Rolle, da diese eine Hürde darstellen, die es beim Wechsel zu überwinden gilt. Die Wechselbereitschaft der Kunden sinkt daher mit steigenden Wechselkosten.

■ **Bedrohung durch neue Anbieter (Potential Entrants)**

Neue Anbieter verändern die Wettbewerbsstruktur innerhalb einer Branche und verstärken auf Grund ihres meist aggressiven Auftretens den Wettbewerbsdruck. Die Intensität der Bedrohung durch neue Anbieter hängt dabei hauptsächlich von den sogenannten Markteintrittsbarrieren ab. Mögliche Markteintrittsbarrieren können beispielsweise sein:

Economies of Scale: Bestehende Anbieter mit etablierten Produkten haben auf Grund ihres Marktanteils im Vergleich zu Neueinsteigern einen erheblichen Kostenvorteil, da sich deren Fixkosten auf die gesamte Zahl ihrer verkauften Produkte verteilen. Neue Firmen steigen mit geringen Stückzahlen in den Markt ein und müssen sich diese Kostenvorteile erst erarbeiten.

Erfahrungskurveneffekt: Mit steigender Zahl der hergestellten Produkte wächst die Erfahrung von Unternehmen und deren Kenntnis über den Produktionsprozess. Dies führt dazu, dass die Stückkosten im Laufe der Zeit erheblich sinken. Laut Bea/Haas senkt „eine Verdoppelung der kumulierten Ausbringungsmenge eines Produktes über alle Perioden die inflationsbereinigten Stückkosten um 20 bis 30 Prozent (bezogen auf die eigene

Wertschöpfung)".[73] Diesen Kostenvorteil können Neueinsteiger nicht für sich beanspruchen. Der daraus entstehende Nachteil in der Kostenstruktur ist in vielen Fällen eine ernstzunehmende Markteintrittsbarriere.

Markenidentität und Käuferloyalität: Meist haben Kunden eine gewisse Bindung zu bestehenden Produkten. Diese Kundenbindung kann in vielen Fällen nur langfristig beeinflusst werden (z. B. bei Mobilfunkverträgen mit einer Laufzeit von 24 Monaten). Des Weiteren ist eine Beeinflussung der Käuferloyalität meist mit hohen Kosten verbunden (z. B. für Werbung und Verkaufsförderung). Auch die Kosten, die ein Wechsel der Marke für den Kunden mit sich bringt (switching cost) spielen an dieser Stelle eine nicht zu vernachlässigende Rolle.

Kapitalbedarf: Die Überwindung der Markteintrittsbarrieren verursacht in vielen Fällen hohe Kosten (z. B. für Investitionen oder Marketing). Diese stellen eine der größten Markteintrittsbarrieren für Neueinsteiger dar.

Staatliche Regulierung kann dann eine Markteintrittsbarriere darstellen, wenn durch die staatlichen Vorgaben die Wettbewerbsfähigkeit der Neueinsteiger gehemmt wird (z. B. durch Importzölle).

Vergeltungsmaßnahmen: Ein Neueinstieg in eine Branche wird von bestehenden Firmen meist nicht gern gesehen – deren Reaktion kann für die Neueinsteiger eine bedeutende Markteintrittsbarriere darstellen (z. B. Androhung von Vergeltungsmaßnahmen – so könnte beispielsweise Firma A dem Neueinsteiger drohen umgekehrt auch in seinen Stammmarkt einzusteigen).

Die Stärke der Ausprägung der einzelnen Wettbewerbskräfte entscheidet über die Attraktivität der Branche. Je unattraktiver die betrachtete Branche ist, desto schwieriger ist es, in dieser einen nachhaltigen Wettbewerbsvorteil zu erzielen. Ausgehend von Porters Modell sollte es Zielsetzung jedes Unternehmens sein, in einer Branche mit möglichst attraktiver Branchenstruktur zu operieren, in der die Kombination der fünf Wettbewerbskräfte eine minimiert bedrohliche Ausprägung ausweist. In dieser muss dann eine verteidigungsfähige Position aufgebaut werden. Dabei gilt es zu beachten, dass die Wettbewerbskräfte nicht starr sind, sondern kontinuierlichen Veränderungen unterliegen. Bei sorgfältiger Überwachung bietet dies Unternehmen mit entsprechender strategischer Ausrichtung auch Möglichkeiten die Ausprägung der Wettbewebskräfte zu ihren Gunsten zu beeinflussen.

Im Rahmen der externen Analyse gilt es also für eine bestimmte Branche, jede der einzelnen Wettbewerbskräfte zu untersuchen und mögliche Bedrohungen und Chancen zu identifizieren.

---

73   vgl. Bea, F.-X. / Haas, J., Management 2005, S. 132; Porter, M., Wettbewerbsvorteile, 2000, S. 28 ff.

②-2 Interne Analyse (Unternehmensanalyse)

Neben den Einflussfaktoren der Unternehmensumwelt gilt es nun im nächsten Schritt die unternehmenseigenen Erfolgsfaktoren zu untersuchen. Ziel der internen Analyse ist es dabei, Aufschluss über die Leistungsfähigkeit des Unternehmens bzw. der betroffenen Unternehmensbereiche zu gewinnen. Zu diesem Zweck werden im Folgenden einige Werkzeuge vorgestellt, die das Unternehmen, seine Prozesse und Produkte hinsichtlich verschiedener Parameter analysieren, um daraus Stärken (strengths) und Schwächen (weaknesses) abzuleiten. Dabei können grundsätzlich klassische Ansätze, wertorientierte Ansätze, sowie ressourcen- und kompetenzorientierte Ansätze unterschieden werden:[74]

- *Klassische Ansätze* haben die Aufgabe, die Potenziale der einzelnen Funktionsbereiche sowie das bestehende Produktionsprogramm/Portfolio zu untersuchen.

- *Wertorientierte Ansätze* stellen die Wertkette in den Fokus der Analyse und betrachten betriebsinterne Prozesse und Abläufe.

- *Ressourcen- und kompetenzorientierte Ansätze* stellen die strategischen Stärken und Schwächen eines Unternehmens, die sogenannten Kernkompetenzen, in den Mittelpunkt der Betrachtung.

Abbildung 3-5 veranschaulicht die Vorgehensweise bei der internen Analyse: nach der Ermittlung potenzieller Stärken und Schwächen mit Hilfe der oben genannten Ansätze gilt es, die Ergebnisse im Vergleich zu Wettbewerbsinformationen, Benchmarks und kundenorientierten Vergleichen zu relativieren. Dies ist nötig, da die beste potenzielle Stärke keine wirkliche Stärke ist, wenn Wettbewerber in diesem Punkt noch besser sind. Abschließend kann dann im letzten Schritt ein Profil der „echten" relativen Stärken und Schwächen erstellt werden.

An dieser Stelle muss darauf hingewiesen werden, dass es auch bei der Unternehmensanalyse nicht den „einen richtigen Weg" gibt. Der Einsatz der richtigen Werkzeuge muss situativ entschieden werden.[75]

---

74 vgl. Welge, M./Al-Laham, A., Strategisches Management, 2008, S. 353 f.
75 vgl. Müller-Stewens G./Lechner, C., Management, 2003, S. 212.

Abbildung 3-5: *Ablauf der internen Analyse*

vgl. Welge, M./Al-Laham, A., Strategisches Management, 2008, S. 354

ERMITTLUNG VON STÄRKEN UND SCHWÄCHEN

| KLASSISCHE ANSÄTZE | WERTORIENTIERTE ANSÄTZE | RESSOURCEN- UND KOMPETENZ-ORIENTIERTE ANSÄTZE |

VERGLEICH UND BEWERTUNG DER STÄRKEN UND SCHWÄCHEN

| WETTBEWERBSVERGLEICH | BENCHMARKING | KUNDENORIENTIERTER VERGLEICH |

ERSTELLUNG EINES STÄRKEN- UND SCHWÄCHEN-PROFILS

②—2—1 Klassische Ansätze

Klassische Ansätze verfolgen hauptsächlich drei Analysegegenstände: Zeit-bedingte Veränderungen, Potenziale von Funktionsbereichen sowie Analysen des Produktionsprogramms.

■ *Zeitbedingte Veränderungen*

Zeitvergleiche sind die einfachste Form der strategischen Analyse, in der es darum geht, die Ist-Situation von Unternehmen bzw. Unternehmensberei-chen mit Vergangenheitswerten zu vergleichen. Zuwächse oder Abnah-men von Budgets, Mitarbeitern oder sonstigen Ressourcen in bestimmten Bereichen deuten in diesem Zusammenhang auf potenzielle Stärken oder Schwächen hin. Kritisch zu erwähnen ist an dieser Stelle die Tatsache, dass Zeitvergleichen eine rein interne Perspektive zugrunde liegt. Daher sind die gewonnenen Informationen im zweiten Analyseschritt gründlich gegen Wettbewerberinformationen, oder Benchmarkingdaten zu prüfen.[76]

■ *Funktionsbereichspotenziale*

Ziel der Analyse der Funktionsbereichspotenziale ist es, Stärken und

---

76 vgl. King W./Cleland D., Strength, 1987, S. 375 f.

Schwächen in den Bereichen Forschung und Entwicklung (F&E oder auch Research and Development – R&D), Produktion, Marketing, Finanzen und Management zu ermitteln. Zu diesem Zweck können Kriterienkataloge herangezogen werden, die die einzelnen Bereiche hinsichtlich bestimmter Kriterien untersuchen. Dabei werden die zur Verfügung stehenden Ressourcen in den jeweiligen Bereichen in absoluten Größen gemessen. Dies gibt Aufschluss über die Stärken und Schwächen der einzelnen Funktionsbereiche. Hofer/Schendel[77] unterscheiden hierzu in den oben genannten Bereichen jeweils fünf verschiedene Kriterien: Finanzielle Ressourcen, physische Ressourcen, Humankapital, organisationsspezifische Ressourcen und technologische Fähigkeiten. Abbildung 3-6 zeigt den Kriterienkatalog nach Hofer/Schendel.

■ *Analysen des Produktionsprogramms*

Der Produktlebenszyklus (PLZ) beschreibt den Marktzyklus von Produkten in Abhängigkeit von Umsatz und Zeit. Dabei umfasst er von der Markteinführung eines Produktes bis hin zur Eliminierung (bzw. zum Relaunch) fünf Phasen: Markteinführung, Wachstum, Reife, Sättigung und Degeneration.[78] Abbildung 3-7 zeigt einen beispielhaften Produktlebenszyklus sowie die optimale Altersstruktur des Portfolios. Des Weiteren werden in der Abbildung Verbindungen zwischen der Produktlebenszyklusphase und der Klassifizierung von Produkten im Rahmen der BCG-Matrix sowie zur Anwendung von Normstrategien im Bezug auf die Lebenszyklusphase hergestellt. Der untere Teil der Abbildung gibt außerdem Aufschluss über spezifische funktionsbereichsbezogene Potenziale, die in Abhängigkeit der Produktlebenszyklusphase variieren.

➲ *Markteinführung*

Während der Produktentwicklung investieren Unternehmen regelmäßig hohe Summen, um Produkte „marktreif" zu machen. Während dieser Zeit bringen die Neuentwicklungen dem Unternehmen keine Umsätze. Mit der Markteinführung werden die Produkte dem Markt vorgestellt. Verschiedene Marketingmittel, wie beispielsweise Werbung oder Public Relations, können helfen, potentielle Kunden auf das Produkt aufmerksam zu machen. Dies führt zu einem langsamen Anstieg der Verkaufszahlen und der damit verbundenen Umsätze. An dieser Stelle entscheidet sich, ob der Markt das Produkt annimmt oder

---

77 vgl. Hofer, C./Schendel, D., Strategy, 1978, S. 149.
78 zu den einzelnen Phasen des PLZ vgl. Bruhn, M./Hadwich, K., Produktmanagement, 2006, S. 63 f; Thommen, J.-P./Achleitner, A.-K., Betriebswirtschaftslehre, 2006, S. 181 f.

Abbildung 3-6:   *Kriterien zur Messung von Funktionsbereichspotenzialen*
vgl.: Hofer, C./Schendel, D., Strategy, 1978, S. 149.

	F&E	PRODUKTION	MARKETING	FINANZEN	MANAGEMENT
FINANZIELLE RESSOURCEN	๑ Forschungsbudget ๑ Budget für Neuentwicklungein ๑ Budget für Produktverbesserungen ๑ Budget für Prozessverbesserungen	๑ Budget für Fabriken ๑ Budget für Ausrüstung ๑ Budget für Inventar ๑ Budget für Labore	๑ Budget für Werbung und Verkauf ๑ Budget für Distribution ๑ Servicebudget ๑ Budget für Marketing-Forschung	๑ Kurzzeitige Bargeldressourcen ๑ Möglichkeiten der Langzeitfinanzierung	๑ Budget für Planungssysteme ๑ Budget für Kontrollsysteme ๑ Budget für Managemententwicklung
INFRASTRUKTUR	๑ Größe, Alter und Ort von F&E-Einrichtungen	๑ Größe, Alter und Ort der Fabriken ๑ Automatisierungsgrad ๑ Integrationsgrad ๑ Art der Ausrüstung	๑ Anzahl und Lage von Vertriebsbüros ๑ Anzahl und Lage von Warenlagern ๑ Anzahl und Lage von Servicepunkten	๑ Anzahl der Hauptgeldgeber ๑ Aktienverteilung	๑ Lage des Firmenhauptsitzes
PERSONELLE RESSOURCEN	๑ Wechselfrequenz des Schlüsselpersonals ๑ Durchschnittsalter ๑ Ausbildung	๑ Ausbildung von Schlüsselpersonal ๑ Wechselfrequenz des Schlüsselpersonals	๑ Anzahl, Typen und Alter von wichtigen Vertriebs- und Marketing-Mitarbeitern ๑ Wechselfrequenz des Schlüsselpersonals	๑ Art, Qualifikation und Wechselfrequenz des Schlüsselpersonals	๑ Qualifikation und Alter von Schlüsselpersonal
ORGANISATORISCHE RESSOURCEN	๑ Systeme zur Beobachtung technologischer Entwicklungen ๑ Konzeptueller F&E-Prozess	๑ Art und Fortschrittlichkeit des Einkaufssystems der Produktionsplanung & Kontrolle sowie des Qualitätskontrollsystems	๑ Art und Fortschrittlichkeit des Distributions- und des Servicesystems ๑ Qualität der MA im Pricing ๑ Qualität der MA in der marktforschung	๑ Art und Fortschrittlichkeit des Cash-Management-Systems, des Systems zur Vorhersage der Finanzmärkte, des Finanzmodells	๑ Unternehmenskultur und Wertesystem ๑ Art und Fortschrittlichkeit der Planungs- und Kontrollsysteme ๑ Verantwortungsdelegation ๑ Entlohnungssysteme
TECHNOLOGISCHE FÄHIGKEITEN	๑ Anzahl Patente ๑ Anzahl neue Produkte ๑ Produktqualität	๑ Verfügbarkeit von Rohmaterialien ๑ Kostentrends (standortabhängig) der Rohmaterialien und Zukaufteile, Arbeit und Ausrüstung Produktivität, Kapazitätsauslastung	๑ Kostentrends pro Produkt hinsichtlich: Vertrieb und Werbung, Distribution und Service, Preisbezogene Wettbewerbsfähigkeit, Markentreue	๑ Kredit-Rating ๑ Kredit-Verfügbarkeit ๑ Aktienkurs ๑ Cash-Flow ๑ Dividenden	๑ Firmenimage ๑ Lobbying-Aktivitäten

Abbildung 3-7: *Produktlebenszyklus: Phasen, Merkmale, Strategien*
vgl.: Aurich, W., Unternehmensplanung, 1977, S. 130; Pearce, J., Management, 1988, S 217.

Phasen eines Produktlebenszyklus / BCG-Matrix	MARKTEINFÜHRUNG BCG: Questionmarks	WACHSTUM BCG: Stars	REIFE & SÄTTIGUNG BCG: Cash Cows	DEGENERATION BCG: Poor Dogs
Normstrategien	Offensivstrategie	Investitionsstrategie	Abschöpfungsstrategie	Relaunch / Desinvestition

Optimale Altersstruktur eines Portfolios	10-15%	20-25%	60-75%	10-15%
Marketing	Ressourcen/Know-how entwickeln, um den Bekanntheitsgrad zu vergrößern und um Akzeptanz bei den Kunden zu schaffen; Aufbau eines Distributionsnetzes.	Verfestigung des Markenimages; Nischenbildung, Preissenkung, Verfestigung der bewährten Vertriebskanäle und Entwicklung neuer.	Erschließung neuer Märkte und Halten alter Märkte durch aggressive Werbung; flexibles Preismanagement; Produktdifferenzierung und Halten der Kundentreue.	Effizientes Kostenmanagement für selektive Vertriebskanäle und Märkte. Starke Kundentreue oder Abhängigkeit vom Kunden. Starkes Unternehmensimage.
Produktion	Möglichkeit einer Ausweitung der Kapazitäten; geringe Produktbreite; Weiterentwicklung des Status quo.	Möglichkeit Produktvarianten hinzuzufügen; Zentralisation der Produktion oder Einsparung von Kosten auf andere Weise; Verbesserung der Produktqualität	Verbesserung des Produktes und Verringerung der Kosten. Möglichkeit die Kapazitäten zu verringern; Fördern der Lieferantenverdingungen; Ausweitung der Produktionstiefe.	Möglichkeit, das Produktionsprogramm zu bereinigen; Kostenvorteile in der Produktion, Standort und Distribution nutzen. Vereinfachung der Inventur. Ausweitung der Produktionstiefe.
Finanzen	Ressourcen, um den hohen Zahlungsüberschuss (durch vorangegangene Produktentwicklung) und anfängliche Verluste zu decken. Ausnutzung des Leverage-Effekts.	Möglichkeit, die rasche Expansion zu finanzieren; noch Ausgaben, jedoch wachsende Gewinne; Ressourcen, um Produktverbesserungen zu fördern.	Möglichkeit, wachsende Einnahmen zu bilden und neu zu verteilen; Effiziente Kostenkontrollsysteme.	Möglichkeit, überschüssige Kapazitäten anders einzusetzen oder zu veräußern; Kostenvorteile der Anlagen; Kontrollsystemgenauigkeit, moderne Managementkontrolle.
Personal	Flexibilität in der Ausbildung und Schulung des Führungsnachwuchses; Mitarbeiter mit Schlüsselpositionen bzgl. neuer Produkte oder Märkte einsetzen.	Möglichkeit des Zugriffs auf qualifiziertes Personal; motivierte und loyale Arbeitskräfte.	Möglichkeit, Arbeitskräfte kosteneffizient zu reduzieren; Erhöhung der Effizienz.	Möglichkeit, Personal freizustellen oder umzubesetzen; Kostenvorteile nutzen.
F&E	Möglichkeit zu Entwicklungsänderungen; technisch bedingte Kinderkrankheiten des Produktes und des Produktionsprozesses beseitigen.	Know-how für Qualitätsverbesserungen und neue Entwicklungen; Entwicklung eines Nachfolgeproduktes festsetzen.	Kosten senken; Entwicklung von Varianten zur Produktdifferenzierung.	Fördern anderer Wachstumsmärkte oder Befriedigen von speziellen Kundenbedürfnissen.
Relevanter funktionaler Bereich in der jeweiligen Phase; zu verfolgende Strategie	Entwicklung; Marktdurchdringung.	Verkauf; Kundentreue; Marktanteil.	Produktionseffizienz; Nachfolgeprodukte.	Finanzen, maximale Rückholung der Investitionen.

nicht. Aufgrund der vorangegangenen Entwicklungskosten und der Marketingausgaben, werden in dieser Phase zunächst keine Gewinne erzielt. Die Markteinführungsphase endet mit der Erreichung des sogenannten *Break-Even-Point* (der Gewinnschwelle). Zu diesem Zeitpunkt haben die erwirtschafteten Umsätze die bisher entstandenen Kosten gedeckt (Schnittpunkt von Umsatz- und Kostenkurve).

➲ *Wachstum*

Mit Beginn der Wachstumsphase werden erstmals Gewinne erzielt, obwohl die Ausgaben für das Marketing (vor allem für Kommunikation, z. B. Werbung) anhaltend hoch sind. Diese Phase ist durch starkes Umsatzwachstum gekennzeichnet. Dies hat in vielen Fällen den Markteintritt von Wettbewerbern zur Folge. Am Ende der Wachstumsphase stabilisiert sich das Umsatzwachstum.

➲ *Reife*

Der Wendepunkt der Umsatzkurve leitet die Reifephase ein. Diese ist meist die längste und profitabelste Marktphase. Das absolute Marktvolumen nimmt weiter zu, die Umsatzzuwächse sinken jedoch rapide. Aufgrund der zunehmenden Konkurrenz sinken Margen und Gewinne.

➲ *Sättigung*

Die Sättigungsphase beginnt, wenn kein Umsatzwachstum mehr erzielt wird (im Hochpunkt der Umsatzkurve). Um den Übergang in die Degenerationsphase hinauszuzögern, verstärken Unternehmen an dieser Stelle regelmäßig ihre Marketingaktivitäten, modifizieren ihre Produkte und steigern ihre Marktkommunikation (z. B. durch Werbung). In der Automobilindustrie geschieht dies regelmäßig durch sogenannte Facelifts. Die Sättigungsphase endet, wenn die Umsatzerlöse die Deckungsbeitragsgrenze[79] unterschreiten, wenn also keine Gewinne mehr erzielt werden können.

➲ *Degeneration*

Mit der Unterschreitung der Deckungsbeitragsgrenze beginnt die Degenerationsphase. Da das Produkt nun Verluste erwirtschaftet, ist ein schnelles und konsequentes Handeln erforderlich. Für das Unternehmen stehen zwei strategische Alternativen: Desinvestition oder Relaunch. Bei der Desinvestition wird das Portfolio um das entsprechende Produkt bereinigt – das Produkt wird vom Markt genommen. Es ist jedoch wichtig, dies mit System zu tun: Auch wenn keine neuen Produkte

---

79 zum Deckungsbeitrag vgl. Kapitel 5.2.2.4 – Erfolgsrechnungen.

mehr verkauft werden, befinden sich weiterhin bereits verkaufte Produkte am Markt. Es ist daher beispielsweise wichtig, die Verfügbarkeit von Service und Ersatzteilen auch nach der Produkteliminierung für eine gewisse Zeit zu sicherzustellen. Bei einem Relaunch wird durch Modifikation und Neupositionierung ein neuer Lebenszyklus angestoßen. Dies passiert in der Automobilindustrie beispielsweise durch Generationenwechsel desselben Modells.

❷ 2 2   Wertorientierte Ansätze

Die Leitidee des wertorientierten Ansatzes besteht darin, die Ausführung und Organisation bestimmter Tätigkeiten bzw. Funktionsbereiche des Unternehmens zu analysieren und mit der des Wettbewerbs zu vergleichen. Die Ergebnisse einer solchen Analyse ermöglichen die Erkennung von Wettbewerbsvorteilen (Stärken) und -nachteilen (Schwächen).[80] Die Ursachen der Stärken oder Schwächen sind dabei entweder kosten- oder differenzierungsbezogen. Der Hauptvertreter dieses Ansatzes ist Michael Porter, der mit der Wertkette eines der bekanntesten Werkzeuge zur Unternehmensanalyse entwickelte. Abbildung 3-8 zeigt ein Modell von Porters Wertkette.[81] Diese untergliedert ein Unternehmen in strategisch relevante Aktivitäten (vgl. Kapitel 1.2.3), die Porter als Wertaktivitäten bezeichnet. Die Summe aller Wertaktivitäten kennzeichnet den Preis, den die Abnehmer bereit sind für das Produkt zu bezahlen. Die Gewinnspanne des Unternehmens kann also berechnet werden, in dem man vom erschaffenen Gesamtwert (Summe der Wertaktivitäten), die für die einzelnen Wertaktivitäten entstandenen Kosten subtrahiert. Porter unterscheidet zwei Arten von Wertaktivitäten: primäre und sekundäre Aktivitäten. Die primären Aktivitäten befassen sich mit der physischen Herstellung von Produkten und Dienstleistungen,sowie mit der Versorgung des Marktes.[82] Zu ihnen zählen:

- *Eingangslogistik* – Empfang und Lagerung von Inputfaktoren.
- *Produktion* – Umwandlung der Inputfaktoren in das Endprodukt.
- *Vertrieb* – Verkauf der Produkte.
- *Ausgangslogistik* – Lagerung und Distribution der Produkte.
- *Kundendienst* – Dienstleistungen zur Werterhaltung der Produkte.

---

80   vgl. Esser, W., Wertkette, 1994, S. 132.

81   Um dem Trend der marktorientierten Unternehmensführung Rechnung zu tragen, wurde das Marketing, welches im ursprünglichen Modell Teil der primären Prozesse ist, der Unternehmensinfrastruktur zugerechnet. In ähnlicher Weise kann auch das Personalwesen der Unternehmensinfrastruktur zugerechnet werden. Aus Gründen der Vereinfachung wurde hierauf verzichtet.

82   vgl. Porter, M., Wettbewerbsvorteile, 2000, S. 63 ff.

Abbildung 3-8: *Bildung von Wertaktivitäten*
vgl: Porter M., Wettbewerbsvorteile, 1996, S. 74.

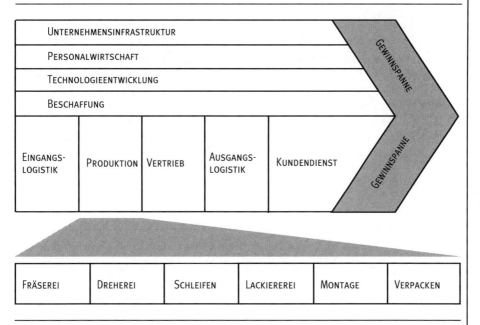

Die sekundären oder unterstützenden Aktivitäten umfassen alle Tätigkeiten, die Voraussetzung für die Ausübung der primären Aktivitäten sind. Dazu gehören:

- *Beschaffung* – Einkauf der Inputgüter.
- *Technologieentwicklung* – Produkt- und Verfahrensverbesserung.
- *Personalwirtschaft*.
- *Unternehmensinfrastruktur* – Führungs- und Informationssysteme, Geschäftsführung, strategische Planung, Marketing, Rechnungswesen & Finanzen.

Die Analyse der Wertkette erfolgt im Regelfall in vier Schritten.[83] Grundsätzlich sollten bei der Analyse alle betrieblichen Aktivitäten berücksichtigt werden.

1. *Definition der Wertkette* – Unternehmensspezifische Aufgliederung der betrieblichen Aktivitäten in unterscheidbare Komponenten mit strategischer Relevanz (Wertaktivitäten). Die Auswahl kann sich am Vorschlag Porters ausrichten – kann allerdings auch einen individuellen Aufbau haben. Im Anschluss daran werden einzelne Wertaktivitäten genauer aufgeschlüs-

---

83 vgl. Porter, M., Wettbewerbsvorteile, 2000, S. 70 ff.

71

selt, indem die zugehörigen Tätigkeiten aufgelistet werden. Abbildung 3-8 zeigt ein Beispiel einer solchen Aufschlüsselung.

2. *Ermittlung von Schwerpunkten* – Die Ermittlung von Schwerpunkten gibt Auskunft darüber, auf welche Bereiche im Rahmen der Analyse besonders zu achten ist. Dies kann beispielsweise durch eine Untersuchung der relativen Anteile der Aktivitäten an den Gesamtkosten bzw. an der Gesamtwertschöpfung geschehen.

3. *Analyse von Interdependenzen* – Da alle ermittelten Wertaktivitäten an der Erstellung und Vermarktung der selben Produkte beteiligt sind, bestehen zwischen den einzelnen Aktivitäten in der Regel starke Interdependenzen. So kann beispielsweise eine gute Marktpotenzialabschätzung (Marketing) helfen, unnötige Lagerbestände (Ausgangslogistik) zu vermeiden. Die Optimierung und Koordination dieser Verknüpfungen ist eine wichtige Quelle von Wettbewerbsvorteilen.

4. *Analyse von Kosten- und Differenzierungsschwerpunkten* – Die Analyse von Kosten- und Differenzierungsschwerpunkten ist die Hauptaufgabe der Wertanalyse. Die in dieser Phase gewonnenen Informationen dienen als Grundlage für die Strategiewahl.

Zur Analyse der Kostenschwerpunkte sollten zunächst die Kosten der definierten Wertaktivitäten ermittelt werden. Dies kann unter Zuhilfenahme der Kostenartenrechnung (vgl. Kapitel 5.2.2.1) geschehen. Im Anschluss daran sollten die Kostentreiber der Wertkette ermittelt werden (z. B. Lerneffekte, Skaleneffekte oder Standort). Die ermittelte Kostensituation zeigt Ansatzpunkte für Wettbewerbsvorteile (Stärken) oder Wettbewerbsnachteile (Schwächen) auf. Sie ist außerdem die Grundlage für eine effiziente Anwendung der Kostenführerstrategie..

Differenzierungsquellen entstehen beim Kunden, wenn dieser den Nutzen des Produktes im Vergleich zu Wettbewerbsprodukten für sich beurteilt. Differenzierungsmerkmale schaffen die Voraussetzung, Produkte für einen höheren Preis am Markt abzusetzen. Sie erhöhen außerdem die Wiederverkaufsrate und die Kundenbindung. Die Analyse der Differenzierungsquellen beginnt daher mit einer Analyse des Kundennutzens. Im nächsten Schritt gilt es dann zu prüfen, wie sich die Wertaktivitäten des Unternehmens auf die Nutzenkriterien der Kunden auswirken und wo Differenzierungvorteile bestehen bzw. neue Vorteile geschaffen werden könnten. Im Anschluss daran müssen die Differenzierungskosten ermittelt werden. Diese dürfen den Betrag, den der Kunde bereit ist für die Differenzierung zu bezahlen, nicht überschreiten. Differenzierungsschwerpunkte sind stets relativ zu denen der Wettbewerber zu betrachten. Relative Differenzierungsvorteile sind Stärken, -nachteile sind Schwächen des Unternehmens. Differenzierungsvorteile oder -potenziale bilden die Grundlage für eine mögliche Differenzierungsstrategie.

❷ ▪ 2 ▪ 3 ▪ Ressourcen- und kompetenzorientierte Ansätze

Kompetenzorientierte Ansätze führen den Wettbewerbserfolg von Unternehmen auf unternehmeneigene, einzigartige Fähigkeiten zurück. Sie können daher als eine Weiterentwicklung der bereits beschriebenen Ressource-Based-View verstanden werden. Die Fähigkeiten (oder Ressourcen), die jedes Unternehmen besitzt, lassen sich dabei in materielle (tangible oder greifbare) und immaterielle (intangible oder nicht greifbare) Ressourcen einteilen. Bei den intangiblen Ressourcen unterscheidet man personenabhängige und personenunabhängige Ressourcen.

Da einzelne Ressourcen selten spürbare Auswirkungen für die Leistungsfähigkeit von Unternehmen haben, führt meist erst die Kombination von Ressourcen zu wettbewerbsrelevanten Kompetenzen. Diese Ressourcenbündel werden als *Kernkompetenzen* bezeichnet.[84] Im Rahmen der Analyse der Kernkompetenzen von Unternehmen gilt es, entlang der ganzen Wertkette von Unternehmen zu prüfen, welche Ressourcenkombinationen zu Wettbewerbsvor- oder Nachteilen führen und welche neutral zu bewerten sind. Da tangible Ressourcen meist leicht imitierbar sind, stehen aus Sicht des Kernkompetenzansatzes insbesondere die schwer imitierbaren intangiblen Ressourcen im Fokus der Betrachtung.

Zur Identifikation von Kernkompetenzen kann das von Barney entwickelte VRIO-Schema genutzt werden, welches eine Einordnung von Ressourcenbündeln als Kernkompetenz von vier Faktoren abhängig macht:[85]

- *Valuable – Strategischer Wert:* Kernkompetenzen erlauben Unternehmen auf externe Faktoren (opportunities oder threats) zu reagieren und so beispielsweise einen spezifischen Kundennutzen zu generieren.

- *Rare – Seltenheit:* Kernkomptenzen müssen in der Lage sein, Unternehmen Differenzierungsvorteile zu verschaffen – aus diesem Grund ist es wichtig zu prüfen, ob Wettbewerber über ähnliche Fähigkeiten verfügen.

---

84 vgl. Rasche C., Wettbewerbsvorteile, 1994, S. 143.
85 vgl. Barney, Advantage, 1997, S. 145 ff.

- *Imitable – Kopierbarkeit/Substituierbarkeit:* Kernkompetenzen können von Wettbewerbern nicht oder nur mit erheblichem Aufwand kopiert oder substituiert werden.

- *Organization – Organisatorische Verankerung:* Kernkompetenzen können nur dann bestmöglich ausgenutzt werden, wenn innerhalb der Unternehmen geeignete Organisationsstrukturen, Prozesse und Managementsysteme existieren.

Abbildung 3-9 zeigt eine grafische Aufbereitung der VRIO-Systematik zur Einordnung von Kernkompetenzen in Stärken und Schwächen, welche als Ergebnis der internen Analyse in die Strategiewahl einfließen.

Abbildung 3-9:   *Stärken und Schwächen im Bezug auf Kernkompetenzen*
                 vgl: Barney J., Advantage, 1997, S 163.

IST DAS RESSOURCENBÜNDEL ...				
wertvoll?	selten?	imitierbar/ substituierbar?	ausgenutzt?	Strength or weakness?
Nein	–	–	Nein	Schwäche
Ja	Ja	–	↑	Stärke
Ja	Ja	Ja	↕	Stärke und unverkennbare Kompetenz
Ja	Ja	Ja	Ja	Stärke und nachhaltige unverkennbare Kompetenz

❷-2-4   Vergleich und Bewertung der Stärken und Schwächen

Die Analyse der Unternehmensfähigkeiten mit den vorgestellten Werkzeugen resultiert in einer umfassenden Bestandsaufnahme der Stärken und Schwächen von Unternehmen. Um eine Bewertung dieser absoluten Ergebnisse zu ermöglichen, ist es allerdings wichtig, diese in einem weiteren Schritt ins Verhältnis zu Wettbewerbern, anderen Branchen und Kundenanforderungen zu setzen. Auf diese Weise erfolgt eine Relativierung der Ergebnisse, welche eine realistische Situationsbewertung (relative Stärken und Schwächen) ermöglicht.[86]

- **Wettbewerbsvergleich**

  Im Rahmen eines Wettbewerbsvergleichs müssen die Stärken und Schwä-

---

86   zum Vergleich und der Bewertung von Stärken und Schwächen vgl. Pearce J./Robinson R., Management, 1988, S. 215.

chen der Hauptwettbewerber auf ähnliche Weise ermittelt werden wie die eigenen Stärken und Schwächen zuvor. Ziel ist es, eine punktgenaue Gegenüberstellung der eigenen Stärken und Schwächen mit denen der Hauptwettbewerber zu ermöglichen. Ein grundlegendes Problem stellt in diesem Zusammenhang die Informationsbeschaffung dar. Häufig etablieren Unternehmen zu diesem Zweck eigene Informationssysteme (wie z. B. eine Marktforschungsabteilung). In vielen Fällen können auch Experteninterviews eine gute Quelle für erfahrungsbasierte Einschätzungen der Wettbewerbssituation sein.

■ *Benchmarking*

Ziel des Benchmarking ist das „Lernen von den Besten". Es geht also darum, sogenannte „Best-Practices" von Konkurrenten, anderen Branchen oder Märkten zu analysieren und zu adaptieren oder eventuell sogar zu verbessern. Untersuchungsgegenstände von Benchmarks können dabei sehr vielfältig sein. Sie reichen von einzelnen Produkten, Prozessen oder Wertaktivitäten bis hin zur gesamten Wertkette. Im Zusammenhang mit der Relativierung der unternehmenseigenen Stärken und Schwächen gilt es zu hinterfragen, wie diese im Vergleich zu den Best-Practices aus anderen Bereichen (Produkte, Firmen, Branchen, Märkte usw.) zu bewerten sind.

■ *Kundenorientierter Vergleich*

Wettbewerbsvorteile müssen nicht nur relativ zu den Wettbewerbern, sondern auch stets relativ zu den kundenseitigen Anforderungen bewertet werden. Aus diesem Grund sollten im letzten Schritt der Relativierung die ermittelten Stärken und Schwächen mit den kaufentscheidenden Faktoren der Kunden verglichen werden. An dieser Stelle gilt es, auch die Kaufkriterien und die Ressourcenzuweisung der unternehmenseigenen Wertkette gegenüberzustellen um zu ermitteln, ob die Schwerpunktsetzung den Kundenanforderungen entspricht.

❸ Strategiewahl

Nach der Identifikation der Stärken, Schwächen, Chancen und Risiken (Strengths, Weaknesses, Opportunities und Threats – SWOT) gilt es nun, erfolgsversprechende Strategien zu wählen, die der Situation des Unternehmens angepasst sind und der Verwirklichung der Unternehmensziele dienen. Zu diesem Zweck wird mit der TOWS-Matrix im Folgenden zunächst ein Instrument beschrieben, welches die systematische Übersetzung der identifizierten Stärken, Schwächen, Chancen und Risiken in konkrete Handlungsempfehlungen ermöglicht. Im Anschluss daran werden verschiedene Strategiearten beschrieben, die sich in bestehenden Märkten etabliert haben. Zuletzt wird schließlich die Portfolio-Analyse als ein Werkzeug beschrieben, welches die Strategiewahl hinsichtlich einer Chancen- und Risikenabwägung beeinflusst. [87]

❸-1 TOWS-Matrix

Die TOWS-Matrix ist ein Hilfsmittel, welches aufbauend auf den Ergebnissen der SWOT-Analyse, die Identifikation möglicher strategischer Handlungsoptionen unterstützt. Dazu müssen in einem ersten Schritt die Ergebnisse der Situationsanalyse, also die aus der Unternehmensanalyse gewonnenen Stärken (strengths) und Schwächen (weaknesses) und die aus der Umweltanalyse gewonnenen Chancen (opportunities) und Risiken (threats) systematisch geordnet und dargestellt werden. Dies kann beispielsweise mit Hilfe der SWOT-Matrix geschehen (vgl. Abbildung 3-10). Aus Effizienzgründen kann auf diesen Schritt allerdings auch verzichtet werden. Statt dessen können die Ergebnisse auch direkt in die TOWS-Matrix eingetragen werden. Dazu werden zunächst in der obersten Zeile, von links nach rechts, horizontal, die identifizierten und durchnummerierten strengths und weaknesses eingetragen. Im Anschluss daran werden in der linken Spalte, von oben nach unten, vertikal, die identifizierten und durchnummerierten opportunities und threats eingetragen.

Danach erfolgt in jeder der vier Schnittstellen der SWOT-Felder (strengths/opportunities, weaknesses/opportunities, strengths/threats, weaknesses/threats) eine Gegenüberstellung der Faktoren. Dabei wird paarweise der Einfluss der aufeinandertreffenden Faktoren auf das Unternehmen untersucht. Abbildung 3-11 zeigt beispielhaft den Aufbau einer TOWS-Matrix.

❸-2 Generische Wettbewerbsstrategien

Eine effektive Wettbewerbsstrategie umfasst offensive oder defensive Maßnahmen, mit denen Schwächen überwunden, Stärken ausgebaut, Marktchancen genutzt und Marktrisiken minimiert werden können. Ziel ist es dabei, andere Firmen in der Industrie zu überflügeln und sich so eine wettbewerbsfähige Position zu sichern. Zur Umsetzung dieser Zielsetzung formulierte Porter bereits 1980 drei generische Wettbewerbsstrategien, die sich nach damaliger Meinung gegenseitig ausschließen: Kostenführerschaft, Differenzierung und Fokussierung. Porter betont, dass es für Firmen unablässlich ist, sich für eine der drei Strate-

---

87 zur Strategiewahl vgl. Bea, F.-X./Haas, J., Management 2005, S. 166 ff.

Abbildung 3-10: *Exemplarische SWOT-Analyse am Beispiel des Markteintritts eines bekannten Mobilfunkherstellers in Emerging Markets - Situation 2005*

S		W	
S1:	Manufacturing Expertise	W1:	Cost Dependence on Chipset
S2:	Strong financial situation		Suppliers
S3:	Strong and established brand	W2:	Little experience in the
S4:	Good access to all relevant sales channels		Ultra-Low-Cost Sector
S5:	Access to Network Technology (Nokia Siemens Networks)		

O		T	
O1:	China is the most populous country in the world	T1:	Many rural areas in China have neither fixed-line nor mobile telephony services available
O2:	Stunning potential for ULC handsets		
O3:	Only two big Operators	T2:	Popularity of fixed-wireless services developed by UTStarcom could hinder expected growth of wireless industry.
O4:	Large numbers of new subscribers and the increasing GDP per capita will encourage a strong replacement demand		

Abbildung 3-11: *Exemplarische TOWS-Matrix - abgeleitet aus der Situation im chinesischen Mobilfunkmarkt 2005, vgl. Abbildung 3-5.*

TOWS matrix	Liste aller Strenghts	Liste aller Weaknesses
	S1: Manufacturing Expertise S2: Strong financial situation S3: Strong and established brand S4: Good access to all relevant sales channels S5:	W1: Cost Dependence on Chipset Suppliers W2: Little experience in the Ultra-Low-Cost Sector
Liste aller Opportunities O1: China is the most populous country in the world O2: Stunning potential for ULC handsets O3: Only two big Operators O4: ...	**Vergleich der Strengths mit den Opportunities:** Wie können die unternehmenseigenen Stärken eingesetzt werden, um die Opportunities am Markt bestmöglich auszunutzen? z. B.: S2/O1: Use resources to develop a phone that is desighned for emerging	**Vergleich der Weakkesses mit den Opportunities:** Wie können die unternehmenseigenen Schwächen überwunden werden, um die Chancen am Markt besser nutzen zu können? z. B.: W2/O1: Intensive market loval market research to gain a better understanding of the market
Liste aller Threats T1: Many rural areas in China have neither fixed-line nor mobile telephony services available T2: ...	**Vergleich der Strengths mit den Threats:** Wie können die Stärken des Unternehmens benutzt werden, um die Marktseitigen Bedrohungen zu minimieren? z. B. S3/T1: Convince Operators to increase Coverage in rural areas	**Vergleich der Weaknesses mit den Threats:** Wie können die Schwächen, die die Verfolgung der marktseitigen Chancen behindern überwunden werden? W1/T1: Cost of chipsets needs to be in a range that allwos for a positive business case with ruals inhabitants

gien zu entscheiden. Passiert dies nicht, können sich Unternehmen gegenüber den Wettbewerbern keine nachhaltig erfolgversprechende Marktposition sichern. Porter spricht in diesem Zusammenhang von „Stuck in the middle". [88] Abbildung 3-12 verdeutlicht die Unterschiede der generischen Wettbewerbsstrategien.

Abbildung 3-12: *Die Erfolgskurve der generischen Wettbewerbstrategien*
vgl.: Porter, M., Wettbewerbsstrategie, 2008, S. 81.

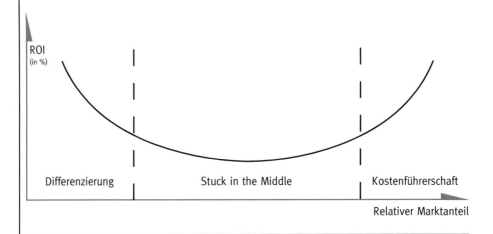

---

③-2-1 Kostenführerschaft

Wie der Name schon sagt, ist das Ziel der Kostenführerschaft, die eigene Kostenstruktur als Wettbewerbsvorteil zu nutzen, d. h. eine bessere Kostenstruktur zu haben als die Wettbewerber. Dies führt dazu, dass bei gesunden Margen immer noch günstige Marktpreise angeboten werden können. Ein gutes Beispiel für diese Strategie ist die Lebensmittelkette Aldi[89]. Um eine gute Kostenposition zu erreichen, müssen Größenvorteile (Erfahrungskurve, Economies of Scale) und Verbundvorteile (Economies of Scope) bestmöglich ausgenutzt werden.

---

88 zu den generischen Wettbewerbsstrategien vgl. Porter, M., Wettbewerbsstrategie, 2008, S. 72 ff.
89 www.aldi.de

③ 2 2 Differenzierung

Die Grundidee, die sich hinter der Differenzierungsstrategie verbirgt, ist es Produkte herzustellen, die in den Augen der Kunden als einzigartig wahrgenommen werden. Um dies zu erreichen, stehen einer Firma verschiedene Möglichkeiten, wie Markenname, Technologie, Kundendienst, Produkteigenschaften oder Vertriebskanäle zur Verfügung. Idealerweise nutzt ein Unternehmen gleich mehrere dieser Möglichkeiten, um sich von seinen Wettbewerbern abzusetzen. Durch die Erhöhung des Kundennutzens ermöglichen differenzierte Produkte (mit passendem Kundenutzen) das Erzielen von vergleichsweise hohen Marktpreisen. Auf diese Weise schafft diese Strategievariante, trotz der relativ kleinen Marktanteile, die Voraussetzung für das Erwirtschaften von gesunden Gewinnmargen. Die Einzigartigkeit des Produktes führt zu einer hohen Kundenloyalität. Diese stellt eine hohe Markteintrittsbarriere dar und schützt Firmen so vor neuen Wettbewerbern und Substitutionsprodukten.

③ 2 3 Fokussierung

Obwohl sich Kostenführerschaft und Differenzierung laut Porter gegenseitig ausschließen, besteht die Möglichkeit in bestimmten Nischen oder einzelnen Marktsegmenten beides simultan zu erreichen. In diesem Fall haben Unternehmen durch die Spezialisierung auf die spezifischen Bedürfnisse der Zielgruppe einen Differenzierungsvorteil. Innerhalb der Nische erlangen Unternehmen durch diese Strategie einen bedeutenden Marktanteil und können daher in diesem Bereich auch Kostenführer werden.

③ 3 Hybride Wettbewerbsstrategien

1985 stellten Gilbert und Strebel ihren Ansatz zu Wettbewerbsstrategien vor: das Outpacing. Im Gegensatz zu Porter geht ihr Ansatz davon aus, dass die Wahl einer von Porters Wettbewerbsstrategien (Differenzierung oder Kostenführerschaft) heutzutage nicht mehr notwendigerweise eine Vernachlässigung der anderen Strategie zur Folge haben muss. Dabei gehen sie davon aus, dass zur Zeit der Formulierung von Porters Konzepten zwischen Variantenvielfalt und Produktionskosten ein sehr enger Zusammenhang bestand. Dies führte dazu, dass eine Kombination von Kostenführerschaft und Differenzierung nur in begrenztem Maße möglich war. Innovative Produktionstechnologien erlauben ihrer Meinung nach heutzutage eine wesentlich größere Variantenfielfalt bei einer unwesentlichen Steigerung der Produktionskosten.[90] Aufbauend auf diesen Gedanken entstand 1995 der *„Net-Value-Ansatz"*. Dieser definiert den „Netto-Wert" eines Produktes als die Differenz zwischen dem Kundennutzen (dem Wert des Produktes für den Kunden) und den Kosten des Produktes. Kernaussage dieser Theorie ist dabei, dass Kunden sich immer nach dem Produkt mit dem besten „Netto-Wert" orientieren. Dieser kann bei gutem Verständnis der Kundenanforderungen in vielen Fällen gezielt von Lieferanten beeinflusst werden. Die Produkteigenschaften, die beim Kunden einen definierten Nutzen stiften, werden häufig als *USP (Unique Selling Proposition)* bezeichnet.

❸-4 Portfolio-Analyse

Die Portfolio-Analyse ist ein bewährtes Instrument der strategischen Planung. Sie kombiniert externe und interne Perspektiven und liefert auf diese Weise wertvolle Beiträge für die Strategiewahl. Aufgrund ihrer Vielseitigkeit lässt sie sich allerdings auch als Instrument zur Analyse des Produktportfolios einsetzen und hätte daher auch im Rahmen der internen Analyse behandelt werden können.

Das Postulat der Portfolio-Analyse ist, dass strategische Entscheidungen nicht isoliert betrachtet werden können, sondern stets in Verbindung mit der Gesamtsituation von Unternehmen stehen müssen. Ziel ist es, eine Gesamtstrategie zu entwickeln, die ein ausgewogenes Verhältnis von Chancen und Risiken ermöglicht. Zu diesem Zweck werden Unternehmen in einzelne, objektbezogene Planungsbereiche, sogenannte strategische Geschäftsfelder (SGF), zerlegt. Für diese werden jeweils eigene Geschäftsbereichsstrategien entwickelt, welche im Rahmen der Portfolioanalyse nach Risiko- und Ertragsaspekten bewertet werden (Gleichgewichtsdenken).

Die wohl bekannteste Form der Portfolio-Analyse ist die Marktwachstum-Marktanteil-Matrix der Boston Consulting Group. Sie ist auch unter dem Namen BCG-Matrix bekannt. In ihr wird die Unternehmensumwelt mit dem Merkmal „Marktwachstum" (Ordinate) charakterisiert. Die Unternehmenssituation wird durch die Größe „relativer Marktanteil" (Abszisse) widergespiegelt. Abbildung 3-13 zeigt den Aufbau einer BCG-Matrix. Der relative Marktanteil wird dabei als Umsatz des eigenen Unternehmens im Verhältnis zum Umsatz des größten Wettbewerbers gemessen. Die BCG-Matrix wird in vier Felder eingeteilt:[91]

---

90 vgl. Gilbert, X./Strebel, P., Outpacing, 1985.
91 zur Portfolioanalyse vgl. Bea, F-X./Haas, J., Management, 2005, S. 148 ff.

Abbildung 3-13: *Marktwachstum-Marktanteil-Matrix (BCG-Matrix)*

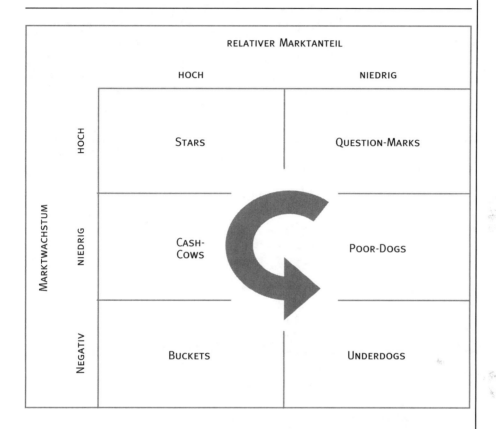

■ *Question-Marks*

Question-Marks sind innovative Produkte oder Bereiche, die auf schnell wachsenden Märkten positioniert werden. Ziel ist die Weiterentwicklung der Question-Marks zu Stars. Die gewählte Normstrategie ist in diesem Bereich daher im Regelfall eine Offensivstrategie, die darauf abzielt, Marktanteile zu gewinnen. Aufgrund des geringen Marktanteils und Umsatzes benötigen die Question-Marks zur Umsetzung der Offensivstrategie eine starke Quersubventionierung mit den Gewinnen anderer Produkte oder den finanziellen Ressourcen anderer Unternehmenbereiche.

- **Stars**

  In die Star-Kategorie fallen jene Produkte oder SGF, denen es gelungen ist, mit dem Markt zu wachsen und eine führende Marktposition zu erhalten. Der Umsatz in dieser Kategorie reicht nun nahezu aus, um die entstehenden Kosten zu decken. Ziel von Unternehmen muss es sein, die Stars von heute zu den Cash-Cows von morgen weiterzuentwickeln. Die Normstrategie ist in dieser Kategorie daher im Regelfall eine Investitionsstrategie, die darauf abzielt, Marktanteile zu halten und durch Prozessinnovationen Kosten zu senken.

- **Cash-Cows**

  Wenn es Unternehmen gelingt, den Marktanteil der Produkte oder SGF über die Star-Phase hinaus hoch zu halten, werden diese zu Cash-Cows. In dieser Phase werden Investitionen weitgehend zurückgefahren. In Bezug auf die Normstrategie spricht man an dieser Stelle von einer sogenannten Abschöpfungs- oder Skimming-Strategie. Ziel ist es möglichst hohe Gewinne „abzuschöpfen" und damit neue Question-Marks und Stars subventionieren zu können. Dies wird durch die bereits optimierten Prozesskosten unterstützt.

- **Poor-Dogs**

  Das letzte Feld der BCG-Matrix haben Produkte oder SGF inne, die kein Marktwachstum und eine schwache Marktstellung aufweisen. In Bezug auf den Produktlebenszyklus handelt es sich um Produkte oder Geschäftsfelder, die sich in der Degenerationsphase befinden. Zunehmender Konkurrenzdruck (industry rivalry – 5 Forces) führt zu schlechten Gewinnmargen. Falls kein Relaunch geplant ist, wenden Unternehmen an dieser Stelle im Regelfall eine Desinvestitionsstrategie an.

Innerhalb der Matrix wird jedes Produkt oder jedes SGF durch einen Kreis dargestellt. Die Kreisgröße repräsentiert den jeweiligen Umsatz. Ein ausgeglichenes Portfolio ist dann erreicht, wenn die Umsätze der Question-Marks und der Stars in ausreichendem Maße dazu verwendet werden können die Kosten der umsatzschwachen Felder (Question-Marks und Stars) zu decken (Quersubventionierung).

Die BCG-Matrix wird häufig dafür kritisiert, dass sie rückläufige Märkte (mit negativem Wachstum) nicht abdeckt. Aus diesem Grund wir die Matrix häufig um zwei Felder ergänzt: Unterlegene Produkte (Under Dogs) mit sinkendem Wachstum bei niedrigem Marktanteil und Verlierer (Buckets) mit sinkendem Wachstum bei hohem Marktanteil.

❸–5 Marktfeldstrategien nach Ansoff

Der in der Geschichte des strategischen Managements erste Versuch zur systematischen Entwicklung von Unternehmensstrategien stammt aus dem Jahr 1965 von Igor Ansoff. Die von Ansoff entwickelten Produktstrategien gehen von der Fragestellung aus, welche Produkte auf welchen Märkten angeboten werden sollen. Dabei unterscheidet Ansoff zwischen neuen und bestehenden Produkten und Märkten. Auf diese Weise entstehen vier mögliche Strategiealternativen: Marktdurchdringung, Produktentwicklung, Marktentwicklung und Diversifikation (vgl. Abbildung 3-14).[92]

- *Marktdurchdringung*

  Wachstum in bestehenden Märkten mit bestehenden Produkten durch Steigerung des Marktanteils (z. B. Mobilfunkanbieter kämpfen um Marktanteile in Deutschland).

- *Produktentwicklung*

  Entwicklung von neuen Produkten für bestehende Märkte (z. B. Mobilfunkanbieter verkaufen Tarife für mobiles Internet).

- *Marktentwicklung*

  Absatz von bestehenden Produkten in neuen Märkten (z. B. die ursprünglich als Tonträger entwickelte CD hat sich zum generellen Datenträger weiterentwickelt).

- *Diversifikation*

  Unternehmen versuchen mit neuen Produkten neue Märkte zu erschließen. Diversifikation kann in drei Formen auftreten:

  ➲ Bei der horizontalen Diversifikation befinden sich die neuen und die bisherigen Produkte auf derselben Wertschöpfungsstufe befinden (z. B. ein Automobilhersteller entscheidet sich, auch Motorräder zu produzieren).

  ➲ Bei der vertikalen Diversifikation wird entweder auf vor- oder nachgelagerte Wertschöpfungsstufen diversifiziert (z. B. Automobilhersteller kauft Alluminiumgießerei).

  ➲ Bei der konglomeralen Diversifikation existieren zwischen den neuen und den bestehenden Produkten keine direkten Zusammenhänge (z. B. Lufthansa bietet Miles & More Kreditkarten an).

---

92 vgl. Bea, F.-X. / Haas, J., Management 2005, S. 168 ff.

Abbildung 3-14: *Marktfeldstrategien nach Ansoff*
vgl. Bea, F.-X./Haas, J., Management 2005, S. 168.

Markt Produkt	Gegenwärtig	Neu
Gegenwärtig	Marktdurchdringung (market penetration)	Produktentwicklung (product development)
Neu	Marktentwicklung (market development)	Diversifikation (diversification)

---

❹ **Strategieimplementierung**

Ziel der Strategieimplementierung ist es, die gewählten Strategien, also die strategischen Pläne, in konkrete Handlungen umzusetzen. Die dabei entstehenden Aufgaben können in sachbezogene und verhaltensbezogene Aufgaben unterteilt werden. Sachbezogene Aufgaben umfassen alle Maßnahmen zur Konkretisierung der Strategie, während die verhaltensbezogenen Aufgaben auf die Erreichung und Förderung der unternehmensinternen Akzeptanz der Strategien abzielen.[93] Im Folgenden wird lediglich auf die sachbezogenen Aufgaben der Strategieimplementierung eingegangen, da die verhaltensbezogenen Maßnahmen, wie beispielsweise Managementsystem oder Organisationsstruktur, bereits an anderer Stelle behandelt wurden.

Zur Übersetzung der Strategien in operative Maßnahmen und zur Detaillierung der Strategien dient die mittelfristige oder taktische Planung. Diese hat in der Regel einen Zeithorizont von 3 bis 5 Jahren. In ihr werden die Strategien im Rahmen der Projektplanung zunächst über ihren gesamten Lebenszyklus hinweg konkretisiert, budgetiert sowie im Rahmen der Projektkontrolle permanent kontrolliert. Eines der bekanntesten Werkzeuge zur mittelfristigen Planung ist die Balanced Scorecard von Kaplan und Norton, welche einen Ansatz zur „Umsetzung einer Strategie in spezifische Kennzahlen"[94] bietet. Aus der Projektplanung leiten sich im Anschluss objektbezogene Planungen ab (z. B. konkrete Investitionsplanung). Im Anschluss daran erfolgt mit der operativen Planung die eigentliche Steuerung der Strategieimplementierung. Ausgehend von den lang- und mittelfristigen Plänen werden darin kurzfristige Jahrespläne abgeleitet, welche in Form von Budgets festgeschrieben werden.

---

93 vgl. Welge, M./Al-Laham, A., Strategisches Management, 2008, S. 793.
94 vgl. Kaplan, R./Norton, D., Scorecard, 1998, S. 36 f.

Der Ausgangspunkt der Überlegungen von Kaplan und Norton war die starke Fokussierung bestehender Systeme auf finanzwirtschaftliche Kennzahlen, welche den wachsenden Anforderungen von Unternehmen im Informationszeitalter nach effektiven Planungswerkzeugen nicht mehr gerecht werden konnten. Die Balanced Scorecard nutzt aus diesem Grund eine ausgewogene (balanced) Mischung externer und interner Messgrößen (scores) zur Beschreibung und Kontrolle von Strategien und erreicht auf diese Weise eine Konkretisierung der Zielsetzung auf verschiedenen Ebenen. Dies führt zu einer Steigerung der Umsetzungswahrscheinlichkeit sowie zu einer Vergrößerung der Transparenz der Zielerreichung. Einzelne Bereiche können auf diese Weise sehen, welchen Beitrag sie zur Zielerreichung leisten können. Dies wirkt motivierend.

Die BSC nach Kaplan und Norton teilt die Ziele und die jeweiligen Messgrößen in vier Perspektiven ein: Finanzperspektive, Kundenperspektive, Lern- und Entwicklungsperspektive und innere Prozessperspektive. In jeder Perspektive müssen dann anschließend jedem Ziel Kennzahlen, Vorgaben und Maßnahmen zugeordnet werden. Eine branchen- bzw. unternehmensspezifische Anpassung der Perspektiven ist möglich.

Die Zielsetzungen innerhalb der einzelnen Perspektiven einer Balanced Scorecard stehen in einer Ursache- und Wirkungsbeziehung. Auf diese Weise verbessert beispielsweise das Fachwissen der Mitarbeiter (Lern- & Entwicklungsperspektive) die Prozessqualität (Prozessperspektive), welche sich wiederum auf die Lieferpünktlichkeit (Kundenperspektive), auf die Kundenzufriedenheit (Kundenperspektive) und somit auf den Umsatz (Finanzperspektive) auswirkt.[95] Eine solche Visualisierung der Verknüpfungen der einzelnen Unternehmensbereiche bezeichnen Kaplan und Norton als Strategy-Map.

- **Finanzwirtschaftliche Perspektive**

  Die Verbesserung der finanziellen Kennzahlen ist das oberste Ziel der meisten Unternehmensstrategien. Aus diesem Grund bildet die finanzwirtschaftliche Perspektive den Ausgangspunkt für die Erstellung einer Balanced Scorecard. Jede finanzwirtschaftliche Kennzahl muss dabei in einem klar definierten Verhältnis zu der Strategie stehen, die mit Hilfe der Balanced Scorecard implementiert werden soll. Im Anschluss daran gilt es dann, zwischen den Kennzahlen der übrigen Perspektiven und den finanzwirtschaftlichen Kennzahlen einen klaren Zusammenhang herzustellen. Kaplan und Norton betonen, dass der Fokus der betrachteten finanzwirt-

---

95 vgl. zur Balanced Scorecard Kaplan, R. / Norton, D., Scorecard, 1998; Vahs, D. / Schäfer-Kunz, J., Betriebswirtschaftslehre, 2007, S. 290 f; Wöhe, G. / Döring, U., Betriebswirtschaftslehre, 2008, S. 216 f.

schaftlichen Kennzahlen stets von der Lebenszyklusphase der Produkte und Geschäftseinheiten abhängig sein sollte.

- **Kundenperspektive**

  Aus Sicht der Kunden geht es im Bezug auf die Balanced Scorecard darum, die Kausalkette der Kundenzufriedenheitsforschung zu initiieren. Diese besteht aus den fünf Schritten Kundenorientierung, Kundennutzen, Kundenzufriedenheit, Kundenbindung und ökonomischer Erfolg. Jeder dieser Bereiche sollte im Zuge der Erstellung einer Balanced Scorecard abgebildet und messbar gemacht werden. Zusätzlich sollten Kennzahlen definiert werden, die die Differenzierung des Leistungsangebotes beschreiben.

- **Die interne Prozessperspektive**

  In der internen Prozessperspektive werden alle Prozesse von Unternehmen identifiziert und beschrieben, welche einen Output liefern, der die Zielerreichung der anderen Perspektiven direkt beeinflusst. Kritische Prozesse und zugehörige Kennzahlen können in diesem Zusamenhang beispielsweise der Innovationsprozess (inkl. Kennzahlen wie z. B. Neuproduktrate oder Entwicklungszeiten), der Produktionsprozess oder der Serviceprozess sein.

- **Die Lern- und Entwicklungsperspektive**

  Die Lern- und Entwicklungsperspektive zielt auf die Ebene der Strategieimplementierung ab. Dabei geht es um die Entwicklung einer Infrastruktur, die die Zielerreichung von Unternehmen in optimaler Weise unterstützt. Ziel ist die Entwicklung von Kennzahlen in Bereichen, wie Mitarbeiterpotenziale, Potenziale von technischen Informationssystemen oder Mitarbeitermotivation.

3.1.1.2 Blue-Ocean-Strategie

Klassische Wettbewerbsstrategien haben das Ziel, Unternehmen durch eine systematische Markt- und Unternehmensanalyse optimal auf die Situation in bestehenden Märkten einzustellen und sich so bestmöglich von ihrer Konkurrenz absetzen zu können. Heute sind die viele Märkte allerdings umkämpfter denn je, was im Normalfall zu sinkenden Marktanteilen, Preiserosion und letztlich zu sinkenden Gewinnen der Marktteilnehmer führt. Die „Blue-Ocean-Strategie" fordert von Unternehmen aus bestehenden Denkstrukturen in bestehenden Märkten auszubrechen und neue Märkte zu schaffen, in denen Konkurrenz irrelevant bzw. nicht vorhanden ist .

Der Grundstein, der diese Entwicklung möglich macht, ist die sogenannte Value Innovation. Die Idee, die sich dahinter verbirgt, verlangt von Firmen, sich nicht länger mit ihrer Konkurrenz zu messen und deren Produkte und Strategien als Benchmark (Maßstab) anzusehen. Statt dessen geht es darum, die Konkurrenz gänzlich auszustechen, indem das Unternehmen die kundenseitigen Bedürfnisse gründlich analysiert und eine Strategie findet, die einen deutlichen Sprung im Kundennutzen ermöglicht. Dabei geht es nicht lediglich darum, den Kundennutzen inkremental zu verbessern (value creation), sondern diesen durch eine echte Produktinnovation grundlegend zu steigern. In einem Blue Ocean ist es möglich, Differenzierung und Kostenführerschaft gleichzeitig zu erreichen. Dies wird möglich, weil bestimmte kostenintensive Produkteigenschaften, die in bestehenden Märkten durch Konkurrenzdruck ein „Muss" sind (weil sie jeder anbietet – nicht weil sie der Kunde fordert), in Blue Oceans nicht angeboten werden müssen. Auf diese Weise ist es möglich, die Kostenstruktur zu verbessern, ohne die Nutzenposition zu verändern.

Das Konzept der Value Innovation fußt auf dem Gedanken, dass Marktgrenzen nicht fixiert sind, sondern durch Aktionen der Marktteilnehmer verschoben werden können. Auf diese Weise ist es nicht nur möglich, sich von seiner bisherigen Konkurrenz zu befreien. Zusätzlich können Unternehmen auch die Marktgröße beeinflussen, indem die Marktgrenzen durch gezieltes Ansprechen von Kundenbedürfnissen über bestehende Kundengruppen hinaus ausgeweitet werden.

Zur systematischen Erarbeitung und Umsetzung von Blue-Ocean-Strategien sollte zunächst analysiert werden, auf welchen Faktoren der Wettbewerb in den bestehenden Märkten fußt. Diese sollten dann im zweiten Schritt in Frage gestellt werden, um schließlich im dritten Schritt eine neue Wertkurve entwickeln zu können.[96]

- **Das Strategiegemälde**

  Das Strategiegemälde (englisch: Strategy Canvas) ist Diagnosewerkzeug und Aktionsanleitung zugleich. Zuerst ermöglicht es eine Bestandsaufnahme: Worin investiert die Konkurrenz? Was sind die Produktmerkmale, die am härtesten umkämpft sind? Anschließend bietet es die Möglichkeit die Strategie des eigenen Unternehmens systematisch von bestehenden Denkstrukturen wegzulenken. Weg von der Konkurrenz – hin zu Alternativen. Weg von bestehenden – hin zu neuen Kunden. Ziel muss es sein, die Problemstellung, auf die sich die Industrie fokussiert, aus Kundensicht neu zu definieren und dabei die Elemente, die in den Augen der Kunden einen echten Mehrwert bieten, neu zu definieren (Umbau von Kundenwertelementen).

---

96 zur Blue-Ocean-Strategie vgl. Kim, W. / Mauborgne, Renée, Blue Ocean, 2005, S. x f.

Abbildung 3-15 zeigt ein beispielhaftes Strategiegemälde für die Mobilfunkindustrie. Auf der horizontalen Achse sind die wichtigsten Faktoren aufgetragen, die auf bestehenden Märkten als wettbewerbsrelevant angesehen werden. Die vertikale Achse zeigt das Ausmaß der jeweiligen Faktoren, welches Kunden durch den Erwerb des Produktes erhalten.

Ein hoher Wert bedeutet in diesem Zusammenhang, dass eine Firma ihrem Kunden mehr bietet und daher im Bezug auf diesen Faktor auch mehr investiert. Die Verbindung der einzelnen Punkte zeigt die Wertkurve der angebotenen Produkte. Typischerweise sehen die Wertkurven der meisten Produkte in bestehenden Märkten (bei gleichen Marktsegmenten – z. B. Smartphones) sehr ähnlich aus, da die Faktoren, um die auf dem Markt gerungen wird, typischerweise bei allen Produkten auf dem Markt dieselben sind (z. B. alle Handyhersteller versuchen im Smarphonebereich eine möglichst hochauflösende Kamera mit Autofokus anzubieten).

Im nächsten Schritt gilt es nun, das Strategiegemälde gründlich zu hinterfragen und Alternativen zu bestehenden Wettbewerbsfaktoren zu finden, die es ermöglichen, die Kundenwertelemente mit Hilfe der 4 E's neu zu definieren.

■ **Die 4 E's**

Zur Schaffung einer neuen Wertekurve ist es nötig, Kundenwertelemente neu zu definieren. Dazu ist es nötig, sich von bestehenden Traditionen und Denkstrukturen zu lösen:[97] Warum ist die Situation so wie sie ist? Warum ist es wichtig, eine Fünf-Megapixel-Kamera im Handy zu haben? Ist das heute immer noch wichtig? Sind sieben Megapixel in den Augen des Kunden besser? Wird das Problem ganzheitlich betrachtet oder kann ein anderer Blickwinkel auf die Problemstellung diese grundsätzlich verändern? Zu diesem Zweck beschreiben Kim und Maurbogne vier Handlungsfelder („Four Actions Framework"[98]) in denen Unternehmen den Markt und die Strategie der bestehenden Marktteilnehmer hinterfragen sollten:

➲ *Einschränken*

Welche der im Markt angebotenen Faktoren (z. B. Produkteigenschaften) überschreiten den vom Kunden gewünschten Nutzen und sollten unter den bisherigen Industriestandard reduziert werden?

---

97 vgl. Kawasaki, G., Rules, 2000, S. 6.
98 vgl. Kim, W. / Mauborgne, Renée, Blue Ocean, 2005, S. 29 ff.

Abbildung 3-15: *Beispielhaftes Strategiegemälde der Mobilfunkindustrie*

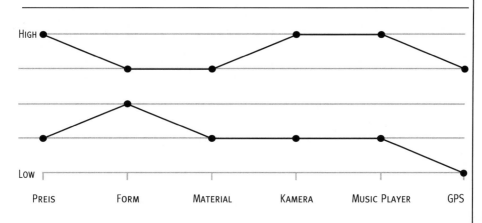

➲ *Erschaffen*

Welche Faktoren, die in den Augen der Kunden einen Mehrwert bieten würden, werden in der Industrie nicht angeboten und sollten daher erschaffen bzw. eingeführt werden?

➲ *Erhöhen*

Welche Faktoren unterschreiten die Kundenwünsche und sollten daher über den bisherigen Industriestandard erhöht werden?

➲ *Eliminieren*

Welche Faktoren, die in der Industrie als wichtig und „gesetzt" gelten, bringen in den Augen des Kunden keinen Mehrwert und sollten daher gänzlich eliminiert werden?

Abbildung 3-16 zeigt exemplarisch, wie das iPhone die bestehenden Wettbewerbsfaktoren im Mobilfunkmarkt revolutioniert hat. Statt sich in den Streit um bestehende Wettbewerbspositionen einzugliedern, setzte Apple[99] auf neue Kundenwertelemente: Eine Software, die unabhängig vom Gerät ist (wie beim PC), einfache Synchronisation, echte Konvergenz von Inhalten (Musik, Bilder, Kontaktdaten und Videos), intuitive Bedienbarkeit und Touch-Only-Bedienung.

Seit seiner Einführung im Jahr 2007 hat es im Smartphonemarkt bereits einen Marktanteil von inzwischen neun Prozent[100] erreicht. Damit ist Apple hinter

99 www.apple.com
100 vgl. Strategy Analytics, März 2009.

Abbildung 3-16: *Beispielhaftes Strategiegemälde der Mobilfunkindustrie mit revolutionierten Kundenwertelementen*

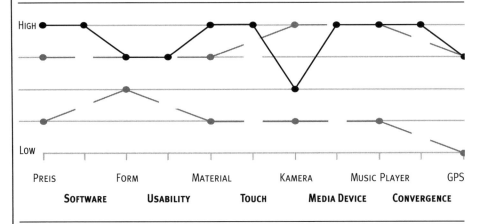

Nokia[101] und RIM[102] der drittgrößte Smartphonelieferant der Welt. Bestehende Wettbewerber versuchen seit seiner Einführung die neuen Wettbewerbsfaktoren zu kopieren – durch echte technologiegetriebene Value Innovation ist es Apple allerdings gelungen, sich einen Vorsprung zu sichern, der auch heute noch Bestand hat.

3.1.2 Organisationsstruktur (Structure)

Im Unternehmen arbeiten regelmäßig viele Mitarbeiter an der Erreichung einer gemeinsamen Zielsetzung. Um dies effizient bewerkstelligen zu können, werden Unternehmen organisatorisch in verschiedene Teilbereiche gegliedert. Dabei entsteht eine Organisation, deren Kernaufgabe es ist, die Arbeitsteilung zu organisieren und die einzelnen Aktivitäten zu koordinieren. Grundsätzlich werden dabei Aufbau- und Ablauforganisation unterschieden. Abbildung 3-17 stellt das Analyse-Synthese-Konzept zur Entwicklung einer Gesamtorganisation graphisch dar.

---

101 www.nokia.com
102 www.rim.com

Abbildung 3-17: *Analyse-Synthese-Konzept*
vgl.: Bleicher, K., Organisation, 1991, S. 41.

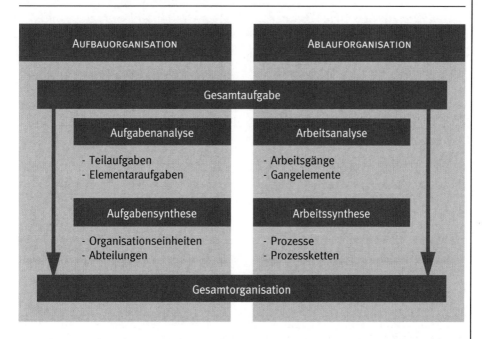

3.1.2.1 Aufbauorganisation

Die Aufbauorganisation ist das hierarchische Gerüst eines Unternehmens. Die Bildung einer Aufbauorganisation erfolgt in zwei Schritten: Spezialisierung und Konfiguration.[103]

- **Spezialisierung**

  Um die Gesamtaufgabe des Unternehmens auf dessen Mitarbeiter zu verteilen, ist es zunächst nötig diese in Teilaufgaben zu zerlegen – dies geschieht im Rahmen der Aufgabenanalyse. Diese Teilaufgaben werden dann wiederum in Teilaufgaben zerlegt, diese wieder usw. Auf diese Weise entsteht eine Teilaufgabenhierarchie. Die Teilaufgaben der niedrigsten Ordnung (also diejenigen, die sich nicht weiter zerteilen lassen), werden als Elementaraufgaben oder Arbeitsgänge bezeichnet, welche Mitarbeitern zugeordnet werden können. Ziel der Aufgabensynthese ist die Zusam-

---

103 vgl. Camphausen, B./u.a., Betriebswirtschaftslehre, 2008, S. 148f

menfassung der Elementaraufgaben zu betriebswirtschaftlich sinnvollen Aufgabenkomplexen, die in einem weiteren Schritt bestimmten Organisationseinheiten zugeordnet werden. Die kleinsten Organisationseinheiten werden als Stellen bezeichnet. Die Stellenbeschreibung umfasst konkrete Aufgaben und Verantwortlichkeiten. Des Weiteren enthält sie in der Regel eine Beschreibung der Anforderungen an das Qualifikationsprofil des Stelleninhabers. Generell werden dabei Ausführungsstellen, Instanzen sowie Stabs- und Dienstleistungsstellen unterschieden. Ausführungsstellen und Instanzen tragen unmittelbare Verantwortung für das operative Geschäft. Sie werden daher im Bezug auf die graphische Darstellung der Aufbauorganisation auch als Linienstellen bezeichnet (vgl. Abbildung 3-18).[104]

➲ *Ausführungsstellen*
Ausführungsstellen sind die Stellen der untersten Hierarchieebene. Die Inhaber einer Stelle haben Ausführungsaufgaben ohne Weisungsbefugnis gegenüber anderen Stellen.

➲ *Instanzen*
Instanzen sind Leitungsstellen mit fachlicher und disziplinarischer Weisungskompetenz. In der Regel sind ihnen eine Anzahl von Ausführungsstellen zugeordnet. In Unternehmen existieren Instanzen auf verschiedenen hierarchischen Ebenen: Top-, Middle- und Lower-Management.

➲ *Stabs- und Dienstleistungsstellen*
Stabs- und Dienstleistungsstellen dienen zur Entscheidungsvorbereitung und -unterstützung. Sie besitzen keine Leitungsbefugnis. Der Hauptunterschied der beiden Stellenarten besteht darin, dass Stabsstellen direkt einer Instanz zugeordnet sind und dieser zuarbeiten (z. B. Assistenz), während Dienstleistungsstellen ihre Leistungen für verschiedene Instanzen erbringen (z. B. IT-Dienstleistungen oder Presse).

■ **Konfiguration**
Die Konfiguration beschreibt die Zusammenfassung der Organisationseinheiten (Ausführungsstellen, Instanzen, Stabs- und Dienstleistungsstellen) zu einem Netzwerk von Leistungsbeziehungen. Ziel ist es, eine aufgabenorientierte Weisungsbeziehung zu entwickeln. Ein solches System kann verschiedene Ausprägungen haben. Man unterschiedet im Allgemeinen Einlinien-, Mehrlinien- und Matrixorganisationen.[105]

---

104 vgl. Wöhe, G./Döring, U., Betriebswirtschaftslehre, 2008, S. 119 ff.
105 vgl. Ringlstetter, M., Organisation, 1997, S. 87 ff.

Abbildung 3-18: *Stellenarten und Leitungsbeziehungen im Einliniensystem*

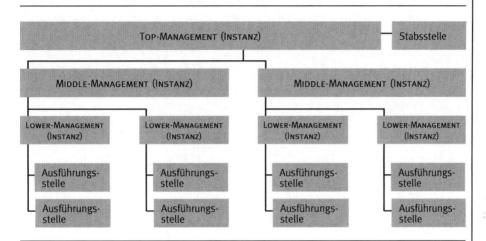

⊃ *Einliniensystem*

Im Einliniensystem hat jeder Mitarbeiter nur einen Vorgesetzten. Dies schafft klare Weisungsbefugnisse entlang der vertikalen Hirarchie-ebenen. Ein Nachteil dieser Organisationsform sind die langen Wege, die die Einhaltung des Dienstwegs in diesem System verursacht.

⊃ *Mehrliniensystem*

Im Mehrliniensystem kann eine untergeordnete Stelle von mehreren übergeordneten Stellen Weisungen erhalten. Dadurch wird das Prinzip des kürzesten Weges realisiert, da sich nun ein Mitarbeiter direkt an den betroffenen Spezialisten wenden kann (vgl. Abbildung 3-19). Die Nachteile von Mehrliniensystemen liegen in der Gefahr von Kompetenzkonflikten und dem großen Bedarf an Führungskräften. Mehrliniensysteme sind meist in kleineren Unternehmen zu finden (z. B. in Handwerksbetrieben).

⊃ *Matrixsystem*

Eine Matrixorganisation ist eine Form der Mehrlinienorganisation, bei der auf derselben hierarchischen Ebene zwei unterschiedliche Gliederungsprinzipien (z. B. Verrichtungs- und Objektgliederung) kombiniert werden. Die Verrichtungsgliederung (Gliederung nach Funktionsbereichen wie z. B. Beschaffung, Produktion oder Marketing) bildet die vertikale Dimension – die Linieninstanz. Im Gegensatz dazu bildet die Objektgliederung (z. B. Gliederung nach Märkten, Produkten oder Regionen) die horizontale Dimension – die Matrixinstanz. Die in den Schnittpunkten angesiedelten Matrixstellen müssen sowohl Aufgaben für die Matrixinstanz als auch für die Linieninstanz erfüllen (vgl. Abbildung 3-20). Vorteile entstehen dabei unter anderem durch kürzere Kommunikationswege, höhere Flexibilität, den direkten Zugang zu relevanten Spezialisten. Probleme liegen häufig in Kompetenzkonflikten der Führungsinstanzen über die Verwendung der Arbeitsleistung der Matrixstelle.

Abbildung 3-19: *Mehrliniensystem*

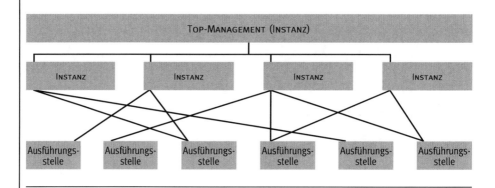

Abbildung 3-20: *Matrixsystem*

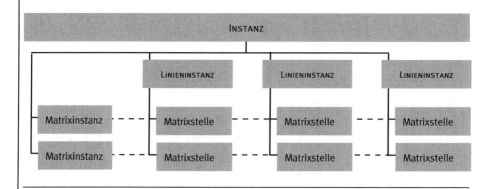

3.1.2.2   Ablauforganisation

Aufbau- und Ablauforganisation stehen in einem Abhängigkeitsverhältnis und betrachten gleiche Objekte unter verschiedenen Aspekten. Während die Aufbauorganisation festlegt, welche Aufgaben von welchen Mitarbeitern zu bewältigen sind, setzt die Ablauforganisation die Aufgaben der Organisationseinheiten in stellenübergreifende Arbeitsprozesse um. Ziel ist es dabei, die Effizienz des Ressourceneinsatzes, die Flexibilität sowie die Motivation der Mitarbeiter zu maximieren. Die Entstehung einer Ablauforganisation kann in zwei Phasen unterteilt werden: Arbeitsanalyse und Arbeitssynthese. Ziel der Arbeitsanalyse ist es, einen klaren Überblick der Arbeitssschritte zu geben, die in einer bestimmten Elementaraufgabe enthalten sind. Im Rahmen der Arbeitsanalyse werden diese, ähnlich wie bei der Aufgabenanalyse, in ihre kleinsten Elemente, zerlegt. Diese werden im Zusammenhang mit der Arbeitsanalyse als Gangelemente bezeichnet. Gangelemente können beispielsweise einzelne Handgriffe sein. Im Anschluss daran fasst die Arbeitssynthese die Gangelemente räumlich, zeitlich und personell zu effizienten Arbeitsschritten (Prozessen) zusammen. Dies geschieht anhand von drei Kriterien: wann, wer und wo?[106]

3.1.3   Personalmanagement (Staff & Skills)

Seit Beginn der 80er Jahre hat sich die traditionelle Auffassung des Personalwesens grundlegend verändert. Früher lag der Fokus des Personalwesens zumeist in der Gewährleistung der Rechtmäßigkeit personalpolitischer Aktivitäten und der Realisierung einer hohen Arbeitsproduktivität. Heute werden Mitarbeiter als wertvolle Ressource (Humankapital) angesehen. Aus diesem Grund konzentriert sich das moderne Personalmanagement (englisch: Human Resource oder HR-Management) darauf, Mitarbeiter wirtschaftlich einzusetzen und dabei ihre Zufriedenheit zu optimieren. Um dies zu ermöglichen, hat sich mit der veränderten Rolle des Personalmanagements auch die organisatorische Einordnung der Funktion verändert: Während das Personalwesen früher durch eine untergeordnete Abteilung repräsentiert wurde, wird das Personalmanagement in modernen Organisationen zur strategischen Führungsaufgabe. Da menschliches Know-how zu einem immer wichtigeren strategischen Erfolgsfaktor von Unternehmen wird, kann das Personalmanagement einen direkten Beitrag zum Unternehmenserfolg leisten. Personalpolitische Fragestellungen beschränken sich dabei nicht länger auf die Personalabteilung, sondern beziehen alle personalpolitischen Akteure, wie z. B. Führungskräfte in den Prozess

---

106 vgl. Wöhe, G./Döring, U., Betriebswirtschaftslehre, 2008, S. 129 f.

des Personalmanagements mit ein.[107] Gegenstand des Personalmanagements sind damit alle Aufgaben, die dazu führen, dass Unternehmen zur richtigen Zeit die richtige Menge an qualifiziertem und motiviertem Personal zur Verfügung steht. Zu den zentralen Aufgabenbereichen des Personalmanagements zählen daher: Personalbeschaffung, Personaleinsatz, Personalbeurteilung, Personalentwicklung und Personalfreisetzung.[108]

3.1.3.1   Rechtliche Rahmenbedingungen

Das Personalmanagement unterliegt in den meisten Ländern strengen rechtlichen Rahmenbedingungen, die meist dem Schutz des Arbeitnehmers dienen. In Deutschland setzen sich diese aus einer Vielzahl von Einzelgesetzen aus unterschiedlichen Quellen zusammen. So gesteht beispielsweise Artikel 12 des Grundgesetzes jedem Arbeitnehmer das Recht auf eine freie Berufs-, Arbeitsplatz- und Ausbildungsstättenwahl zu, während das Bürgerliche Gesetzbuch (BGB) wichtige Regelungen z. B. zur Kündigung von Arbeitsverhältnissen, Urlaubsansprüchen oder zur Art des Arbeitsvertrags enthält. So sind Arbeitsverträge beispielsweise schuldrechtliche Verträge im Sinne der §§ 611-630 des BGB. Ein Beispiel: § 611 BGB – Vertragstypische Pflichten beim Dienstvertrag: „Durch den Dienstvertrag wird derjenige, welcher Dienste zusagt (Arbeitnehmer), zur Leistung der versprochenen Dienste, der andere (Arbeitgeber) zur Gewährung der vereinbarten Vergütung verpflichtet." Weitere gesetzliche Regelungen definieren beispielsweise die Rahmenbedingungen der Mitbestimmungsrechte von Mitarbeitern.

3.1.3.2   Personalbeschaffung

Die Aufgabe der Personalbeschaffung beinhaltet die quantitative und qualitative Personalplanung sowie die Personalbereitstellung inklusive der Personalsuche und der Personalauswahl.

- **Personalplanung**
  Die Aufgabe der Personalplanung ist es, innerhalb der Planungsperiode den qualitativen und quantitativen Netto-Personalbedarf oder Personalüberhang des Unternehmens zu ermitteln. Innerhalb der Personalbeschaffung spielt die Personalplanung eine besonders wichtige Rolle, da der Produktionsfaktor Humankapital nicht kurzfristig veränderbar ist. Personal ist nicht

---

107 vgl. Holtbrügge, D., Personalmanagement, 2007, S. 2 f.
108 vgl. Camphausen, B./u.a., Betriebswirtschaftslehre, 2008, S. 140.

lagerbar und kann somit nicht auf Vorrat eingekauft werden. Umgekehrt ist es auch nicht immer möglich, Personal kurzfristig in gewünschtem Maße zu reduzieren. Der qualitative Personalbedarf erfasst die fachlichen und persönlichen Anforderungen der Mitarbeiter, die zur Bewerkstelligung der Anforderungen heutiger und künftiger Stellen gebraucht werden. Das Anforderungsprofil kann dabei beispielsweise Forderungen an das Ausbildungsniveau, die Fachkompetenz oder die physische Belastbarkeit von Mitarbeitern stellen.[109]

■ *Personalauswahl*

Sofern die Personalbedarfsplanung einen Netto-Personalbedarf ergibt, müssen Unternehmen diesen durch Personalsuche und -Auswahl decken. Dabei haben Unternehmen grundsätzlich die Möglichkeit sich des internen oder des externen Personalmarktes zu bedienen.

Die Personalsuche kann über Massenmedien (Internet-Job-Portal, Anzeigen in Tages- oder Fachzeitschriften), Direktkontakte (z. B. Messen oder Hochschulmarketing, Praktika oder Diplomarbeiten), Arbeitsagenturen (Vermittlung von Arbeitskräften), Personalberater (gezielte Suche nach geeigneten Mitarbeitern durch sogenannte „Headhunter") oder durch bestehende Mitarbeiter des Unternehmens (Weiterempfehlung des Unternehmens bzw. offener Stellen) erfolgen. Interne Stellen werden meist in Intranet-Job-Portalen veröffentlicht. Diese ähneln in vielen Fällen den externen Internet-Job-Portalen der Unternehmen.

Stehen dem Unternehmen eine ausreichende Anzahl von Bewerbern zur Verfügung, müssen diese durch geeignete Personalauswahlverfahren hinsichtlich ihrer Eignung für die betreffende Stelle überprüft werden. Hierzu betrachten Unternehmen hauptsächlich zwei Faktoren: das bisherige Arbeitsverhalten und das wahrscheinliche zukünftige Arbeitsverhalten der Bewerber. Das bisherige Arbeitsverhalten wird dabei hauptsächlich durch die Begutachtung von Arbeitszeugnissen und Referenzen untersucht. Das wahrscheinliche zukünftige Arbeitsverhalten testen Unternehmen durch Einzelinterviews sowie durch Eignungs- und Fähigkeitstests. Eine besondere Form der Eignungs- und Fähigkeitstests stellt das sogenannte Assessment Center dar. Dieses kommt in letzter Zeit immer häufiger zum Einsatz.[110]

---

109 vgl. Achouri, C., Recruiting, 2007, S. 12 f. und Vahs, D./Schäfer-Kunz, J., Betriebswirtschaftslehre, 2007, S. 367.

110 vgl. Camphausen, B./u.a., Betriebswirtschaftslehre, 2008, S. 141.

3.1.3.3 Personaleinsatz

Um neue Mitarbeiter langfristig zu binden und um sicherzustellen, dass die ihnen gestellten Aufgaben optimal erfüllt werden können, müssen von Unternehmen günstige Rahmenbedingungen hinsichtlich Einarbeitung, Arbeitsumfeld, Arbeitsinhalten sowie Zeitmanagement und Bezahlung geschaffen werden.[111]

■ *Einarbeitung*

Studien zeigen, dass die ersten sechs bis zwölf Monate einer Beschäftigung für neue Mitarbeiter besonders kritisch sind. In dieser Zeit liegt die Fluktuationsrate deutlich über dem Durchschnitt der weiteren Jahre. Aus diesem Grund sollten Unternehmen neue Mitarbeiter durch Einführungsseminare oder Tutorenkonzepte frühzeitig sozial integrieren.

■ *Arbeitsumfeld*

Das Arbeitsumfeld hat einen direkten Einfluss auf die Leistung von Mitarbeitern. Viele Mitarbeiter verbringen mehr Zeit in ihrer Firma als mit ihrer Familie. Aus diesem Grund ist es wichtig sowohl die Arbeitsbedingungen wie z. B. Ergonomie, Beleuchtung oder Lärmpegel des Arbeitsplatzes als auch das Arbeitsumfeld (z. B. Sozialklima, Führungskräfte, Aufstiegsanreize) möglichst optimal zu gestalten.

■ *Arbeitsinhalte*

Um die Zufriedenheit von Mitarbeitern gewährleisten zu können, müssen die Arbeitsinhalte individuell überprüft und im Bedarfsfall angepasst werden. Hierzu existieren in der Praxis hauptsächlich drei Vorgehensweisen:

➲ *Job-Rotation*

Planmäßige Veränderung der Stelle innerhalb des Unternehmens. Dabei ändern sich nach einem definierten Zeitraum jeweils Aufgaben , Kompetenzen und Verantwortlichkeiten.

➲ *Job-Enlargement*

Quantitative Erweiterung der Aufgaben durch das Hinzufügen von neuen inhaltlich ähnlichen Aufgaben.

➲ *Job-Enrichment*

Qualitative Erweiterung des Aufgabenfeldes, die sich durch die Übertragung von höheren Ansprüchen und mehr Kompetenzen sowie einer höheren Verantwortung auszeichnet.

---

111 Vahs, D./Schäfer-Kunz, J., Betriebswirtschaftslehre, 2007, S. 373 ff.

■ *Zeitmanagement und Vergütung*

Ein weiterer zentraler Punkt, welcher sich auf die Leistung des Mitarbeiters auswirkt, ist die Kombination aus geleisteter Arbeit und empfangener Vergütung. Im Zusammenhang mit dem Zeitmanagement existieren dabei mehrere Modelle, wie Gleitzeit (Selbstbestimmung der Arbeitszeit in vorgegebenen Grenzen), Schichtarbeit (Arbeit in vorgegebenen Schichten, um beispielsweise eine 24-Stunden-Produktion zu ermöglichen) oder Teilzeitarbeit (z. B. halbtags), die Auswirkungen auf das Sozialleben der Mitarbeiter haben und daher in verstärktem Maße die Motivation von Mitarbeitern beeinflussen. Die Vergütung kann Motivationsdefizite von Mitarbeitern in begrenztem Maße ausgleichen. So fördert beispielsweise eine variable Bezahlung, die sich am Erfolg ausrichtet (z. B. durch Erreichung bestimmter Ziele), im Allgemeinen die Motivation und Leistungsbereitschaft von Mitarbeitern.[112]

3.1.3.4 Personalbeurteilung

In den meisten Firmen werden Mitarbeiter regelmäßig hinsichtlich bestimmter Kriterien wie Leistungs-, Führungs- oder Sozialverhalten sowie ihres Potenzials bewertet. Die Ergebnisse dieser Beurteilungen dienen der Festlegung von personalpolitischen Maßnahmen, wie Gehaltserhöhungen, Beförderungen oder Freisetzungen. Die Art und Weise der Personalbeurteilung variiert in der Praxis von Unternehmen zu Unternehmen. Gängig ist eine jährliche Beurteilung, die in einer Art Fragebogen mit Notensystem die Arbeitsleistung sowie das Potenzial von Mitarbeitern erfasst. [113]

3.1.3.5 Personalentwicklung

Im Rahmen der Personalentwicklung wird versucht Mitarbeiter fachlich, methodisch und sozial im Hinblick auf die Erreichung ihrer persönlichen Ziele und der Unternehmensziele weiterzuentwickeln. Dies geschieht in der Regel durch Trainings, Seminare oder Coachings, die zwischen der Personalabteilung und der Fachabteilung abgesprochen werden.[114]

---

112 vgl. Vahs, D./Schäfer-Kunz, J., Betriebswirtschaftslehre, 2007, S. 399 ff.
113 vgl. Weber, W./Kabst, R., Betriebswirtschaftslehre, 2008, S. 236.
114 vgl. Dedering, H./Feig, G., Personalplanung, 1993, S. 160 ff.

Praxisbeispiel: *Personalentwicklung bei Linde*

Quelle: Esther Raffler, The Linde Group, Engineering Division, 2009

Die Engineering Division der Linde Group verfügt über die Standard-Trainings hinaus über ein vielfältiges Portfolio an Personalentwicklungsprogrammen. Im Folgenden werden einige der wichtigsten Maßnahmen zusammenfassend vorgestellt:

- ■ **Linde Engineering Talent Circle (LETC)**

  Der LETC ist ein wichtiger Baustein der Personalentwicklung zur Identifikation und Förderung potenzieller Führungsnachwuchskräfte, zur Bildung eines Netzwerkes von jungen potenzialträchtigen Mitarbeitern und zur Förderung des bereichsübergreifenden Denkens und Handelns. Jährlich werden High-Potentials ausgewählt, die in einem 18-monatiges Programm die Möglichkeit erhalten, Kenntnisse und Erfahrungen außerhalb Ihres eigentlichen Arbeitsgebietes zu sammeln.

- ■ **Internes Mentoringprogramm bei Linde Engineering**

  Mentoring ist die Förderung der persönlichen und beruflichen Entwicklung eines Mitarbeiters (Mentee) durch die Unterstützung und Begleitung einer erfahrenen Führungskraft (Mentor), die ihr Wissen und ihre Erfahrungen mit dem Mentee teilt. Vorrangige Ziele des internen Mentoring sind die Weiterentwicklung von Mitarbeitern mit sehr hohem Potenzial, die Erleichterung eines Netzwerkaufbaus, die Motivation von High Potentials und Verbesserung der Kommunikation zwischen Bereichen und Hierarchiestufen.

- ■ **Projektleiter Akademie**

  Projektleiter im Anlagenbau benötigen eine zielgerichtete, spezifisch auf diese Aufgabe vorbereitende Ausbildung. Um diese Anforderung erfüllen zu können, wurde die Projektleiter - Akademie bei LE als modulares Weiterbildungsprogramm eingerichtet, innerhalb dessen junge Projektleiter und Ingenieure, die diese Perspektive anstreben, ausgebildet werden. Ebenso können erfahrene Projektleiter ergänzend teilnehmen.

- ■ **Engineering Management Academy (EMA)**

  Angesichts der immer komplexeren Projekte mit internationaler Arbeitsteilung benötigt Linde Engineering künftig in verstärktem Maße spezifisch ausgebildete und erfahrene Engineering Manager. Um diese Anforderung erfüllen zu können, wurde die EMA ins Leben gerufen, ein Personalentwicklungsprogramm für erfahrende Ingenieure. Ziel der EMA ist es, die Teilnehmer durch Job Rotation und begleitende Weiterbildungsmaßnahmen optimal auf die Aufgabe eines Engineering Managers vorzubereiten.

3.1.3.6   Personalfreisetzung

Ergibt die Personalplanung einen Netto-Personalüberhang, muss dieser durch Personalfreisetzungen abgebaut werden. Personalüberhänge können allerdings nicht ausschließlich durch Kündigungen verringert werden. Eine interne Personalfreisetzung ist auch durch Versetzungen oder zeitliche Maßnahmen wie beispielsweise dem Abbau von Urlaubstagen und Überstunden oder Kurzarbeit möglich. Selbst bei externen Personalfreisetzungen sind betriebsbedingte Kündigungen nicht die einzige Alternative: Auch Einstellungsstopps, vorzeitige Pensionierungen, die Nichtverlängerung befristeter Arbeitsverträge oder Aufhebungsverträge dienen der Reduktion von Netto-Personalüberhängen.[115]

3.1.4   Führungskonzept (Systems)

Die Hauptaufgabe der Personalführung ist es, die Arbeitsleistung im Hinblick auf die Erreichung der Unternehmensziele zu optimieren. Im Gegensatz zu anderen Produktionsfaktoren (z. B. einer Maschine) mit vorausberechenbarem Output, ist die Leistungsfähigkeit des Produktionsfaktors „Mensch" dabei von verschiedenen Faktoren abhängig. Es gilt: Leistung = Können x Wollen x Dürfen.[116] Aus dieser Gleichung ist ersichtlich, dass im besonderen zwei Variablen, welche die Leistung von Mitarbeitern direkt beeinflussen, in engem Zusammenhang mit dem Führungsverhalten ihrer Vorgesetzten stehen – diese sind „wollen" - also die Motivation der Mitarbeiter und „dürfen" also die Organisation der Kompetenzbereiche (Führungsprinzipien) und der Führungsstil.

3.1.4.1   Motivation

Seit Beginn des 19. Jahrhunderts versuchen personalwirtschaftliche Modelle die Einflussgrößen auf die Motivation und die Leistungsfähigkeit von Mitarbeitern zu beschreiben. Die drei wesentlichen Modelle, die seit dieser Zeit entstanden, sind das Grundmodell des Scientific Management nach Taylor, die Human-Relations-Bewegung und das Human-Ressource-Modell.[117]

■ *Scientific Management*

  Das Grundmodell des Scientific Management wurde 1913 von Frederick W. Taylor erschaffen. Es vertritt die These, dass ein optimierter Einsatz von

---

115 vgl. Vahs, D./Schäfer-Kunz, J., Betriebswirtschaftslehre, 2007, S. 399 ff.
116 vgl. Camphausen, B./u.a., Betriebswirtschaftslehre, 2008, S. 132.
117 zur Motivation vgl. Wöhe, G./Döring, U., Betriebswirtschaftslehre, 2008, S. 150 ff.

Mensch und Maschine die Arbeitsleistung erhöht. Die Effizienz von Mitarbeitern hängt, „Taylor zufolge", lediglich von der optimalen Zerlegung der Gesamtaufgabe und der damit verbundenen Gestaltung der Arbeitsprozesse ab. Die Einführung der Fließbandarbeit mit genau definierten, immer gleichen Arbeitsschritten ist ein typisches Beispiel des „Taylorismus". Mitarbeiter werden dabei als austauschbare, maschinenähnliche Ausführungsgehilfen gesehen, die ausschließlich auf monetäre Anreize reagieren. Man spricht in diesem Zusammenhang daher auch vom Mitarbeiter als „rational economic man".

- **Human-Relations-Bewegung**

  In den 1920er - 1930er Jahren erfolgte in der Managementforschung ein Paradigmenwechsel. Mitarbeiter werden zu „social men", deren Leistungsbereitschaft ausschließlich von ihrer Zufriedenheit mit der Arbeitssituation abhängt.

- **Human-Ressource-Modell**

  In den 1960er Jahren entstanden eine Reihe neuartiger motivationstheoretischer Ansätze, wie beispielsweise die von Abraham Maslow, Frederick Herzberg oder Douglas McGregor, welche das Menschenbild aus personalwirtschaftlicher Sicht erneut veränderten und auch heute noch als gültig angesehen werden. Ergebnis dieser Veränderung war das Human-Ressource-Modell, welches Mitarbeiter als „Complex Men" beschreibt und deren Motivation von ihren individuellen Lebensumständen abhängig macht.

  ➲ *Theory x und Theory y von McGregor*

  McGregor entwickelte erstmals eine Theorie, welche zwei gegensätzliche Menschenbilder unterscheidet:

  Theory X beschreibt ein pessimistisches Menschenbild. Nach McGregor haben diese Mitarbeiter eine angeborene Abneigung gegen Arbeit und versuchen diese so weit wie möglich zu vermeiden. Sie möchten keine Verantwortung tragen, haben wenig Ehrgeiz und Streben vor allem nach Sicherheit. Mitarbeiter dieses Typs müssen streng geführt und kontrolliert werden.

  Theorie Y beschreibt ein optimistisches Menschenbild. Mitarbeiter, die diesem Menschenbild zugehören, sehen in ihrer Arbeit eine wichtige Quelle ihrer eigenen Zufriedenheit. Mitarbeiter dieses Typs entwickeln Eigeninitiative und bevorzugen Selbstkontrolle. Die persönlichen Ziele der Mitarbeiter stehen nicht im Gegensatz zu den Unternehmenszielen, im Gegenteil: Die Realisierung der persönlichen Ziele ist bei diesen Mitarbeitern gar von dem Erreichen der Unternehmensziele abhängig.

Die wichtigsten Arbeitsanreize dieser Mitarbeiter sind all jene, welche ihnen bei der Befriedigung der eigenen Bedürfnisse helfen.

➲ *Bedürfnispyramide von Maslow*

1954 entwickelte Abraham Maslow eine Bedürfnispyramide, die aus fünf zueinander in Beziehung stehenden Stufen besteht. Das Verhalten von Menschen wird laut dieser immer durch diejenigen Bedürfnisse bestimmt, welche noch nicht befriedigt wurden. Immer wenn ein Bedürfnis in einem ausreichenden Ausmaß befriedigt wurde, wird das nächst höhere zum dominanten Handlungsmotiv. Auf diese Weise folgen den physiologischen Bedürfnissen die Sicherheitsbedürfnisse, den Sicherheitsbedürfnissen die sozialen Bedürfnisse, den sozialen Bedürfnissen die Bedürfnisse nach Wertschätzung und den Bedürfnissen nach Wertschätzung das Bedürfnis der Selbstverwirklichung (vgl. Abbildung 3-21). Die Zielsetzung für Unternehmen sollte es diesem Modell zu Folge sein, über intrinsisch[118] motivierte Mitarbeiter zu verfügen, da deren Individualziele mit den Unternehmenszielen übereinstimmten.

➲ *Zweifaktoren-Theorie von Herzberg*

Im Gegensatz zur maslowschen Bedürfnispyramide beschreibt die Zweifaktoren-Theorie von Frederick Herzberg nicht nur motivierende Faktoren (Motivatoren), sondern auch Faktoren, die bei Mitarbeitern eine Unzufriedenheit auslösen können. Diese bezeichnet Herzberg als Frustratoren oder auch als Hygiene-Faktoren.

3.1.4.2   Führungsprinzipien

Ziel der hierarchischen Gliederung von Unternehmen ist es, Aufgaben entlang der verschiedenen Hierarchieebenen zu delegieren. Die Organisation dieser Aufgabendelegation kann in Unternehmen auf verschiedene Arten erfolgen. Diese werden als Führungsprinzipien bezeichnet. Die Führungsprinzipien wirken sich sowohl auf die Organisationsstruktur als auch auf den Führungsstil der Vorgesetzten aus. Im Folgenden werden die drei wichtigsten Führungsprinzipien kurz dargestellt. Diese sind: Management-by-Delegation, Management-by-Exception und Management-by-Objectives.[119]

---

118 intrinsisch = von innen kommend, gegenteil: extrinsisch

119 zu den Führungsprinzipien vgl. Thommen, J.-P./Achleitner, A.-K., Betriebswirtschaftslehre, 2006, S. 716 f.

Abbildung 3-21: *Bedürfnispyramide nach Maslow*
vgl. Wöhe, G./Döring, U., Betriebswirtschaftslehre, 2008, S. 150.

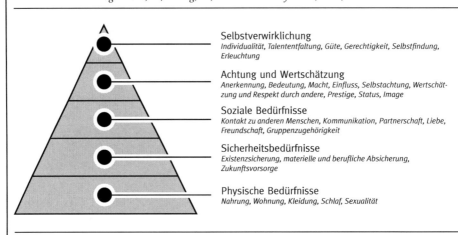

Selbstverwirklichung
Individualität, Talententfaltung, Güte, Gerechtigkeit, Selbstfindung, Erleuchtung

Achtung und Wertschätzung
Anerkennung, Bedeutung, Macht, Einfluss, Selbstachtung, Wertschätzung und Respekt durch andere, Prestige, Status, Image

Soziale Bedürfnisse
Kontakt zu anderen Menschen, Kommunikation, Partnerschaft, Liebe, Freundschaft, Gruppenzugehörigkeit

Sicherheitsbedürfnisse
Existenzsicherung, materielle und berufliche Absicherung, Zukunftsvorsorge

Physische Bedürfnisse
Nahrung, Wohnung, Kleidung, Schlaf, Sexualität

- **Management-by-Delegation**

  Mit der Zielsetzung, die Leitungsstellen zu entlasten, ist es das Kernelement dieses Konzeptes, Aufgaben und zugehörige Entscheidungskompetenzen vollständig an untergeordnete Ebenen abzugeben. Das Hauptproblem dieses Ansatzes ist die schwierige Kontrollierbarkeit, da keine regelmäßigen Statusupdates abgegeben werden müssen.

- **Management-by-Exception**

  Ähnlich wie beim oben beschriebenen Management-by-Delegation werden Aufgabenbereiche und Entscheidungsbefugnisse an untergeordnete Hierarchieebenen abgegeben. Im Falles des Managements-by-Exception gibt es allerdings eine Einschränkung: Der Entscheidungsfreiraum der untergeordneten Ebenen wird vorab auf bestimmte Grenzen beschränkt. Falls diese Toleranzgrenze überschritten wird, muss der Vorgesetze involviert werden.

- **Management-by-Objectives**

  Bei diesem Führungsprinzip legen Führungskräfte und Mitarbeiter gemeinsam bestimmte Leistungsziele fest, die innerhalb eines bestimmten Zeitraums vom Mitarbeiter zu erreichen sind. Innerhalb des Zeitrahmens erfolgen regelmäßige Ergebniskontrollen (Soll-, Ist-Vergleiche).

3.1.4.3   Führungsstil

Das Verhalten von Führungskräften prägt das Verhältnis zu ihren Mitarbeitern sowohl auf persönlicher als auch auf fachlicher Ebene. Dabei wird der Führungsstil hauptsächlich von drei Kriterien bestimmt: Willensdurchsetzung, Partizipation und Kontrolle. Bei der Willensdurchsetzung geht es um die Art und Weise, mit der ein Vorgesetzter Entscheidungen kommuniziert und Mitarbeiter zum Handeln bewegt. Partizipation beschreibt das Ausmaß der gefühlten Einflussnahme, die Mitarbeiter auf die Entscheidungen ihrer Vorgesetzten haben. Zu guter Letzt beschreibt die Art der Kontrolle, auf welche Weisse ein Vorgesetzter die Leistung seiner Mitarbeiter überprüft. Ausgehend von diesen drei Merkmalen können zwei Führungsstile unterschieden werden: der autoritäre Führungsstil und der partizipative Führungsstil.[120]

- **Autoritärer Führungsstil**

  Führungskräfte, die einen autoritären Führungsstil pflegen, geben Weisungsbefugnisse nur in sehr eingeschränktem Maße an ihre Mitarbeiter ab. Die Weisungen des Vorgesetzen sind von den Mitarbeitern nicht zu hinterfragen sondern zu akzeptieren. Der Vorgesetzte kontrolliert nicht nur die Leistung, sondern auch die Tätigkeiten der Mitarbeiter regelmäßig und unangekündigt.

- **Partizipativer Führungsstil**

  Führungskräfte, die einen partizipativen Führungsstil pflegen, stehen in regelmäßigem offenen Dialog mit ihren Mitarbeitern. Die Meinung der Mitarbeiter fließt in den Entscheidungsprozess der Führungskräfte ein. Die Kontrolle der Mitarbeiter erfolgt primär im Bezug auf die Arbeitsergebnisse.

Die beiden oben beschriebenen Stile treten in der Praxis selten in Reinform auf. Meist kommen Mischformen aus beiden Stilrichtungen zur Anwendung, bei denen einer der beiden Stile mehr oder weniger überwiegt.

---

120 zum Führungsstil vgl. Thommen, J.-P. / Achleitner, A.-K., Betriebswirtschaftslehre, 2006, S. 907 ff.

3.2   Marketing

Gegen Ende des 19. Jahrhunderts stellte man fest, dass Nachfrage aus mehr bestand, als nur der einfachen Kaufkraft potenzieller Kunden. Es verbreitete sich die Meinung, dass die Nachfrage sowohl einen Wunsch als auch die Möglichkeit eines Kaufes wiederspiegelt. 1902 entstanden in den USA erste Vorlesungen über das Thema, in denen das Wort Marketing zunächst noch als Verb verwendet wurde. Etwa um 1905 tauchte das „Marketing" dann erstmals als Substantiv auf. Vor allem in den USA erlebte die Marketingforschung in dieser Zeit eine Blütephase, die 1937 in der Vereinigung von Marketingpraktikern und -Lehrern zur „American Marketing Association" mündete.[121] Seit dieser Zeit haben sich die Theorien und Forschungsschwerpunkte des Bereiches mehrfach grundlegend verändert:

In der Zeit nach dem Zweiten Weltkrieg, waren viele Märkte durch einen Nachfrageüberhang gekennzeichnet: Es gab nicht genügend Produkte, um die Nachfrage am Markt sättigen zu können. Man spricht in diesem Zusammenhang auch von Verkäufermärkten, da die Verkäufer das Marktgeschehen fast monopolartig kontrollieren. Der Fokus des Marketing lag zu dieser Zeit auf der Distribution von Produkten.

In den 1960er Jahren wandelten sich viele Märkte von Verkäufermärkten zu Käufermärkten, in denen die Nachfrage nicht länger höher ist als das Angebot. Als Konsequenz haben potenzielle Kunden damit die Möglichkeit, sich zwischen mehreren Produkten zu entscheiden. Diese Veränderung rückte erstmals den Kunden in den Fokus der Marketingaktivitäten. Zu dieser Zeit entstand mit der Formulierung der „4P" (product, price, place und promotion), welche Ansatzpunkte für eine marktseitige Ausrichtung des Unternehmens darstellten, auch erstmals eine managementorientierte Sicht des Marketing, die als Geburtsstunde des modernen Marketing angesehen werden kann.

In den 1980 Jahren führten die zunehmende Internationalisierung und der damit verbundene Anstieg an Konkurrenz zu einer steigenden Wettbewerbsorientierung des Marketing, die darauf abzielte kaufentscheidende Unterschiede zu generieren und an den Kunden zu kommunizieren.

In den 2000er Jahren stellten die Entwicklungen im Bereich der Informations- und Kommunikationstechnologie das Marketing vor neue Herausforderungen. Die Vielzahl an verfügbaren Informationen und Kommunikationswegen ließ neue Werkzeuge, wie beispielsweise E-Commerce oder das Database-Marketing, entstehen. Auch die Bedeutung des Marketing veränderte sich in

---

121 vgl. American Marketing Association (www.marketingpower.com)

dieser Zeit: An Stelle des Marketing als Führungsfunktion rückte die ganzheitliche Interpretation eines integriert ausgerichteten Marketing als duales marktorientiertes Führungskonzept. Im Rahmen dieses dualen Systems wurde das Marketing sowohl zur gleichberechtigten Unternehmensfunktion, als auch zu einem Leitkonzept der Unternehmensführung.[122]

Obwohl Marketing heute umgangssprachlich immer noch häufig mit Verkauf und Werbung gleichgesetzt wird, geht es beim modernen Marketing also um wesentlich mehr: es geht um das „Erschließen und Ausschöpfen aller internen und externen Potenziale eines Unternehmens. Dabei ist es die Aufgabe des Marketing, die zentralen Wachstums- und Erfolgsgeneratoren zu identifizieren und in den Mittelpunkt der Unternehmensaktivitäten zu stellen." Abbildung 3-22 zeigt die vier Kernaufgaben des Marketing.[123]

Abbildung 3-22: *Vier Kernaufgaben des Marketing*
vgl.: Meffert, H., Marketing, 2008, S. 18.

ZUKÜNFTIGE KUNDEN	KUNDEN-AKQUISITION	KUNDEN-BINDUNG	AKTUELLE KUNDEN
NEUE LEISTUNGEN	LEISTUNGS-INNOVATION	LEISTUNGS-PFLEGE	BESTEHENDE LEISTUNGEN

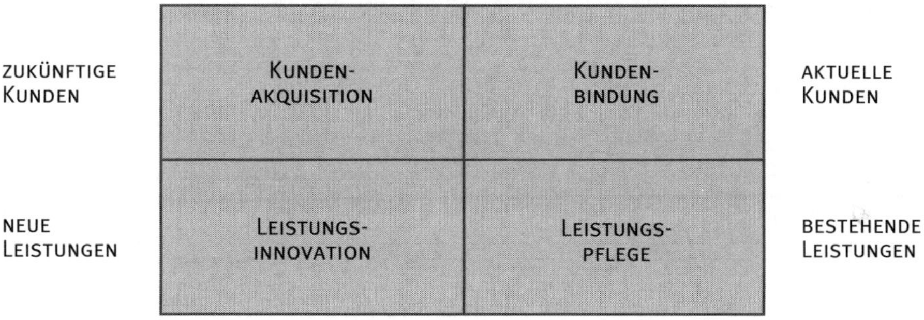

3.2.1 B2B- vs. B2C-Marketing

Die zentrale Aufgabe des Marketing ist es, das Unternehmen und seine Produkte bestmöglich am Markt zu positionieren. Unternehmen, die dies in optimaler Weise praktizieren, müssen hierfür individuelle Marketingstrategien erstellen. Diese werden von verschiedenen Faktoren beeinflusst. Einen der Wichtigsten stellt dabei die Wertschöpfungsstufe dar, auf der ein Unternehmen seine Produkte anbietet: verkauft ein Unternehmen direkt an den Endkunden (B2C-Markt), bestehen einige grundlegende Unterschiede gegenüber den Mar-

---

122 zur Geschichte des Marketing vgl. Meffert H., Marketing, 2000, S. 3 ff.
123 vgl. Meffert, H., Marketing, 2008, S. 18.

ketingstrategien auf vorgelagerten Wertschöpfungsstufen (B2B-Märkten). Im Gegensatz zu Konsumgütermärkten (B2C-Märkten), sind die meisten Transaktionsprozesse in Industriegütermärkten (B2B-Märkten) nicht durch eine originäre, sondern durch eine abgeleitete Nachfrage gekennzeichnet. Dies bedeutet, dass sich die Nachfrage von Produkten in Industriegütermärken nach der Nachfrage der Endprodukte richtet. So hängt beispielsweise der Bedarf an Cabriolet-Stoffdächern von der Zahl an verkauften Cabriolets-, oder die Nachfrage nach Fräsmaschinen von der Auslastung der Produktion der Kunden ab. Dies führt zu speziellen Herausforderungen im Bereich B2B-Marketing:[124]

- **Branding (Markengebung)**

  Nur wenige B2B-Unternehmen haben es bisher geschafft eine Marke zu etablieren, die auch die Endkunden kennen und verlangen. Eine mögliche Strategie dies zu ändern, stellt das Ingredient Branding dar. Der Ansatz dabei ist es, Teile seines Marketings nicht auf die direkten Kunden auszurichten, sondern auf den Endkunden, der das fertige Produkt kauft. Ein Beispiel hierfür ist Intel. Intel verkauft Computerprozessoren – kein Produkt, welches sich der Endkunde im Normalfall einzeln kauft. Stattdessen kauft er das Produkt von Intel in Verbindung mit einem PC. Intel hat es allerdings geschafft, dass Endkunden spezifische PCs nachfragen, in denen Intel-Prozessoren eingebaut sind. Der Begriff „Intel Inside" ist so zum Vorbild für den Ansatz des „Ingredient Branding" geworden.

- **Kaufprozess**

  Während Kaufentscheidungen für Konsumgüter relativ einfach sind und selten eine große Planung erfordern, sind die Kaufprozesse in B2B-Märkten wesentlich komplexer. Im Regelfall geht es um große Geldbeträge, große technische Komplexität und ein großes Risiko. Meist sind die Kaufentscheidungen so komplex, dass sie von vielen Kunden nicht vollständig verstanden werden. Wenn Anbieter diese Situation für sich zu nutzen wissen, kann diese sich zum Wettbewerbsvorteil entwickeln: wichtig ist, dass Anbieter ihren Kunden glaubhaft versichern können, dass sie die Komplexität des Marktes verstanden haben, mit ihr umzugehen wissen und ihr Produkt die Bedürfnisse des Kunden optimal befriedigt, in dem es genau den Nutzen bietet, den der Kunde verlangt. Ein weiterer wichtiger Punkt, der hinsichtlich des Kaufprozesses großen Einfluss auf das Marketing von B2B-Unternehmen hat, ist das Geschäftsmodell, in welchem das Unternehmen tätig ist. Wie bereits erwähnt, existieren in Industriegütermärkten verschiedene Geschäftstypologien wie Anlagengeschäft, Systemgeschäft

---

124 zu den speziellen Herausforderungen des B2B-Marketing vgl. Backhaus, K., Industrie, 1997, S. 1 f.

oder Produktgeschäft. Die einzelnen Typologien weisen stark unterschiedliche Bedürfnisse im Bezug auf die Vermarktung auf. Im Folgenden wird eine allgemeine Basis für das Verständnis von Marketingprozessen vermittelt. Auf die Spezifika der einzelnen Markttypologien wird in diesem Buch nicht weiter eingegangen.

- **Kundenbeziehung**

  Marketingmitarbeiter in B2B-Märkten stehen normalerweise großen Kunden mit hohen Einkaufsvolumina gegenüber. In vielen großen B2B-Märkten repräsentieren wenige große Kunden den Hauptanteil des industrieweiten Einkaufvolumens. Die Wichtigkeit einer guten Kundenbeziehung kann in einem solchen Umfeld nicht überbewertet werden. Im Gegenteil: eine gute Kundenbeziehung ist eine der wichtigsten Erfolgsgrundlagen in B2B-Märkten.

- **Käufer**

  In Konsumgütermärkten werden Kaufentscheidungen meist von einer einzelnen Person getroffen. Dies verhält sich in Industriegütermärkten wesentlich anders: am Einkaufsprozess sind meist mehrere Personen aus verschiedenen Abteilungen beteiligt. Diese haben in den meisten Fällen sehr unterschiedliche Vorstellungen, Vorlieben und Interessen. Die Herausforderung für das Marketing ist es, all diese zu verstehen, zu adressieren und zu überzeugen.

- **Formalisierte Nachfrage**

  Im Gegensatz zu B2C-Märkten sind die Anforderungen an Produkte und Dienstleistungen formalisiert, d. h. sie liegen in Schriftform vor und beinhalten eine detaillierte Leistungsspezifikation. Da alle Angebote der Anbieter sich an diesen Leistungsspezifikationen auszurichten haben, sind die Angebote durch den Einkäufer leicht zu vergleichen. Diese Situation erschwert es dem Anbieter sich über produktbezogene Kriterien von Wettbewerbern abzusetzen. In B2B-Märkten ist es daher besonders wichtig Wettbewerbsvorteile zu schaffen, die nicht direkt produktbezogen sind, vom Kunden aber dennoch als Nutzen wahrgenommen werden.

- **Bullwhip-Effekt**

  Dynamische Abhängigkeiten entlang der Wertschöpfungskette führen dazu, dass sich die Nachfrageschwankungen in B2B-Märkten entlang der Wertschöpfungsstufen stetig erhöhen. Dies führt dazu, dass sich die Nachfrage in B2B-Märkten kurzfristig oft nur schwer prognostizieren lässt. Im Fachjargon wird dieses Phänomen auch als Bullwhip-Effekt (Bullenpeitschen-Effekt) bezeichnet. Diese Analogie hat ihren Ursprung in der Tatsache, dass die Ausschläge einer Peitsche vom Griff nach außen immer größer werden. Selbiges gilt für die Nachfrageschwankungen und die Schwierigkeit der Prognostizierbarkeit entlang der Wertschöpfungskette. Beginnend von der originären Nachfrage beim Endkunden, werden die Nachfrageschwankungen durch Lagerhaltung und einseitig optimierte Entscheidungen auf den einzelnen Wertschöpfungsstufen von Stufe zu Stufe immer größer.

- **Interaktions-Paradigma**
  Während der einzelne Kunde in B2C-Märkten keinen direkten Einfluss auf das Unternehmen hat (anonymer Markt) und der Anbieter seine Marketingstrategie einseitig auf den Markt ausrichtet (SOR-Paradigma), interagieren Kunden und Anbieter in B2B-Märkten regelmäßig, um Produkte bestmöglich auf die Bedürfnisse des Kunden auszurichten und seine Nutzen zu maximieren (Interaktions-Paradigma). Diese Situation hat in B2B-Märkten zur Einführung des „Supplier-Relationsship-Managements" geführt.

3.2.2 Marketing vs. Produktmanagement

Im Zeitalter schnelllebiger Produkte und volatiler Märkte ist es nötig, jedes Produkt optimal auf die Gegebenheiten seines Zielmarkts auszurichten. In vielen Unternehmen geschieht dies heute durch die Realisation einer nach Produkten ausgerichteten Marketingorganisation, welche als Produktmanagement bezeichnet wird. In einer solchen Organisation ist kann das Produktmanagement bildlich als das „Herz des Marketing" beschrieben werden, in dem sämtliche Marketinginstrumente gebündelt werden. Dies gilt nicht nur in Konsumgüter-, sondern genauso in Industriegüter- und Dienstleistungsunternehmen. Die Rolle des Produktmanagers ist dabei vergleichbar mit der eines Zehnkämpfers: Er ist vollständig für ein bestimmtes Produkt verantwortlich und managt im Rahmen einer produktorientierten Marketingorganisation alle „sein" Produkt betreffenden Punkte. Organisatorisch ist die Aufgabe des Produktmanagers also eine Querschnittsfunktion, die mit allen relevanten internen Abteilungen und externen Partnern eng zusammenarbeitet.[125]

---

125 vgl. Bruhn, M./Hadwich, K., Produktmanagement, 2006, S. 3 und S. 26.

3.2.3 Der Marketingprozess

Die Aufgaben und Aktivitäten des Marketing werden in Abbildung 3-23 grafisch dargestellt. Sie umfassen fünf sequentielle und rückgekoppelte Schritte: Marktanalyse und Prognose, Marketingziele, Marketingstrategie, Planung und Implementierung des Marketing-Mix sowie Marketing-Controlling.[126]

1. Mit der Aufnahme der Ist-Situation bildet die Marktanalyse den Ausgangspunkt des Marketingprozesses. Wesentliche Aufgabe ist es in dieser Phase ein möglichst vollständiges Bild der relevanten externen und internen Situation zu erlangen, um fundierte Marketingentscheidungen zu ermöglichen. Um zukünftige Marktchancen (Opportunities) aufdecken zu können, gilt es an dieser Stelle auch Markttrends sowie Trends im Nachfrager- und Konkurrenzverhalten aufzudecken und zu prognostizieren.

2. Im zweiten Schritt geht es um die Festlegung der Marketingziele, welche die Zustände beschreiben, die es durch den Einsatz der Marketinginstrumente zu erreichen gilt. Die Festlegung der Marketingziele erfolgt unter Berücksichtigung der übergeordneten Unternehmensziele.

3. Die Marketingziele bilden die Grundlage für die Ableitung von Marketingstrategien, welche als Pläne zur Erreichung der Marketingziele verstanden werden können. Im Mittelpunkt der Strategieplanung stehen die Marktsegmentierung, die Auswahl von Marktsegmenten, die Wahl der Marktbearbeitungsstrategie und Positionierung sowie grundlegende Entscheidungen wie beispielsweise das Verhalten gegenüber Wettbewerbern.

4. Nachdem die grundlegenden Stoßrichtungen festgelegt wurden, gilt es im operativen Marketing einen geeigneten Marketing-Mix zu konzipieren und umzusetzen. Traditionell umfasst dieser vier Instrumente (die „4Ps"): Produkt, Preis, Place (Distributionskanal) und Promotion (Kommunikationspolitik).

5. Das Marketing-Controlling bildet die letzte Phase des Marketingprozesses. In dieser gilt es die Erfolgswirkungen der umgesetzten Marketingmaßnahmen zu erfassen, um gegebenenfalls Anpassungen im Planungsprozess und in den Strategien vornehmen zu können.

---

126 zum Marketingprozess vgl. Kotler P./ Armstrong G., Marketing, 2008, S. 29.

Abbildung 3-23: *Marketingprozess*

vgl.: Kotler, P./Armstrong, G., Marketing, 2008, S. 29.

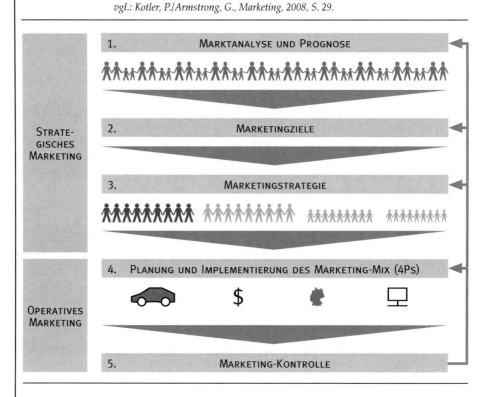

3.2.3.1 Marktanalyse und Prognose

Ausgangspunkt eines effektiven Marketings ist ein optimales Verständnis des Marktumfeldes und des Käuferverhaltens der Zielgruppen. In Kombination bilden beide Faktoren die Quelle neuer Opportunities am Markt.

Eine Herausforderung, mit der das Marketing in der Praxis regelmäßig konfrontiert wird, ist die Abgrenzung des für eine bestimmte Produktgruppe relevanten Marktes. Erst durch diese können Schlüsselfragen der Marktanalyse beantwortet werden: Wie viele Nachfrager beinhaltet der Markt? Wie viele Anbieter beinhaltet der Markt? Welches sind die Hauptkonkurrenten eines bestimmten Unternehmens? Wie groß sind die Marktanteile der Anbieter? Mit welcher Marktreaktion muss ein Unternehmen bei einer Veränderung seiner Marketinginstrumente rechnen? Grundsätzlich erfolgt eine Marktabgrenzung hinsichtlich dreier Kriterien: Sachlich – Welche Arten von Leistungen werden angeboten? Zeitlich – Ist der Markt zeitlich begrenzt? Räumlich – Ist der Markt lokal, regional oder international begrenzt? In diesem Zusammenhang ergeben sich in der Praxis vor allem bei der sachlichen Abgrenzung besondere Probleme, wenn Märkte zu eng eingegrenzt werden. Gründe für eine zu enge Marktabgrenzung liegen häufig in einer produkt- oder technologiezentrierten Abgrenzung des Marktes. Insbesondere die für die Technologieentwicklung zuständigen Ingenieure neigen dazu, Märkte primär über Produkttechnologien zu definieren. In der Praxis hat dieses Verhalten häufig zur Folge, dass Substitutionstechnologien und neue Wettbewerber zu spät erkannt werden. Es ist daher ratsam, die Definition des relevanten Marktes nicht an Produktkategorien, sondern direkt an den zu Grunde liegenden Kundenbedürfnissen auszurichten.[127]

Praxisbeispiel: Aus Sicht eines Bohrmaschinenherstellers sollte der relevante Markt auch alternative Verbindungs- und Befestigungstechnologien wie Kleben, Heften, Nieten usw. enthalten.

Nachdem der relevante Markt sinnvoll definiert wurde, kann dieser anhand quantitativer Merkmale, wie beispielsweise mengen- und wertmäßigem Potenzial, Ausschöpfung des Marktpotenzials, Position der Marktteilnehmer, oder der künftigen Marktentwicklung charakterisiert werden:

- Das Marktvolumen beschreibt die von allen Anbietern abgesetzte Menge einer bestimmten Produktgattung.

- Das Marktpotenzial umfasst die Gesamtheit der möglichen Absatzmenge eines Marktes für eine bestimmte Produktgattung.

- Der Marktsättigungsgrad vergleicht das Marktvolumen mit dem Marktpotenzial und gibt an, welches Potenzial Neukunden in einem Markt haben bzw. ob Unternehmensstrategien sich auf Neukunden oder auf das Abwerben bestehender Kunden von Wettbewerbern fokussieren sollten:

  Marktsättigungsgrad = Marktvolumen / Marktpotenzial

- Das Absatzvolumen beschreibt die absolute Absatzmenge eines Produktes bzw. einer Produktgattung eines bestimmten Unternehmens.

- Der Marktanteil zeigt die Position eines Unternehmens im Vergleich zum Marktvolumen. Damit ist er eine der wichtigsten Größen für Rückschlüsse über die Marktposition eines Unternehmens:

  Marktanteil(t) in % = Absatzvolumen(t) / Marktvolumen(t) x 100

---

127 vgl. Becker, J., Marketing, 2009, S. 393 ff.

Neben der strategischen Unternehmensplanung ist das Marketing der zweite Unternehmensbereich, für den verlässliche Aussagen über die Entwicklung der Unternehmensumwelt eine bedeutende Arbeitsgrundlage darstellen. Ziel der Informationsgewinnung ist es dabei nicht, alle nur erdenklichen Informationen zu beschaffen. Lediglich die für eine bestimmte Entscheidung relevanten Informationen sollten vollständig erhoben werden. Je nach Unternehmensgröße fokussiert sich das Marketing in der Betrachtung der Unternehmensumwelt allerdings nicht nur auf die globale Makroumwelt, sondern verstärkt auch auf die produktgruppenspezifische Mikroumwelt des Unternehmens.[128]

- Zur Analyse der globalen Makroumwelt nutzt das Marketing die bereits im Kapitel „Situationsanalyse" beschriebenen Werkzeuge.[129] Lediglich der Fokus der Betrachtung wird an die zu untersuchenden Märkte angepasst. Vor allem bei kleineren Unternehmen mit wenigen Produkten entspricht die Analyse des Makroumfeldes häufig der Unternehmensanalyse auf strategischer Ebene.

- Die Analyse der Mikroumwelt umfasst die Identifikation und das Verständnis des Verhaltens aller Marktteilnehmer, wie beispielsweise Konsumenten, Anbieter, Absatzmittler oder Beeinflusser.[130]

Um relevante Daten systematisch zu erheben, ist es wichtig zu wissen, wo die nötigen Informationen beschafft werden können. Zu diesem Zweck haben viele Firmen Informationssysteme entwickelt, die das Management und das Marketing mit reichhaltigen Informationen über Märkte, Kunden und Wettbewerber versorgen. Relevante Informationen können dabei sowohl von internen als auch externen Quellen stammen.

- **Interne Quellen**

  Unternehmensinterne Daten, wie Verkaufsmengen, Höhe des Inventars in den Lägern oder die Entwicklung von Verkaufspreisen lassen in vielen Fällen Rückschüsse auf Markttrends zu. Um den Zugriff auf unternehmensinterne Daten zu vereinfachen, organisieren viele Firme diese heute bereits in Datenbanken, auf die bestimmte Personenkreise direkten Zugriff haben. Ein Nachteil datenbasierter Analysen ist die Tatsache, dass sie nur vergangenheitsbasierte Analysen zulassen (Ex-post-Betrachtung). Eine Quelle für Daten über aktuelle Entwicklungen stellt die Schnittstelle zu den Kunden dar. Aus diesem Grund sind alle Mitarbeiter mit regelmäßigem Kundenkontakt eine der wichtigsten Quellen für Marktinformationen.

---

128 vgl. Meffert, H., Marketing, 2008, S.45 ff.
129 vgl. Kotler P./ Armstrong G., Marketing, 2008, S. 37.
130 vgl. Meffert, H., Marketing, 2008, S.46 ff.

- **Externe Quellen**

  Eine externe Quelle für Marktinformationen bildet das Netzwerk des Unternehmens. Dies besteht aus allen Wirtschaftseinheiten die mit den Unternehmen interagieren. Dazu gehören Partner, Lieferanten, Zwischenhändler und Wettbewerber. Gute Kontakte zu Schlüsselfiguren helfen bei der Beschaffung der gewünschten Informationen.

  Eine weitere Quelle externer Marktinformationen sind spezialisierte Dienstleister (Marktforscher), welche detaillierte Marktanalysen anbieten. Dienstleister dieser Art finden sich in allen Märkten und auf allen Ebenen der Wertschöpfungskette. Das Spektrum der Untersuchungen ist dabei sehr breit und reicht von makroökonomischen Gesamtbetrachtungen bis hin zu detaillierten Technologiestudien. Ebenso wie das Spektrum variiert auch der Preis für Marktstudien stark.

Je nach Art der Durchführung der Informationsbeschaffung unterscheidet man Primär- und Sekundärforschung. Während bei der Primärforschung die Informationen durch direkte Erhebungen am Markt gewonnen werden, greift die Sekundärforschung auf bereits vorhandene Daten zurück. Vor allem bei der Analyse der Mikroumwelt werden die relevanten Daten häufig durch Primärerhebungen, wie beispielsweise Fragebögen erhoben.

❶ Käuferverhalten

Das Käuferverhalten ist ein Schlüsselfaktor zur Einschätzung und Prognose möglicher Marktreaktionen. Die Käuferverhaltensforschung beschäftigt sich daher mit der Identifikation und Erklärung der zentralen Einflussfaktoren des Verhaltens. Dazu gehören vor allem folgende Fragestellungen: Wer kauft? Was wird gekauft? Wie wird gekauft? Wie viel wird gekauft? Wann wird gekauft und wo, bzw. bei wem wird gekauft? Da sich Konsumgüter- und Industriegütermärkte hinsichtlich der Kauf- und Entscheidungsprozesse der Kunden grundlegend unterscheiden, werden die beiden Markttypen im Folgenden getrennt behandelt.

❶-❶ Analyse von Endkunden in B2C-Märkten

Zur Erklärung des Kaufverhaltens von Konsumenten bestehen zwei unterschiedliche Ansätze: Zum einen können alle wesentlichen Einflussfaktoren und Prozessschritte in ein Totalmodell integriert werden, zum anderen besteht die Möglichkeit die Einflussfaktoren gruppenweise (nach Konstrukten) in so genannten Partialmodellen zu untersuchen. Im Folgenden werden zunächst die zehn wesentlichen Konstrukte der partiellen Betrachtungsweise vorgestellt

---

Abbildung 3-24: *Bestimmungsfaktoren des Käuferverhaltens*
In Anlehnung an Meffert, H., Marketing, 2008, S. 106.

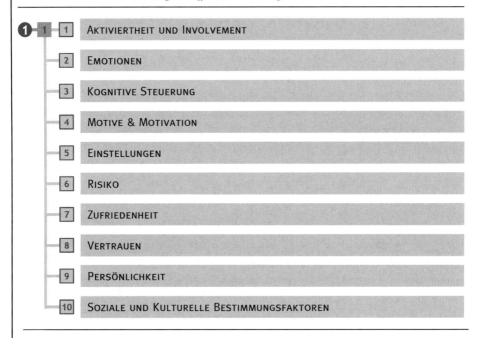

(vgl. Abbildung 3-24), da diese Grundlage für eine integrierte Betrachtung des Käuferverhaltens sind.

Aktiviertheit und Involvement

Aktiviertheit beschreibt den inneren Erregungszustand von Menschen und ist Grundvoraussetzung um eine bewusste Verarbeitung von Stimuli zu erreichen. Als Stimuli werden in diesem Zusammenhang alle Reize, wie beispielsweise Wärme, Sonne, Regen, Werbung, Gerüche usw. bezeichnet, die von Konsumenten durch ihre fünf Sinne wahrgenommen werden können.

Involvement beschreibt den Grad des Engagements, den Menschen an den Tag legen, um gezielt bestimmte Informationen zu beschaffen und zu verarbeiten. Grundsätzlich unterscheidet man in diesem Zusammenhang High-Involvement und Low-Involvement-Käufe.

- *High-Involvement-Käufe* sind für den Nachfrager wichtig. In vielen Fällen geht es dabei um beträchtliche Investitionen und damit auch um ein gewisses finanzielles Risiko. Für High-Involvement-Käufe investieren Nachfrager in der Regel viel Zeit für Informationsbeschaffung und beschäftigen sich über einen längeren Zeitraum mit der Kaufentscheidung. Typische High-Involvement-Käufe sind beispielsweise ein Haus oder ein Auto.

- *Low-Involvement-Käufe* sind für den Konsumenten weniger wichtig und betreffen meist Güter des täglichen Lebens. Low-Involvement-Käufe sind meist durch gefestigte Verhaltensmuster bestimmt. Beispiele für Low-Involvement-Käufe sind Lebensmittel oder Drogerieartikel.

Ziel des Marketings muss es sein, die Aktiviertheit und das Involvement der Zielgruppen zu stimulieren.[131] Ein Beispiel für solche Versuche ist das Zeigen von nackter Haut in der Werbung. Ziel ist es, bei den Betrachtern einen unbewussten Prozess in Gang zu setzen, welcher deren Aktiviertheit zu Gunsten der Werbebotschaft beeinflussen soll.

1-1-2 Emotionen

Emotionen sind subjektive psychische Erregungen wie Freude, Kummer, Zorn oder Furcht. Die individuellen Emotionen sind stark von der Aktiviertheit und dem Involvement des Betrachters abhängig, da diese die Intensität der Gefühlsempfindung direkt beeinflussen. Im Rahmen des Marketings kommt Emotionen eine besondere Bedeutung zu, da davon ausgegangen wird, dass diese menschliches Handeln direkt beeinflussen können. Gerade im Konsumgüterbereich, der sich durch eine zunehmende technische Homogenität der Produkte auszeichnet, nutzen Unternehmen Emotionen immer häufiger als ausschlaggebenden Differenzierungsfaktor. Auch bei der Positionierung von Produkten kommt Emotionen eine bedeutende Rolle zu.[132]

1-1-3 Kognitive Steuerung

Kognitionen (Wissenszustände) umfassen das Wissen, welches einer Person bei Bedarf zur Verfügung steht, d. h. welches die Person aus ihrem Gedächtnis abrufen kann oder ihr in dem Moment extern zur Verfügung gestellt wird. Im Rahmen der kognitiven Steuerung geht es darum zu verstehen, welches Verhalten eine Person in einer bestimmten Situation an den Tag legt. Grundlage ist dabei die Theorie, dass Menschen mit Automatismen auf Umweltreize reagieren, d. h. bestimmte Reize führen zu bestimmten angeborenen oder erlernten

---

131 vgl. Trommsdroff, V., Konsumentenverhalten, 2002, S. 47 ff. und Tomczak, T./Kuß A., Käuferverhalten, 2007, S. 82 ff.
132 vgl. Meffert, H., Marketing, 2008, S.111 ff.

Reaktionen. Im Rahmen des Marketing gilt es, die Reaktionen der Zielgruppen durch gezieltes Lernen zu verändern.

Beginn aller kognitiven Prozesse ist die Wahrnehmung. Diese kann als ein Prozess definiert werden, bei dem Menschen Informationen aufnehmen, organisieren, auswählen und interpretieren. Dabei ist es wichtig zu betonen, dass Wahrnehmung ein subjektiver Prozess ist, d. h. verschiedene Menschen verarbeiten ein und dieselbe Information niemals auf dieselbe Weise. Dies hat hauptsächlich drei Ursachen: Selektive Wahrnehmung, selektive Verzerrung und selektive Erinnerung. Grundsätzlich gilt: ohne Aktivierung erfolgt keine Wahrnehmung.[133]

■ **Selektive Wahrnehmung**

Heute wird jeder Mensch nahezu ununterbrochen mit Stimuli aus seiner Umgebung konfrontiert. Um der Flut von Informationen und Werbebotschaften Herr zu werden, nutzen Menschen einen automatischen Prozess: die *selektive Aufmerksamkeit.* Diese filtert einen Großteil der Stimuli, die uns erreichen aus, noch bevor wir sie bewusst wahrnehmen. Die Aufgabe des Marketing ist es folglich, Botschaften zu entwickeln, welche in der Lage sind, die Filtermechanismen der Zielgruppen zu überwinden und die Aufmerksamkeit der Konsumenten auf sich zu ziehen. In diesem Zusammenhang gibt es drei grundlegende Punkte, die aus Marketingsicht zu beachten sind:

➲ Im Allgemeinen ist es wahrscheinlicher, dass Menschen auf Stimuli reagieren, welche sich auf ein bestehendes Bedürfnis beziehen.

➲ Menschen neigen dazu mit einer größeren Wahrscheinlichkeit auf Stimuli zu reagieren, die zu der Situation passen, in der sie sich befinden.

➲ Menschen nehmen Stimuli, die sich stark von einem gewohnten Zustand abheben, mit einer größeren Wahrscheinlichkeit wahr.

■ **Selektive Verzerrung**

Selektive Verzerrung beschreibt das Phänomen, dass Konsumenten dazu neigen erhaltene Informationen so zu interpretieren (oder zu verzerren), dass diese zu ihren bisherigen Vorstellungen über das Produkt oder die Marke passen. Aus Marketingsicht hat dies zwei Implikationen:

➲ Die übermittelten Informationen sollten möglichst wenig Interpretationsspielraum zulassen.

➲ Ein starker Markenname ermöglicht auch bei technisch identischen

---

133 vgl. Kotler, P./Keller, K., Marketing, 2009, S. 203 f.

Produkten eine Produktdifferenzierung, in dem frühere positive Erfahrungen mit der Marke auf das Produkt übertragen werden.

- **Selektive Erinnerung**

  Ein weiterer Faktor, welcher Wahrnehmung zu einem subjektiven Prozess macht, ist selektive Erinnerung: Menschen neigen dazu, sich an positive Eigenschaften von Produkten und Marken, die sie schätzen, zu erinnern, während sie gute Eigenschaften von Produkten und Marken von Wettbewerbsprodukten leicht vergessen.

❶-1-4 Motive und Motivation

Motive beschreiben die Bereitschaft einer Person, ein bestimmtes Verhalten an den Tag zu legen. Die Konstrukte Aktiviertheit, Involvement und Emotionen dienen als Aktivierungskomponenten für ein Motiv. In Kombination mit einem passenden Bedürfnis entsteht dann aus einem Motiv eine Motivation – ein Beweggrund sich auf eine bestimmte Weise zu verhalten. Aus diesem Grund ist es zur Erklärung der Kaufmotivation essenziell, auch die Bedürfnisse der Zielgruppen zu verstehen.[134] Zur Erklärung dieser Bedürfnisse bestehen heute verschiedene Modelle. Zu den Wichtigsten zählen die Maslowsche Bedürfnispyramide und das Zwei-Faktoren-Modell von Herzberg.

❶-1-5 Einstellungen

Einstellungen zu bestimmten Sachen, Personen oder Themen (das Image) entstehen durch Lernprozesse und haben großen Einfluss darauf, wie Individuen bei der Wahrnehmung entsprechender Stimuli reagieren. In der Regel setzt sich die subjektive Einstellung von Individuen aus drei Komponenten zusammen:

- *Affektive Komponente*: Gefühlsmäßige Einschätzung
- *Kognitive Komponente*: Subjektives Wissen über das Einstellungsobjekt
- *Konative Komponente*: Mit der Einstellung verbundene Handlungstendenz

Aufgabe des Marketing ist es, Art, Anzahl und Gewichtung der Produkteigenschaften, welche das Image von Produkten in den Augen der Zielgruppen beeinflusst, zu kennen und aktiv zu beeinflussen.[135]

---

134 vgl. Bänsch, A., Käuferverhalten, 2002, S. 18 ff.
135 vgl. Meffert, H., Marketing, 2008, S.121 ff.

❶–1–6 Risiko

In Kombination mit der Risikobereitschaft stellt das wahrgenommene Risiko einen weiteren entscheidenden Faktor zur Erklärung des Käuferverhaltens dar. Dabei ist es entscheidend, dass nicht das objektive Risiko, sondern nur das subjektiv wahrgenommene Risiko für das Verhalten des Konsumenten relevant ist. Liegt das mit einer Kaufentscheidung verbundene subjektiv empfundene Risiko über der individuellen Risikobereitschaft des Konsumenten, verhindert dies den Kauf. Zu den Risiken, die einen Konsumenten beeinflussen, zählen: finanzielle Risiken, funktionale Risiken (z. B. qualitative Mängel), gesundheitliche Risiken (z. B. bei Alkohol oder Zigaretten) und psychische Risiken (z. B. generelle Unzufriedenheit mit dem Produkt). Aufgabe des Marketing ist es in diesem Zusammenhang, objektive Risiken zu minimieren und die verbleibenden Risiken so darzustellen, dass diese in den Augen der Konsumenten möglichst gering erscheinen.[136]

❶–1–7 Zufriedenheit

Die Zufriedenheit beschreibt die Übereinstimmung zwischen den Kundenerwartungen und dem tatsächlich erlebten Grad der Bedürfnisbefriedigung. Im Gegensatz zur Einstellung setzt die Zufriedenheit also eine vorherige persönliche Erfahrung voraus. Eine hohe Kundenzufriedenheit ist Grundvoraussetzung für eine langfristige Kundenbindung und Markentreue.[137] Zufriedene Kunden können anderen als Referenz dienen, indem sie von ihren positiven Erfahrungen berichten. Dauerhafte Kundenzufriedenheit führt zu Kundenloyalität und im besten Fall zu Evangelismus (englisch: evangelism). Evangelismus beschreibt ein Phänomen, bei dem die Evangelisten versuchen, die Nutzer anderer Produkte hin zur Nutzung eines bestimmten Produktes oder einer Marke zu „bekehren" – sie zu „missionieren". Dies ist für Unternehmen eine absolut erstrebenswerte Situation, da die Evangelisten uneigennützig an das Wohl der anderen denken und dabei aktiv für die entsprechende Marke oder das Produkt werben.[138]

❶–1–8 Vertrauen

Neben der Zufriedenheit stellt die Bildung von Vertrauen eine wichtige Komponente der Kundenbindung dar, da dieses in risikobehafteten Kaufsituationen einen ausschlaggebenden Einfluss auf den Kauf nehmen kann. Auftrag des Marketing ist es daher, das Vertrauen durch den gezielten Einsatz der Marketinginstrumente

---

136 vgl. Meffert, H., Marketing, 2008, S.126 f.
137 vgl. Meffert, H., Marketing, 2008, S.127 ff.
138 vgl. Kawasaki, G., Rules, 2000, S. 82 ff.

zu fördern. Dies kann beispielsweise durch Ergebnisse neutraler Testinstitute, Referenzen, Garantieleistungen oder den Imagetransfer von Marken geschehen.

1 - 1 - 9 Persönlichkeit

Der Kaufprozess von Konsumenten wird auch von persönlichen Charakteristika wie dem Alter, dem Lebensabschnitt, dem Beruf oder der wirtschaftlichen Situation des Konsumenten beeinflusst. In diesem Zusammenhang geht es für das Marketing hauptsächlich darum, homogene Gruppen mit gemeinsamen Interessen, Vorlieben und Einkommensverhältnissen zu finden. Bei der Vermarktung von Produkten an die Zielgruppen spielt dabei auch die Persönlichkeit von Marken eine wichtige Rolle. Eine Studie der Stanford University ergab, dass Konsumenten dazu neigen, Produkte mit Persönlichkeiten zu favorisieren, welche ihrer eigenen ähneln.[139]

1 - 1 - 10 Soziale und kulturelle Bestimmungsfaktoren

Das Verhalten von Konsumenten wird durch die Einflüsse bestimmter Referenzgruppen sowie bestimmter sozialer Rollen und Stati beeinflusst. Als Referenzgruppen werden dabei alle Gruppen bezeichnet, welche die Einstellung oder das Verhalten einer Person direkt oder indirekt beeinflussen. Zu ihnen zählen beispielsweise die Familie oder Freunde, aber auch berufliche oder religiöse Kontakte. Innerhalb der Referenzgruppen ist es aus Marketingsicht wichtig die Meinungsführer im Sinne des Unternehmens zu beeinflussen. Auch soziale Rollen spielen unter Marketinggesichtspunkten eine wichtige Rolle, da soziale Rollen mit gewissen Statussymbolen verknüpft sind. Viele davon manifestieren sich im Besitz bestimmter Produkte und Marken. Auch kulturelle Faktoren sind eine fundamentale Einflussgröße auf die Bedürfnisse und das Verhalten von Konsumenten. Aus diesem Grund ist es für das Marketing unablässlich, regionenspezifisch kulturelle Werte zu analysieren, um so verstehen zu können, auf welche Weise bestehende Produkte bestmöglich vermarktet und neue Opportunities gefunden werden können. Dabei sind auch die verschiedenen hierarchisch geordneten sozialen Klassen von Interesse, welche in fast allen Kulturen bestehen. Homogene soziale Klassen können dabei anhand ihrer Werte, Interessen und ihrem Verhalten unterschieden werden.[140]

---

139 vgl. Kotler, P. / Keller, K., Marketing, 2007, S. 317 ff.
140 vgl. Kotler, P. / Keller, K., Marketing, 2009, S. 190.

Praxisbeispiel: Wissenschaftliche Studien zeigen, dass Teenager eine immer stärker werdende Rolle im Entscheidungsprozess ihrer Eltern spielen, wenn es um den Kauf von Autos und Fernsehern oder um das Buchen des Ferienortes geht. So hat eine Marktstudie ergeben, dass 62 Prozent aller Eltern in den USA angeben, dass ihre Kinder aktiv an der Kaufentscheidung ihres letzten Automobils beteiligt waren. Aus diesem Grund erstellen Automobilhersteller derzeit Marketingprogramme, welche sich aktiv an Kinder richten.[141]

Neben der soeben beschriebenen partiellen Betrachtungsweise zur Erklärung des Käuferverhaltens existieren auch Modelle, die Versuchen das Käuferverhalten in seiner Gesamtheit aus einer übergeordneten Perspektive zu erfassen. Solche Modelle bezeichnet man als Totalmodelle. Bis heute ist es nicht gelungen, die Gültigkeit eines solchen Totalmodells empirisch zu belegen. Nichts desto trotz können Totalmodelle zu didaktischen Zwecken durchaus eine gute graphische Übersicht des Konsumentenverhaltens zu geben.[142]

Abbildung 3-25 zeigt das Totalmodell von Howard und Sheth, welches der Grundstruktur eines S-O-R-Modells folgt: Kaufrelevante Informationen als Inputvariable (Stimuli) werden von Konsumenten (Organismus) verarbeitet, worauf im Anschluss eine bestimmte Reaktion (Response) als Outputvariable folgt:[143]

- Das *Suchverhalten* wird eingeleitet, sobald der Konsument das Gefühl hat noch nicht ausreichend über Produkte und die zur Verfügung stehenden Alternativen informiert zu sein.

- Der Grad der *Aufmerksamkeit* bestimmt, in welchem Maße eine Person zur Aufnahme von Stimuli bereit ist.

- *Wahrnehmungsverzerrung* beschreibt ein Phänomen, bei dem die Informationen durch den Konsumenten individuell interpretiert werden.

- *Motive* und *Entscheidungskriterien* der Konsumenten werden von der subjektiv interpretierten Aussage der Stimuli beeinflusst.

- Wahrgenommene Stimuli haben außerdem Einfluss auf die *Markenkenntnis* – also das Wissen um die Existenz von Marken und deren Eigenschaften.

- *Sicherheit* hinsichtlich der Markenkenntnis kann die Kaufabsichten von Konsumenten stimulieren. Bei schwacher Markenkenntnis erfolgt eine erneute Einleitung des Suchverhaltens.

---

141 vgl. Kotler, P. / Keller, K., Marketing, 2009, S. 196.
142 vgl. Trommsdroff, V., Konsumentenverhalten, 2002, S. 28 ff.
143 vgl. Bänsch, A., Käuferverhalten, 2002, 125 ff.

Abbildung 3-25: *Erklärung des Konsumentenverhaltens*
In Anlehnung an Howard, J./Sheth, J., Behavior, 1969, S. 30.

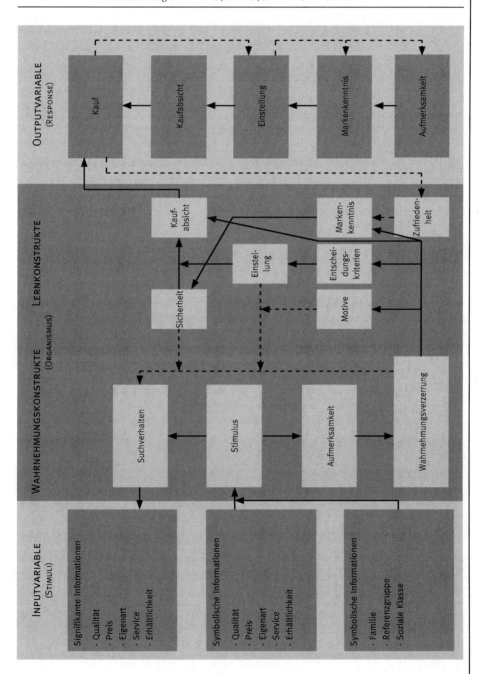

■ Die *Kaufabsicht* ist eine letzte Hürde, an der bestimmte Faktoren wie beispielsweise Nichterhältlichkeit oder inakzeptable Preise den Kauf noch verhindern können.

■ Zuletzt gibt die *Zufriedenheit* Auskunft darüber, ob und in welchem Maße die Erwartungen der Konsumenten an das gekaufte Produkt erfüllt wurden.

❶-2 Analyse von Geschäftskunden in B2B-Märkten

B2B-Märkte bestehen aus Firmen, die Produkte kaufen, um diese zur Herstellung anderer Produkte einzusetzen, die dann wiederum weiterverkauft werden. Bezüglich der absoluten Anzahl und der Werte der ausgetauschten Güter übersteigen B2B-Märkte die Konsumgütermärkte um ein Vielfaches. In Kapitel 3.2.1 wurde bereits dargestellt, dass sich B2B-Märkte hinsichtlich verschiedener Faktoren von B2C-Märkten abheben. Die Ansätze zur Erklärung des Kaufverhaltens lassen sich allerdings auch in B2B-Märkten in partiale und totale Ansätze gliedern. Im Folgenden werden zunächst die einzelnen Konstrukte der partialen Betrachtungsweise vorgestellt, bevor im Anschluss daran auf Totalmodelle eingegangen wird. In der betriebswirtschaftlichen Forschung existiert eine Vielzahl unterschiedlicher Partialmodelle. Im Kern untersuchen diese jedoch alle im Wesentlichen drei Fragestellungen:[144]

■ Wie verläuft der Prozess der Kaufentscheidung?
■ Welche Personen und Personengruppen sind beteiligt?
■ Welche Faktoren nehmen Einfluss auf den Ablauf des Kaufprozesses?

Backhaus[145] leitet daraus ein Modell ab, welches das organisatorische Kaufverhalten anhand von fünf Konstrukten beschreibt (vgl. Abbildung 3-26).

❶-2-❶ Organisatorischer Beschaffungsprozess

Im Vergleich zu den Konsumgütermärkten, lässt sich der Kaufprozess in Industriegütermärkten deutlicher in verschiedene Phasen einteilen, in denen verschiedene Probleme der einzelnen Nachfrager im Vordergrund stehen:

■ Feststellung eines Bedarfs
■ Zieldefinition und Spezifikation
■ Identifizierung und Bewertung von passenden Lösungen
■ Auswahl von Lieferanten

---

144 vgl. Backhaus, K./Voeth, M., Industriegütermarketing, 2007, S. 43.
145 vgl. Backhaus, K./Voeth, M., Industriegütermarketing, 2007, S. 40.

Abbildung 3-26: *Partialmodell des organisatorischen Kaufverhaltens*
vgl.: *Backhaus, K./Voeth, M., Industriegütermarketing, 2007, S. 40.*

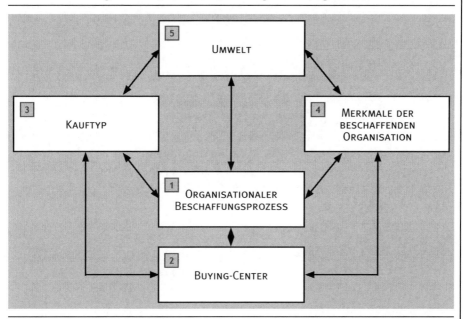

① ② ② **Buying-Center-Konzepte**

Die gedankliche Zusammenfassung aller an einem B2B-Kaufprozess beteiligten Personen bezeichnet man als Buying-Center. Untersuchungsgegenstände dieses Konstruktes sind neben der Zusammensetzung des Buying-Centers vor allem die darin ablaufenden Entscheidungsprozesse sowie die Rollen der beteiligten Personen. Generell werden innerhalb des Buying-Centers folgende Rollen unterschieden:

- *Initiatoren*: Personen, wie beispielsweise Nutzer oder Entwickler, die ein Produkt anfordern und damit den Kaufprozess anstoßen.

- *Nutzer* sind die Anwender des Produktes. In den meisten Fällen haben sie einen starken Einfluss auf den Kaufprozess.

- *Einkäufer* sind verantwortlich für die kommerziellen und vertraglichen Aspekte des Kaufprozesses. Da sie einen großen Einfluss auf die Wahl der Lieferanten haben und auch die Verhandlungen führen, spielen Einkäufer, trotz ihres meist nur oberflächlichen Wissens über die anzuschaffenden Produkte, eine wichtige Rolle im Kaufprozess.

- *Entscheidungsträger* können aufgrund ihrer Machtposition einen direkten Einfluss auf den Kaufprozess nehmen. Häufig handelt es sich um Mitglieder der Unternehmensführung.

- *Beeinflusser* sind alle Personen, die die Kaufentscheidung technisch, kommerziell oder anderweitig beeinflussen können.

- *Gatekeeper* kontrollieren den internen Informationsfluss und den Zustrom von neuen Informationen im Einkaufsgremium. Ihr Einfluss ist daher vor allem in der Phase der Entscheidungsvorbereitung kritisch.

Die Rollenverteilung innerhalb des Buying-Centers ist in der Praxis sehr unterschiedlich und häufig kommt es vor, dass eine Person mehrere Rollen in sich vereinigt. Ziel von verkaufenden Unternehmen sollte es sein, ein möglichst gutes Verständnis über das Buying-Center zu entwickeln. Dies beinhaltet neben dem involvierten Personenkreis auch die Entscheidungsprozesse und Kompetenzen.[146]

❶-2-3 Kauftyp

Kauftypen beeinflussen nicht nur den Kaufprozess, sondern auch die Größe und die Zusammensetzung des Buying-Centers. Kauftypen lassen sich anhand von drei Kriterien differenzieren:[147]

- **Wert des Investitionsobjektes**

  Der Wert der Investition ist der Faktor mit dem größten Einfluss auf den Entscheidungsprozess. Dabei beeinflusst dieser neben der Dauer der Kaufentscheidung vor allem die Zusammensetzung des Buying-Centers. Pauschal lässt sich dabei feststellen, dass mit zunehmendem Investitionswert vor allem der Einfluss der „Techniker" und der „Einkäufer" zunimmt.

- **Kaufanlass/Wiederholungsgrad**

  Bezüglich des Kaufanlasses bzw. dem Wiederholungsgrad lassen sich drei unterschiedliche Kaufsituationen unterscheiden. Die Kaufanlässe können jeweils entweder Erst-, Ersatz oder Erweiterungsinvestitionen sein.

  ➲ *Erstinvestitionen* sind dadurch gekennzeichnet, dass das beschaffende Unternehmen selbst noch keine Erfahrungen mit dem zu beschaffenden Produkt hat. Entsprechend hoch ist das wahrgenommene Risiko. Erstinvestitionen zeichnen sich durch eine besonders intensive Informationssuche auf Seiten des beschaffenden Unternehmens aus.

---

146 vgl. Meffert, H., Marketing, 2008, S.142.
147 zu den Kauftypen vgl. Backhaus, K./Voeth, M., Industriegütermarketing, 2007, S. 46 ff.

➲ Bei *Erweiterungsinvestitionen* liegen bereits konkrete Erfahrungen mit dem Produkt vor. Es entstehen Nahtstellenprobleme, welche eine Kompatibilität der anzuschaffenden Produkte mit den vorhandenen Produkten fordern.

➲ *Ersatzinvestitionen* unterscheiden sich von Erweiterungsinvestitionen dahingehend, dass grundsätzlich alternative Lösungen berücksichtigt werden und auf Kompatibilität keine Rücksicht genommen werden muss.

In enger Verbindung zum Kriterium Kaufanlass steht der Wiederholungsgrad des Kaufs. Dabei werden Neukauf, modifizierter Wiederkauf und der identische Wiederkauf unterschieden:

➲ Der *Neukauf* ist dadurch gekennzeichnet, dass die entsprechende Kauf-situation zum ersten Mal auftritt. Obwohl Neukäufe den Erstkäufen sehr ähnlich sind, ist die Überlappung nicht vollständig. Auch Ersatzinvestitionen können beispielsweise insofern Neukäufe sein, als dass die bestehende Lösung durch eine völlig neue Lösungsalternative ersetzt wird.

➲ Beim *modifizierten Wiederkauf* ähnelt die Kaufentscheidung einem in der Vergangenheit getätigten Kauf. Da keine vollständige Übereinstimmung vorliegt, besteht auf Käuferseite ein gewisser Informationsbedarf, der allerdings geringer ist als der Informationsbedarf in einer Neukaufsituation. Auch das Buying-Center besteht in der Regel aus einer geringeren Anzahl von Personen.

➲ Beim einem *reinen Wiederholungskauf* werden vergangene Kaufprozesse wiederholt. Auf Lieferantenseite liegt der Fokus auf der Aufrechterhaltung der Produkt- und Servicequalität. In vielen Fällen erfolgt eine Automation der Kaufvorgänge.

■ *Produkttechnologie*

Ein weiterer Faktor, der Beschaffungsentscheidungen und die Zusammensetzung des Buying-Centers beeinflusst, ist die Produkttechnologie. Vor allem in frühen Phasen des Produktlebenszyklus, wenn Technologien sich noch nicht „bewährt" haben, ist das Buying-Center stark technisch geprägt. In vielen Fällen sind es strategische Managemententscheidungen, die in solchen Einkaufssituationen über das weitere Vorgehen entscheiden. Der Einkauf tritt in den Hintergrund und übernimmt lediglich administrative Aufgaben.[148]

---

148 vgl. Backhaus, K., Industrie, 1997, S. 86 ff.

❶ 2 4 **Merkmale der beschaffenden Organisation**

Obwohl Kaufentscheidungen immer von Personen getroffen werden, ist der Entscheidungsprozess im Falle von B2B-Kaufentscheidungen in ein System organisatorischer Regelungen eingebettet, welches den involvierten Personen einen Handlungsrahmen vorgibt. Wie stark dieser Handlungsrahmen die Entscheidungen des Buying-Centers beeinflusst, ist von Organisation zu Organisation verschieden und wird von Faktoren, wie beispielsweise der Firmengröße, der Rechtsform, der Unternehmenskultur, den Besitzverhältnissen, der Branche oder der konjunkturellen Lage beeinflusst.[149]

❶ 2 5 **Umwelt**

Neben den Einflussgrößen, die von den am Marktprozess unmittelbar beteiligten Personen gesteuert werden, existieren in der Unternehmensumwelt eine Reihe von Faktoren, die außerhalb des Machtbereichs dieser Personengruppe liegen und trotzdem direkten Einfluss auf das Beschaffungsverhalten haben. Dazu zählen insbesondere:[150]

- *Rechtliche Rahmenbedingungen*

  Verschiedene Rechtsnormen schränken die Handlungsfreiheit bei bestimmten Markttransaktionen, wie beispielsweise dem Verkauf oder Erwerb von „gefährlichen Gütern" ein.

- *Technologische Entwicklung*

  Aufgrund von technologischen Veränderungen, wie beispielsweise dem Fortschritt der Informations- und Kommunikationstechnologien, entstehen heute in vielen Fällen Standardisierungs- und Kompatibilitätsanforderungen, die die Entscheidungsfreiheit des Buying-Centers stark beeinflussen. Ein Beispiel hierfür sind fabrikinterne Kommunikationsprotokolle, die die Vernetzung von Maschinen ermöglichen. Neue Maschinen und deren Steuerungen müssen in bestehende Netzwerke eingebunden werden können.

- *Gesamtwirtschaftliche Entwicklung*

  Die gesamtwirtschaftliche Entwicklung hat starken Einfluss auf die Entscheidungsfreiheit der Buying-Center. In Zeiten der Rezession kontrollieren Unternehmen verstärkt ihre Beschaffungsprozesse, um auf diese Weise Einsparpotenziale zu identifizieren und auszunutzen.

---

149 vgl. Backhaus, K. / Voeth, M., Industriegütermarketing, 2007, S. 83 ff.
150 vgl. Backhaus, K. / Voeth, M., Industriegütermarketing, 2007, S. 87 ff.

- **Gesellschaftliche Normen**

  Gesellschaftliche Normen haben massiven Einfluss auf das Investitions-
  verhalten von Unternehmen. In Deutschland ist beispielsweise die Einführung genetisch veränderter Lebensmittel unter den Konsumenten höchst
  umstritten. Aus diesem Grund halten sich auch die Investitionen von Unternehmen in diesem Bereich stark zurück.

- **Materielle und personelle Ressourcenprofile**

  Bestimmte Materialien und Produkte stehen nicht in unbegrenztem Umfang zur Verfügung. Selbiges gilt auch für hochqualifizierte Arbeitskräfte.
  Diese Situation kann in Beschaffungssituationen zu einem entscheidenden Engpass führen.

Werden alle Konstrukte der partialen Betrachtungsweise simultan betrachtet,
entsteht ein generelles Rahmenkonzept (Totalmodell), welches den Ablauf
des Beschaffungsprozesses in einer Gesamtbetrachtung abbildet. Das im Folgenden beschriebene Sheth-Modell ist eine Erweiterung des im Bereich des
Konsumentenverhaltens bereits vorgestellten Howard-Sheth-Modells (vgl.
Abbildung 3-27). Die Struktur des Sheth-Modells ist in Abbildung 3-27 dargestellt. Basis des Modells sind drei Kernelemente: Psychologische Entscheidungsdeterminanten (1), kollektive Entscheidungsdeterminanten (2) und
Konfliktlösungsmechanismen (3). Das zentrale Element des Sheth-Modells
sind die Erwartungen des Buying-Centers bzw. die individuellen Erwartungen der involvierten Personen. Diese Erwartungen werden durch verschiedene individuelle Einflussfaktoren, wie beispielsweise Ausbildung, Rollen-
verständnis, Lebensstil oder Kundenzufriedenheit beeinflusst und gehen
direkt in den Kaufprozess ein. Neben den individuellen Erwartungen des
Buying-Centers wird der Kaufprozess von einer Reihe von produktspezifischen und unternehmensspezifischen Faktoren beeinflusst. Je nach Art und
Umfang des Kaufprozesses kommt es dann zu einer kollektiven oder zu einer individuellen Kaufentscheidung und folglich zu einer Marken- und Lie-
ferantenwahl. Alle weiteren Einflussfaktoren, wie beispielsweise ökonomische Bedingungen, die direkten Einfluss auf die Wahl des Produktes haben
können, fasst Sheth in seinem Modell als „situative Faktoren" zusammen.[151]

---

151 vgl. Backhaus, K. / Voeth, M., Industriegütermarketing, 2007, S. 93 ff.

Abbildung 3-27: *Totalmodell des industriellen Kaufverhaltens*
vgl.: Sheth, J, Behavior, 1973.

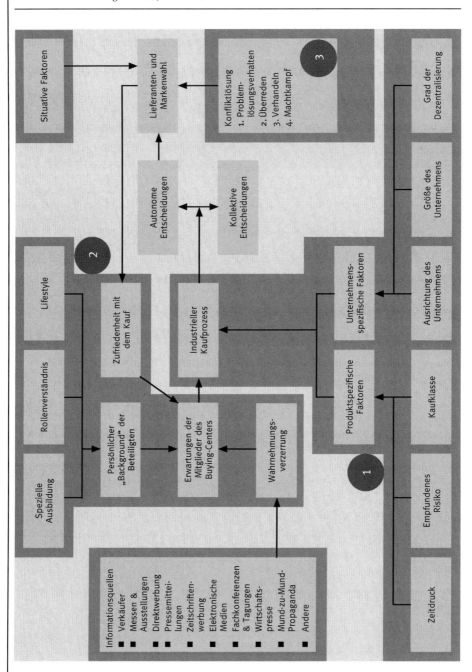

Anders als bei Konsumgütern werden Leistungen und Gegenleistungen im Industriegütermarketing häufig in direkten Verhandlungen zwischen Repräsentanten der beteiligten Unternehmen festgelegt. Da dies in einem Prozess wechselseitiger Beeinflussung geschieht, ist es im Industriegütermarkt folglich in vielen Fällen möglich, individuell auf spezielle Kundenanforderungen einzugehen. Aus diesem Grund lassen sich Transaktionsprozesse in Industriegütermärkten in der Regel nicht ausschließlich mit dem im Konsumgüterbereich vorherrschenden SOR-Paradigma erklären. Statt dessen muss neben dem Buying-Center auch das Selling-Center in den Fokus der Betrachtung rücken.

Selling-Center umfassen dabei alle am Kaufprozess beteiligten Personen auf Anbieterseite, wie beispielsweise Vertrieb, Entwicklung, Marketing oder Management. Für eine realitätsnahe Betrachtung der Interaktion des Buying- und des Selling-Centers dürfen diese allerdings nicht ausschließlich isoliert betrachtet werden. Interaktionsansätze gehen davon aus, dass zwischen dem Buying- und dem Selling-Center für die Dauer des Kaufprozesses ein zeitlich begrenztes, aufgabenorientiertes Zwischensystem entsteht: das sogenante Transaction-Center. Abbildung 3-28 zeigt die Verbindung von Buying- und Selling-Center zum Transaction-Center. Ein optimales Verständnis der Kaufprozesse bedingt demnach ein gründliches Verständnis der persönlichen Interaktionen innerhalb des Transacion-Centers. In diesem Zusammenhang ist es für einen Anbieter wichtig die „richtigen" Personen für die Interaktion auszuwählen. Im Rahmen sogenannter „Matching-Studien" wurde nachgewiesen, dass Ähnlichkeiten zwischen Käufern und Verkäufern (Personen aus den Buying- und Selling-Centern) starken Einfluss auf die Kaufentscheidung haben. Ähnlichkeiten beziehen sich in diesem Zusammehang vor allem auf demographische, kognitive und persönliche Merkmale.[152]

3.2.3.2   Marketingziele

Wie auch die Ziele anderer Funktionsbereiche des Unternehmens, ordnen sich die Marketingziele in das übergeordnete Unternehmenszielsystem ein. Welchen Stellenwert die Marketingziele dabei einnehmen, hängt von der individuellen Situation des jeweiligen Unternehmens ab: Stellt das Marketing den zentralen Engpass des Unternehmens dar, kommt den Marketingzielen eine besondere Rolle zu. Die Marketingziele beschreiben Soll-Zustände, die durch den Einsatz der Marketinginstrumente erreicht werden sollen. Grundsätzlich wird zwischen ökonomischen und psychographischen Marketingzielen unterschieden.

---

152 vgl. Backhaus, K. / Voeth, M., Industriegütermarketing, 2007, S. 40.

Abbildung 3-28: *Entstehung eines Transaction-Centers*

vgl. Backhaus, K./Voeth, M., Industriegütermarketing, 2007, S. 40 .

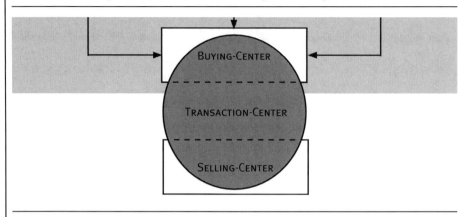

- *Ökonomische Marketingziele*

  Die ökonomischen Ziele des Marketing stehen regelmäßig in enger Verbindung mit generellen Unternehmenszielen wie Gewinn, Rentabilität oder Deckungsbeitrag. Sie lassen sich in der Regel mit wenig Aufwand, z. B. anhand der Menge verkaufter Produkte, messen. Ein wichtiges ökonomisches Ziel ist beispielsweise der Marktanteil. Dieser definiert den mengen- oder wertmäßigen Anteil, den ein Unternehmen im Verhältnis zum Gesamtmarkt einnimmt und ermöglicht damit Aussagen über die Wettbewerbs- oder Marktposition von Unternehmen im Verhältnis zu ihren Wettbewerbern.[153] Eine Schwierigkeit im Zusammenhang mit der Berechnung von Marktanteilen, stellt die Definition des Gesamtmarktes dar, dem die eigenen Absatzzahlen gegenüber gestellt werden. In der Praxis bietet ein einzelner Lieferant nur selten sämtliche Produkte an, die sein Kunde einkauft. Das absolute Einkaufsvolumen des Kunden (Total-Available-Market oder TAM) ist daher oft keine geeignete Grundlage um aussagekräftige Schlussfolgerungen über den Marktanteil eines einzelnen Lieferanten ziehen zu können. Aus diesem Grund werden die Einkaufszahlen der Kunden und die Verkaufszahlen der Wettbewerber zunächst individuell nach den für den einzelnen Lieferanten relevanten Produktgruppen sortiert. Das Ergebnis ist der Served-Available-Market oder SAM. Dieser entspricht dem Gesamtmarkt der Produkte, die der jeweilige Lieferant anbietet und dient als Grundlage für die Berechnung seines Marktanteils.

---

153 vgl. Meffert H., Marketing, 2000, S. 76 f.

■ *Psychographische Marketingziele*

Marketingmaßnahmen haben die Aufgabe, bei potenziellen Käufern eine psychographische Wirkung hervorzurufen und damit ihr Kaufverhalten zu beeinflussen. Dabei sind vorrangig folgende Ziele von Bedeutung:

⮎ Erhöhung des Bekanntheitsgrads des Produkts oder der Marke

⮎ Erzielung von Wissenswirkungen (Schulung der Kunden)

⮎ Änderung des Images eines Produktes oder einer Marke

⮎ Verursachen einer Präferenzbildung

⮎ Stärkung der Kaufabsicht

Das Kernproblem der psychographischen Marketingziele besteht in der Messbarkeit des Erfolgs der Marketingmaßnahmen.[154]

Praxisbeispiel: Unternehmen X kauft zwei Produkte ein: Produkt 1 für 120.000 Euro jährlich und Produkt 2 für 80.000 Euro jährlich. Anbieter A verkauft dem Unternehmen X beide Produkte 1 und 2 zu einem Gesamtwert von 100.000 Euro pro Jahr. Dabei hat Produkt 1 einen Anteil von 40.000 Euro. Unternehmen B verkauft Unternehmen X lediglich das Produkt 1 für 60.000 Euro pro Jahr. Unternehmen B bietet das Produkt 2 nicht an. Um den Marktanteil des Unternehmens B zu berechnen, darf nun nicht das gesamte Einkaufsvolumen von X (200.000 Euro – TAM (Total Available Market) zu Grunde gelegt werden, sondern lediglich der für das Unternehmen B erreichbare Anteil. Im Fachjargon bezeichnet dieser Anteil den SAM (Served Available Market) für das Unternehmen B. Unternehmen B hätte also einen Marktanteil von 50 Prozent.

3.2.3.3 Marketingstrategie

Nachdem mit Hilfe der Marktanalyse ein optimales Verständnis der Ausgangssituation erreicht wurde, gilt es im nächsten Schritt eine kundenbezogene Marketingstrategie zu entwickeln. Dabei geht es vor allem um die Auswahl der richtigen Zielmärkte und um den Aufbau von profitablen Kundenbeziehungen innerhalb dieser Märkte. Um dies erreichen zu können, müssen allem voran zwei wichtige Fragen beantwortet werden: Welche Kunden sollen bedient werden und wie kann das Unternehmen diese Kunden bestmöglich bedienen? Abbildung 3-29 zeigt die vier wesentlichen Schritte, die nötig sind, um eine optimale auf die Kundenbedürfnisse zugeschnittene Marketingstrategie zu entwickeln.

---

154 vgl. Meffert H., Marketing, 2000, S. 78.

Abbildung 3-29: *Konzeption einer Marketingstrategie*
vgl. Kotler P./Armstrong G., Marketing, 2008, S. 185.

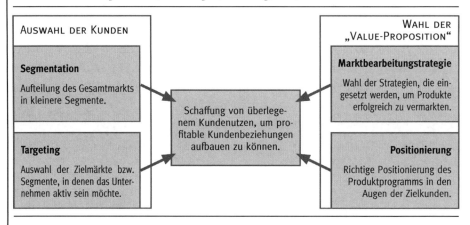

Die Aufgabe der ersten beiden Schritte besteht in der Auswahl der Kunden, die ein Unternehmen bedienen möchte: Die *Marktsegmentierung* teilt den Gesamtmarkt dazu in kleinere Käufergruppen mit unterschiedlichen Bedürfnissen und Ansprüchen. Im nächsten Schritt der *Zielmarktfestlegung (targeting)* wird die Attraktivität der einzelnen Segmente analysiert und die Segmente ausgewählt, in die das Unternehmen seine Produkte verkaufen möchte.

Anschließend gilt es, die Produkte in den Augen der Zielkunden so zu positionieren, dass diese die Produkte als besonders interessant einstufen. Es geht also darum, Segmentindividuell einen bestimmten Kundennutzen anzubieten. Im Englischen wird hierbei vom Anbieten einer sogenannten „value-proposition", einem speziell auf das Zielsegment ausgerichteten Wertvorschlag gesprochen. Um dies zu erreichen, müssen es zunächst mögliche Differenzierungsfaktoren identifiziert und umgesetzt werden. Abschließend muss der mit der Value-Proposition verbundene überlegene Kundennutzen an die Zielkunden zu kommuniziert werden. Dabei gilt es, das unternehmenseigene Produkt auf eine Weise zu positionieren, die es klar und nachhaltig von Wettbewerbsprodukten abgrenzt.[155]

3.2.3.3.1 Marktsegmentierung

Sowohl in Industrie als auch in Konsumgütermärkten setzt sich ein Gesamtmarkt oft aus einer Vielzahl potenzieller Kunden zusammen, die in der Regel unterschiedliche Bedürfnisse im Bezug auf bestimmte Produkte haben. Aufgabe

---

155 vgl. Kotler P./Armstrong G., Marketing, 2008, S. 185.

der Marktsegmentierung ist es daher, diesen Gesamtmarkt in heterogene Marktsegmente zu gliedern, die Gruppen von Kunden enthalten, welche möglichst identische (homogene) Bedürfnisse und Vorstellungen haben. Hauptziel der Marktsegmentierung ist es, Unternehmen zu ermöglichen ihre Produkte möglichst optimal auf die Bedürfnisse ihrer Zielsegmente auszurichten. Die zur Segmentierung gewählten Kriterien sollten folgende Eigenschaften aufweisen:[156]

- **Kaufverhaltensrelevanz**

  Die Kriterien sollten Eigenschaften und Verhaltensweisen erfassen, welche für den Kauf eines bestimmten Produktes relevant sind.

- **Messbarkeit**

  Segmentierungskriterien müssen messbar und erfassbar sein.

- **Erreichbarkeit**

  Die gewählen Segmentierungskriterien müssen die gezielte Ansprache der mit ihrer Hilfe beschriebenen Marktsegmente ermöglichen.

- **Handlungsfähigkeit**

  Die gewählen Segmentierungskriterien müssen den gezielten Einsatz der Marketinginstrumente ermöglichen.

- **Wirtschaftlichkeit**

  Der durch eine Segmentierung entstehende Nutzen muss größer sein als die durch die Segmentierungsaktivitäten entstehenden Kosten.

- **Zeitliche Stabilität**

  Die gewählten Segmentierungskriterien sollten über einen gewissen Planungszeitraum hinweg stabil sein.

Übergeordnet lassen sich die möglichen Segmentierungskriterien in geographische, soziodemographische, psychographische und verhaltensorientierte Segmentierungskriterien einteilen:[157]

- **Geographische Marktsegmentierung**

  Geographische Marktsegmentierung umfasst eine Einteilung nach makrogeographischen Kriterien, wie Ländern, Landkreisen oder Städten sowie nach mikrogeographischen Segmentierungskriterien in sogenannte Wohngebietszellen, welche das Niveau bestimmter Stadt- oder Wohnviertel erfassen.

---

156 vgl. Bruhn, M., Marketing, 2008, S. 58 ff.
157 vgl. Meffert, H., Marketing, 2008, S.192 ff. und Nieschlag, R./u.a., Marketing, 2002, S. 206 ff.

- ### Soziodemographische Marktsegmentierung

  Kriterien der soziodemographischen Marktsegmentierung lassen sich in demographische und sozioökonomische Kriterien einteilen. Demographische Segmentierungskriterien erfassen Merkmale, wie Geschlecht, Alter, Familienstand oder Haushaltsgröße. Sozioökonomische Segmentierungskriterien umfassen beispielsweise Ausbildung, Beruf oder Einkommen.

- ### Psychographische Marktsegmentierung

  Die psychographische Marktsegmentierung erfolgt anhand von nicht beobachtbaren Konstrukten des Käuferverhaltens. Zu diesen zählen die Einstellung, bestimmte Persönlichkeitsmerkmale sowie individuelle Nutzenvorstellungen:

  ⮑ *Einstellung*

  Im Bezug auf die Einstellung wird zwischen allgemeinen Einstellungen (z. B. Aufgeschlossenheit gegenüber neuer Technik) und produktgruppenspezifischer oder produktspezifischer Einstellung (z. B. Einstellung zum Automobil oder zu einem konkreten Modell) unterschieden. Ausgehend von der Hypothese, dass Kunden ein Produkt immer relativ zu einem individuellen Idealbild bewerten, kann die Einstellung von bestehenden oder potenziellen Kunden als Differenz zu deren Idealbild quantitativ erfasst werden.

  ⮑ *Persönlichkeitsmerkmale*

  Die Persönlichkeit von Menschen beeinflusst ihre Reaktion auf bestimmte Stimuli. Da Persönlichkeitsmerkmale, wie Kontaktfreudigkeit, Selbstständigkeit oder Ehrgeiz schwer messbar sind und ein Bezug zum Kaufverhalten nur schwer einschätzbar ist, wird die persönlichkeitsbezogene Marktsegmentierung in der Praxis hauptsächlich anhand von Lebensstilen, sogenannten „Life-Styles", vorgenommen. Typischerweise werden bestimmten Life-Styles dabei bestimmte Verhaltensmusterkombinationen, wie beispielsweise Gewohnheiten oder das Freizeitverhalten sowie psychische Variablen, wie Werte oder allgemeine Einstellungen zugeordnet. Die Messung von Life-Styles erfolgt in der Praxis entweder über die von Konsumenten ge- und verbrauchten Produkte oder über eine Beobachtung des Verhaltens, der Handlungen oder der Wertvorstellungen bestimmter Personengruppen.

  ⮑ *Nutzenvorstellungen*

  Die Nutzensegmentierung ist eine Variante der produktspezifischen Segmentierungsmethodik, bei der die Kaufmotive und der daraus entstehende Kundennutzen als Segmentierungskriterien zugrunde gelegt werden.

■ **Verhaltensorientierte Marktsegmentierung**

Während psychographische Segmentierungskriterien als Bestimmungsfaktoren des Kaufverhaltens dienen, versuchen die Kriterien des beobachtbaren Verhaltens aus dem Ergebnis der Kaufentscheidungsprozesse Rückschlüsse auf künftiges Kaufverhalten zu ziehen. Entsprechend den Marketinginstrumenten lassen sich verhaltensorientierte Segmentierungskriterien in produktbezogene, kommunikationsbezogene, preisbezogene und distributionsbezogene Kriterien unterteilen:

3.2.3.3.2 Zielmarktfestlegung (Targeting)

Nach der Marktsegmentierung gilt es, die ermittelten Segmente zu analysieren und hinsichtlich ihrer Attraktivität zu bewerten. Dabei werden neben der absoluten Größe und dem Wachstum der verschiedenen Segmente auch die zur Verfügung stehenden unternehmeneigenen Ressourcen sowie die übergeordneten Unternehmensziele betrachtet. Im nächsten Schritt gilt es dann Segmente auszuwählen, die die „richtige Größe" und das „richtige Wachstum" aufweisen. Diese beiden Begriffe sind relativ und unternehmensindividuell verschieden. Die größten und am schnellsten wachsenden Segmente müssen in diesem Zusammenhang nicht immer die attraktivsten sein. Dies kann verschiedene Ursachen haben: So ist es beispielsweise wahrscheinlich, dass die Konkurrenzsituation in diesen Segmenten wesentlich größer ist, außerdem sind die Ressourcen, die zum Bearbeiten dieser Segmente erforderlich sind, sehr hoch. [158]Porters „5-Forces" (vgl. Kapitel 3.1.1.2, Branchenstrukturanalyse) können helfen, die Attraktivität der Segmente zu beurteilen.

3.2.3.3.3 Marktbearbeitungsstrategie

Im Zuge des Wandels von Verkäufer zu Käufermärkten entstand neben dem Preiswettbewerb zunehmend auch ein Wettbewerb um Qualität und Produktattribute. Aus Marketingsicht ergeben sich daher grundsätzlich zwei strategische Alternativen, die durch den gezielten Einsatz der Marketinginstrumente umgesetzt werden können: Präferenzstrategie und Preis-Mengen-Strategie.[159]

■ **Präferenzstrategie**

Die Präferenzstrategie verfolgt das Ziel die unternehmenseigenen Produkte in den Augen der Zielkunden zu differenzieren. Sie ähnelt Porters

---

158 vgl. Kotler P. / Armstrong G., Marketing, 2008, S. 195.
159 vgl. Meffert, H., Marketing, 2008, S.297.

Differenzierungsstrategie. Im Optimalfall wird auf diese Weise eine Präferenzbildung bzw. eine Vorzugsstellung zu Gunsten der unternehmenseigenen Produkte erreicht. Dadurch wird es möglich, überdurchschnittliche Marktpreise durchzusetzen.

■ **Preis-Mengen-Strategie**

Die Preis-Mengen-Strategie entspricht im Wesentlichen Porters Kostenführerstrategie. Alle Marketingaktivitäten werden auf preispolitische Maßnahmen konzentriert. Ziel ist es, den Preis zum Kaufmotiv der Kunden zu machen. Marketinginstrumente werden nur insoweit eingesetzt, wie sie zur Abwicklung der Markttransaktionen notwendig sind. Durch den niedrigen Preis soll eine möglichst große Kundengruppe angesprochen werden.

Neben den zuletzt beschriebenen Strategiealternativen gibt es noch weitere wichtige Faktoren, die Einfluss auf die Wahl der Marktbearbeitungsstrategie haben. Dies sind vor allem Innovationsorientierung, Qualitätsorientierung, Markenorientierung und Konkurrenzorientierung.[160]

■ **Innovationsorientierung**

Heute gilt „Zeit" in vielen Märkten als strategischer Wettbewerbsvorteil. Eine Innovationsorientierung, die sich durch hohe F&E-Budgets sowie durch gutes Wissens- und Innovationsmanagement auszeichnet, ist in der Lage, dem Unternehmen multiple strategische Vorteile zu schaffen: Ein frühzeitiger Markteintritt ermöglicht die Befriedigung aktueller Nachfragerwünsche sowie die frühzeitige Entwicklung von Markt-Know-How. Auf diese Weise kann in den Augen der Zielkunden ein Technologieimage erzeugt werden, welches als Differenzierungsfaktor zu einer Präferenzbildung beitragen kann. Des Weiteren ermöglicht eine Pionierposition in vielen Fällen das Erreichen von Kostenvorteilen durch Erfahrungs- und Degressionseffekte. Diese verstärken sich weiter, wenn es gelingt, Industriestandards zu setzen und eventuell zu patentieren.

■ **Qualitätsorientierung**

Qualität ist ein wesentlicher Differenzierungsfaktor. Im Allgemeinen ermöglicht eine hohe Produktqualität das Umsetzen eines hohen Marktpreises. Der Qualitätsbegriff zeichnet sich dabei durch eine objektive und eine subjektive Komponente aus: Während die objektive Komponente die technische Qualität von Produkten beschreibt, ist die subjektive Produkt-

---

160 vgl. Meffert, H., Marketing, 2008, S.299 ff.

qualität das Ergebnis eines kundenindividuellen Bewertungsvorgangs. Die wahrgenommene Qualität umfasst mehrere Dimensionen, wie Gebrauchsnutzen (wesentliche Funktionsmerkmale eines Produktes wie beispielsweise Beschleunigung oder Verbrauch beim Automobil), Haltbarkeit, Ausstattung, Ästhetik oder Service.

- **Markenorientierung**

Besonders in durch Substituierbarkeit gekennzeichneten Konsumgütermärkten spielt die Markierung von Produkten mit Marken eine wesentliche Rolle. Die Markierung ermöglicht eine psychologische Differenzierung durch den Transfer von Image auf das markierte Produkt. Das Markenimage kann sich auf Produkte, Produktfamilien oder Gesamtunternehmen beziehen. Abbildung 3-30 zeigt verschiedene Nutzenkategorien, die eine starke Marke aus Anbietersicht haben kann. Zusätzlich haben starke Marken auch einen monetären Wert, welcher bei richtiger Markenführung zur Wertsteigerung des Unternehmens beitragen kann.

- **Konkurrenzorientierung**

Im Hinblick darauf, ob Unternehmen bei der Festlegung ihrer Marktbearbeitungsstrategie das Verhalten von Wettbewerbern einbeziehen, unterscheidet man aktives und passives Verhalten. Unternehmen, die über eine dominante Marktposition verfügen, verhalten sich meist passiv, d. h. sie entwickeln keine auf den Wettbewerb ausgerichteten Strategien.

Für Unternehmen, die sich entscheiden, sich ihrem Wettbewerb gegenüber aktiv zu verhalten, stehen vier konkurrenzgerichtete Strategiealternativen zur Verfügung: Ausweichen, Anpassung, Konflikt oder Kooperation. [161]

➲ *Ausweichen*
Unternehmen versuchen, das Entstehen von Wettbewerbsdruck durch innovative Aktivitäten zu vermeiden. Dies kann beispielsweise durch neue Produkte, Zielsegmente oder Nischenmarktstrategien geschehen. Besonders erfolgreich sind Ausweichstrategien, wenn es gelingt, rechtzeitig Markteintrittsbarrieren aufzubauen, welche Wettbewerber daran hindern der Unternehmensstrategie zu folgen.

➲ *Anpassungsstrategien*
Ziel von Anpassungsstragegien ist es, die eigene Marktposition zu erhalten, in dem das eigene Verhalten konstant dem Verhalten der Wettbewerbern angepasst wird. Anpassungsstrategien werden in der Re-

---

161 vgl. Meffert, H., Marketing, 2008, S.308 ff.

Abbildung 3-30: *Nutzen der Marke aus Anbieterperspektive*
vgl. Meffert H., Marketing, 2000, S. 76 f.

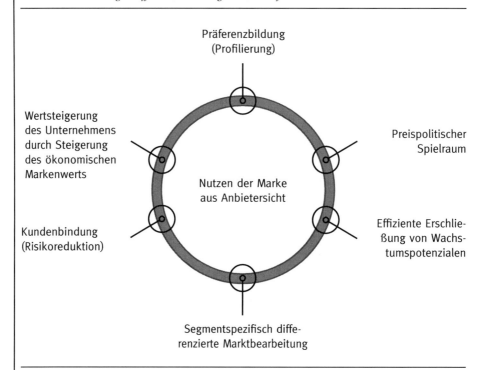

Präferenzbildung
(Profilierung)

Wertsteigerung
des Unternehmens
durch Steigerung
des ökonomischen
Markenwerts

Nutzen der Marke
aus Anbietersicht

Preispolitischer
Spielraum

Kundenbindung
(Risikoreduktion)

Effiziente Erschlie-
ßung von Wachs-
tumspotenzialen

Segmentspezifisch diffe-
renzierte Marktbearbeitung

---

gel nur so lange angewendet, wie das Verhalten der Wettbewerber die unternehmenseigene Position nicht schwächt.

➲ *Konfliktstrategien*

Ziel von Konfliktstrategien ist es, durch innovatives Verhalten Marktanteile zu gewinnen. Dies führt im Regelfall zu einer direkten Konfrontation mit den Wettbewerbern. Konfliktstrategien werden häufig in stagnierenden oder schrumpfenden Märkten angewendet. Man unterscheidet dabei:

- Direktangriffe, bei denen die Hauptprodukte des/der anvisierten Konkurrenten mit verbesserten Produkten oder Preisreduktionen angegriffen werden.

- Umzingelungen, bei denen die Marktstellung des/der anvisierten Wettbewerber von mehreren Seiten aufgeweicht wird, z. B. durch die Einführung einer weiteren Produktalternative.

- Flankenangriffe, bei denen Konkurrenten an ihren Schwachstellen angegriffen werden. Ein Beispiel hierfür wäre der Aufbau von Vertriebsnetzen in Ländern, in denen die/der anvisierten Konkurrent/en bisher wenig aktiv sind.

➲ *Kooperationsstrategien*

Vor allem in Situationen, in denen es einzelnen Unternehmen nicht möglich ist, deutliche Wettbewerbsvorteile zu generieren, z. B. aus Mangel an Ressourcen, ist es in vielen Fällen möglich, dies in Zusammenarbeit mit einem oder mehreren Wettbewerbern zu tun. Wie bereits in Kapitel 2.3.3.1 beschrieben unterliegen Unternehmenskooperationen strengen kartellrechtlichen Richtlinien.

3.2.3.3.4 Positionierung

Nachdem sich Unternehmen für bestimmte Zielmärkte entschieden haben, gilt es im nächsten Schritt Wege zu finden Produkten eine dominierende Stellung in der Psyche der Nachfrager zu sichern. Dies geschieht, indem den Zielkunden ein von Konkurrenzprodukten differenzierter Mehrwert angeboten wird. Die Aufgabe der Positionierung kann somit wie folgt zusammengefasst werden:

„Die *Positionierung* (...) ist das Bestreben des Unternehmens, sein Angebot so zu gestalten, dass es im Bewusstsein der Zielkunden einen besonderen, geschätzten und von Wettbewerbern abgesetzten Platz einnimmt."[162]

Zu diesem Zweck müssen Unternehmen für jedes Produkt ein Nutzenversprechen, eine sogenannte „value proposition" definieren, welche das Produkt anhand der aus Kundensicht wichtigsten Attribute beschreibt. Vor allem in Konsumgütermärkten geht die Produktpositionierung in vielen Fällen mit der Markenpositionierung einher. Dort werden Produkte/Marken anhand von sechs Identitätskomponenten beschrieben und positioniert: Vision, Persönlichkeit, Werte, Kompetenzen, Herkunft und Leistungen. Die Value Proposition eines Produktes entsteht durch die Verdichtung und Übersetzung der gewählten Attribute/Identitätskomponenten zu einem symbolisch-funktionalen Nutzenbündel, welches die anvisierte Zielgruppe leicht verstehen und bewerten kann. Nach der Definition der Value-Proposition muss diese in geeigneter Weise an die Zielgruppe kommuniziert werden.

Zur Visualisierung der gewählten Positionierung werden Positionierungsmodelle oder -karten verwendet, in denen die Position des unternehmenseigenen Produktes relativ zu der Position der Wettbewerber dargestellt wird. Als Di-

---

162 vgl. Kotler, P./Armstrong, G./u.a., Marketing, 2007, S. 423 ff.

mensionen werden im Regelfall die wichtigsten Attribute/Identitätskomponenten des Produkts/der Marke verwendet. Abbildung 3-31 zeigt beispielhaft ein zweidimensionales Positionierungsmodell.

3.2.3.4 Marketing-Mix (4Ps)

Zentrale Aufgabe der operativen Marketing-Planung ist die Erarbeitung eines optimalen Marketing-Mix, dessen Einsatz auf eine Veränderung von Marktreaktionen abzielt. Unter Marketing-Mix versteht man dabei die Abstimmung, Koordination und Integration der absatzpolitischen Instrumente, mit deren Hilfe der gewünschte Markterfolg erreicht werden soll. Damit erfolgt in diesem Schritt die Umsetzung der Marketingstrategie in die Praxis: Traditionell unterscheidet die Marketinglehre hierzu vier zentrale Aufgabenfelder, welche sich gegenseitig beeinflussen: Produkt, Preis, Werbung und die Vertriebskanäle. Anhand der englischen Wörter *product, price, promotion* und *place* wird/werden der Marketing-Mix bzw. die Marketinginstrumente auch oft mit der Abkürzung „4Ps" beschrieben. Im Deutschen werden die vier Säulen häufig auf mit den Termini *Produktpolitik* (welche im Groben alle Überlegungen, Entscheidungen und Handlungen, die im unmittelbaren Zusammenhang mit den dargebotenen Produkten oder Dienstleistungen stehen), *Preispolitik* (die alle geregelten Preis- und Zahlungsbedingungen umfasst), *Kommunikationspolitik* (wie Werbung, Verkauf, Sponsoring, Messen und die Öffentlichkeitsarbeit) und *Distributionspolitik* (die sich mit den Entscheidungen rund um den Weg eines Produkts vom Hersteller bis zum Endverbraucher befasst) beschrieben. Im Folgenden werden die einzelnen Komponenten des Marketing-Mix näher erläutert.[163]

3.2.3.4.1 Produkt- und Programmpolitik (Product)

Zentrale Aufgabe der Produktpolitik ist die marktgerechte Gestaltung eines attraktiven Absatzprogramms. Die Schaffung einer Reihe von Alleinstellungsmerkmalen durch die passende Integration von Nutzenelementen (USPs) spielt in diesem Zusammenhang eine Schlüsselrolle, die wesentlich zur Erreichung der Marketingziele beiträgt. Dabei geht es nicht nur darum, Innovationen zu schaffen, sondern auch darum bestehende Produkte zu verbessern, Produktlinien zu ergänzen oder Produkte zu eliminieren.[164]Abbildung 3-32 veranschaulicht die Aufgabenbereiche der Produktpolitik.

---

163 vgl. Wöhe, G./Döring, U., Betriebswirtschaftslehre, 2008, S. 416.
164 vgl. Bruhn, M., Marketing, 2008, S. 58 ff. und Meffert, H., Marketing, 2008, S.398 ff.

Abbildung 3-31: *Produktpositionierung nach Nutzenkomponenten*
vgl.: *Kotler P./Armstrong G., Marketing, 2008, S. 204.*

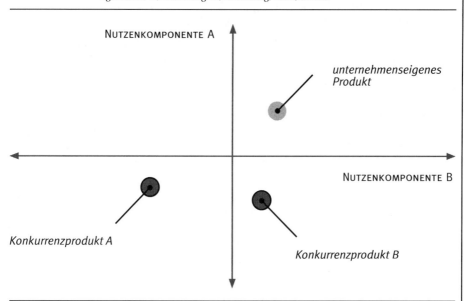

Abbildung 3-32: *Aufgabenbereiche der Produktpolitik*

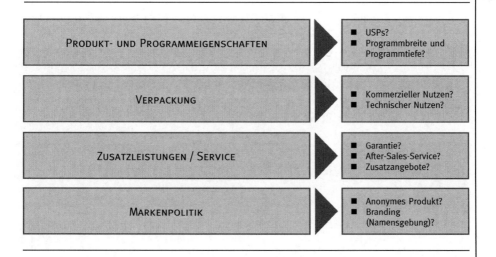

- **Produkt- und Programmeigenschaften**

  Der Produktnutzen lässt sich aus Nachfragersicht in einen Grundnutzen und einen Zusatznutzen aufteilen. Während der Grundnutzen die technisch-funktionalen Basiseigenschaften eines Produktes beschreibt, welche die Erfüllung der Grundanforderungen an das Produkt ermöglichen (z. B. Automobiltransport von A nach B), beschreibt der Zusatznutzen alle angebotenen Nutzenkomponenten, die über den Grundnutzen hinausgehen (z. B. Automobil-Sicherheitsanforderungen). Zu betonen ist an dieser Stelle, dass lediglich vom Kunden wahrgenommene und als Nutzen empfundene Eigenschaften in die Nutzenberechnung Einzug halten sollten. Ziel ist es, Produkte zu entwickeln, die für die gewünschte Marktposition den „richtigen" Kundennutzen bieten und sich dabei durch spezifischen, vom Kunden wahrnehmbaren Mehrwert (USPs) von Wettbewerbsprodukten absetzen. Des Weiteren muss auch das vom Kunden wahrgenommene Produktäußere zielmarktgerecht gestaltet werden: Hierbei stellen vor allem Qualitäts- und Designanforderungen entscheidende Einflussgrößen für den Markterfolg dar.

  Im Hinblick auf die Programmeigenschaften bzw. Sortimentspolitik gilt es vor allem die Programmbreite (also die Gesamtzahl der verschiedenen Produktlinien) und die Programmtiefe (also die Gesamtzahl der Produkte innerhalb der verschiedenen Produktlinien) zu steuern. In diesem Zusammenhang müssen Entscheidungen über Produkteliminierung, -beibehaltung, -variation, -differenzierung und -diversifikation getroffen werden.
  Abbildung 3-33 zeigt die Dimensionen des Produktprogramms am Beispiel von Audi. Auch das Management von Innovationen ist Teil der Produktpolitik und wird daher nachfolgend in einem gesonderten Kapitel behandelt.

- **Verpackung**

  In Abhängigkeit des Marktes und der Branche spielt die Verpackung hinsichtlich unterschiedlicher Belange eine entscheidende Rolle. Während die Verpackung in Industriegütermärkten im Wesentlichen von funktionellen Aspekten wie Schutzfunktion, Stapelbarkeit, oder Wiederverwendbarkeit bestimmt wird, spielt die Verpackung in Konsumgütermärkten eine wesentliche Rolle im Kaufentscheidungsprozess. In vielen Märkten dient die Verpackung daher neben der Schutzaufgabe auch der Vermittlung eines Qualitätsstandards, der Markenkommunikation und der Produktbeschreibung. In diesen Märkten wird die Verpackung somit teilweise zu einem Instrument der Kommunikationspolitik.

Abbildung 3-33: *Aufgabenbereiche der Produktpolitik*
Quelle: www.audi.de, Stand: 6.10.2009

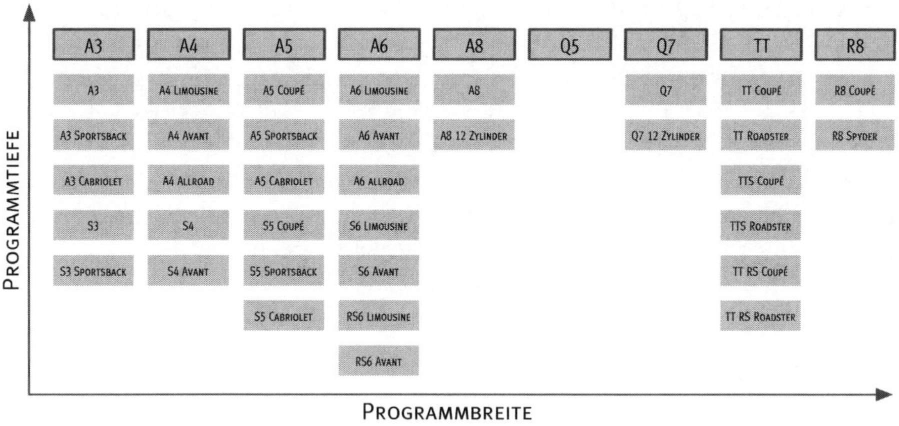

■ Zusatzleistungen / Service

Zusatz- bzw. Serviceleistungen sind an das Produkt gekoppelte Dienstleistungen, wie beispielsweise Beratung, Garantieleistungen oder Kundendienst. Im Rahmen der Produktpolitik gilt es festzulegen, welche Zusatz- bzw. Serviceleistungen angeboten werden und ob diese Teil des Produktpakets, also im Produktpreis enthalten sind.

■ Markenpolitik

Zentrale Aufgabe der Markenpolitik ist die Namensgebung (englisch: Branding). Hierbei ist unter anderem die Bedeutung eines Namens in unterschiedlichen Sprach- und Kulturkreisen zu beachten. In Abhängigkeit von Markt und Branche spielt der Produktname bzw. der Markenname bei der Kaufentscheidung eine mehr oder weniger wichtige Rolle. In Industriegütermärkten werden vor allem die Firmennamen vermarktet. Einzelne Produkte spielen in der Markenpolitik eine untergeordnete Rolle – in diesen Märkten sind Produktbezeichnungen daher oft kryptische Zahlen- oder Buchstabenkombinationen.

3.2.3.4.2 Preis- und Konditionenpolitik (Price)

Im Rahmen der Preis- und Konditionenpolitik (englisch: pricing) gilt es, optimale Marktpreise und Zahlungskonditionen für Produkte festzulegen und durchzusetzen. Entscheidungen im Rahmen der Preis- und Konditionenpolitik sind wirkungsstark und schnell wirksam – oft allerdings nur schwer rückgängig zu machen. Die besondere Rolle der Preispolitik ergibt sich in der Praxis daher, dass diese sich im Regelfall nicht nur auf den Umsatz des Einzelproduktes, sondern auch auf die Menge der abgesetzten Güter auswirkt. Unabhängig von den verfolgten Zielen, beziehen sich Pricing-Entscheidungen grundsätzlich auf eine von zwei Sachlagen: entweder müssen Preise erstmalig festgelegt werden, oder es geht um die Veränderung bestehender Preise. Im Folgenden wird der Pricing-Prozess anhand der in Abbildung 3-34 gezeigten Schritte beschrieben.[165]

❶ Bestimmungsfaktoren

⮑ *Preiselastizität*

Die Preiselastizität gibt an, welche relative Änderung der Angebots- bzw. Nachfragemenge bei einer bestimmten Preisänderung eintritt. Je größer die Preiselastizität ist, desto stärker die Reaktion der Nachfrager auf den geänderten Preis. Eine besondere Form der Preiselastizität ist die Kreuzpreiselastizität, welche angibt, wie sich Preisänderungen eines Gutes auf die Verkaufsmengen eines Konkurrenzproduktes auswirken. Im Marketing hilft die Beobachtung der Preiselastizität bei der Gestaltung einer strategischen Preispolitik.

⮑ *Preisverhalten*

Die Reaktion der Nachfrager auf neue bzw. alternative Preise wird stark von psychologischen und sozialen Faktoren beeinflusst. Die wesentlichen Einflussgrößen sind:

- *Preisinteresse:* Motivation der Nachfrager Preisinformationen zu suchen und zu berücksichtigen.
- *Preiskenntnis:* Welche preisbezogenen Informationen sind dem Nachfrager bekannt?
- *Referenzpreise:* Kunden vergleichen das Preisniveau von Produkten unterbewusst mit Referenzpreisen für ähnliche Produkte. Preiserhöhungen führen oft zum Aufschub von Kaufentscheidungen, da Konsumenten davon ausgehen, dass die Preise in naher Zukunft wieder auf das Niveau der Referenzpreise absinken werden. Im Gegensatz

---

165 zum Pricing vgl. Becker, J., Marketing, 2009, S. 513 ff; Meffert, H., Marketing, 2008, S. 478 ff.

Abbildung 3-34: *Systematik des Pricing*
vgl. Meffert, H., Marketing, 2008, S.480.

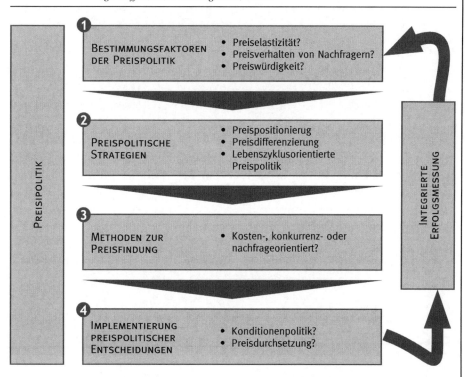

dazu führen Preissenkungen zwar häufig zu intensiven Marktreaktionen, gleichzeitig jedoch auch zu einem Absinken der Referenzpreise. Preissenkungen sind daher nur schwer revidierbar.

- *Preisschwellen:* Preisschwellen sind Preispunkte, bei denen Nachfrager ihr Kaufverhalten sprunghaft ändern.

➲ *Preiswürdigkeit*
Jede Preisbeurteilung durch einen Nachfrager mündet letztlich in einem sogenannten Preiswürdigkeitsurteil, welches neben dem Preis auch die wahrgenommene Qualität und den wahrgenommenen Leistungsumfang berücksichtigt.

❷ Preispolitische Strategien

Ausgehend von den bereits beschriebenen Bestimmungsfaktoren ergeben sich verschiedene preispolitische Strategieoptionen in den Bereichen
Preispositionierung, lebenszyklusabhängige Preisstrategien und Preisdifferenzierung.

⮩ *Preispositionierung*

Im Rahmen der Preispositionierung gilt es, die grundsätzliche Ausprägung des Preis-/Nutzenverhältnisses festzulegen. Dabei lassen sich
drei Strategievarianten unterscheiden: Niedrigpreisstrategie – kleiner
Preis/kleiner Nutzen, Mittelpreisstrategie – mittlerer Preis/mittlerer
Nutzen und Hochpreisstrategie – hoher Preis/hoher Nutzen. Im Fall
der Hochpreisstrategie (auch Premiumpreisstrategie genannt), erfolgt
die Preisbildung nicht kostenorientiert, sondern basiert auf dem vom
Kunden subjektiv empfundenen Nutzen (man spricht daher in diesem
Zusammenhang auch vom „Value based Pricing"). Zusätzlich zu den
drei klassischen Strategieoptionen hat sich in der Praxis die Discount-
strategie etabliert, die durch effiziente Prozesse und Größenvorteile
sowie durch Einsparungen im Bereich Werbung eine Kostenstruktur
schafft, die es Unternehmen ermöglicht, eine gute Qualität zu niedrigen Preisen anzubieten.

⮩ *Lebenszyklusabhängige Preisstrategie*

Einer der zentralen Problembereiche der Preispolitik ist die Preisbildung bei Produktneueinführungen. Grundsätzlich stehen dabei
zwei Strategiealternativen zur Verfügung: Penetrations- und Skim-
mingstrategie.

- Die *Penetrationspreisstrategie* verfolgt das Ziel, durch relativ niedrige
  Preise eine schnelle Verbreitung der neuen Produkte zu fördern. Im
  Fachjargon sprich man in diesem Zusammenhang von einer schnellen „Diffusion" des neuen Produkts. Ziel ist es „Economies of Scale"
  zu erzielen und auf diese Weise trotz einer relativ langen Amortisationsdauer die geplanten Gewinne zu erwirtschaften. Die Haupt-
  gefahr besteht dabei in einem relativ niedrigen Preisspielraum für
  weitere Preissenkungen, die nötig sein könnten, falls die Markter-
  schließung nicht wie geplant vonstatten geht oder Konkurrenzun-
  ternehmen einen Preiskampf starten.

- Bei der *Skimmingpreisstrategie* werden für die neu eingeführten Produkte relativ hohe Preise verlangt. Bei zunehmender Diffusion und
  aufkommendem Konkurrenzdruck werden diese dann sukzessive

gesenkt. Ziel dieser Strategie ist eine schnelle Amortisation der Investitionen. Die Skimmingpreisstrategie empfiehlt sich vor allem bei innovativen Produkten, die durch eine geringe Substituierbarkeit gekennzeichnet sind oder bei Produkten mit kurzen Produktlebenszyklen, wie beispielsweise im Mobilfunkbereich.

➲ *Preisdifferenzierung*

Kerngedanke der Preisdifferenzierung ist die Beobachtung, dass Einheitspreise in vielen Fällen nicht das volle Gewinnpotenzial von Produkten ausnutzen. Diesem Ansatz zufolge können, ausgehend von einem Einheitspreis, Gewinne optimiert werden, indem zwei Nutzergruppen gesondert betrachtet und Preise individuell angepasst werden: in der Ersten finden sich all jene Nachfrager, die bereit wären einen höheren Preis für das Produkt zu bezahlen, der Zweiten gehören all jene Nachfrager an, die das Produkt nicht kaufen, weil ihre Preisbereitschaft unterhalb des Einheitspreises liegt. Preise lassen sich anhand von sechs Kriterien differenzieren: Zeit, Raum, Person, Menge, Bündel, Kapazität.

- Zeitliche Preisdifferenzierung: verschiedene Preise in Abhängigkeit vom Kaufzeitpunkt (z. B. Mittags- oder Abendvorstellung im Kino oder nächtlich vergünstigte Stromtarife).

- Räumliche Preisdifferenzierung: verschiedene Preise für unterschiedliche geographische Regionen (z. B. unterschiedliche Burgerpreise bei McDonalds in verschiedenen Ländern).

- Personelle Preisdifferenzierung: verschiedene Preise für unterschiedliche Personengruppen (z. B. Studententarife).

- Preisdifferenzierung nach Abnahmemenge (z. B. Mengenrabatte oder Gruppentarife).

- Preisbündelung: Vergünstigung von Produktpreisen beim Kauf von Produktbündeln (z. B. Menüs bei Fast-Food-Ketten).

- Preisdifferenzierung nach Kapazität: Preise unterscheiden sich in Abhängigkeit des Buchungszeitpunkts und der freien Kapazitäten (z. B. bei Flugpreisen).

❸ Methoden zur Preisfindung

Grundsätzlich lassen sich drei Methoden zur Preisfindung unterscheiden: Kostenorientiert, konkurrenzorientiert und nachfrageorientiert.

➲ *Kostenorientierte Preisfindung*

In der Vergangenheit wurden Preise meist durch einen Gewinnaufschlag auf die Stückkosten festgelegt. Aus Sicht der Market-Based-View ist diese Kalkulationsweise, die sowohl das Nachfragerverhalten als auch die Wettbewerbssituation vernachlässigt, vor allem in Oligopolen nicht mehr zeitgemäß und dient lediglich zur Bestimmung von Preisuntergrenzen.

➲ *Konkurrenzorientierte Preisfindung*

Sie berücksichtigt die Tatsache, dass die mit einer Preisänderung einhergehende Veränderung der Absatzmenge auf Märkten mit wenigen großen Anbietern von den einzelnen Konkurrenten spürbar ist. Zentrales Problem in oligopolistischen Märkten ist daher die Antizipation möglicher Reaktionen der Wettbewerber.

➲ *Nachfrageorientierte Preisfindung*

Die zentrale Fragestellung der nachfrageorientierten Preisfindung ist, wie die Nachfrager auf unterschiedliche Preise reagieren. Da dieses Wissen jedoch essenziell ist, um eine zielführende Prognose über den zukünftigen Absatz, Umsatz und Gewinn zu ermöglichen, gilt es im Rahmen der nachfrageorientierten Preisfindung zunächst die Preisbereitschaft der Nachfrager zu ermitteln. Dies geschieht unter Zuhilfenahme von empirischen Verfahren, beispielsweise durch Beobachtung oder Befragung.

❹ Implementierung preispolitischer Bestimmungsfaktoren

➲ *Konditionenpolitik*

Der Preis, den ein Nachfrager für ein Produkt bezahlt, wird nicht ausschließlich durch den Produktpreis beeinflusst. Zu einer ausgewogenen Preispolitik gehört auch eine gründliche Abwägung und Definition der Rabatte (z. B. Skonto bei Barzahlung), Lieferbedingungen (z. B. Transportkosten) und Zahlungsbedingungen (z. B. Zahlungsziele oder Währung).

⮑ *Preisdurchsetzung*

Die besten Preisentscheidungen sind wenig wert, wenn die Preise nicht am Markt durchgesetzt werden können. Aus diesem Grund müssen Unternehmen sowohl externe als auch interne Maßnahmen ergreifen, um die festgesetzten Preise durchsetzen zu können. Hierzu zählt beispielsweise eine gute Verhandlungsschulung der Vertriebsmitarbeiter.

Praxisbeispiel: Vor allem in Industriegütermärkten werden Preise regelmäßig projektspezifisch verhandelt und es gilt, die Preisziele des eigenen Unternehmens gegen gut geschulte Einkäufer durchzusetzen. Sätze, wie „Hätte ich den geforderten Preis nicht akzeptiert, wäre der Kunde weg gewesen", sind an der Tagesordnung. Dies führt dazu, dass heute mehr denn je ausschließlich über den Preis verkauft wird – mit weit reichenden Konsequenzen für die Unternehmensgewinne.

Der Bruttogewinn (englisch Gross: Margin oder GM) eines Unternehmens wird nach der Formel GM = (Menge x Preis) – Kosten berechnet. Anhand dieser einfachen Formel lässt sich feststellen, dass Unternehmen ihren Gewinn nur durch drei Stellschrauben beeinflussen können: Preis, Absatzmenge und Kosten. Kosteneinsparpotenziale sind auf Grund diverser Sparprogramme in den letzten Jahren in vielen Unternehmen kaum noch eine Option. Dies bedeutet, dass der Marktpreis und die erzielte Absatzmenge die einzig noch verbleibenden Treiber des Unternehmensgewinnes sind. Aus eben genannter Formel zur Errechnung der GM lässt sich allerdings auch ableiten, dass eine Preisreduktion von nur 5 Prozent bei einer Gewinnmarge von 10 Prozent, einen Gewinneinbruch um 50 Prozent bedeutet.

Ein Beispiel: Sie fertigen ein Produkt mit Gesamtkosten von 90 Euro und verkaufen es für 100 Euro. Ein Preisnachlass von 5 Prozent würde bedeuten, dass Sie es für 95 Euro verkaufen. Obwohl der relative Umsatzverlust durch diesen Schritt klein erscheint, sinkt die Gewinnmarge um 50 Prozent von 10 Euro auf 5 Euro. Um dies durch die Absatzmenge zu kompensieren, müsste das Unternehmen doppelt so viele Produkte verkaufen wie geplant. Dies ist in der Praxis allerdings kaum realistisch.

3.2.3.4.3 Kommunikationspolitik (Promotion)

Das dritte der vier Marketing-Ps (Promotion oder Kommunikationspolitik) befasst sich mit der systematischen Planung, Ausgestaltung, Abstimmung und Kontrolle aller Kommunikationsmaßnahmen eines Unternehmens, d. h. aller Informationen, die von einem Unternehmen sowohl intern als auch extern kommuniziert werden. Als Zielpersonen gelten dabei alle relevanten Stakeholder – vom Mitarbeiter, über den Aktionär bis hin zum Kunden. Die Planung der Kommunikationspolitik vollzieht sich in einem systematischen Prozess mit fünf Schritten: Beginnend mit der Festlegung der Kommunikationsziele wird im Anschluss eine Kommunikationsstrategie definiert, welche im nächsten Schritt, der Budgetierung, mit den für die Umsetzung der Strategie nötigen finanziellen Mitteln beplant wird. Anschließend wird das geplante Gesamtbudget auf die einzelnen Maßnahmen und Kanäle verteilt. Nach Bekanntgabe der zur Verfügung stehenden finanziellen Mittel können die einzelnen kommunikativen Maßnahmen gestaltet werden.[166] Im letzten Schritt erfolgt eine integrierte Erfolgsmessung. Abbildung 3-35 stellt den Ablauf der Kommunikationsplanung graphisch dar.

❶ Kommunikationspolitische Zielsetzung

Bei der Festlegung der kommunikationspolitischen Zielsetzung geht es darum zu definieren, welche Botschaften an welche Zielgruppen über welche Kommunikationsobjekte (z. B. Unternehmen, Produkte, Marken usw.) kommuniziert werden. Die Ziele der Kommunikationspolitik stehen grundsätzlich in enger Verbindung zu den übergeordneten Marketing- und Unternehmenszielen, d. h. das Erreichen der Kommunikationsziele dient der Erfüllung der Unternehmensziele. Da es schwierig ist, den Erfolg von Kommunikationsmaßnahmen in monetären Größen direkt zu messen (z. B. eine Umsatzsteigerung ausschließlich auf eine bestimmte Werbekampagne zurückzuführen), orientieren sich kommunikationspolitische Zielsetzungen meist an psychographischen Zielen, wie Bekanntheit, Einstellung, Wettbewerbsabgrenzung, Kauf- oder Wiederkaufabsicht. Zudem lassen sich grundsätzlich drei verschiedene Zielrichtungen unterscheiden:[167]

■ *Information*
 Vermittlung wichtiger Produkteigenschaften. Nachfrager „lernen" über das Produkt.

---

166 zur Kommunikationspolitik vgl. Kotler, P. / Armstrong, G. / u.a., Marketing, 2007, S. 837 ff.
167 vgl. Meffert, H., Marketing, 2008, S. 635.

Abbildung 3-35: *Systematik der Kommunikationspolitik*
vgl. Meffert, H., Marketing, 2008, S.633.

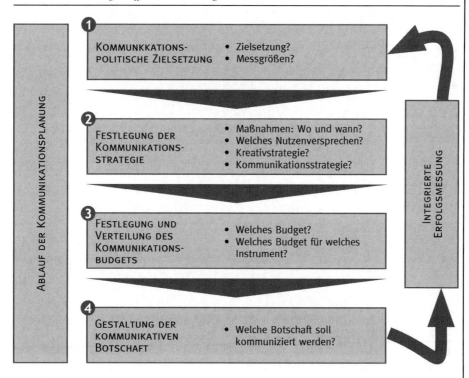

- **Emotion**

  Vermittlung von Emotionen als Differenzierungsfaktor gegenüber dem Wettbewerb. Häufige Anwendung in gesättigten Konsumgütermärkten.

- **Aktualität**

  Häufig hängt der Ausgang von Kaufentscheidungen davon ab, welches der Produkte im „Kopf" des Nachfragers zum Kaufzeitpunkt am präsentesten war. Aktualität und Emotion gehen häufig einher.

❷ Festlegung der Kommunikationsstrategie

Die Kommunikationsstrategie beschreibt einen Verhaltensplan zur Erreichung der Kommunikationsziele. Dabei gilt es festzulegen:

- Wo die Maßnahmen stattfinden sollen
- Wann und wie oft die Maßnahmen stattfinden sollen
- Welches Nutzenversprechen (USP) kommuniziert wird (Positionierung)
- Mit welcher Kreativstrategie das Nutzenversprechen bestmöglich kommunizierbar gemacht wird (z. B. symbolische Produkteigenschaften, Begründung, Kommunikationsstil).
- Welche Kommunikationsinstrumente geeignet sind, um die Zielsetzungen zu erreichen.

❸ Festlegung und Verteilung des Kommunikationsbudgets

Zwischen der Höhe des Kommunikationsbudgets und der Marktreaktion besteht im Regelfall ein enger Zusammenhang. Verschiedene Modelle versuchen diesen „Ursache-Wirkungs-Bezug" systematisch zu erfassen und somit das Budget in Abhängigkeit der Zielsetzung mathematisch planbar zu machen. Man spricht in diesem Zusammenhang auch von wirkungsgestützten Budgetierungsmethoden. In der Praxis finden häufig auch nicht wirkungsgestützte Budgetierungsmethoden Anwendung, indem beispielsweise auf Erfahrungswerte zurückgegriffen oder einfach ein bestimmter Prozentsatz des Umsatzes als Kommunikationsbudget festgelegt wird. [168]

Nachdem das Kommunikationsbudget festgelegt wurde, muss dieses im nächsten Schritt auf die zur Verfügung stehenden Kommunikationsinstrumente verteilt werden. Die Art und Weise der Verteilung hängt dabei von verschiedenen Faktoren, wie Markt, Produkt, Zielsetzung usw. ab. Abbildung 3-36 zeigt die durchschnittliche Verteilung des Kommunikationsbudgets in Deutschland im Jahr 2006. Im Folgenden werden die wichtigsten Komunikationsinstrumente zusammenfassend beschrieben.[169]

- *Klassische Werbung*

  Unter klassischer Werbung wird weitläufig eine Beeinflussung der Nachfrager mit Massenkommunikationsmitteln, wie beispielsweise TV, Radio, oder Printmedien, verstanden. Die Medien, mit denen die Botschaften kommuniziert werden, nennt man Werbeträger. Die Eignung klassischer Werbung als Kommunikationsinstrument ist stark von der Wahl der Werbeträger abhängig. Die Wahl der Werbeträger wiederum hängt von der zielgruppenspezifischen Nutzung potenzieller Werbeträger ab. In vielen

---

168 vgl. Meffert, H., Marketing, 2008, S. 449 ff.
169 vgl. Kotler, P. / Armstrong, G. / u.a., Marketing, 2007, S. 866 ff.

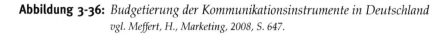

Abbildung 3-36: *Budgetierung der Kommunikationsinstrumente in Deutschland*
vgl. Meffert, H., Marketing, 2008, S. 647.

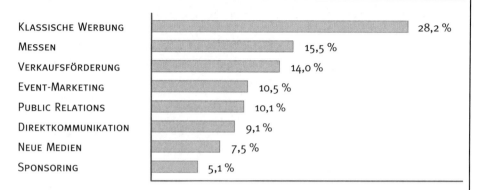

Industriegütermärkten müssen beispielsweise nur ausgewählte Personen-kreise über Produktneuheiten informiert werden. In diesen Fällen erscheint es wenig sinnvoll, teure Fernsehwerbung zu produzieren, da ein Großteil der Zuschauer nicht zu der gewünschten Zielgruppe gehört. In diesen Fäl-len sind beispielsweise Werbeanzeigen in einschlägigen Fachzeitschriften eine wesentlich effizientere Methode. Auf Grund ihrer großen Reichweite und der vielfältigen Einsatzmöglichkeiten ist klassische Werbung das aus Budgetierungssicht bedeutsamste Kommunikationsinstrument.

■ *Messen*

Messen sind zeitlich begrenzte, wiederkehrende Veranstaltungen, auf de-nen eine Vielzahl von Unternehmen einer oder mehrerer Branchen ihre Produkte präsentieren und zu denen hauptsächlich Fachbesucher erschei-nen. Vor allem in komplexen Industriegütermärkten sind Messen ein be-liebtes Kommunikationsinstrument, das eine gezielte und direkte Kun-denansprache ermöglicht.

■ *Verkaufsförderung*

Verkaufsförderung ist eine zeitlich befristete Maßnahme mit Aktionscha-rakter auf nachgelagerten Vertriebsstufen, die Unternehmen dabei helfen, die gesetzten Kommunikations- und Vertriebsziele zu erreichen. Konkret kann es sich dabei beispielsweise um Schulungen des Verkaufspersonals von Händlern, Preisausschreiben, Rabatte oder kostenlose Proben handeln.

- **Event-Marketing**

  Event-Marketing umfasst die Planung und Durchführung von Veranstaltungen im Rahmen der Unternehmenskommunikation. Ziel ist es häufig, informationsüberlastete Zielgruppen anzusprechen und diesen ein besonderes und emotionales Erlebnis zu bieten. Beispiele für Events sind Sportveranstaltungen oder Konzerte. Vom Event-Marketing abzugrenzen ist das Event-Sponsoring, bei dem Unternehmen nicht als Initiatoren, sondern lediglich als Sponsoren auftreten.

- **Public Relations**

  Nach dem Motto „tue gutes und rede darüber" hat Public Relations oder Öffentlichkeitsarbeit die Aufgabe, das Vertrauen der Stakeholder zu gewinnen und zu erhalten. Im Gegensatz zur klassischen Werbung liegt der Fokus der Öffentlichkeitsarbeit immer auf dem ganzen Unternehmen und nicht auf einzelnen Produkten.

- **Direktkommunikation**

  Als Direktkommunikation werden alle kommunikativen Aktivitäten bezeichnet, bei denen aktuelle und potenzielle Kunden direkt und personalisiert angesprochen werden. Ein Beispiel hierfür wäre eine persönliche E-Mail an einen Kunden, in der dieser unter Nennung seines Namens von einem Unternehmen auf einen bestimmten Sachverhalt hingewiesen wird. Eine der erfolgreichsten Formen der Direktkommunikation ist das Database-Marketing, bei dem alle Kunden eines Unternehmens zusammen mit bestimmten Zusatzinformationen in einer Datenbank erfasst werden. Zu den Zusatzinformationen zählen beispielsweise Aussagen über potenzielle Interessen der Kunden für bestimmte Produkte, Kampagnen, Länder, Technologien usw. Im Anschluss an die Erfassung der Kundendaten können Marketingkampagnen gezielt für bestimmte Kunden personalisiert werden – so können beispielsweise Kunden, die an bestimmten Produkten interessiert sind, gezielt angeschrieben werden, sobald es diesbezüglich neue Informationen gibt.

- **Neue Medien**

  Online-Kommunikation hat sich inzwischen zu einem festen Bestandteil des Kommunikationsmixes etabliert. Zur Online-Kommunikation zählen alle Kommunikationsaktivitäten, die über das IP-Protokoll abgewickelt werden, wie beispielsweise Bannerwerbung, Homepage oder E-Mail -Newsletter. Zentrales Merkmal und großer Vorteil der Online-Kommunikation ist die Möglichkeit einer direkten und einfachen Erfolgsmessung der Kommunikationsmaßnahme. Durch Klick-Rates kann beispielsweise direkt ermittelt werden, welcher Prozentsatz der Empfänger einer E-Mail die darin enthaltenen Links angeklickt hat, um sich so weiterer Informationen abzurufen. Studien haben gezeigt, dass die durchschnittliche tägliche Nutzungszeit von Medien in den letzten Jahren stetig gestiegen ist, so dass die neuen Medien die klassische Werbung nicht kanibalisieren, sondern zusätzlich genutzt werden.

■ *Sponsoring*

Als Sponsoring bezeichnet man die Bereitstellung von Geld, Sachmitteln, Dienstleistungen oder Know-How durch Unternehmen zur Förderung von Personen, Organisationen oder Veranstaltungen. Vor dem Hintergrund einer verstärkten Freizeitorientierung und gestiegener Kosten klassischer Werbeformen nimmt das Sponsoring heute häufig eine wichtige Rolle im Kommunikationsmix von Unternehmen ein. Zentrales Ziel des Sponsoring ist der Transfer von positivem Image der gesponsorten Person oder des gesponsorten Events auf das Unternehmensimage.

④ Gestaltung der kommunikativen Botschaft

Die Gestaltung der kommunikativen Botschaft ist eine zentrale Herausforderung der Kommunikationspolitik. Problematisch ist in diesem Zusammenhang vor allem die Tatsache, dass die potenziellen Nachfrager der Botschaft häufig nur einen sehr kurzen Moment (bei Printwerbung oft nur 1-2 Sekunden) ausgesetzt sind. Die Botschaft muss also so gestaltet werden, dass sie die wichtigsten Inhalte in dieser Zeitspanne vermitteln kann. Wichtig sind in diesem Zusammenhang vor allem die bereits beschriebenen Kriterien Aktiviertheit, Involvement und Emotion (vgl. Kapitel 3.2.3.1). Bezüglich der Botschaftsform stehen Unternehmen alle möglichen Kombinationen aus Bildern, Schrift und Sprache zur Verfügung. Bilder verfügen im Allgemeinen über das höchste Aktivierungspotenzial. Ihre Blickfangwirkung führt außerdem dazu, dass sie in der Regel zuerst betrachtet werden. Studien zeigen, dass Bilder beim Gestalten der Botschaftsform allen anderen Gestaltungselementen überlegen sind. Für Textbotschaften gilt grundsätzlich, dass sie so kurz und prägnant wie möglich sein sollten. Studien zeigen weiterhin, dass Reime und Metaphern positiven Einfluss auf die Erinnerungswirkung haben. Generell kann angemerkt werden, dass die Verwendung von Farben eine positive Auswirkung auf die Aufmerksamkeit der Betrachter hat. Im Bezug auf die Gestaltung des Botschaftsinhalts muss zwischen emotionaler und informativer Werbung unterschieden werden. Während emotionale Inhalte insbesondere in Märkten mit hohem Kommunikationswettbewerb und geringer Produktdifferenzierung eingesetzt werden, findet sich eine informative Gestaltung der Werbebotschaften hauptsächlich in Branchen mit komplizierten Leistungen, z. B. im B2B-Kontext. Im Falle einer informativen Gestaltung der Werbebotschaft geht es in erster Linie um eine objektive Beschreibung der Produktvorteile mittels Berichten, Meinungen und Beschreibungen. Emotionale Werbung hingegen setzt verstärkt auf Schemata (z. B. nackte Haut oder Babys), Testimonials (z. B. Prominente in der Werbung), Humor und Produkterlebnisse (z. B. Marlboro Cowboy).[170]

3.2.3.4.4 Distributionspolitik (Place)

Die Distributionspolitik befasst sich mit allen Entscheidungen und Handlungen, die die Verteilung von Produkten an Kunden betreffen. An dieser Stelle lässt sich bereits der Unterschied zum Supply Chain Management erkennen, welches sich mit der gesamten Lieferkette eines Produktes vom Rohstofflieferanten bis hin zum Endverbraucher beschäftigt. Da eine Hauptaufgabe der Distributionspolitik im Management der Absatzkanäle liegt, also dem „Verkaufsort", spricht man im Englischen vom „Place" als viertem der 4 P's im Marketing-Mix. Das Management der Absatzkanäle befasst sich mit der Planung, Koordination, Durchsetzung und Kontrolle aller Maßnahmen, die auf dieses Absatzkanalsystem gerichtet sind. Ein Absatzkanal umfasst dabei alle rechtlichen, wirtschaftlichen und sozialen Beziehungen der am Distributionsprozess beteiligen Personen und Institutionen.[171]

- **Beziehungen und Spannungsfelder in Absatzkanalsystemen**

  Absatzkanalsysteme bestehen neben wirtschaftlichen Bindungen vor allem aus sozialen Beziehungen zwischen verschiedenen Institutionen und Personen. Zielkonflikte innerhalb dieses Geflechts haben direkte Auswirkung auf den Erfolg der Distributionspolitik. Abbildung 3-37 zeigt eine Übersicht möglicher Zielkonflikte zwischen Herstellern und Absatzmittlern.

- **direkter vs. indirekter Vertrieb**

  In Abhängigkeit davon, ob zwischen Hersteller und Endkunden eine oder mehrere Handelsstufen zwischengeschaltet sind, spricht man von direktem oder indirektem Vertrieb.

Indirekter Vertrieb liegt dann vor, wenn in den Absatzkanal Personen oder Institutionen eingeschaltet sind, die rechtlich und wirtschaftlich selbstständig sind

---

170 vgl. Meffert, H., Marketing, 2008, S. 701 ff.
171 vgl. Becker, J., Marketing, 2009, S. 527 ff.

Abbildung 3-37: *Mögliche Zielkonflikte zwischen Herstellern und Absatzmittlern*
vgl. Meffert, H., Marketing, 2008, S. 567.

	HERSTELLER	ABSATZMITTLER
PRODUKT-POLITISCHE ZIELE	■ Markenimage auf Produktebene ■ Platzierung neuer Produkte ■ Mehr Ausstellungsfläche	■ Markenimage auf Herstellerebene ■ Platzierung von „Verkaufsschlagern"
PREISPOLITISCHE ZIELE	■ Niedrige Handelsspanne ■ Einheitliche Preissetzung ■ Weitestgehende Preisstabilität	■ Hohe Handelsspanne ■ Raum- und zeitbezogene Preisdifferenzierung ■ Sonderangebotspolitik
DISTRIBUTIONS-POLITISCHE ZIELE	■ Möglichst kontinuierlicher Abverkauf an den Absatzmittler ■ Absatzmittler vertreibt das gesamte Sortiment des Herstellers ■ Absatzmittler vertreibt ausschließlich das Sortiment eines Herstellers ■ Keine Warenrücknahme ■ Fertigungsoptimale Bestellmengen ■ Mindestbestellmengen ■ Möglichst große Bestellmengen ■ Hohe Distributionsdichte	■ Bestellmenge entsprechend der Nachfrage ■ Zielgruppenbezogene Auswahl einzelner Marken und Produktvarianten ■ Rückgaberecht für Lagerware ■ Flexible Bestelltermine und -mengen ■ Schnelle Lieferung auch kleiner Mengen ■ Kleine Distributionsdichte
KOMMUNIKATIONS-POLITISCHE ZIELE	■ Absatzmittler wirbt überregional für den Hersteller ■ Hersteller gestaltet den Marktauftritt am Point-of-Sale ■ Schaffung von Markenpräferenzen ■ Erhöhung und Stabilisierung der Markentreue	■ Regionale und lokale Werbung für den eigenen Standort ■ Eigenständige Gestaltung des Marktauftritts am Point-of-Sale ■ Profilierung des Eigennamens als Marke ■ Erhöhung und Stabilisierung der eigenen Kundentreue

(z. B. bei Absatzmittlern oder Distributoren) bzw. lediglich eine vertragliche Kooperation vorliegt (z. B. beim Franchising). Als Distributoren (lateinisch: distribuere = verteilen oder aufteilen) werden Großhändler bezeichnet, die in Zusammenarbeit mit einem oder mehreren Herstellern deren Produkte vertreiben. Distributoren werden von Unternehmen häufig für Kunden genutzt, die eine bestimmte Umsatzgröße unterschreiten oder strategisch als nicht relevant eingeordnet werden.

Beim *direkten Vertrieb* findet dagegen ein unmittelbarer Kontakt zwischen dem Hersteller und Endkunden statt. Dieser Kontakt kann beispielsweise über angestellte Außendienstmitarbeiter, eigene Filialen oder auch über das Internet stattfinden. Viele Unternehmen praktizieren heutzutage einen Mehrkanalvertrieb, indem sie direkten und indirekten Vertrieb mischen. Gerade in B2B-Märkten beschäftigen Unternehmen häufig Vertriebsmitarbeiter, deren Aufgabe die Betreuung eines oder mehrerer Kunden (englisch: „account") ist. Neudeutsch werden diese Mitarbeiter häufig als „Account Manager" bezeichnet. Wenn der Kunde für das Unternehmen eine besondere Bedeutung hat, also ein Schlüsselkunde ist, spricht man häufig auch von Key-Account-Managern. Abbildung 3-38 zeigt ein generisches Markt- und Vertriebsmodell, welches das System des direkten und indirekten Vertriebs am Beispiel des Deutschen Mobilfunkmarktes verdeutlicht. Welcher Vertriebsweg für welche Produkte, Kunden und Regionen bevorzugt angewendet werden sollte, ist abhängig von einer Reihe unterschiedlicher Faktoren. Beispiele für solche Einflussfaktoren sind:

- **Art der Produkte**

  Technisch innovative Produkte sind häufig erklärungsbedürftig. Damit ist ein direkter Hersteller-Kunden-Kontakt in diesen Fällen oft unabdingbar. Für „Katalogprodukte" mit großem überregionalem Kundenkreis bietet sich dagegen eine indirekte Vertriebsform an.

- **Kosten der Kapitalbindung**

  Im Gegensatz zum indirekten Vertrieb ist der Aufbau eines eigenen Vertriebssystems in der Regel sehr aufwändig. Dem entgegen steht die bessere Kontrolle, die ein eigenes Vertriebsnetz dem Unternehmen ermöglicht. Ferner sind eigene Vertriebsmitarbeiter besser zu motivieren und sie verkaufen die Philosophie ihres Unternehmens automatisch mit. Wichtiger Pluspunkt eines direkten Vertriebssystems ist außerdem das direkte Kundenfeedback, welches umgehend in die Produkt- oder Strategieausgestaltung eingebunden werden kann.

- **Nachfragerverhalten**

  Ein nicht zu unterschätzender Punkt ist die Erwartungshaltung der Kunden an die Vertriebsorgane. Viele Kunden fordern von Unternehmen direkt betreut zu werden.

- **Wettbewerber**

  Bei der Wahl der eigenen Absatzkanäle ist es wichtig zu betrachten, wie Wettbewerber vergleichbare Produkte in den ausgewählten Marktsegmenten vertreiben.

Abbildung 3-38: *Markt- und Vertriebsmodell am Beispiel des Kommunikationsmarktes*
vgl. Junge, P., Emerging Markets, 2006, S. 27.

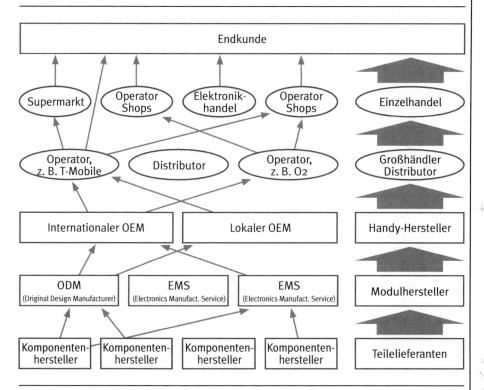

■ *Marktstellung und Machtposition des Herstellers*

Je nach Größe und internationaler Aufstellung von Unternehmen ist deren Vertriebssystem in bestimmten Regionen mehr oder weniger gut entwickelt. In der Regel ist es wirtschaftlich sinnvoll bereits etablierte Vertriebswege auch für neue Produkte zu nutzen. Zur Erschließung neuer Marktsegmente kann dann auf frühere Erfahrungen zurückgegriffen werden.

Alle Ziele, die Unternehmen im Zusammenhang mit der Distributionspolitik verfolgen, müssen im Einklang mit den übergeordneten Marketing- und Unternehmenszielen stehen. Mögliche distributionspolitische Zielsetzungen können beispielsweise die Reduktion der Vertriebskosten oder ein höherer / niedrigerer Anteil an Direktvertrieb sein. Auch die Logistik ist Teil der Distributionsstrategie, wird aber aus didaktischen Gründen in einem eigenen Kapitel behandelt.

3.2.3.4.5 Der Weg von den 4Ps zu den 7Ps

Die wachsende Bedeutung von Dienstleistungen und deren Vermarktung hat Mitte der 90er Jahre dazu geführt, dass die traditionellen vier „Ps" um drei weitere „Ps" ergänzt wurden und man heute im Zusammenhang mit dem Marketing teilweise von den 7Ps spricht. Im Folgenden werden die 3 „neuen" Ps kurz vorgestellt:[172]

- *Personalpolitik (People)*

  Seit den 80er Jahren hat sich die Auffassung des Personalwesens als Unternehmensfunktion grundlegend verändert. Die Personalpolitik umfasst alle Instrumente, mit denen das Personal direkt beeinflusst werden kann. Dazu zählen beispielsweise Aus- und Weiterbildung, Personalentwicklung, Personalauswahl und Personalführung. Speziell Führungskräfte können durch eine Optimierung der Prozesse zusätzlich zu den direkten Möglichkeiten der Einflussnahme auch indirekt stark auf das Personal bzw. deren Arbeitsmoral und Arbeitszufriedenheit einwirken.

- *Prozesspolitik (Process)*

  Die Art und Weise, wie Unternehmen von ihren Kunden wahrgenommen werden, hängt stark vom Ablauf verschiedener Prozesse innerhalb der Lieferanten ab, da reibungslose und systematische Abläufe einen guten Eindruck hinterlassen. Ziel der Prozesspolitik ist es daher alle marktgerichteten Prozesse von Unternehmen optimal zu gestalten.

- *Ausstattungspolitik (Physical Facilities)*

  Dienstleistungen werden im Regelfall im gleichen Moment produziert und konsumiert. Für den Kunden ist es aus daher schwierig, die Dienstleistungsqualität im Vorfeld einschätzen zu können. Kunden weichen deshalb zur Beurteilung von Anbietern auf Anhaltspunkte aus, welche ihnen Anzeichen für die zu erwartende Qualität geben. Diese Merkmale werden als „Physical Facilities" oder als „Ausstattungspolitik" bezeichnet. Meistens werden mit der Ausstattungspolitik Räumlichkeiten verbunden, in denen der Kundenkontakt oder die Dienstleistung zu Stande kommt. Gesichtspunkte, wie Design, Ausstattung, Beschriftung, Architektur etc. spielen eine sehr wichtige Rolle, um die Begeisterung des Kunden zu entfachen. Nicht zu unterschätzen ist es, dem Erscheinungsbild der Mitarbeitenden (Visitenkarte nach außen) genügend Aufmerksamkeit zu schenken.

---

[172] vgl. Zollondz, Hans-Dieter, Marketing, 2008, S. 48 ff.

3.2.3.5 Innovationsmanagement

In der heutigen Zeit, in der Entwicklungsländer technisch-funktionale Wettbewerbsvorteile rasch imitieren können, sind Innovationen gerade in den westlichen Industrieländern ein entscheidender Träger des Wirtschaftswachstums. Einer Studie der National Science Foundation zufolge sind knapp 50 Prozent des amerikanischen Wirtschaftswachstums durch Innovationen begründet.[173] Der systematische Umgang mit Technologien und Innovationen wird damit zu einer wichtigen Aufgabe der Unternehmensführung.[174] Das zentrale Problem, welchem sich Unternehmen in diesem Zusammenhang stellen müssen, ist die hohe Misserfolgsrate von Innovationen. Studien belegen, dass im europäischen Markt 90 Prozent aller Neuproduktideen nicht zu Produkterfolgen werden und von den am Markt eingeführten Produkten nur ca. 50 Prozent auch den gewünschten Markterfolg erzielen.[175] Die wesentliche Herausforderung des Innovationsmanagements besteht somit in der systematischen Erhöhung der Erfolgsquote von Innovationen.[176] Im Folgenden werden zunächst einige Begrifflichkeiten, die im Zusammenhang mit Innovationen eine Rolle spielen, definiert. Im Anschluss daran werden dann der Innovationsprozess und mögliche Erfolgsfaktoren von Innovationen beschrieben.

Im Zusammenhang mit dem Begriff Innovationsmanagement trifft man in der Regel auf eine Reihe von Begriffen, die umgangssprachlich oft nicht konsequent voneinander abgegrenzt werden. Dabei handelt es sich hauptsächlich um die Begriffe Theorie, Technologie, Technik, Invention und Innovation.[177]

- ■ *Theorie*

  Theorien sind das Ergebnis der Grundlagenforschung. Sie beschreiben allgemeine wissenschaftliche Einsichten, die nicht empirisch widerlegbar sind.

- ■ *Technologie*

  Aufbauend auf den Ergebnissen der Grundlagenforschung entwickelt die angewandte Forschung aus den Theorien so genannte Technologien. Diese stellen Funktionsprinzipien dar, die zur Lösung bestimmter praktischer Probleme beitragen.

- ■ *Technik*

  In der Produktentwicklung werden die zur Verfügung stehenden Techno-

---

173 vgl. Albers, S./Gassmann, O., Innovationsmanagement, 2005, S. 7.
174 vgl. Gaubinger, K./Werani, T./Rabl, M., Innovation, 2009, S. 34.
175 vgl. Kotler, P./Keller, K., Marketing, 2009, S. 610.
176 vgl. Meffert, H., Marketing, 2008, S. 408.
177 vgl. Vahs, D./Schäfer-Kunz, J., Betriebswirtschaftslehre, 2007, S. 417 ff.

logien zu Techniken. Techniken werden somit als Umsetzung von Technologien in konkrete Produkte und Prozesse definiert.

- ■ *Invention*

  Inventionen bezeichnen fertige technische Realisierungen von neuen Endprodukten. Damit bilden sie eine direkte Vorstufe von Innovationen. Inventionen, die sich vom gegenwärtigen Stand der Wettbewerbsprodukte abheben, werden häufig durch Patente und Gebrauchsmuster urheberrechtlich geschützt.

- ■ *Innovation*

  Eine Innovation ist definiert als die erstmalige wirtschaftliche Nutzung einer Invention. Sie entsteht nach der Produktion und dem erfolgreichen Absatz eines neuen Produktes am Markt. Im Allgemeinen unterscheidet man dabei zwischen Produkt- und Prozessinnovationen: Während sich Produktinnovationen direkt auf die produzierten und abgesetzten Produkte beziehen, beziehen sich Prozessinnovationen, die auch als Verfahrensinnovationen bezeichnet werden, auf die mit der Herstellung der Produkte verbundenen Prozesse. In Abhängigkeit davon „wie neu" eine Neuheit bzw. eine Innovation wirklich ist, werden im Allgemeinen vier Neuheitsdimensionen unterschieden:[178]

  - ⊃ *Subjektdimension: Neu für wen?*

    Ist das Produkt aus Herstellersicht wirklich neu oder wurde es lediglich modifiziert und stellt in den Augen des Nachfragers ein neues Produkt dar?

  - ⊃ *Intensitätsdimension: Wie sehr neu?*

    Wurden bestehende Produktkonzepte beibehalten oder gänzlich neue Wege beschritten?

  - ⊃ *Zeitdimension: Wann beginnt und wann endet eine Innovation?*

    Wie lange ist ein Produkt neu und kann als innovativ gelten? Diese Frage ist stark abhängig von Märkten und Produkten sowie den Möglichkeiten patentrechtlichen Schutz zu erheben.

  - ⊃ *Raumdimension: In welchem Gebiet neu?*

    Radikal innovative Produkte werden häufig zunächst nur in einem Markt eingeführt, um das Verhalten der Nachfrager studieren und aus diesem lernen zu können.

---

178 vgl. Meffert, H., Marketing, 2008, S. 409 f.

3.2.3.5.1 Der Innovationsprozess

Oberste Zielsetzung des Innovationsprozesses ist es, durch Innovationen die Programmplanung in der Art zu unterstützen, dass ein Angebotsprogramm geschaffen werden kann, welches die Bedürfnisse der Nachfrager bestmöglich befriedigt. Abbildung 3-39 stellt den Innovationsprozess graphisch dar. Im Rahmen des Innovationsprozesses müssen Unternehmen dann eine Reihe strategischer Entscheidungen treffen:[179]

- *Ausrichtung*

  Im Wechselspiel zwischen Grundlagenforschung und Nachfragerbedürfnissen müssen sich Unternehmen die Frage stellen, ob ihr Innovationsprozess technologiegetrieben (*technology-push*) oder von Nachfragerbedürfnissen und Marktgegebenheiten (*market-pull*) bestimmt sein soll. Wissenschaftliche Studien belegen in diesem Zusammenhang, dass die Orientierung an den Nachfragerbedürfnissen und Marktgegebenheiten die erfolgversprechendere Handlungsoption ist.

- *Notwendigkeit*

  In manchen Fällen kann es sein, dass es gar nicht sinnvoll ist, für ein bestimmtes Produkt ein Folgeprodukt zu entwickeln, weil sich das Produkt durch seine Beständigkeit auszeichnet. Ein gutes Beispiel hierfür ist Jägermeister.

- *Bezugsquelle*

  Im Hinblick auf die Bezugsquelle müssen sich Unternehmen entscheiden, ob Innovationen im eigenen Unternehmen vorangetrieben werden oder beispielsweise durch Kooperation oder Lizenznahme von extern übernommen werden.

- *Verwendung*

  Im Hinblick auf die Verwendung einer Innovation stehen Unternehmen grundsätzlich drei Alternativen zur Verfügung: Innovationen können selbst genutzt, durch Kooperation teilweise genutzt oder verkauft werden. Mangelnde Ressourcen für Produktion und Vermarktung sind häufige Ursachen für eine Kooperation oder einen Verkauf von Innovationen.

- *Organisation*

  Im Hinblick auf die organisatorische Verankerung des Innovationsma-

---

179 zum Innovationsprozess vgl. Gaubinger, K./Werani, T./Rabl, M., Innovation, 2009, S. 22 ff. und Meffert, H., Marketing, 2008, S. 413 ff.

nagements in der Unternehmensstruktur müssen sich Unternehmen die Frage stellen, ob das Innovationsmanagement projektspezifisch aufgebaut oder kontinuierlich im Rahmen einer F&E-Abteilung bzw. als Daueraufgabe aller Unternehmensbereiche in Form eines integrierten Innovationsmanagements betrieben werden soll.

Das operative Innovationsmanagement besteht aus den vier Phasen Ideengewinnung, Ideenprüfung, Ideenrealisation und Markteinführung. Abbildung 3-39 zeigt die vier Phasen in einem trichterförmigen Verlauf. Diese Darstellung verdeutlicht die Tatsache, dass – ausgehend von einer Vielzahl von Ideen – nur wenige Erfolg versprechende Innovationen den Weg zur Markteinführung schaffen. Grundsätzlich muss nach jeder der vier Phasen geprüft werden, ob die entwickelten Ideen im Einklang mit den gesetzten Zielen stehen und ob ihr Marktpotenzial eine Weiterentwicklung rechtfertigt.[180]

■ *Ideengewinnung*

Um dem schlechten Verhältnis von Neuproduktideen zu Markteinführungen Rechnung zu tragen, müssen Unternehmen möglichst viele Ideen sammeln. Dabei stehen Unternehmen generell drei Quellen zur Verfügung:

➲ *Nachfrager,* z. B. durch Interviews oder Kundenbeschwerden.

➲ *Externe Experten,* z. B. durch Marktforschung.

➲ *Interne Experten,* z. B. durch F&E oder Kreativitätstechniken.

■ *Ideenprüfung*

Um das Risiko von Misserfolgen zu minimieren, erfolgt in der zweiten Phase des Innovationsprozesses eine gründliche Prüfung der Ideen hinsichtlich ihrer Übereinstimmung mit den Unternehmenszielen und der Zielsetzung des Innovationsprozesses. Die Prüfung der Ideen erfolgt im Regelfall in einem dreistufigen Prozess: Zunächst werden Ideen, die bestimmte Mindestanforderungen nicht erfüllen, in einer Grobauswahl, z. B. mit Hilfe von Checklisten, aussortiert. Die darauf folgende Feinauswahl vergleicht alle Ideen mit vorher definierten Wunscheigenschaften des Neuproduktes, z. B. mit Hilfe der Conjoint-Analyse, bei der die in der Kaufsituation getroffenen Auswahlentscheidungen der Nachfrager valide abgebildet und auf die einzelnen Produktideen übertragen werden. Im letzten Schritt werden die verbliebenen Produktideen dann einer Wirtschaftlichkeitsrechnung unterzogen, bei der anhand finanzieller Modelle geprüft wird, ob die Produktidee gewinnbringend vermarktet werden

---

180 vgl. Meffert, H., Marketing, 2008, S. 416 ff.

Abbildung 3-39: *Der Innovationsprozess*
vgl. Meffert, H., Marketing, 2008, S. 413.

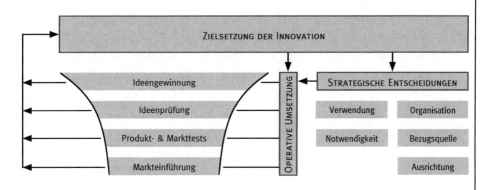

kann. Methoden, die in diesem Zusammenhang zum Einsatz kommen, sind beispielsweise Break-Even-Analyse oder Amortisationsrechnung. Nach Abschluss der Wirtschaftlichkeitsanalyse muss wiederum über die Aufgabe oder Fortsetzung der Produktideen entschieden werden.

■ **Produkt & Markttests**

Im Falle einer positiven Entscheidung gilt es, die Produktidee weiterzuentwickeln, zu verfeinern (endgültige technische Definition) und schließlich in möglichst kurzer Zeit in eine marktreife Invention zu überführen. Um die Reaktion der Nachfrager auf das neue Produkt beurteilen zu können, werden Prototypen gefertigt, mit denen Markttests durchgeführt werden. Verlaufen die Produkt- und Markttests erfolgreich und stimmt das getestete Konzept weiterhin mit der Unternehmens- und Innovationszielsetzung überein, steht der Markteinführung nichts mehr im Wege.

■ **Markteinführung**

Die zentrale Frage, die sich in dieser Phase stellt, ist die Frage nach dem Timing des Markteintritts, da die Geschwindigkeit und das Ausmaß der zu erwartenden Akzeptanz (Adoption) und Verbreitung (Diffusion) einer Innovation von Fall zu Fall variiert. Grundsätzlich wird unterstellt, dass sich eine Innovation mit höherem relativen Vorteil (im Vergleich zu Substitutionsprodukten), größerer Kompatibilität, geringerer Komplexität, größeren Testmöglichkeiten und höherer Beobachtbarkeit schneller ausbreitet. Abbildung 3-40 zeigt ein Diffusionsmodell, welches Nachfrager in verschiedene Klassen von Adoptoren einteilt:

➲ *Innovatoren*
Unternehmungslustig, aufgeschlossen, risikobereit.

➲ *Frühe Adoptoren*
Meinungsführer, früh aber vorsichtig.

➲ *Frühe Mehrheit*
Handelt überlegt – ist trotzdem aufgeschlossener als der Durchschnitt.

➲ *Späte Mehrheit*
Skeptisch, Innovationen werden erst dann angenommen, wenn Sie bereits am Markt etabliert sind.

➲ *Nachzügler*
Traditionsbewusst, misstrauisch – Innovationen werden erst dann angenommen, wenn sie sich zu einem Standard entwickelt haben.

Im Bezug auf das Timing des Markteintritts stehen Unternehmen hier drei Strategiealternativen zur Verfügung: Pionier, früher Folger oder später Folger. Unternehmen, die sich entscheiden, späte Folger zu sein haben wiederum zwei Möglichkeiten: sie können die Produkte der bestehenden Anbieter imitieren (Me-too-Strategie) oder ein Produkt entwickeln, welches sich auf eine bestimmte Marktnische fokussiert.

Abbildung 3-41 verdeutlicht die Unterschiede sowie Chancen und Risiken der verschiedenen Timingstrategien. Welche der Strategien in der Praxis am erfolgversprechendsten ist, hängt von der individuellen Marktsituation ab und kann nicht pauschal definiert werden.

3.2.3.5.2 Erfolgsfaktoren von Innovationen

In seinem Buch „Rules for Revolutionaries" stellt Guy Kawasaki das DICEE-Konzept vor, in dem er beschreibt, dass erfolgreiche Produkte sich durch fünf Faktoren auszeichnen.[181] Obwohl das Konzept für Konsumgütermärkte entwickelt wurde, trifft es teilweise auch auf Industriegütermärkte und deren Produkte zu.

■ *Deep (tiefsinnig)*
Gute Produkte sind tiefsinnig. Dass Produkte tiefsinnig sind, merkt der Nachfrager, wenn er während der Nutzung die Feststellung macht, dass „sich da jemand Gedanken gemacht hat".

■ *Indulgent (genussvoll)*
Ein gutes Produkt gibt dem Benutzer schon beim Kauf das Gefühl etwas

---

181 vgl. Kawasaki, G., Rules, 2000, S. 24 ff.

Abbildung 3-40: *Klassen von Adoptoren*

vgl. Bruhn, M./Hadwich, K., Produktmanagement, 2006, S. 252.

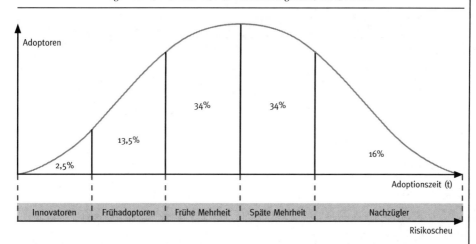

Besonderes gekauft zu haben und eben nicht der kleinste gemeinsame Nenner oder die billigste Lösung zu sein.

■ **Complete (vollständig)**

Ein gutes Produkt will mehr sein als ein physikalischer Gegenstand – ein gutes Produkt gibt seinem Käufer zu jedem Zeitpunkt das Gefühl, seinen Preis wert gewesen zu sein. Dabei geht es beispielsweise um Themen, wie die Lesbarkeit und Verständlichkeit der Betriebsanleitung oder der Kompetenz des Kundenservices.

■ **Elegant**

Ein gutes Produkt ermöglicht eine intelligente Nutzung und Bedienung. Weniger ist bei gleicher Funktion häufig mehr. Gute Produkte lassen sich intuitiv bedienen.

■ **Emotive (gefühlsgeladen)**

Ein gutes Produkt aktiviert bei potenziellen Kunden positive Gefühle und schafft eine emotionale Bindung. Das perfekte Produkt ist das, von dem der Kunde denkt, dass es so gut ist, dass es jeder haben sollte. Im besten Fall werden die Kunden auf diese Weise zu Werbeträgern des Unternehmens, weil sie das Produkt aktiv weiterempfehlen. Im Marketingfachjargon spricht man in diesem Zusammenhang auch vom Kunden als „Evangelisten".

Abbildung 3-41: *Chancen und Risiken unterschiedlicher Markteintrittsstrategien*
vgl. Meffert, H., Marketing, 2008, S.447.

	PIONIER	FRÜHER FOLGER	SPÄTER FOLGER (ME-TOO)	SPÄTER FOLGER (NISCHENANBIETER)
ZIEL	Entwicklung technologischer Innovationen zur Ausnutzung der Vorteile eines temporären „quasi Monopols".	Frühzeitiger Aufbau einer starken Wettbewerbsposition unter Ausnutzung der Fehler des Pioniers.	Aufbau einer rentablen Wettbewerbsposition durch Niedrigpreisangebot über realisierte Kostenvorteile.	Ausnutzung der Vorteile einer nahezu konkurrenzfreien Marktnische durch Besetzen bisher unbearbeiteter Marktbereiche.
CHANCEN	■ Frühzeitiges Entwickeln von Markt-Know-How ■ Preispolitische Spielräume ■ Imagevorteile als Innovator ■ Setzen von Industriestandards ■ Aufbau von Markteintrittsbarrieren (z.B. durch Patente oder Standorte) ■ Frühes Ausnutzen von Erfahrungskurven- und Skaleneffekten	■ Geringeres Risiko, da Fehler des Pioniers vermieden werden können ■ Erhöhte Transparenz der Marktstrukturen/ Bedürfnisse ■ Höheres Problemlösungspotenzial (Value-Added-Services) ■ Marktpositionen sind noch nicht gefestigt	■ Kostenvorteile durch geringeren F&E- und Markterschließungsaufwand ■ Geringe Produkt- und Prozessrisiken durch Anlehnung an dominante Gebrauchsstandards und Fertigungstechnologien ■ Ausnutzung von Standardisierungspotenzialen	■ Kostenvorteile durch geringen F&E-Aufwand ■ Aufbau einer eigenen Nischenkompetenz ■ Bei Liebhabermärkten tendenziell höhere Profitabilität und Lebensdauer der Nische
RISIKEN	■ Hoher F&E-Aufwand ■ Hohe Kosten der Markterschließung (Überzeugungsaufwand) ■ Hohe Ungewissheit über die Nachfrageentwicklung ■ Gefahr von Technologiesprüngen und unausgereiften Produkten	■ Wettbewerbsreaktionen der Pioniere ■ Verzicht auf Pioniergewinne (sinkende Preisspielräume durch Konkurrenzdruck) ■ Markteintrittsbarrieren, wie beispielsweise die Marken- und Firmentreue gegenüber dem Pionierunternehmen müssen überwunden werden	■ Imagenachteile gegenüber etablierten Anbietern ■ Höhere Markteintrittsbarrieren duch eine bereits gefestigte Marktstruktur ■ Bedrohte Wettbewebsposition bei einer Preissenkung der Konkurrenz	■ Besondere Kompetenz nicht glaubwürdig darstellbar ■ Gefahr der Auswahl eines unrentablen Segments ■ Gefahr des Eintretens etablierter Anbieter in dieselbe Nische

3.3 Controlling

Der Begriff des „Controlling" stammt aus dem Englischen und bedeutet Lenken, Steuern oder Regeln. Im deutschsprachigen Raum existiert keine einheitliche Definition des Begriffs und die dem Controlling zugerechneten Aufgaben variieren je nach Unternehmen weitläufig. Häufig wird versucht, anhand der etymologischen Verwandtschaft der Begriffe Controlling und Control in auch auf inhaltliche Zusammenhänge zu schließen. Dies führt dazu, dass in der deutschen Übersetzung der Begriff Controlling synonym zu dem Wort Kontrolle gebraucht wird. Kontrolle jedoch bezeichnet lediglich die Durchführung eines Vergleichs zwischen geplanten und realisierten Werten. In sinngemäßer Übersetzung des Wortes Controlling sollte man von Unternehmenssteuerung sprechen, da das Controlling neben der Kontrollaufgabe auch eine Planungs- und eine Informationskomponente enthält. In diesem Sinne ist das Controlling eine zentrale Managementaufgabe. In der deutschen Industrie werden mit dem Controlling meist die traditionellen Aufgaben des Rechnungswesens und der Planung, Kontrolle und Information mit dem Begriff assoziiert.

Ein weiterer Begriff, der im Zusammenhang mit dem Wort Controlling häufig für Verwirrung sorgt, ist der Begriff Controller. Im Bezug auf die oben genannte sinngemäße Übersetzung des Wortes Controlling als Unternehmenssteuerung macht der Controller selbst allerdings kein Controlling. Dieser unterstützt vielmehr die mit der Unternehmensführung betrauten Manager bei dieser Aufgabe als interner Dienstleister. Er wird damit zu einer Art „Sparringspartner" des Managements. Controller dienen also als Berater und Koordinator der Unternehmensführung.[182] Abbildung 3-42 veranschaulicht die Aufgabenverteilung von Management und Controllern im Controllingprozess.

Organisatorisch kann das Controlling als Subsystem der Unternehmensführung angesehen werden. Der wachsende Koordinationsbedarf in den immer komplexer werdenden Unternehmensstrukturen führt heute allerdings zu einer Dezentralisierung der Controlling-Funktion. In der Praxis wird diesem Trend durch die Schaffung spezialisierter Controllingbereiche Rechnung getragen. So beschäftigen Unternehmen beispielsweise häufig spezielle Controlling-Mitarbeiter (Controller) für Marketing, Vertrieb, IT, F&E oder Logistik, die speziell für die Erfolgsmessung in ihrem jeweiligen Bereich zuständig sind.[183]

---

182 vgl. Horvath, P., Controlling, 2009, S. 16 ff.
183 vgl. Preißner, A., Controlling, 2008, S. 10 ff. und S. 439 ff.

Abbildung 3-42: *Controlling im Führungsprozess*
vgl. Kreuzer, C., BWL, 2005, S. 102.

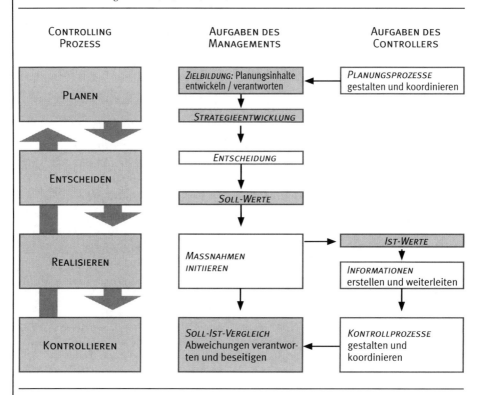

3.3.1   Aufgaben des Controlling

Zentraler Aufgabenbereich des Controllings ist die Koordination der Planung, Kontrolle und Information.[184]

- Im Bezug auf die Planung ist es die Aufgabe des Controllings, Art und Zeitpunkt der zu erstellenden Planungen festzulegen, Verantwortlichkeiten zu definieren und Planungsinstrumente bereitzustellen.

- Die Kontrollfunktion des Controllings befasst sich mit der Erfassung von Ist-Daten und deren Vergleich mit den Soll-Werten der vorangegangenen Planung. Weitere Aufgabe des Controllings ist in diesem Zusammenhang die Analyse von möglichen Soll-Ist-Abweichungen.

---

184 vgl. Vahs, D. / Schäfer-Kunz, J., Betriebswirtschaftslehre, 2007, S. 238 f.

■ Eine andere wichtige Aufgabe des Controllings ist die Sammlung, Bündelung und Verbreitung von Informationen in Form von Dateien und Dokumenten.

■ Zusätzliche Aufgabenbereiche können je nach Ausgestaltung der Controlling-Funktion im Unternehmen die Beratung des Managements sowie betriebswirtschaftliche Bewertungen im Hinblick auf die Markt- und Unternehmenssituation sein.

3.3.2 Vorgehensweise

Der in Abbildung 3-42 beschriebene Prozess lässt sich in fünf Phasen unterteilen, welche allerdings nicht isoliert betrachtet werden dürfen. Zwischen den einzelnen Phasen bestehen vielfältige Informationsbeziehungen sowie Vor- und Rückkopplungen.[185]

1. **Zielbildung und Problemanalyse**

   Ziele bilden die Grundlage für die Messung des Erfolgs später getroffener Entscheidungen und umgesetzter Strategien. Zu diesem Zweck werden zunächst mögliche Ziel definiert. Im nächsten Schritt erfolgt dann eine Präzisierung der Ziele. Des Weiteren werden Termine und Verantwortlichkeiten festgelegt. Grundsätzlich gilt: Je genauer Ziele formuliert werden, desto wirksamer können Planungs- und Kontrollinstrumente den Erfolg messen. Im Anschluss an die Zielpräzisierung erfolgt eine Überprüfung der Zielstrukturierung. Dabei werden einzelne Ziele zueinander in Beziehung gesetzt. Es entsteht ein Netz aus Über-, Unter- und Nebenzielen. Nachfolgend wird das entstandene Zielgeflecht auf mögliche Zielkonflikte und Realisierbarkeit überprüft.

2. **Strategieentwicklung**

   Die Strategieentwicklung ist zentrale Schnittstelle des Controllings zur Strategiebildung auf Unternehmensebene. Im Kern geht es darum, Maßnahmen/Strategien zu entwickeln, zu wählen und umzusetzen, die es ermöglichen, die gestreckten Ziele zu erreichen. Zunächst wird dazu die Ausgangssituation analysiert und die Ziellücke definiert. Im Anschluss daran werden mehrere Strategiealternativen definiert und überprüft, welche der möglichen Alternativen am besten geeignet ist, um die Ziellücke zu schließen. Diese wird dann ausgewählt und umgesetzt.

---

185 vgl. Wöhe, G./Döring, U., Betriebswirtschaftslehre, 2008, S. 165 ff.

3. Vorgabe von Soll-Werten

Nachdem die Strategiewahl getroffen wurde, werden die definierten Ziele im Hinblick auf die gewählte Strategie operationalisiert, d. h. messbar gemacht. Es entstehen Soll-Werte, die zur Messung der Zielerreichung dienen.

4. Ermittlung von Ist-Werten

Nach Ablauf einer Planungsperiode (z. B. einem Quartal) werden Ist-Werte erfasst. Als Quelle von Ist-Daten nutzen Unternehmen das interne Rechnungswesen (vgl. Kap. 5.2).

5. Soll-Ist-Vergleich / Abweichungsanalyse

Im letzten Schritt des Controlling-Prozesses wird ein Soll-Ist-Vergleich durchgeführt. Anschließend werden eventuelle Abweichungen hinsichtlich ihrer Ursache analysiert und Maßnahmen eingeleitet, die Zielerreichung sicherzustellen.

3.3.3 Spezielle Formen des Controllings

Wie bereits beschrieben, gehen Unternehmen heutzutage mehr und mehr dazu über dezentrale Controlling-Organisationseinheiten zu bilden bzw. dedizierte Controller für bestimmte Bereiche zu beschäftigen. Nachfolgend werden exemplarisch einige Bereiche vorgestellt, in denen häufig spezifische Controllingformen zum Einsatz kommen.[186]

■ *Entwicklungscontrolling*

Verkürzte Produktlebenszyklen und ein steigender internationaler Innovationswettbewerb haben dazu geführt, dass sich die Amortisationsdauer von Neuentwicklungen mehr und mehr der Gesamtdauer des Produktlebenszyklus annähert. Auf Grund dieser Situation ist es für Unternehmen essenziell, sämtliche Entscheidungen im Bereich Forschung und Entwicklung auf einer soliden Informationsgrundlage aufbauen zu können. F&E-Controlling hat insbesondere folgende Aufgaben:

➲ Verkürzung der Entwicklungsdauer durch ein systematisches Planungs- und Kontrollsystem.

➲ Prämissenkontrollen und Planungsanpassungen. Prämissenkontrollen dienen der Überprüfung der der Planung zugrunde liegenden Annahmen. Tritt beispielsweise während der Produktentwicklung

---

186 zum Bereichscontrolling vgl. Preißner, A., Controlling, 2008, S. 439 ff.

ein Wettbewerber in den Markt ein, der mit einer neuen Technologie die Verteilung der Marktanteile verändert, so sind die ursprünglichen Planungsprämissen nicht mehr gültig und die Planung muss der neuen Situation angepasst werden.

- ⮱ Budgetplanung und -kontrolle.
- ⮱ Einführung spezifischer Anreizsysteme (z. B. für innovative Produkt- und Prozessideen).

- ■ *Marketing-Controlling*

Marketing und Controlling arbeiten in der Praxis Hand in Hand. Während das Marketing im Zuge der marktorientierten Unternehmensführung als „Führung vom Markt her" definiert wird, kann die Aufgabe des Controllings als „Führung vom Ergebnis her" beschrieben werden. Die Funktion des Marketingcontrollings besteht also darin, die Effektivität und Effizienz einer marktorientierten Unternehmensführung sicherzustellen. Um dies zu gewährleisten, ist das Marketing-Controlling in vier Aufgabenfeldern aktiv:

- ⮱ *Problembezogene Informationsversorgung*
  Hierunter fallen die problemspezifische Informationsbündelung und -abstimmung, insbesondere aus dem Rechnungswesen (Deckungsbeitragsrechnungen, Target Costing, Prozesskostenrechnung) und der Marktforschung. Im Informationszeitalter steht dabei das rechtzeitige Erkennen von Technologie- und Marktentwicklungen im Mittelpunkt.

- ⮱ *Unterstützung bei der Willensbildung und -durchsetzung*
  Eine zentrale Aufgabe des Marketing-Controllings ist die Unterstützung bei der Generierung von Entscheidungsmöglichkeiten. Auch das Bewerten und kritische Hinterfragen der Entscheidungsoptionen ist Teil dieser Aufgabe. Weitere Kernaufgaben liegen in diesem Zusammenhang vor allem in der Gestaltung des Marketingplanungssystems und in der Unterstützung des Marketingmanagements bei der Auswahl von Markt- und Kundensegmenten sowie bei der Gestaltung von Anreizsystemen für Verkauf und Distribution.

- ⮱ *Durchführung von Marketingkontrollen und -audits*
  Kontrollen sind rückblickende Soll-Ist-Vergleiche, die den Regelkreis des Willensbildungs- und Willensdurchsetzungsprozesses schließen und damit einen wichtigen Bestandteil des Marketingcontrollings bilden. Marketingkontrollen betreffen insbesondere die Kontrolle der

Absatzsegmente, der Marketingorganisationseinheiten, der einzelnen Marketinginstrumente sowie eine Durchführungs- und eine Prämissenkontrolle. Marketingaudits sind umfassende, systematische, nicht weisungsgebundene, periodische Untersuchungen von Marketingumwelt, -zielen, -strategien sowie von Marketingprozessen, -organisation und -maßnahmen einer strategischen Geschäfteinheit. Ziel von Audits ist es, Herausforderungen und Chancen aufzudecken sowie Maßnahmenpläne zur Verbesserung der Marketingleistung zu erstellen.

➲ *Koordinationsfunktion*
Das Marketingcontrolling hat eine übergeordnete Koordinationsfunktion. Hierzu gehören beispielsweise die Beratung und Unterstützung bei umfassenden Projekten wie der Einführung von Marketingkennzahlensystemen.

■ *Vertriebscontrolling*

Ein gut funktionierender Vertrieb ist heutzutage in den meisten Märkten die wichtigste Voraussetzung für den Unternehmenserfolg. Ein systematisches Vertriebscontrolling kann vor dem Hintergrund immer schwieriger werdender Marktverhältnisse helfen, dem Vertriebsmanagement entscheidende Informationen über Wirtschaftlichkeit und Zielerreichung im Vertrieb zur Verfügung zu stellen. Dies ermöglicht fundierte Entscheidungen zu treffen und die Effizienz von Vertriebsstrategien und getroffenen Entscheidungen zu kontrollieren. Vertriebscontrolling beantwortet insbesondere folgende Fragen:

➲ Welche Produkte, Kunden und Vertriebskanäle sind profitabel?
➲ Auswirkungen von Marktentwicklungen auf das Ergebnis?
➲ Wurden die angestrebten Ziele erreicht?

Der Vertriebscontroller hat in diesem Zusammenhang die Aufgabe, das Vertriebsmanagement als betriebswirtschaftlicher Berater zu begleiten und die Entscheidungen im Vertriebsbereich mit zielgerichteten Informationen zu unterstützen. Ferner ist es seine Aufgabe die Werkzeuge zur Verfügung zu stellen, die ein effizientes Vertriebscontrolling und die damit verbundene Ergebnistransparenz hinsichtlich Kunden, Produkten, Vertriebswegen, Marken und Sparten ermöglichen.

■ *Projektcontrolling*

Grundsätzlich lassen sich zwei Ausprägungen des Projektcontrollings unterscheiden: strategisches und operatives Projektcontrolling.

➲ Strategisches Projektcontrolling umfasst in der Regel mehrere Projekte und unterstützt die Unternehmensführung auch bei übergeordneten Aufgaben, wie beispielsweise der Projektauswahl. Weitere Aufgaben des strategischen Projektcontrollings sind beispielsweise die Optimierung des Einsatzes von Personal- und anderen Ressourcen. Zur Steuerung des strategischen Projektcontrollings werden in großen Unternehmen häufig so genannte „Project Management Offices" (PMOs) eingerichtet.

➲ Operatives Projektcontrolling ist die Grundlage für die Steuerung von Einzelprojekten. Dabei umfasst es alle Prozesse und Regeln innerhalb des Projektmanagements, die dazu beitragen, das Erreichen der Projektziele sicherzustellen. Zu diesem Zweck werden Ist-Daten erfasst und mit geplanten Soll-Daten verglichen (Soll-Ist-Vergleich). Im nächsten Schritt werden Abweichungen analysiert und bewertet, um anschließend mögliche Konsequenzen ermitteln und Korrekturmaßnahmen erarbeiten zu können.

Eine weitere Aufgabe des Projektcontrollings besteht in der Überwachung der Durchführung der Korrekturmaßnahmen. Die folgenden Ausführungen beziehen sich auf das operative Controlling von Einzelprojekten. Die hohe Komplexität in Projekten und deren Umfeld macht es in der Regel schon für Projektinterne schwierig, ohne die entsprechende Zahlengrundlage den aktuellen Stand des Projektes abzuschätzen – für Außenstehende ist dies nahezu unmöglich. Eine entsprechende Transparenz an dieser Stelle ist jedoch unerlässlich für die Steuerung des Projektes, sowohl intern durch den Projektleiter als auch extern durch den Projektauftraggeber. Der Projektleiter kann sich auf Grundlage eines datenbasierten Projektcontrollings gegenüber dem Auftraggeber entlasten, der wiederum aufgrund der Datengrundlage einschätzen kann, ob die verwendeten Mittel sinnvoll und zielführend eingesetzt wurden.[187]

---

187 vgl. Junge, P., Opportunity, 2009, S. 4 f.

Praxisbeispiel: *Projektcontrolling und -reporting für Investitionsprojekte bei einem europäischen Mineralölkonzern*

„Erfahrung heißt gar nichts.
Man kann eine Sache auch 35 Jahre lang falsch machen.“

Kurt Tucholsky (1890-1935)

Projekthintergrund und Zielsetzung

Der europäische Mineralölkonzern in diesem Praxisbeispiel stand vor der Herausforderung, Transparenz über den Status der abgeschlossenen, laufenden, geplanten und zu planenden großen technischen Investitionsprojekte herzustellen. Darunter fallen Investitionsprojekte technischer Natur, wie beispielsweise der Bau von Produktionsanlagen, Hoch- oder Tiefbau sowie der Aufbau von Infrastruktur. Diese Projekte haben in der Regel mehrmonatige, mitunter mehrjährige Projektlaufzeiten. Im Portfolio technischer Investitionsprojekte befanden sich 2008 mehr als 250 Einzelvorhaben mit einem Gesamtbudget von ca. 350 Mio. EUR, von denen rund ein Drittel Neuprojekte für 2008 waren. Die anderen zwei Drittel bestanden zu diesem Zeitpunkt aus geplant und ungeplant fortgesetzten Projekten aus den Vorperioden. Die ungeplante Fortsetzung von Innovationsprojekten durch den zeitlichen Verzug und die damit verbundene Überschreitung von deren geplanten Kosten, drohte den Handlungsspielraum für neue Vorhaben in nicht akzeptablem Maße einzuschränken.

Das Management des betroffenen Geschäftsbereichs reagierte auf diese Situation mit einer Projektcontrolling-Initiative. Diese hatte zum Ziel, die Transparenz über den tatsächlichen Kostenverlauf sowie über die prognostizierten Fertigstellungskosten und -zeitpunkte der technischen Investitionsprojekte signifikant zu erhöhen. Im Rahmen dieser Projektcontrolling-Initiative wurde Horváth & Partners der Auftrag erteilt, die im Konzern und seinen Hauptgesellschaften etablierten Methoden und Werkzeuge des Projektstatusreportings mit den Berichtsgrößen Kosten und Fortschritt zu analysieren und unter Verwendung von anerkannten Erfolgsfaktoren und Best Practices ein Konzept für verbessertes Projektstatusreporting zu entwickeln.

Ausgangssituation

Die etablierte Praxis in der Planung, Budgetierung, Steuerung und dem Reporting großer technischer Investitionsprojekte wurde mittels einer Top-down-Analyse (Auswertung von bestehenden Standards, Reports, Templates und Daten) sowie einer Bottom-up-Analyse (Experten- und Stakeholder-Interviews zur Ist- und empfohlenen Soll-Ausprägung) erfasst und bewertet. Wesentliche Optimierungsansätze konnten in der Planungs- und Steuerungsmethodik von technischen Investitionsprojekten, in der Datenanalyse und Informationsdarstellung sowie in der prozessseitigen IT-Systemunterstützung identifiziert werden.

Lösungsansatz

Die Zusammenhänge der Einflussfaktoren in den meist langlaufenden Investitionsprojekten waren zu komplex, um diese mit dem eingesetzten, stark vereinfachenden Statusberichtwesen erkennbar zu machen, welches auf den eindimensionalen und nicht verknüpften Ergebnisinformationen „Kostenverlauf" und „Meilensteinerreichungsgrad" beruhte.

Im Gegensatz zu dem bestehenden System würde ein kognitives Feedback aus den Projekten, welches Ursache-Wirkungs-Beziehungen offenlegt, zur besseren Entscheidungsfindung bei Steuerungsbedarf maßgeblich beitragen. Durch Visualisierungen, wie z. B. einem Ampelsystem zur Darstellung des Handlungsbedarfs, kann bereits eine deutliche Verbesserung in Qualität und Zeit der Entscheidungsfindung erzielt werden. Generell sollen Wirkzusammenhänge über verknüpfte Informationen greifbar gemacht werden. Dies kann zum Beispiel geschehen, indem zeitverzögerte Effekte mit den Einflussgrößen über den Zeitverlauf in Verbindung gebracht werden. Eine andere Möglichkeit besteht darin, Fortschrittsbewertungen anhand von periodisch aufgeteilten Aufgabenpaketen in kleineren Abschnitten zu erstellen. Ferner ist es unbedingt erforderlich, den initial aufgestellten Projektplan zu revidieren und anzupassen, wenn sich Projektzielsetzung, Rahmenbedingungen oder bekannte Einflussfaktoren ändern. Diese Ansprüche an kognitives Feedback aus dem Projekt erfüllt zum Beispiel die konkret eingeführte Earned-Value-Methode. Diese wurde als konzeptioneller Basislösungsansatz zur Beantwortung der Frage nach stark erhöhter Kosten- und Fortschrittstransparenz von Projekten identifiziert und für technische Investitionsprojekte angepasst. In der Projektplanungsphase werden die Arbeitspakete über Projektperioden verteilt als Kostenverlauf geplant. In dem so entstehenden Projektressourcenverwendungsplan werden Arbeits- und Materialkosten getrennt für das gesamte Projekt betrachtet und entsprechend geplant. Während des laufenden Projekts werden dieser Plan sowie die tatsächliche Projektressourcenverwendung am Ende jeder Projektperiode gepflegt, fortgeschrieben und bei Bedarf korrigiert. Regel ist, dass am Ende einer Periode die in der Periode geplante und vorgesehene Arbeit auch zu 100 % erledigt wurde. Hervorzuheben ist, dass sich in der Regel mehrere Planversionen ergeben, die, zusammen betrachtet, am Ende des Projekts Aufschluss über Veränderungen während der Projektlaufzeit geben. Dies ist beabsichtigt und verhindert, dass der initiale Plan, der möglicherweise unter Annahme falscher oder nicht mehr gültiger Rahmenbedingungen erstellt wurde, weiter konsequent verfolgt wird und damit das Projekt im Weiteren ein unkalkulierbares Risiko in sich trägt. Auf die Darstellung der Kalkulationen, Indizes, Sondereffekte (bspw. aus großen Materialeinkäufen zu Projektbeginn) etc. wird an dieser Stelle aus Vereinfachungsgründen verzichtet.

Fazit

Transparenz und kognitives Feedback durch Projektreporting sind kritische Steuerungskomponenten eines Investitionsprojektprogramms – wenn das Management dieses mit einer Strategie stützt. Die Projektstatusinformation technischer Investitionsprojekte gibt keinen zuverlässigen effektiven Status des Projekts wieder, wenn der Status lediglich auf einer quantitativen Vergleichsaussage zwischen der geplanten Budgetverwendungskurve (Soll-Kosten) sowie dem realisierten Kostenverlauf (Ist-Kosten) im gleichen Zeitfenster beruht. Verstärkt wird der beschriebene Effekt durch den in der Praxis häufig zu beobachtenden Hang der Projektleiter, die aktuelle Projektsituation zu optimistisch einzuschätzen. Darüber hinaus wird in der Regel als Reaktion auf die Abweichungen kein konkreter Maßnahmenplan entwickelt und fatalerweise dogmatisch an den initialen Projektzielsetzungen und -rahmenbedingungen festgehalten. Durch diese Tatsache sowie die als „Erfahrungsfalle" bekannte Verhaltensweise eingesetzter Projektmanager, die einmal zu Projektbeginn getroffenen Annahmen nur extrem zögerlich aufzugeben, lassen sich zahlreiche vergangene Fehlentscheidungen in großen Investitionsprojekten erklären.

Das kognitive Feedback hingegen vermittelt dem Projektmanager ein Bild, welches den Zusammenhang zwischen Kosten, Ausgabenvorschau, realisiertem Projektumfang und Zeitfortschritt in einer einfachen Übersicht darstellt. Mit der von Horváth & Partners eingeführten, modifizierten Projekt-Controlling-Methodik geht eine bisher in großen Projektorganisationen kaum bekannte und zuweilen nicht gewollte Transparenz über Projekte und deren „Performance" einher. Dabei ist diese zusätzliche Transparenz unbedingt erforderlich, um dem Management verlässlichere Aussagen liefern zu können – bezogen auf den realen Projektstatus, die Ursachen für Abweichungen sowie die möglichen Ansatzpunkte für Maßnahmen zur Erreichung des noch machbaren wirtschaftlich optimalen Projektergebnisses. Letztlich entscheidend ist eine vom Topmanagement gestützte Strategie, die beinhaltet, dass Projektmanager und -teams vor dem Hintergrund der für effektive und effiziente Projektkostenkontrolle erforderlichen Transparenz in projektkritischen Situationen auch adäquat unterstützt und nicht abgestraft werden.

Jan Witte
Competence Center Chemicals, Oil, Pharmaceuticals
jwitte@horvath-partners.com

Dieses Praxisbeispiel basiert auf dem Beitrag von Boche, C.-A. & Hanisch, B. (2009): Paradigmenwechsel im Projektcontrolling für den erfolgreichen Einsatz der PMBOK-Methodik. In: Gleich, R. & Klein, A. (Hrsg.): Der Controlling-Berater. Band 5: Projekt-Controlling. Freiburg: Rudolf Haufe Verlag, S. 133-148.

Horváth & Partners ist eine unabhängige, international tätige Management-Beratung. Das 1981 in Stuttgart gegründete Unternehmen beschäftigt mehr als 450 Mitarbeiter an zwölf Standorten in Deutschland, Österreich, der Schweiz, Ungarn, Rumänien, Spanien, den Vereinigten Arabischen Emiraten und den USA. Durch die Mitgliedschaft bei „Highland Worldwide", einem internationalen Netzwerk unabhängiger Beratungsgesellschaften, sind die Consultants darüber hinaus in der Lage, Beratungsprojekte mit höchster fachlicher Expertise und genauer Kenntnis der lokalen Gegebenheiten in weiteren wichtigen Wirtschaftsregionen der Welt durchzuführen. Im Mittelpunkt der Beratung stehen die Leistungssteigerung und die nachhaltige Verbesserung der Leistungsfähigkeit von Organisationen. Die Kompetenzschwerpunkte liegen dabei in den Bereichen Strategisches Management und Innovation, Prozessmanagement und Organisation sowie Controlling und Finanzen. Horváth & Partners begleitet die Kunden von der betriebswirtschaftlichen Konzeption bis hin zur Realisierung und nachhaltigen Verankerung durch die Verbindung mit dem Steuerungssystem.

3.3.4   Risikomanagement

Wir leben heute in einer Welt, die sich stetig und rasch wandelt. Das politische und wirtschaftliche Umfeld eines Unternehmens verändert sich zunehmend häufiger und gravierender. Im Zeitalter der Globalisierung steigen die Anforderungen an Produkte und Technologien. Neue Konkurrenten verändern die bisherigen Marktgegebenheiten und neue Regulatorien und Gesetze schränken den eigenen Handlungsspielraum verstärkt ein. Zusätzlich muss man als Unternehmen widersprüchlichen Forderungen der Investoren nachkommen. Auf der einen Seite wird Kapitalsicherheit verlangt, auf der anderen Seite werden immer höhere Renditen gefordert. Sämtliche Systematiken mit welchen Unternehmen diesen Risiken begegnen, können allgemein unter dem Oberbegriff Risikomanagement zusammengefasst werden.

Unternehmen sehen die strukturierte und analytische Auseinandersetzung mit potentiellen Gefahren, also Risikomanagement, je länger je mehr als eine zentrale Managementaufgabe an, welche den Fortbestand und Erfolg des Unternehmens nachhaltig sicherstellt.. Innerhalb des Risikomanagements werden Risiken strukturiert identifiziert und nach deren potentiellem Schadensausmass und Eintrittswahrscheinlichkeit bewertet. Anschliessend werden geeignete Massnahmen getroffen, um die Risiken gezielt zu minimieren. Ein konstantes Monitoring stellt sicher, dass die Risiken und dazugehörigen Massnahmen in ihrer dynamischen Veränderung beobachtet werden. Abbildung 3-43 stellt den Risikomanagement-Prozess graphisch dar.

Seit der Einführung des KonTraG (Gesetz zur Kontrolle und Transparenz im Unternehmensbereich) im Jahr 1998 sind in Deutschland bestimmte Gesellschaftsformen wie beispielsweise Aktiengesellschaften in einem gewissen Maße sogar zum Risikomanagement verpflichtet: [188]

„Der Vorstand hat geeignete Maßnahmen zu treffen, insbesondere ein Überwachungssystem einzurichten, damit den Fortbestand der Gesellschaft gefährdende Entwicklungen früh erkannt werden."[189]

Auch in anderen Ländern bestehen seit einigen Jahren Gesetze, welche Unternehmen zum Aufbau eines Risikomanagements verpflichten. So wurden beispielsweise der Sarbannes Oxley Act (SOX) in den USA oder der Artikel OR663b in der Schweiz erlassen.[190]

---

188 vgl. Boutellier, R./Wagner, S., Risiken, 2005, S. 171 ff. und Wolke, T., Risikomanagement, 2008, S. 3 ff.
189 §91 Abs. 2 AktG
190 vgl. Boutellier, R./Barodte B./von Phulstein H., Der beste Schutz für Unternehmen, Harvard Business Manager, Juni 2007, S.10ff.

Abbildung 3-43: *Risikomanagementprozess*

vgl. Thommen, J.-P. / Achleitner, A.-K., Betriebswirtschaftslehre, 2006, S. 1015.

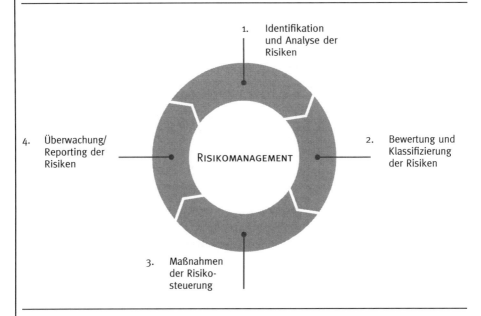

1. Identifikation und Analyse der Risiken

4. Überwachung/ Reporting der Risiken

RISIKOMANAGEMENT

2. Bewertung und Klassifizierung der Risiken

3. Maßnahmen der Risiko- steuerung

In der Praxis wird hierzu heute ein sogenanntes unternehmensweites Risikomanagement (Enterprise Risk Management) eingeführt, um sämtliche auf das Unternehmen einwirkende Risiken zu analysieren. In den letzten Jahren sind ebenfalls verschiedene Normen aufgekommen, welche eine sinnvolle Hilfestellung bei der Erarbeitung eines unternehmensweiten Risikomanagements bieten. Dabei sind insbesondere zwei Standards beziehungsweise Frameworks zu nennen:

■ *ISO 31000:2009, Riskmanagement - Principles and guidelines*

Die ISO 31000 Norm beschreibt Risikomanagement als eine Führungsaufgabe (nicht nur als Prozess) und schlägt einen Top-down-Ansatz vor. Generell ist sie eine allgemein gehaltene Basis-Norm.

■ *COSO ERM Enterprise Risk Management - Integrated Framework*

Das COSO ERM Framework gibt Hinweise zum Aufbau eines Risikomanagements und befasst sich den Aspekten „internes Kontrollumfeld", „Zielsetzung", „Ereignisidentifikation", „Risikobeurteilung", „Risikoreaktion", „Kontrollaktivitäten", „Information und Kommunikation" sowie „Monitoring".

Um die Risiken eines Unternehmens besser zu verstehen und kategorisieren zu können, werden häufig übergeordnete Risikogruppen gebildet und auf einzelne Bereiche, Abteilungen und Tätigkeiten heruntergebrochen.[191] Eine mögliche Aufteilung der Risiken ist nachfolgend exemplarisch dargestellt:

- **Strategische Risiken der Unternehmensumwelt**

  Umfassen Risiken aus den Bereichen Politik, Wirtschaft, Gesellschaft, Märkte, Technologie und Kunden.

- **Unternehmensbezogene Risiken**

  Risiken in den Bereichen Produktportfolio, Unternehmensrichtlinien, Aktionärsstruktur und Stakeholder.

- **F&E-Risiken**

  Risiken in Bezug auf technologische Anforderungen, Komplexität, Kosten oder Zeit.

- **Projektbezogene Risiken**

  Umfassen projektbezogen potenzielle Risiken in den Bereichen Zeit, Kosten, Qualität, Lieferanten, Logistik oder Kundenzufriedenheit.

- **Finanzbezogene Risiken**

  Risiken im Finanzbereich, wie Wechselkursschwankungen, steigende Kapitalkosten oder Gefährdung der Liquidität.

- **Arbeitsmarkt und organisationsbezogene Risiken**

  Dazu zählen Risiken im Hinblick auf das Halten bzw. das Einstellen wertvoller Mitarbeiter oder den Schutz von Patenten.

Heute ist im Bereich Risikomanagement ein weiterer Trend festzustellen: Unternehmen haben erkannt, dass Risiko lediglich die Unsicherheit des Eintretens zukünftiger Ereignisse beschreibt. Diese können jedoch nicht nur negativ, sondern auch positiv sein. Aus diesem Grund gehen Unternehmen heute verstärkt dazu über, sich neben dem Risikomanagement, im Sinne des Managements potenzieller negativer Ereignisse, auch mit dem Thema „Opportunity-Management", also dem systematischen Management von Chancen, auseinanderzusetzen.[192]

---

191 vgl. Thommen, J.-P. / Achleitner, A.-K., Betriebswirtschaftslehre, 2006, S. 1014 ff.
192 vgl. Junge, P., Opportunity, 2009, S. 4 f.

Praxisbeispiel: *Risikomanagement bei einem mittelständischen Schweizer Unternehmen aus dem Energiesektor*

Ausgangssituation

Schweizer Aktiengesellschaften sind, ähnlich wie deutsche, gesetzlich verpflichtet ein Risikomanagement zu unterhalten. Ein mittelständisches Unternehmen aus der Schweiz, tätig im Energiesektor, führte hierzu mit Hilfe der Beratungsfirma i-Risk GmbH (www.i-risk.ch) ein unternehmensweites Risikomanagement ein. Das Unternehmen entschied sich auf externe Unterstützung von Spezialisten zurückzugreifen, um einen effektiven und effizienten Projektablauf sicherzustellen und von den Erfahrungen eines Externen zu profitieren.

Vorgehen

Das Energieunternehmen entschied sich zum Ansatz der „grünen Wiese" und setzte das gesamte Risikomanagement neu auf. Dabei wurden in einem ersten Schritt mit ausgewählten Mitarbeitenden aus der erweiterten Geschäftsleitung Interviews geführt, um die aktuelle Risikosituation aufzunehmen. Hierzu wurde auf die „Bowtie-Methodik" zurückgegriffen, um Risikoszenarien strukturiert abzubilden. Alle Risiken fasste man daraufhin zu einem Risikokatalog zusammen. Dieser wurde mithilfe bestehender Risikolisten und der Expertise des externen Beraters auf Vollständigkeit und Schlüssigkeit überprüft und ergänzt. Nach Unterteilung des Risikokatalogs in verschiedene Unternehmensbereiche wurden die Risiken erneut von den Bereichsleitern auf deren Formulierung überarbeitet, um sicherzustellen, dass sie von jedem Mitarbeitenden gleich aufgefasst und anschließend bewertet werden können.

In einem Gruppenworkshop innerhalb der erweiterten Geschäftsleitung wurde der finale Risikokatalog diskutiert und verabschiedet. Jedem Risiko wurde dabei eine verbindliche Verantwortung zugeteilt (Risikoeigner). Im Anschluss bewertete jeder Workshop-Teilnehmende individuell und zunächst anonym, mithilfe einer IT-basierten Abstimmungssoftware, jedes Risiko nach Schadensausmaß in CHF, Eintrittswahrscheinlichkeit in % und Einfluss auf die Reputation (qualitativ). Die Bewertung fand gleichzeitig und anonym statt, damit eine gegenseitige Beeinflussung der Mitarbeitenden ausgeschlossen werden konnte. Die Ergebnisse der Bewertung wurden nur dann in der Gruppe diskutiert, wenn größere Abweichungen einzelner Werte auftraten. Wurde eine Risikobeschreibung falsch verstanden oder falsch eingeschätzt, konnten die Teilnehmenden ihre Bewertungen anschließend anpassen. Als Ergebnis der Risikobewertung wurde jeweils das arithmetische Mittel der individuellen Bewertung herangezogen und die drei erhaltenen Mittelwerte in zwei Matrizen dargestellt. Die Risikomatrix zeigt dabei den finanziellen Schaden eines Risikos in Verbindung mit der Eintrittswahrscheinlichkeit in %. In der Reputationsmatrix wird ersichtlich, wie Erwartungswert (Schadensausmaß x Eintrittswahrscheinlichkeit) und der Einfluss auf die Reputation miteinander zusammenhängen (siehe Abbildung).

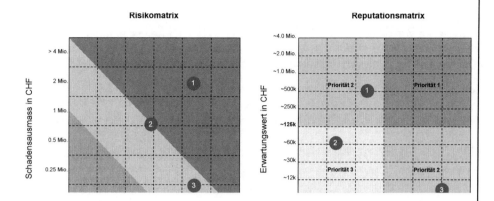

In einem weiteren Schritt fanden erneut Einzelinterviews mit den definierten Risikoeignern statt, bei denen jeweils laufende und mögliche neue Maßnahmen zur Reduktion der Risiken identifiziert wurden. Die entstandene Gesamtliste der Maßnahmen wurde innerhalb des zweiten Gruppenworkshops diskutiert und verabschiedet. Dabei wurde bestimmt, welche neu vorgeschlagenen Maßnahmen im nächsten Geschäftsjahr umgesetzt werden sollen und welche eine niedrige Priorität haben und somit erst später umgesetzt werden sollen. Eindeutig definierte Personen innerhalb des Unternehmens sind für die Umsetzung bestimmter Maßnahmen verantwortlich und berichten den Status regelmäßig an die Geschäftsleitung. Ein vordefinierter Prozess legt dabei den Zyklus und die Form der Berichterstattung fest. Eine regelmäßige Kontrolle der Risiken und eine fortlaufende Maßnahmenumsetzung sind somit gegeben und erleichtern den Überblick der Geschäftsleitung und des Verwaltungsrats über den Status der Unternehmensrisiken. Zusätzlich liefert eine individuell aufgesetzte Risikopolitik, die allen Mitarbeitenden der Firma vorgestellt wird, die Sicherheit, dass ein Risikobewusstsein im Unternehmen entsteht und die Erkenntnisse aus dem Risikomanagement tatsächlich gelebt werden.

Ergebnisse

Es hat sich gezeigt, dass es sinnvoll ist, eine größere Gruppe an Personen in den Risikomanagementprozess einzubinden. Sowohl bei der Risikoidentifikation als auch bei der Risikobewertung und Maßnahmendefinition werden durch den Einbezug mehrerer Mitarbeitenden präzisere Resultate erzielt.

Sowohl die Risiko- als auch Maßnahmenidentifikation basierend auf Einzelinterviews ermöglicht eine breite Themenabdeckung und schafft eine breite Analysebasis, auf welcher alle weiteren Schritte des Risikomanagements ruhen. Durch die Kombination von strukturierten und freien Interviews werden insbesondere die „unknown unknowns" reduziert.

Bei der Bewertung der Risiken eignet es sich auf eine Gruppenentscheidungsmethodik zurückzugreifen. Die Gruppe erzielt bei den Schätzungen für Schadensausmaß, Eintrittswahrscheinlichkeit und Einfluss auf die Reputation genauere Resultate als Einzelpersonen, sofern folgende drei Voraussetzungen eingehalten werden:

- *Heterogene Gruppenzusammensetzung*

  Heterogenität stellt sicher, dass die Abweichungen der einzelnen Schätzungen sich gegenseitig ausgleichen und verschiedene Meinungen über die Thematik kombiniert werden. Resultate werden verständlicher.[1]

- **Unabhängigkeit der Gruppenmitglieder**

  Unabhängige Gruppenmitglieder garantieren, dass die Gruppenmeinung nicht durch Diskussionen in eine bestimmte Richtung beeinflusst oder verschoben wird. Mitarbeiter derselben Hierarchiestufe sind untereinander unabhängiger als von Vorgesetzten.[2]

- **Unbeeinflusste Aggregation der Meinungen**

  Das arithmetische Mittel aller Einzelschätzungen wird errechnet. Es stellt das Ergebnis des Gruppenentscheidungsfindungsprozesses dar. Allen Meinungen wird dasselbe Gewicht beigemessen. Sie werden weder gewertet noch diskutiert. Übereinkommen und Kompromisse behindern die Unabhängigkeit und verursachen oft Beeinflussungen.[3]

Zusammenfassend hat man durch den Einbezug einer Vielzahl von Mitarbeitenden erreicht, dass das Thema Risikomanagement in zahlreichen Köpfen verankert wurde und somit eine Risikokultur im Unternehmen entstehen kann. Nur wenn man diesen wichtigen Schritt durchläuft, kann ein effektives und nachhaltiges Risikomanagementsystem aufgebaut werden.

---

1   vgl. ‚T Hart, P. / Stern, E. / Sundelius, B. (1997): Beyond Groupthink: Political Group Dynamics and Foreign Policy Making, Michigan University Press, Ann Arbor.

2   vgl. Asch, S. (1952): Effects of Group Pressure Upon the Modification and Distortion of Judgements, In Readings in Social Psychology, Guy Swanson, Theodore M. Newcomb, and Eugene L. Hartley, (edts.), Holt, Rinehart and Winston, New York.

3   vgl. Larrick, R. / Soll, J. (2003): Intuitions about Combining Opinions – Missappreciation of the Overaging Principle, INSEAD working paper 2003/09/TM.

Die in Zürich ansässige i-Risk GmbH (www.i-risk.ch) ist ein international tätiges Beratungsunternehmen spezialisiert auf Risikomanagement, Business Continuity Management und Strategieentwicklung. Die i-Risk GmbH berät sowohl namhafte Unternehmen als auch die öffentliche Hand.

Übungsaufgaben

Aufgabe 1: Was beschreibt das 7s-Modell von McKinsey und was ist dessen Kernaussage?

Aufgabe 2: Diskutieren Sie den Unterschied industrieökonomischer und ressourcenbasierter Ansätze zur Strategieformulierung.

Aufgabe 3: Skizzieren Sie den strategischen Planungsprozess und beschreiben Sie kurz die wesentlichen Aufgaben der einzelnen Phasen.

Aufgabe 4: Nennen Sie zwei Methoden zur Analyse der externen Unternehmensumwelt und beschreiben Sie diese.

Aufgabe 5: Beschreiben Sie die Branchenstrukturanalyse nach Porter.

Aufgabe 6: Was versteht man unter Markteintrittsbarrieren?

Aufgabe 7: Skizzieren Sie einen beispielhaften Produktlebenszyklus und benennen Sie die einzelnen Phasen. Welche Normstrategien sind in den einzelnen Phasen sinnvoll? Erläutern Sie den Zusamenhang mit der BCG-Matrix.

Aufgabe 8: Suchen Sie nach Beispielen für degenerierende Branchen bzw. Produkte.

Aufgabe 9: Diskutieren Sie den Begriff „Kernkompetenz".

Aufgabe 10: In Bezug auf den Untersuchungsgegenstand: Was ist der Hauptunterschied der beiden Dimensionen Strengths / Weaknesses und Opportunities / Threats?

Aufgabe 11: Erläutern Sie die generischen Wettbewerbsstrategien nach Porter. Was versteht man in diesem Zusammenhang unter „Stuck in the Middle?"

Aufgabe 12: „Discounter schaffen es, gute Qualität zu niedrigen Preisen anzubieten". Diskutieren Sie diese Aussage vor dem Hintergrund der Wettbewerbsstrategien nach Porter. Gehen Sie dabei auch auf die Marketinginstrumente ein.

Aufgabe 13: Der Pizzalieferdienst „Speed-Pizza" liefert außer Pizza auch noch Schnitzel, thailändische und chinesische Küche." Diskutieren Sie die Strategie des Lieferdienstes aus Marketingsicht.

Aufgabe 14: Was ist der Hauptvorteil der Balanced Scorecard gegenüber traditionellen Kennzahlensystemen?

Aufgabe 15: Was ist der Kerngedanke der „Blue-Ocean-Strategie"?

Aufgabe 16: Was versteht man unter einer Matrixorganisation?

Aufgabe 17:   Grenzen Sie die beiden Begriffe Job-Enrichment und Job-Enlargement voneinander ab.

Aufgabe 18:   Welches personalwirtschaftliche Modell sieht den Mitarbeiter als „Complex-Man"? Was verbirgt sich dahinter?

Aufgabe 19:   Skizzieren Sie die Bedürfnispyramide nach Maslow und benennen Sie die einzelnen Stufen.

Aufgabe 20:   „Marketing = Werbung!" Diskutieren Sie diese Aussage.

Aufgabe 21:   Nennen und beschreiben Sie fünf Konstrukte, die das Käuferverhalten in B2C-Märkten beeinflussen.

Aufgabe 22:   Erläutern Sie die Begriffe Buying- und Transaction-Center.

Aufgabe 23:   Was versteht man unter psychographischen Marketingzielen? Nennen Sie zwei Beispiele.

Aufgabe 24:   Was versteht man unter dem Betriff „Value-Proposition"?

Aufgabe 25:   Was versteht man unter Marktsegmentierung? Welche Marktsegmentierung kann ein Bierproduzent grundsätzlich vornehmen?

Aufgabe 26:   Welche Arten von Marktsegmentierungskriterien kennen Sie? Nennen Sie je ein Beispiel.

Aufgabe 27:   Diskutieren Sie den Begriff Positionierung.

Aufgabe 28:   Aus welchen Elementen setzt sich der Marketing-Mix zusammen. Beschreiben Sie diese.

Aufgabe 29:   Beschreiben Sie die Umsetzung des Marketing-Mix anhand eines Beispiels Ihrer Wahl.

Aufgabe 30:   Erläutern Sie die Begriffe Sortimentsbreite und Sortimentstiefe.

Aufgabe 31:   Was versteht man unter Preiselastizität?

Aufgabe 32:   Worin unterscheiden sich Penetrationspreis- und Skimminpreisstrategie?

Aufgabe 33:   Was versteht man unter Public Relations, was unter Werbung? Grenzen Sie die beiden Begriffe voneinander ab.

Aufgabe 34:   Skizzieren Sie das Diffusionsmodell der Markteinführung. Welche Phasen werden unterschieden?

Aufgabe 35:   Nennen und erläutern Sie je zwei Chancen und zwei Risiken der verschiedenen Markteintrittsstrategien.

Aufgabe 36:   „Controlling ist eine Managementaufgabe, in der der Controller dem Management als Sparringspartner dient." Diskutieren Sie diese Aufgabe in Bezug auf den Controllingprozess.

Case Study:	*M&A in der Automobilzuliefererbranche*
	Quelle: squeaker.net, Consulting, 2010, S. 230.

Auf einer dienstlichen Reise mit dem ICE von Köln nach Nürnberg werden Sie von einem Mann angesprochen. Es stellt sich heraus, dass dieser wegen des Logos Ihres Beratungsunternehmens auf einer Ihrer Unterlagen auf Sie aufmerksam geworden ist. Der Mann stellt sich Ihnen als Finanzvorstand (CFO) der Wälzlager KG vor, einem großen Familienunternehmen aus der Automobilzuliefererbranche. Er berichtet Ihnen weiter, dass er den Auftrag habe, sich nach geeigneten Akquisitionszielen innerhalb der Reifenbranche umzusehen, da hier aufgrund der aktuellen Marktlage einige attraktive Übernahmechancen erwartet werden. Dies wiederum gäbe der Wälzlager KG die Chance, über ihren Stammmarkt hinaus wachsen zu können und das eigene Geschäft ein Stück weit zu diversifizieren. Diese Chance wolle sich die Geschäftsleitung nicht entgehen lassen. Sie vereinbaren, sich kurze Zeit später im Hauptquartier des Unternehmens zu treffen, um das weitere Vorgehen zu besprechen.

Da es für Sie im Rahmen dieser Case Study unmöglich ist, alle Player im Reifenmarkt in Ihre Analysen mit einzubeziehen, beschränken wir uns im Weiteren auf die fünf wichtigsten Firmen im Markt (gemessen am Marktanteil). Dazu erhalten Sie von der Wälzlager KG folgende Informationen über besagte Unternehmen:

	1	2	3	4	5
Name:	Schmitz Reifen GmbH	Reifen Meier GmbH	Reifen AG	Tyres Ltd.	Mustermann Reifen KG
Umsatz in Mrd. €	12,5	6,3	23,9	45,1	8,8
EBITDA in Mrd. €	1,4	0,4	2,8	13,6	1,3
EBIT in Mrd. €	0,8	0,2	1,7	0,9	0,6
Gewinn in Mrd. €	0,4	0,1	0,5	0,9	0,3
Marktwert des Gesamtkapitals (GK) in Mrd. €	4,2	1,1		25,7	5,0
Marktwert des Eigenkapitals (EK) in Mrd. €	3,5	0,8		23,0	4,4
Marktanteil	8%	4%	15%	28%	5%

Frage 1: Wie würden Sie Ihre Vorgehensweise strukturieren?

Frage 2: Analysieren Sie die Situation des Reifenmarkts anhand eines geeigneten Frameworks.

Frage 3: Was sind wesentliche Fragestellungen, um ein Zielunternehmen zu analysieren?

Frage 4: Welche Methoden zur Bewertung des Unternehmenswertes eines Akquisitionszieles kennen Sie? Diskutieren Sie die Vor- und Nachteile.

Frage 5: Berechnen Sie folgende Multiples:
GK/Umsatz, GK/EBITDA, GK/EBIT, EK/Gewinn.

Frage 6: Wie viel wären Sie bereit für die Reifen AG zu bezahlen?

Frage 7: Was wäre Ihre Handlungsempfehlung?

Lösung

Die Aufgabenstellung klingt im ersten Moment recht umfangreich und eher abstrakt. Lassen Sie sich dadurch jedoch nicht verunsichern. Vielmehr sollten Sie versuchen, durch sinnvolle Analysen eine Lösung zu erarbeiten. Zu diesem Zweck bietet es sich an, zunächst Ihre Vorgehensweise zu strukturieren.

Schritt 1: Vorgehensweise

Bei diesem Case geht es zunächst darum, sich einen Überblick über den Reifenmarkt zu verschaffen. Anschließend sollten Sie diese Branche einer ersten Analyse unterziehen. Wenn Sie so ein mögliches Zielunternehmen (Target) identifizieren konnten, sollten Sie als nächstes die Vor- und Nachteile dieser Akquisition gegeneinander abwägen. Diese Schritte lassen sich am einfachsten im Rahmen einer Analyse anhand »Porter´s Five Forces« und der SWOT-Methode bearbeiten. In einem letzten Schritt sollten Sie nun durch eine kurze, indikative Unternehmensbewertung die Frage klären, welcher Kaufpreis für das Target gerechtfertigt ist. Mit Hilfe der so gewonnen Ergebnisse können Sie eine Handlungsempfehlung für den CFO der Wälzlager KG aussprechen.

Zusammenfassung der Struktur:

1. Marktanalyse – Identifizierung möglicher Targets (Porter)
2. Due Dilligence und Analyse des Targets (SWOT)
3. Ermittlung des Kaufpreises – Unternehmensbewertung
4. Handlungsempfehlung

Schritt 2: Analyse der Automobilzulieferbranche und des Reifenmarkts

Zunächst einmal ist die (gesamte) Automobilbranche eine große und für die deutsche Volkswirtschaft sehr wichtige Branche. Die Zulieferbranche ist jedoch recht stark fragmentiert: einige große Unternehmen sind in dem Markt tätig. Hinzu kommen noch zahlreiche kleine und mittelständische Firmen, darunter auch einige Weltmarktführer (sogenannte »Hidden Champions«). Ihr »Klient«, die Wälzlager KG, gehört zu den weltweit führenden Unternehmen im Bereich der Wälzlager. Im Rahmen Ihres »Beratungsauftrages« sollen Sie nun die Chancen und Risiken eines Einstieges der Wälzlager KG in den Reifenmarkt prüfen.

Schritt 3: Wettbewerbsanalyse - Identifizierung möglicher Targets

Mit den gegebenen Informationen können Sie die Wettbewerbsintensität und Attraktivität der Reifenbranche bewerten. Hierfür gibt es mit »Porter's Five Forces« ein gängiges Analysewerkzeug, das Sie an dieser Stelle zur Unterstützung der Strukturierung Ihres Lösungsansatzes anwenden können. Im Vordergrund steht dabei die ganzheitliche, systematische Betrachtung der Branche und nicht die Detailbewertung. Ein gesichertes Ergebnis der Analyse ist auf Basis dieser Informationen nicht wirklich lieferbar. Daher bietet es sich an, zumindest darauf hinzuweisen, welche Fragen zu stellen wären und wie Sie die Analyse strukturieren würden. Hier sind bewusst nur beispielhaft einige mögliche Fragen und Antworten dargestellt.

- *Rivalität in der Branche*

  Aufgrund der Ihnen zur Verfügung stehenden Daten sollten Sie als erstes die Anzahl und Marktmacht der Wettbewerber untersuchen. Eine Abschätzung der Konzentrationsrate gibt hier bereits eine gute Basis für die Bewertung. Diese ist definiert als der kumulierte Marktanteil der größten Unternehmen am Markt und ergibt sich hier zu 60% (8% + 4% + 15% + 28% + 5%). Dies entspricht einer mittleren Konzentration.

- *Verhandlungsmacht der Lieferanten / Verhandlungsmacht der Kunden*

  Nun sollten Sie kurz die Verhandlungsmacht der Lieferanten analysieren. Da Sie jedoch anhand der Ihnen zur Verfügung stehenden Informationen nicht viel zu diesem Punkt sagen können, bietet es sich an, ihn gemeinsam mit dem nächsten Punkt – Verhandlungsmacht der Kunden – zu untersuchen.

  Eine wichtige Besonderheit in der gesamten Automobilbranche (und somit auch für den Reifenmarkt) besteht in der Just-in-Time-Lieferung der Teile. Dies bezieht sich sowohl auf die Lieferanten als auch auf die Kunden und setzt daher auf beiden Seiten eine enge Verknüpfung voraus. Die daraus zwangsläufig resultierende Abhängigkeit birgt ein gewisses Erpressungspotenzial in sich.

Da Sie in diesem konkreten Fall jedoch nicht genug über die Strukturen der jeweiligen Beschaffungs- und Absatzmärkte wissen, können Sie es bei dieser Feststellung belassen und sich auf den nächsten Punkt konzentrieren.

- **Bedrohung durch neue Marktteilnehmer**

  Als nächstes gilt es, das Ausmaß der Bedrohung durch neue Marktteilnehmer zu bewerten. Hier könnten Sie beispielsweise ausführen, dass die langjährig gewachsenen Strukturen und die bereits oben beschriebenen Abhängigkeiten zwischen den Zulieferern und Herstellern als Eintrittsbarrieren fungieren und so schnellen Neueintritten entgegenwirken.

- **Bedrohung durch Substitute**

  Eine weitere Bedrohung besteht durch Substitute. Dies sind allgemein Produkte, die das Potenzial aufweisen, das bestehende Produkt physisch oder in seiner Funktion zu ersetzen. Aufgrund der kapitalintensiven und hochtechnologisierten Produktionssituation ist hier allerdings – zumindest mittelfristig – nicht damit zu rechnen, dass ein solches Produkt erfolgreich am Markt etabliert werden könnte. Langfristig gesehen, ist es wegen der stetigen Forschung und Entwicklung in der Automobilbranche als Ganzes zwar nicht ausgeschlossen, dass neue, innovative Technologien die heutigen ersetzen, jedoch ist eine solche Entwicklung im Falle der Reifen zum jetzigen Zeitpunkt noch in keinster Weise absehbar. Folglich können Sie festhalten, dass das Risiko aus Substituten als sehr gering einzustufen ist.

Ergebnis der Marktanalyse

Um die Analyse abschließen zu können, sollten Sie noch eine Reihe von grundsätzlichen Daten wie Marktgröße, Marktwachstum und Zukunftsperspektiven betrachten. Da Sie in diesem Case nur die grundsätzliche Vorgehensweise aufzeigen sollen, nicht aber zu einer abschließenden Bewertung kommen können, ist es ausreichend an dieser Stelle davon auszugehen, dass die Wälzlager AG die Analyse durchgeführt hat und zu einem positiven Ergebnis gekommen ist.

Schritt 4: Due Dilligence und SWOT-Analyse des Targets

Im nächsten Schritt gilt es nun ein konkretes Target zu bestimmen und einerseits dessen spezifische Stärken und Schwächen sowie andererseits die Chancen und Bedrohungen, die aus der Übernahme entstehen könnten, herauszuarbeiten und gegeneinander abzuwägen (SWOT-Analyse). Dieser Prozess findet in der Realität im Rahmen einer sogenannten »Due Dilligence« statt. Der Due Dilligence-Prozess wird oft von Management-Beratungen begleitet. Als wesentliche Fragestellungen im Rahmen einer SWOT-Analyse sind hier beispielhaft einige Bereiche genannt:

Allgemein

- ➲ Industrie / Branche
- ➲ Position im Produktlebenszyklus
- ➲ Strategie

Kundenanalyse

- ➲ Größe der Kunden
- ➲ Umsatzkonzentration auf einzelne Kunden (ABC-Analyse)
- ➲ Geographische Verteilung
- ➲ Wachstum der Kunden
- ➲ Distributionsstufen
- ➲ Marktstellung
- ➲ Synergiepotenziale

Produkte und Produktion

- ➲ Technologische Alleinstellungsmerkmale / Patente
- ➲ Effizienz der Produktionsprozesse
- ➲ Kostenvorteile
- ➲ Produktportfolio
- ➲ Produktionsstätten
- ➲ Synergiepotenziale
- ➲ Wertschöpfungstiefe

Finanzen

- ➲ Umsatzrendite
- ➲ Cash-Flow-Prognose
- ➲ Operative Margen
- ➲ Aktionärsstruktur
- ➲ Debt to Equity Ratio
- ➲ Umsatzwachstum relativ zum Marktwachstum

Mitarbeiter

- ➲ Anzahl
- ➲ Management
- ➲ Know-how
- ➲ Synergie-Potenziale

Schritt 5: Unternehmensbewertung der Reifen AG

Um einen angemessenen Kaufpreis zu bestimmen, müssen Sie nun also eine Bewertung der Reifen AG durchführen. Wichtig sind dabei vor allem das Discounted-Cash-Flow (DCF)-Verfahren sowie das Multiplikatorverfahren (bzw. »Multiples«-Verfahren), das man anhand vergleichbarer Unternehmen oder auch vergleichbarer Transaktionen durchführen kann. Demgegenüber ist die Durchführung einer DCF-Rechnung zwar genauer, erfordert aber wesentlich mehr (und eben detailliertere) Informationen. In der Praxis wird der »wahre« Unternehmenswert bei Existenz von ausreichendem Datenmaterial fast ausschließlich durch eine Kombination beider Verfahren ermittelt.

Bewertung durch das Multiplikatoren-Verfahren

Da uns keine Informationen über vergleichbare Transaktionen und nicht genügend Daten für eine DCF-Bewertung zur Verfügung stehen, führen wir eine relative Marktbewertung auf Basis vergleichbarer Unternehmen durch. Die Identifikation einer in allen Belangen möglichst homogenen Vergleichsgruppe ist dabei der wichtigste Schritt bei der Unternehmensbewertung mit Multiples. Hierzu werden ähnliche Faktoren wie in der SWOT-Analyse angewendet, die sich meist ganz grob in finanzielle und operative Kriterien aufteilen lassen. Wir gehen jetzt davon aus, dass wir dies schon gemacht hätten und übernehmen vereinfachend die genannten Übernahmekandidaten als unsere Peer Group.

Auf Ihre Nachfrage legt Ihnen Ihr Gesprächspartner eine Tabelle mit den folgenden Daten aus den Gewinn- und Verlustrechnungen der Vergleichsunternehmen vor und bittet Sie anhand dieser Daten zunächst die Bewertung der Reifen AG durchzuführen. (In der Tabelle ist GK = Marktwert des Gesamtkapitals; und EK = Marktwert des Eigenkapitals)

Ermittlung der Multiples für die Peer Group

Der Median berechnet sich hier (wegen der geraden Anzahl der Vergleichsunternehmen) als der Mittelwert der beiden mittleren Werte. Beispiel EBIT-Multiple: die beiden mittleren Werte sind 5,5 und 8,3; der Mittelwert ergibt sich also zu 6,9 = (5,5 + 8,3) / 2). Da der Median resistent gegen Ausreißer nach oben und unten ist, stellt er bei der Bewertung mit Multiples die einzig relevante Verdichtungsmethode dar.

Bewertung der Reifen AG

Mithilfe des Peer-Group-Vergleiches und entsprechenden Daten der Reifen AG, lässt sich nun exemplarisch die Reifen AG bewerten:

So ergibt sich eine Bewertungsspanne für den Unternehmensgesamtwert von 8,1 bis 12,0 Mrd. Euro bzw. von 2,6 bis 6,5 Mrd. Euro für den Wert des Eigenkapitals.

	Umsatz in Mrd. €	EBITDA in Mrd. €	EBIT in Mrd. €	Gewinn in Mrd. €
Reifen AG	23,9	2,8	1,7	0,5
x Multiple (Median)	0,5	2,9	6,9	11,8
- Nettofinanzverbindlichkeiten (Reifen AG)	5,5	5,5	5,5	
Marktwert des Eigenkapitals	6,5	2,6	6,2	5,9

Der maximale Wert der Reifen AG beträgt demnach 12 Milliarden Euro, was gleichzeitig die maximale Zahlungsbereitschaft darstellt.

Schritt 6: Fazit und Handlungsempfehlung

In der obigen Analyse wurde die Option einer Übernahme der Reifen AG betrachtet. Solange der Kaufpreis sich in der von Ihnen bestimmten Spanne befindet und die Risiken (beispielsweise aus dem Konjunkturverlauf und der SWOT-Analyse) im Auge behalten werden, könnte sich diese Akquisition als sinnvoll für Ihren »Klienten« erweisen.

Dieses Praxisbeispiel basiert auf dem Buch „Das Insider-Dossier: Consulting Case-Training - 30 Übungscases für die Bewerbung in der Unternehmensberatung" von squeaker.net. Die Bewerbungs- und Karriere-Bücher aus der Insider-Dossier-Reihe sind unter squeaker.net/insider erhältlich. Als Leser des Buches „BWL für Ingenieure" lädt squeaker.net Sie ein, Mitglied im Online-Karrierenetzwerk zu werden. Auf squeaker.net finden Sie zusätzliches Insider-Wissen zu den Büchern. Dazu gehören Brainteaser-Aufgaben aus dem Bewerbungsverfahren bei Unternehmensberatungen, Erfahrungsberichte über Hochschulen, Unternehmen und Gehälter sowie Termine und Fristen für aktuelle Karriere-Events. **Ihr Zugangscode: BWLFI2012. Einfach eingeben unter: squeaker.net/einladung**.

Case Study: *After-Sales Marketing im Autohandel*
Quelle: Veact GmbH

Sie wurden von einem unabhängigen Dienstleister beauftragt die Wichtigkeit des After-Sales Marketing für den Automobilhandel zu beurteilen. Zu diesem Zweck führen Sie im Handel eine markenübergreifende Studie durch. Nachfolgend sehen Sie die Ergebnisse Ihrer Umfrage (alle Zahlen sind absolute Rückläufe). Welche Rückschlüsse würden Sie ziehen?

1. Wie wichtig ist das Thema After-Sales-Marketing aus Ihrer Sicht?					
Messwert	1	2	3	4	5
Antworten	59	19	5	1	4
Skala von 1 - sehr wichtig bis 5 - unbedeutend					

2. Werden in Ihrem Unternehmen regelmäßig Auswertungen von After-Sales-Kampagnen durchgeführt?	
Ja	51
Nein	44

3. Welche Instrumente verwenden Sie zu Erfolgsauswertung?	Nie	Vereinz.	Regelm.
MS Excel oder vergleichbare Software	6	12	23
Befragung der Mitarbeiter	6	20	16
Auswertungsfunktion im Dealer Management System	10	12	21
Von Herstellern bereitgestellte Auswertungsinstrumente	12	12	20
Von unabhängigen Dienstleistern entwickelte Auswertungsinstrumente	26	12	3

4. Weshalb wird in Ihrem Unternehmen keine Erfolgsauswertung durchgeführt?	
Kein Auswertungsprogramm vorhanden	23
Zu aufwendig	21
Keine qualifizierten Mitarbeiter	10
Andere Option	7
Zu teuer	6

5. Wer führt die After-Sales-Erfolgsauswertung in Ihrem Unternehmen durch?	
After-Sales Bereich, z.B. der Teilevertriebsleiter	23
Marketingabteilung	21
Unterstützung durch den Hersteller	11
Controller	11

4 Leistungserstellung

4.1 Materialwirtschaft

In produzierenden Industriebetrieben kommt der Sicherstellung des Material-
flusses eine große Bedeutung zu. Diesen zu gewährleisten, ist Aufgabe der
Materialwirtschaft, die sich aus dem vier Teilbereichen Materialverwaltung,
-beschaffung, -verteilung und - entsorgung zusammensetzt. Dabei verfolgt die
Materialwirtschaft Kosten-, Zeit- und Ergebnisziele. Kosten müssen in allen Bereichen der Materialwirtschaft minimiert werden, Termine müssen eingehalten
und Durchlaufzeiten optimiert werden. Hinsichtlich der Ergebnisziele gilt es,
die Lieferbereitschaft unter Einhaltung der Qualitätsvorgaben sicherzustellen
und die Empfänger zur richtigen Zeit am richtigen Ort, mit der richtigen Menge
der richtigen Güter zu versorgen (4Rs).[193] Abbildung 4-1 stellt die Verantwortungsbereiche der Materialwirtschaft grafisch dar.

Abbildung 4-1: *Aufgaben der Materialwirtschaft*

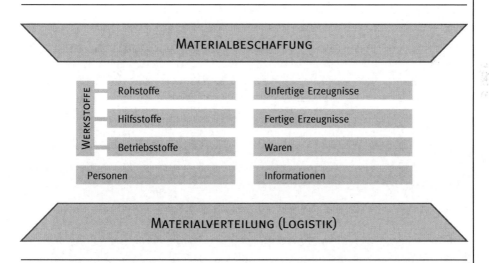

Zu den Aufgaben der Beschaffung zählt neben der Beschaffung von Material
auch die Beschaffung von Informationen. Die Logistik befasst sich zusätzlich

---

193 vgl. Oeldorf, G. / Olfert, K., Materialwirtschaft, 2008, S. 21 ff.

zur traditionellen Materiallogistik auch mit der Logistik von personellen Ressourcen (Personallogistik). Die Materialien (Werkstoffe), mit denen sich die Materialwirtschaft befasst, werden in der Betriebswirtschaftslehre üblicherweise in Roh-, Hilfs- und Betriebsstoffe gegliedert:[194]

- *Rohstoffe* gehen bei der Produktion als wert- oder mengenmäßige Hauptbestandteile in die Erzeugnisse von Unternehmen ein. Unter Rohstoffen werden dabei heute nicht mehr nur rohe Stoffe wie Eisen oder Stahl, sondern auch Zwischenprodukte wie Bleche oder gar ganze Komponenten, wie beispielsweise Motoren, verstanden, sofern diese als Hauptbestandteil in das fertige Produkt eingehen.

- *Hilfsstoffe* gehen als wert- und mengenmäßige Nebenbestandteile in die Erzeugnisse von Unternehmen ein. Beispiele für Hilfsstoffe sind Lacke oder Klebsstoffe.

- *Betriebsstoffe* gehen nicht direkt in das Erzeugnis ein, werden aber zu dessen Produktion benötigt und im Zuge der Produktion verbraucht. Beispiele für Betriebsstoffe sind Schmiermittel oder Energie.

4.1.1 Materialbeschaffung

Die zentrale Aufgabe der Materialbeschaffung ist es, Unternehmen bedarfsberecht mit allen Gütern zu versorgen, die für die betriebliche Leistungserstellung benötigt werden. Angetrieben durch den Trend reduzierter Produktionstiefen, bei dem heute vermehrt Zwischenprodukte in Form ganzer Komponenten und Teilprodukte zugekauft werden, hat sich die Bedeutung der Beschaffungsaufgabe in den letzten Jahren zunehmend vergrößert. In der betrieblichen Praxis wird der Begriff Einkauf häufig synonym für den Begriff Beschaffung verwendet. Die Beschaffungsaufgabe lässt sich übergeordnet in die Teilbereiche strategische und operative Beschaffung gliedern.

Im Rahmen der strategischen Beschaffung müssen Unternehmen zunächst definieren, welche Güter zugekauft und welche selbst produziert werden (Make-or-buy-Entscheidung). Diese Entscheidung hängt vor allem von den Dimensionen Kernkompetenzen und Differenzierungspotenzial ab. Unternehmen tendieren heute verstärkt dazu die Produktionstiefe zu verringern und die Eigenproduktion auf diejenigen Güter zu konzentrieren, bei denen sie, bedingt durch ihre Kernkompetenzen, ein mögliches Differenzierungspotenzial zum Wettbewerb sehen. Am Beispiel eines Automobilherstellers lässt sich dies leicht verdeutli-

---

194 vgl. Vahs, D./Schäfer-Kunz, J., Betriebswirtschaftslehre, 2007, S. 464 ff.

chen: Während die Motorenproduktion bei den meisten Automobilherstellern als Kernkompetenz gesehen wird und Motoren daher selbst entwickelt und gefertigt werden, werden beispielsweise Faltdächer für Cabriolets zumeist von spezialisierten Lieferanten gefertigt und zugekauft. Zusätzlich zu Kompetenzen und Differenzierungspotenzialen spielen auch Kosten und Risikoabwägungen im Zusammenhang mit strategischen Beschaffungsentscheidungen eine entscheidende Rolle. Die Auslagerung von bestimmten Produktionsschritten und der Zukauf der damit verbundenen Produkte hat eine Risikoverschiebung zu Gunsten des auslagernden Unternehmens zu Folge, da Absatzschwankungen und Entwicklungskosten in diesem Fall nicht vom auslagernden Unternehmen, sondern vom Lieferanten getragen werden müssen. Im Bezug auf die Kosten werden Güter im Allgemeinen nur dann zugekauft, wenn der Einkauf der Güter kostengünstiger ist als die Eigenherstellung. Entscheidet sich ein Unternehmen, bestimmte Güter von Zulieferern zu beziehen, also außerhalb des Unternehmens zu beschaffen, spricht man in der Betriebswirtschaftslehre von Outsourcing. Im Gegensatz dazu spricht man bei im Falle der Eigenproduktion, also beim Bezug von Gütern von innerhalb des Unternehmens, vom Insourcing. Hat sich ein Unternehmen dafür eintschieden, bestimmte Güter zuzukaufen ergeben sich eine Reihe weiterer Entscheidungsmöglichkeiten:[195]

- **System- vs. Component-Sourcing**

  Beim Component-Sourcing werden einzelne Komponenten, wie beispielsweise Schrauben oder Stoffe, zugekauft. Im Gegensatz dazu, werden beim System-Sourcing oder Modular-Sourcing ganze Teilsysteme, wie beispielsweise oben genannte Faltdächer oder Bremssysteme, zugekauft.

- **Single- vs. Multiple-Sourcing**

  Single-Sourcing beschreibt den Zukauf von Gütern von einem einzigen Lieferanten. Um Beschaffungsrisiken zu minimieren, versuchen Unternehmen in den meisten Fällen über mehrere Lieferanten für ein Bauteil oder ein Teilsystem zu verfügen. In diesem Fall spricht man in der Betriebswirtschaftslehre vom multiple sourcing.

- **Global- vs. Domestic-Sourcing**

  In Abhängigkeit des Standortes des Lieferanten unterscheidet man Global- und Domestic-Sourcing. Befinden sich die Zulieferer ausschließlich im Inland, spricht man von Domestic-Sourcing. Bezieht ein Unternehmen seine Güter von internationalen Lieferanten spricht man von Global-Sourcing.

---

195 vgl. Vahs, D./Schäfer-Kunz, J., Betriebswirtschaftslehre, 2007, S. 471 ff.

Die operative Beschaffung umfasst die Bedarfs- und die Bestandsplanung. Während im Rahmen der Bedarfsplanung für alle zu beschaffenden Güter die benötigten Mengen und Bedarfszeitpunkte ermittelt werden, wird im Rahmen der Bestandsplanung versucht, die Lagerhaltung von Gütern so zu optimieren, dass einerseits Fehlmengen vermieden und die Produktionskontinuität sichergestellt und andererseits die Lagerkosten minimiert werden. Die Beschaffungsaufgabe setzt sich daher im Allgemeinen aus drei Schritten zusammen: Ermittlung des erforderlichen Materialbedarfs, Ermittlung des gegenwärtigen/ erforderlichen Materialbestands und Materialbeschaffung. (vgl. Abb. 4-2).[196]

Abbildung 4-2: *Materialbeschaffungsprozess*

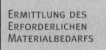

ERMITTLUNG DES ERFORDERLICHEN MATERIALBEDARFS → ERMITTLUNG DES GEGENWÄRTIGEN/ ERFORDERLICHEN MATERIALBESTANDS → MATERIAL-BESCHAFFUNG

4.1.1.1 Ermittlung des Materialbedarfs

Der Materialbedarf beschreibt allgemein die Arten und Mengen des Materials, die zu einem bestimmten Zeitpunkt an einem bestimmten Ort bereitgestellt werden müssen. Wird eine zu geringe Materialmenge beschafft, führt dies zu Störungen in der Produktion. Die Beschaffung einer zu hohen Materialmenge kann beträchtliche Zins- und Lagerkosten nach sich ziehen. Vor diesem Hintergrund besteht die Aufgabe der Materialbedarfsplanung aus der Ermittlung und Optimierung des Beschaffungszeitpunktes und der Beschaffungsmenge.[197] In der betrieblichen Praxis werden drei verschiedene Bedarfsarten unterschieden: Primärbedarf, Sekundärbedarf und Tertiärbedarf. Diese können jeweils in Brutto- und Nettobedarf unterteilt werden (vgl. Abb. 4-3). Die Bedarfsplanung kann mit Hifle verschiedener Methoden deterministisch, stochastisch oder mit Hilfe von Schätzverfahren erfolgen:

■ *Deterministische Bedarfsplanung*

   Bei der deterministischen oder programmgebundenen Bedarfsplanung, werden die Bedarfe aus vorhandenen Kundenaufträgen und/oder Auftragsprognosen abgeleitet. Die Ermittlung der Bedarfe erfolgt dabei anhand von

---

196 vgl. Oeldorf, G./Olfert, K., Materialwirtschaft, 2008, S. 24.
197 vgl. Hirschsteiner, G., Materialwirtschaft, 2006, 84 ff.

Abbildung 4-3: *Materialbedarfsarten*

vgl. Hirschsteiner, G., Materialwirtschaft, 2006, 85.

BEGRIFF	PRIMÄR-BEDARF	SEKUNDÄR-BEDARF	TERTIÄR-BEDARF	BRUTTO-BEDARF	NETTO-BEDARF
BESCHREI-BUNG	Markt- und verkehrsfähige Produkte	Material zur Herstellung des Primärbedarfs	verbrauchs-abhängige Betriebsmittel und Werkstoffe	Materialbedarf ohne Berück-sichtigung von Vorräten und Bestellungen	Materialbedarf nach Abzug von Vorräten und Bestellungen
BEISPIELE	Erzeugnisse, Zubehör, Ersatz-teile, Waren	Rohstoffe, Halbzeuge, Komponenten, Baugruppen, Systeme	Verschleiß-werkzeuge, Ver-brauchsmaterial, Schmiermittel	Rohstoffe, Halbzeuge, Komponenten, Baugruppen, Systeme	Rohstoffe, Halbzeuge, Komponenten, Baugruppen, Systeme
ERFASSUNG	aus Programmen und Aufträgen	aus Stücklisten und Rezepten	aus Fertigungs-vorschriften und -verfahren	aus Sekundär-bedarf	aus Sekundärbe-darf, Material-bestand und Bestellbestand

---

Stücklisten und Rezepten. Stücklisten sind Verzeichnisse, in denen beschrieben wird, aus welchen Baugruppen und Einzelteilen sich ein Erzeugnis zusammen setzt. Rezepte sind in ihrer Funktion identisch zu Stücklisten, beziehen sich allerdings nicht auf Stückgüter sondern auf Flüssigkeiten und Gase und beschreiben deren gewichts- und mengenmäßige Zusammensetzung.

■ *Stochastische Bedarfsermittlung*

Bei der stochastischen Bedarfsermittlung werden künftige Materialbedarfe anhand von vergangenheitsbezogenen Daten ermittelt. Verschiedene mathematische Methoden lassen auf diese Weise je nach Bedarfsverlauf (konstant, trendförmig oder saisonal) mehr oder weniger gute Bedarfsprognosen zu.

Im Zuge der Materialbedarfsplanung stellen sich Unternehmen heute fortwährend auch die Frage nach Rationalisierungspotenzialen. In diesem Zusammenhang spielen vor allem Standardisierungsmaßnahmen sowie Materialanalysen eine besondere Rolle:[198]

---

198 vgl. Oeldorf, G./Olfert, K., Materialwirtschaft, 2008, S. 91 ff.

■ *Materialstandardisierung*

Standardisierung bedeutet im eigentlichen Wortsinn eine Vereinheitlichung von Maßen, Typen oder Verfahrensweisen mit dem Ziel Einsparpotentiale bei Entwicklungs-, Produktions- und Lagerkosten zu heben. Ein Beispiel für eine Standardisierungsmaßnahme wäre der Einsatz gleicher Blinkerhebel in verschiedenen Modellserien eines Automobilherstellers.

■ *Materialanalysen*

Materialanalysen untersuchen die Charakteristika der benötigten und zu beschaffenden Materialien, z. B. nach Wert oder Vorhersagbarkeit des Bedarfs. In diesem Zusammenhang spielen vor allem die ABC- und die XYZ-Analyse eine wichtige Rolle:[199]

➲ *ABC-Analyse*

Menge und Wert der Input-Güter stehen erfahrungsgemäß in einem bestimmten Verhältnis. Die ABC-Analyse unterteilt zu beschaffende Güter daher in drei Klassen: A, B und C. Für industrielle Unternehmen gilt meist folgende Verteilung:

- A-Güter haben einen Wertanteil von 80 % des Bestellvolumens, machen aber nur 15 % der Bestellmenge aus.
- B-Güter haben einen Wertanteil von 15 % des Bestellvolumens und machen dabei 35 % der Bestellmenge aus.
- C-Güter haben einen Wertanteil von nur 5 % des Bestellvolumens, machen aber 50 % der Bestellmenge aus.

Die ABC-Analyse kann helfen, Wesentliches von Unwesentlichem zu trennen und die Effizienz von Rationalisierungsmaßnahmen zu steigern, indem Schwerpunkte gezielt auf A-Güter gelegt werden.

➲ *XYZ-Analyse*

Einzeln angewendet oder mit der ABC-Analyse kombiliert, kann die XYZ-Analyse dabei helfen, Bestellmengen zu optimieren in dem Input-Güter bezüglich ihrer Umsatzregelmäßigkeit (Verbrauch und dessen Vorhersagbarkeit) klassifiziert werden:

- X-Güter: relativ konstanter Verbrauch, Schwankungen sind selten (sehr gut vorhersagbar)
- Y-Güter: stärkere, meist trendförmige oder saisonale Schwankungen im Verbrauch (gut vorhersagbar)
- Z-Güter: völlig unregelmäßiger Verbrauch (kaum vorhersagbar)

---

199 vgl. Oeldorf, G. / Olfert, K., Materialwirtschaft, 2008, S. 102 ff.

Unabhängig von den oben genannten internen Rationalisierungspotenzialen suchen Unternehmen auch fortwährend nach externen Rationalisierungsoptionen. Zu diesen zählen beispielsweise Make-or-Buy-Betrachtungen oder Analysen von Material- und Lieferantenalternativen.

4.1.1.2 Ermittlung des Materialbestands

Mengen und Zeitpunkte der Beschaffung von Materialien hängen nicht nur vom Bedarf der Produktion bzw. der Auftragslage, sondern in gleichem Maße von der Höhe der noch im Unternehmen vorhandenen Bestände ab. Zu diesen zählen nicht nur aktuelle Lagerbestände, sondern auch bereits bestellte Materialien, die zum Bedarfszeitpunkt verfügbar sein werden. Die Ermittlung des Materialbestands erfolgt in drei Phasen (vgl. Abb. 4-4).[200]

- **Bestandsplanung**

  Ziel der Bestandsplanung ist es, das Vorhandensein der erforderlichen Mengen an Materialien (Bestände) sicherzustellen. Dabei werden drei verschiedene Bestandsarten unterschieden:

  - *Lagerbestand*
    = zum Zeitpunkt der Betrachtung physisch im Lager
  - *Verfügbarer Bestand*
    = Lagerbestand - Vormerkungen + Offene Bestellungen
  - *Sicherheitsbestand*
    = Mindestbestand (Puffer)
  - *Meldebestand*
    = der Bestand, bei dem eine Nachbestellung ausgelöst wird
  - *Höchstbestand*
    = maximaler Lagerbestand zur Vorbeugung unnötigen Kapitalbindung

- **Bestandsführung**

  Aufgabe der Bestandsführung ist die Feststellung des Materialbestands. Wichtigste Methode ist in diesem Zusammenhang die Inventur. Nach § 240 HGB ist jeder Kaufmann verpflichtet, zum Schluss jedes Geschäftsjahres ein Inventar aufzustellen, in dem alle Materialien mengen- und wertmäßig erfasst werden. Dazu bietet der Gesetzgeber zwei Möglichkeiten: Stichtagsinventur (physische Erfassung des gesamten Materialbestands bzw. einer repräsentativen Stichprobe durch Zählen) oder permante Inventur (durch permanente Erfassung und Dokumentation aller Materialzu- und abgänge

---

200 zur Ermittlung des Materialbestands vgl. Oeldorf, G. / Olfert, K., Materialwirtschaft, 2008, S. 174 ff.

Abbildung 4-4: *Ermittlung des Materialbestands*

während des Geschäftsjahres). Im Hinblick auf die wertmäßige Erfassung gilt es, im Rahmen der gesetzlichen Möglichkeiten Wertveränderungen von eingelagerten Erzeugnissen und Materialien zu dokumentieren.

■ *Bestandüberwachung*

Die Bestandsüberwachung hat im Wesentlichen drei Hauptaufgaben: Zunächst gilt es, den Materialeingang inklusive Qualitätskontrollen, Rechnungsprüfung und buchhalterischer Erfassung der eingegangenen Materialien sicherzustellen. Auch die Überwachung und Dokumentation der Materialentnahmen ist Aufgabe der Bestandsüberwachung. Letzte und nicht minder wichtige Aufgabe ist die Sicherstellung der Verfügbarkeit von Materialien duch eine kennzahlenbasierte Planung.

4.1.1.3 Materialbeschaffung

Aufgabe der Materialbeschaffung ist es, den Materialbedarf zu decken, welcher nicht bereits bestellt oder im Lager verfügbar ist. Die Beschaffung der benötigten Materialien kann in diesem Zusammenhang sowohl innerbetrieblich (durch Eigenherstellung) oder außerbetrieblich (durch Lieferanten) erfolgen. Die Beschaffung von Materialien folgt im Regelfall einem dreistufigen Prozess (vgl. Abb. 4-5).

■ *Beschaffungsplanung*

Beschaffungsmärkte unterliegen heute einem raschen Wandel. Aus diesem Grund müssen Unternehmen relevante Beschaffungsmärkte regelmäßig im Hinblick auf Marktentwicklungen, Technologien, Produkte, Lieferanten, Preise und Qualität untersuchen. Anschließend gilt es, eine kosten- und qualitätsoptimale Beschaffungsplanung zu erarbeiten. Dazu wird produktindividuell eine Beschaffungsstrategie festgelegt. In dieser werden neben grundlegenden Beschaffungsprinzipien wie Einzelbeschaffung, Vorratsbeschaffung oder fertigungssynchron der Beschaffung (just-in-time Beschaffung) auch Beschaffungswege, -termine und -mengen definiert.

Abbildung 4-5: *Materialbeschaffungsprozess*

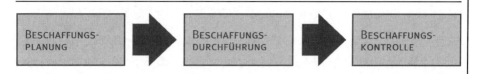

- **Beschaffungsdurchführung**

  Die Durchführung der Beschaffung ist eine operative Tätigkeit, die mit der Auswahl in Frage kommender Lieferanten beginnt. Diese werden zunächst anhand verschiedener Kriterien, wie beispielsweise technologischer Kompetenz, Qualität oder Liefertreue, bewertet. Nachdem auf diese Weise potenzielle Lieferanten gefunden wurden, werden diese aufgefordert ein Angebot für die entsprechende Bestellung abzugeben. Im nächsten Schritt werden die Angebote dann technisch und kommerziell geprüft. Zuletzt wird dann das Angebot, welches das beste Verhältnis aus Preis und Leistung bietet, ausgewählt und die Bestellung platziert.

- **Beschaffungskontrolle**

  Der letzte Schritt des Beschaffungsprozesses ist die Kontrolle der Beschaffung hinsichtlich Mengen, Terminen und Kosten. Dazu werden die tatsächlich entstandenen Kosten mit geplanten Kosten, Preisen vergangener Perioden und durchschnittlichen Marktpreisen verglichen. Liefertermine und -mengen werden mit Blick auf die vereinbarten Konditionen überprüft. Weichen Lieferanten häufig von den vereinbarten Konditionen ab, hat dies im Regelfall eine negative Auswirkung auf die firmeninterne Lieferantenbewertung. Dies kann dazu führen, dass diese Lieferanten in künftigen Angebotsphasen nicht mehr berücksichtigt werden.

4.1.2 Logistik

Eine Hauptaufgabe der Materialwirtschaft ist es sicherzustellen, dass die richtigen Güter im richtigen Zustand zum richtigen Zeitpunkt am richtigen Ort verfügbar sind. Alle Funktionen, die dieses Ziel verfolgen, werden unter dem Begriff Logistik zusammengefasst. Die Logistik bildet dabei eine unternehmensübergreifende Querschnittsfunktion, die sich über alle Phasen der betrieblichen Leistungserstellung erstreckt. In Bezug auf die Güter, die Gegenstand der Betrachtung sind, wird zwischen Material-, Informations- und Personenlogistik unterschieden. Die Materiallogistik setzt sich aus den Bereichen Beschaffungs-, Produktions-, Distributions- und Entsorgungslogistik zusammen (vgl. Abb. 4-6). [201]

Wesentliche Aufgabengebiete der Logistik liegen in der Gestaltung der logistischen Systeme (Transport-, Lagerungs- und Steuerungssysteme) sowie in der operativen Durchführung aller logistischen Tätigkeiten (z. B. Transportieren, Lagern, Umschlagen, Kommissionieren oder Verpacken).[202] Durch die zunehmende Internationalisierung von Märkten und Unternehmen hat die Bedeutung der Logistik in den letzten Jahren stark zugenommen – in vielen Unternehmen betragen die Logistikkosten heuten zwischen 15 Prozent und 35 Prozent des Umsatzes. In der Logistik liegt daher ein erhebliches Rationalisierungspotenzial.[203]

4.1.3 Supply Chain Management

Supply Chain Management (SCM) oder auch Lieferkettenmanagement beschreibt einen integrierten Management-Ansatz, der darauf abzielt, den gesamten Wertschöpfungsprozess, vom Lieferanten bis zum Kunden durch einen fortlaufenden Austausch von Informationen über Produktion und Absatz zu optimieren. Der Informationsaustausch erfolgt dabei in der Regel über standardisierte Softwaresysteme. Dabei verfolgt das Supply Chain Management in der Regel folgende Zielsetzungen:

- Steigerung der Kundenzufriedenheit
- Raschere Anpassung an marktseitige Veränderungen
- Reduzierung des Bullwhip-Effekts
- Vermeidung von „Out-of-Stock"-Situationen
- Senkung der Lagerbestände entlang der gesamten Supply Chain

---

201 vgl. Vahs, D./Schäfer-Kunz, J., Betriebswirtschaftslehre, 2007, S. 496 f.
202 vgl. Vahs, D./Schäfer-Kunz, J., Betriebswirtschaftslehre, 2007, S. 498.
203 vgl. Oeldorf, G./Olfert, K., Materialwirtschaft, 2008, S. 323 ff.

Abbildung 4-6: *Phasen der Materiallogistik*

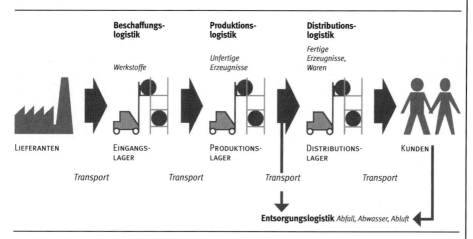

- Vereinfachung des Güterflusses
- Verkürzung von Lieferzeiten
- Qualitätsvorteile
- Kostenvorteile

Umgangssprachlich werden Supply Chain Management und Logistik häufig synonym verwendet. Im Gegensatz zur Logistik betont das Supply Chain Management allerdings den zwischenbetrieblichen Aspekt der logistischen Management-Aufgabe und kann daher als eigenständiger Ansatz der Betriebswirtschaftslehre angesehen werden.[204]

---

204 vgl. Vahs, D./Schäfer-Kunz, J., Betriebswirtschaftslehre, 2007, S. 503.

4.2   Produktionswirtschaft

Die Produktionswirtschaft bildet das Bindeglied zwischen der Beschaffung auf der einen und dem Absatz auf der anderen Seite der betrieblichen Value-Chain. Gegenstand der Produktionswirtschaft ist die wirtschaftliche Gestaltung und Durchführung von Transformationen. Dazu werden Produktionsfaktoren („Input") in Eigenleistungen und Produkte („Output") umgewandelt. Der systematische Umwandlungsprozess wird als Produktion („Throughput") bezeichnet (vgl. Abb. 4-7).[205] Die Zielsetzung der Produktionswirtschaft ähnelt in vielen Punkten der der Materialwirtschaft. Im Wesentlichen werden Kosten-, Zeit-, Ergebnis-, Flexibilitäts-, Sozial- und Umweltziele verfolgt. Im Speziellen geht es darum, Herstellkosten zu senken, Termine einzuhalten, Stückzahlen zu gewährleisten, die Qualität der Produktion, Produktions- sowie Lieferflexibilität zu optimieren, Mitarbeiter zu motivieren und den Produktionsprozess möglichst umweltfreudlich zu gestalten.[206] Aus den genannten Zielsetzungen leiten sich die wesentlichen Aufgaben der Produktionswirtschaft ab, welche in Abbildung 4-8 grafisch dargestellt sind.

Abbildung 4-7: *Input-Output-Beziehung*

vgl. Weber, W./Kabst, R., Betriebswirtschaftslehre, 2008, S. 114.

Input
Produktionsfaktoren

Throughput
Produktion,
Transformation

Output
Eigenleistungen,
Produkte

4.2.1   Produktionsfaktoren

Klassisch werden in der Volkswirtschaftslehre die *Produktionsfaktoren* Arbeit, Kapital und Boden unterschieden:[207] Träger des Faktors *Arbeit* ist der einzelne Mensch. Er umfasst das Potenzial der Arbeitskräfte, einschließlich deren Wissen und deren Fähigkeiten. Der Begriff *Boden* bezog sich ursprünglich auf den zur Produktion verwendeten Ackerboden. Heute umfasst der Begriff die verwendete Produktionsfläche sowie die Werkstoffe, die zur Produktion benötigt werden. *Kapital* umfasst die produzierten Produktionsmittel, die Werkzeuge, Maschinen,

---

205 vgl. Dyckhoff, H., Produktionswirtschaft, 2003, S. 3.
206 vgl. Ruile, H./Stettin, A., Beschaffung, 2005, S. 216 ff.
207 vgl. Baßeler, U./Heinrich, J., u.a., Volkswirtschaft, 2002, S. 16.

Abbildung 4-8: *Themenschwerpunkte der Produktionswirtschaft*

GESTALTUNG DER PRODUKTION	PRODUKTIONSPLANUNG UND -STEUERUNG
■ Welches Produktionsprogramm? ■ Welche Produktionskapazitäten werden benötigt? ■ Auftragseindringungstiefe: Make or buy? ■ Welche Prozesse? ■ Welche Organisationsform? ■ Welche Art der Qualitätssicherung?	■ Planung des Produktionsprogramms ■ Planung der Produktionsmenge ■ Planung von Terminen und Kapazitäten ■ Steuerung der Produktion

---

Gebäude, Anlagen sowie die Infrastruktur in Form von Verkehrs- und Kommunikationswegen. In der Betriebswirtschaftslehre werden die Produktionsfaktoren heute meist im Sinne von Gutenberg in Werkstoffe, Betriebsmittel und menschliche Arbeit unterteilt. Unter *Werkstoffe* fallen dabei alle Roh-, Hilfs- und Betriebsstoffe, die für die Produktion und die Aufrechterhaltung der Produktion eingesetzt werden. *Betriebsmittel* umfassen alle Güter des Anlagevermögens (vgl. Kap. 5.1), wie beispielsweise Gebäude, Maschinen, Fahrzeuge oder Patente. Der Faktor *menschliche Arbeit* umfasst objektbezogene, ausführende Tätigkeiten sowie dispositive Arbeiten zur Gestaltung und Führung der Produktion.

In der Produktionstheorie wird unterstellt, dass ein bestimmter Output X durch verschiedene Kombinationen von Produktionsfaktoren erreicht werden kann. So kann eine Grube mit 30 m³ beispielsweise durch sechs Arbeiter mit sechs Schaufeln in sechs Stunden ausgehoben werden. Ein einziger Arbeiter schafft das gleiche Ergebnis, in der selben Zeit, wenn ihm ein Bagger zur Verfügung steht (vgl. Abb. 4-9). Im Rahmen der Produktionstheorie wird unter Zuhilfenahme mathematischer Formeln versucht, bestimmte Gesetzmäßigkeiten zwischen dem Einsatz und der Kombination der Produktionsfaktoren und dem Output zu formulieren, um auf diese Weise die Wirtschaftlichkeit der Produktion zu optimieren.[208]

---

208 vgl. Wöhe, G./Döring, U., Betriebswirtschaftslehre, 2008, S. 295 ff.

Abbildung 4-9: *Produktionstheorie – beispielhafte Faktoreinsatzkombinationen*

$$30m^3 = \text{👥👥👥👥👥👥} \; \acute{a} \; 6h$$

$$30m^3 = \text{🧍🚜} \; \acute{a} \; 6h$$

4.2.2   Gestaltung der Produktion

Die Produktionswirtschaft nimmt gestalterische und durchführende Aufgaben wahr. Im Folgenden werden die wesentlichen gestalterischen Aufgaben kurz beschrieben:[209]

- **Gestaltung des Produktionsprogramms**

  Welche Produkte von einem Unternehmen angeboten werden, ist Teil des strategischen Planungsprozesses bzw. der Marketingplanung. Im Zusammenhang mit der Produktionsplanung muss jedoch festgelegt werden, welche Produkte für welche Märkte produziert werden. Des Weiteren gilt es festzulegen, welche Produktionstiefe angestrebt werden soll, d. h. welche Produktionsschritte vom Unternehmen selbst und welche von externen Dienstleistern erbracht werden sollen.

- **Bestimmung der Produktionskapazität**

  Die benötigte Soll-Produktionskapazität lässt sich aus dem geplanten Produktionsprogramm ableiten. Danach gilt es zu prüfen, welche Kapazitäten die einzelnen Betriebsmittel vorweisen müssen um die Soll-Kapazitäten erreichen zu können. Wichtig ist in diesem Zusammenhang die Zerlegung der Betriebsmittelzeiten in Nutzungs- und Brachzeiten. Die Bruttonutzungszeit gliedert sich in Rüstzeit (z. B. für einen Werkzeugwechsel) und Nutzungshauptzeit. Brachzeiten entstehen durch Störungen, betriebliche Arbeitszeitregelungen oder prozessbedingt durch Wartezeiten in der

---

[209] zur Gestaltung der Produktion vgl. Vahs, D./Schäfer-Kunz, J., Betriebswirtschaftslehre, 2007, S. 522 ff.

Materialzulieferung. Zur Berechnung der Produktionskapazität ist nur die Nutzungshauptzeit von Bedeutung.

- ### Festlegung der Auftragseindringtiefe

  Unternehmen produzieren, um Kunden mit ihren Produkten beliefern zu können. In den meisten Fällen beginnen Unternehmen allerdings nicht erst zum Zeitpunkt einer eingehenden Kundenbestellung mit der Produktion. Vielmehr verlassen sich Unternehmen in diesem Zusammenhang zu einem gewissen Grad auf Bedarfsprognosen. Der Punkt, an dem die prognosegetriebene Fertigung in eine auftragsgetriebene Fertigung übergeht, wird „Order-Penetration-Point" genannt. In der Regel werden vier Ausprägungen unterschieden:

  ⮣ *Lagerproduktion*

  Die Produktion findet unabhängig von Kundenaufträgen statt und orientiert sich ausschließlich an Bedarfsprognosen. Unternehmen produzieren das fertige Produkt und lagern es ein, bis Kundenaufträge vorliegen.

  ⮣ *Auftragsmontage*

  Unternehmen produzieren alle wesentlichen Komponenten, lagern diese ein und beginnen mit der Endmontage, sobald Kundenaufträge vorliegen.

  ⮣ *Auftragsfertigung*

  Unternehmen beschaffen alle zur Produktion nötigen Materialien und Komponenten und lagern diese ein. Die Produktion erfolgt erst, nachdem Kundenaufträge vorliegen.

  ⮣ *Sonderproduktion*

  Sowohl Beschaffung als auch Produktion sind ausschließlich an Kundenaufträge gebunden.

- ### Bestimmung des Prozesstyps der Produktion

  In Abhängigkeit der Anzahl an gleichen Erzeugnissen, die nacheinander produziert werden müssen, und in Abhängigkeit davon, wie flexibel die Produktion sein muss, existieren verschiedene Prozesstypen, die mehr oder weniger gut auf die genannten Anforderungen passen:

  ⮣ *Einzelproduktion*

  Die Einzelproduktion eignet sich, wenn von einem Produkt nur wenige Einheiten hergestellt werden. In der Regel kommt sie zum Einsatz, wenn nicht standardisierte Erzeugnisse im Kundenauftrag produziert werden. Ein klassisches Beispiel ist der Anlagenbau. Wichtigste Eigenschaft aller in diesem Zusammenhang zur Anwendung kommenden Betriebsmittel ist eine vielseitige Einsetzbarkeit.

➲ *Serienproduktion*

Bei der Serienproduktion wird die Auflagengröße vor Produktionsbeginn festgelegt. Nach Abschluss einer Fertigungsserie werden die Betriebsmittel in der Regel auf eine neue Fertigungsserie umgerüstet. Im Rahmen der Serienfertigung werden standardisierte Erzeugnisse mit kundenspezifischen Merkmalen gefertigt. Ein Beispiel hierfür sind Autotüren verschiedener Modellserien.

➲ *Massenproduktion*

Bei der Massenfertigung wird von einem bestimmten Produkt über einen längeren Zeitraum hinweg eine große Menge hergestellt. Meist findet hierbei eine Produktion hoch standardisierter und homogener Produkte für einen anonymen Markt statt. Ein in Massenproduktion hergestelltes Produkt sind beispielsweise Zündkerzen.

■ **Festlegung des Organisationstyps der Produktion**

Bei der Festlegung des Organisationstyps der Produktion geht es um die räumliche Anordnung der Maschinen und Arbeitsplätze zu fertigungstechnischen Einheiten. Im Allgemeinen unterscheidet man Punktfertigung, Werkstattfertigung, Fließfertigung und Gruppenfertigung:

➲ *Punktfertigung*

Die Punktfertigung ist durch ein unbewegliches Erzeugnis gekennzeichnet, was dazu führt, dass alle zur Produktion benötigten Betriebsmittel an dem Ort des Erzeugnisses zusammengefasst werden müssen. Ein klassisches Beispiel ist die Baustellenfertigung bei Schiffen oder Gebäuden. Auch die Einzelplatzfertigung oder Werkbankfertigung von Uhren fällt unter diesen Bereich.

➲ *Werkstattfertigung*

Bei der Werkstattfertigung werden Gruppen gleicher, aber unbeweglicher Betriebsmittel zu sogenannten Werkstätten zusammengefasst. Im Produktionsprozess durchlaufen die Erzeugnisse dann Schritt- für Schritt die einzelnen Werkstätten. Für den Transport der Erzeugnisse zwischen den einzelnen Werkstätten werden in der Regel Unstetigförderer, wie beispielsweise Gabelstapler, eingesetzt. Dies führt zu einer hohen Flexibilität, die allerdings einen enormen Koordinationsaufwand mit sich bringt.

⮑ *Fließfertigung*

Bei der Fließfertigung durchlaufen die Erzeugnisse auf Stetigförderern, wie beispielsweise Förderbändern, nacheinander angeordnete unbewegliche Betriebsmittel. Der Umfang der einzelnen Arbeitsaufgaben ist bei der Fließfertigung in der Regel relativ gering. Die Zeit, die zur Ausführung eines einzelnen Arbeitsgangs zur Verfügung steht, wird Taktzeit genannt. Die Fließfertigung kommt in der Regel dann zum Einsatz, wenn große Mengen gleichartiger Produkte hergestellt werden müssen.

⮑ *Gruppenfertigung*

Die Gruppenfertigung stellt eine Kombination aus Werkstatt- und Fließfertigung dar. Sie wird häufig auch als Inselfertigung bezeichnet. Teile der Produktion werden zu Produktionsinseln zusammengefasst. Da unterschiedliche Gruppen verschiedene Inseln durchlaufen können, werden die Flexibilitätsvorteile der Werkstattfertigung mit den Produktivitätsvorteilen der Fließfertigung kombiniert.

■ **Gestaltung der Qualitätssicherung**

Qualität ist die Gesamtheit von Eigenschaften und Merkmalen eines Gutes, die sich auf die Eignung zur Erfüllung gegebener Anforderungen bezieht.[210] Dieser Definition zufolge, ist Qualität stets relativ zu beurteilen, da sie immer im Bezug auf die gestellten Anforderungen gesehen werden muss. Um aber Produkte produzieren zu können, die den Anforderungen der Kunden genügen, ist es erforderlich, die gesamte Supply Chain mit einem geeigneten Qualitätsmanagementsystem (QMS) zu steuern und zu überwachen. Hauptaufgabe von Qualitätsmanagementsystemen ist dabei nicht ausschließlich die nachträgliche Qualitätsprüfung, sondern vielmehr die systematische vorausschauende Planung der Produktqualität anhand von vorher definierten Anforderungen. Einen sehr umfassenden Ansatz stellt das Total Quality Management (TQM) dar, welches von Unternehmen fordert, sich umfassend an Qualität zu orientieren. Das Total Quality Management beruht auf den Grundpfeilern:[211]

⮑ *Total*
   - Einbeziehung der Kunden
   - Einbeziehung der Mitarbeiter
   - Einbeziehung der Lieferanten

---

210 vgl. DIN 55350
211 vgl. Malorny, C., Quality, 2002, S. 7.

➲ *Quality*
- Qualität der Arbeit
- Qualität der Prozesse
- Qualität des Unternehmens

Führt zu einer hohen Qualität der Produkte

➲ *Management*
- Qualität als Führungsaufgabe bereichs- und funktionsübergreifend wahrnehmen
- Führungsqualität (Vorbildfunktion)
- Team- und Lernfähigkeit fördern
- Beharrlichkeit zeigen

4.2.3 Produktionsplanung und -steuerung

Aufgabe der Produktionsplanung und -steuerung ist es, die Produktionsaufträge unter Berücksichtigung der verfügbaren Produktionsfaktoren termingerecht zu erfüllen. Die Produktionsplanung und -steuerung erfolgt in der Regel in vier Schritten: Zunächst wird das Produktionsprogramm geplant. Danach erfolgt eine Mengenplanung. Im Anschluss daran wird eine Terminplanung vorgenommen. Die Umsetzung der Planung erfolgt dann im Rahmen der Produktionssteuerung. [212]

■ *Programmplanung*

Im Rahmen der Programmplanung wird festgelegt, welche Produkte in welcher Menge im Planungszeitraum produziert werden sollen und zu welchen Zeitpunkten Lieferungen der Endprodukte erfolgen sollen.

■ *Mengenplanung*

Aus den Ergebnissen der Programmplanung werden im Rahmen der Mengenanalyse die benötigten Baugruppen, Einzelteile und Materialien abgeleitet, die zur Produktion benötigt werden.

■ *Termin- und Kapazitätsplanung*

Aufgabe der Termin und Kapazitätsplanung ist es festzulegen, wann die Durchführung von Produktionsaufträgen frühestens starten kann bzw. spätestens starten muss, um termingerecht liefern zu können. Ähnlich wie bei den im Projektmanagement üblichen Projektstrukurplänen (PSP), in denen einzelne Projektphasen zeitlich aneinandergereiht werden, erfolgt

---

212 vgl. Vahs, D./Schäfer-Kunz, J., Betriebswirtschaftslehre, 2007, S. 536 ff.

auch bei der Termin- und Kapazitätsplanung eine Berechnung der spätesten Anfangs- und Endzeitpunkte sowie der Pufferzeiten der verschiedenen Produktionsschritte. Des Weiteren wird im Rahmen der Termin- und Kapazitätsplanung festgelegt, wie viel Kapazität benötigt wird und welche Arbeitsvorgänge mit welchen Kapazitäten durchgeführt werden.

- **Produktionssteuerung**

Die Produktionssteuerung übernimmt die Umsetzung der Vorgaben der Termin- und Kapazitätsplanung. Dazu wird zunächst die Verfügbarkeit der vorhandenen Produktionsfaktoren überprüft. Anschließend erfolgt die Zuordnung der Produktionsaufträge zu Mitarbeitern und Produktionseinrichtungen. Weitere Aufgabenfelder der Produktionssteuerung bestehen in der Freigabe von Produktionsaufträgen, der Kontrolle des Produktionsfortschritts und in der Auslösung von Anpassungsmaßnahmen im Falle von Soll-Ist-Abweichungen.

Übungsaufgaben

Aufgabe 1:   Was sind die zentralen Aufgabengebiete der Materialwirtschaft? Was versteht man in diesem Zusammenhang unter den vier „Rs"?

Aufgabe 2:   Erläutern Sie die Begriffe Roh-, Hilfs- und Betriebsstoffe.

Aufgabe 3:   „Unternehmen tendieren heute verstärkt dazu die Produktionstiefe zu verringern." Diskutieren Sie diese Aussage.

Aufgabe 4:   Erläutern Sie die Begriffe In- und Outsourcing. Welche strategischen Gesichtspunkte können die Unternehmensstrategie in diesem Zusammenhang beeinflussen?

Aufgabe 5:   Nennen Sie drei Gründe, die ein Unternehmen dazu veranlassen könnten, eine Global-Sourcing-Strategie zu verfolgen.

Aufgabe 6:   Nennen und erläutern Sie zwei Gründe, die Unternehmen dazu veranlassen könnten Multiple-Sourcing Strategien zu verfolgen.

Aufgabe 7:   Erläutern Sie die Begriffe stochastische und deterministische Bedarfsplanung.

Aufgabe 8:   Ein Autobesitzer sagt: „Mein Polo und mein Golf haben den gleichen Blinkerhebel." Kann das sein? Diskutieren Sie diese Aussage aus Sicht der Materialstandardisierung und erläutern Sie mögliche Gründe für eine solche Strategie.

Aufgabe 9:   Nennen Sie das Ziel der ABC-Analyse und beschreiben Sie kurz die Grundzüge der Vorgehensweise bei dieser Analyse.

Aufgabe 10:   „Motoren hätten wir noch genug auf Lager, aber die Befestigungsbolzen sind uns ausgegangen." Diskutieren Sie diese Aussage.

Aufgabe 11:   Grenzen Sie die Begriffe Inventur und Inventar voneinander ab.

Aufgabe 12:   Worin liegt der wesentliche Unterschied zwischen der Logistik und dem Supply Chain Management?

Aufgabe 13:   Welche Produktionsfaktoren unterscheidet die Volkswirtschaftslehre traditionell? Nennen und erläutern Sie diese.

Aufgabe 14:   Betriebsmittel stehen der Fertigung nicht 100 % der Gesamtzeit zur Verfügung. Diskutieren Sie diese Aussage.

Aufgabe 15:   Was versteht man im Zusammenhang mit der Produktionstheorie unter Faktoreinsatzkombinationen? Nennen Sie ein Beispiel.

Aufgabe 16:   Worin besteht der Unterschied zwischen Auftragsfertigung und Auftragsmongage?

Aufgabe 17:   Was ist der Unterschied zwischen Serien- und Massenproduktion?

Aufgabe 18:   Was versteht man unter einer Punktfertigung? Worin besteht der Unterschied zur Fließfertigung?

Aufgabe 19:   Welches sind die drei Grundpfeiler des TQM? Nenne Sie je ein Beispiel.

5   Rechnungs- und Finanzwesen

Allgemein gesprochen, kann die Aufgabe des Rechnungswesens damit beschrieben werden, dass Informationen über die Aktivitäten von Unternehmen
und über deren Beziehungen zur ihrer Umwelt gesammelt und hinsichtlich bestimmter Anforderungen aufbereitet werden. Die Entscheidungen, die mit Hilfe der aufbereiteten Informationen unterstützt werden, können sowohl unternehmensintern (z. B. Managemententscheidung über die Anschaffung einer
neuen Fertigungslinie) als auch unternehmensextern (z. B. Bank entscheidet
anhand der Informationen über eine Kreditvergabe) sein. Aus diesem Grund
wird das Rechnungswesen im Allgemeinen in zwei Bereiche unterteilt: Während das *externe Rechnungswesen* die Aufgabe hat, Informationen über die Fi-
nanz-, Vermögens- und Ertragslage von Unternehmen zu ermitteln und bereitzustellen, hat das *interne Rechnungswesen* die Aufgabe alle innerbetrieblichen
Vorgänge mengen- und wertmäßig zu erfassen und aufzubereiten.[213]

5.1   Externes Rechnungswesen

Zur Führung von Unternehmen und zur Rechenschaftslegung gegenüber Externen ist es notwendig, alle monetär wirksamen betrieblichen Geschehnisse
transparent darzulegen, aufzubereiten und zu dokumentieren. Alle Informationen, die sich in diesem Zusammenhang an Externe richten, sind Gegenstand
des externen Rechnungswesens, welches häufig auch als Finanzbuchhaltung
bezeichnet wird. Ziel des externen Rechnungswesens ist eine systematische,
chronologische und lückenlose Dokumentation aller wirtschaftlich relevanten
Geschäftsvorfälle. Zu diesem Zweck erstellen Unternehmen jährlich einen sogenannten Jahresabschluss, der in der Regel aus einer Gewinn- und Verlustrechnung, einer Handels- und einer Steuerbilanz besteht. Ausnahme bilden
Freiberufler und nicht kaufmännisch tätige Unternehmen. Diese müssen zur
Erhebung ihrer Steuerlast lediglich eine Gewinn- und Verlustrechnung erstellen. Kapitalgesellschaften müssen ihren Jahresabschluss um einen Anhang erweitern.[214] Der Abrechnungszeitraum wird als Geschäftsjahr (englisch: Fiscal
Year oder FY) bezeichnet. Dieses entspricht in der Regel dem Kalenderjahr.
Unternehmen, die im Haldelsregister eingetragen sind, können den Beginn
ihres Geschäftsjahres frei wählen. Viele Unternehmen machen von dieser Rege-

---

213 vgl. Weber, W. / Kabst, R., Betriebswirtschaftslehre, 2008, S. 317 f.
214 vgl. Kapitel 2.2.1 Rechtsformentscheidungen.

Praxisbeispiel: *Kontrollinstrumente zur Einhaltung von Rechnungslegungsvorschriften*
Quelle: Sabrina Frank, Assistant Manager Audit, KPMG AG

Um die in Kapitel 5.1 erwähnten strengen gesetzlichen Vorschriften einzuhalten, gibt es je nach Rechtsform und Größe des Unternehmens mehrere Kontrollinstitutionen. Wichtige Institutionen der Praxis sollen im Folgenden kurz vorgestellt werden.

Innerhalb der unternehmenseigenen Gesellschafts- und Organisationsstruktur ergeben sich zwei wesentliche interne Kontrollinstitutionen: der Aufsichtsrat und die Interne Revision.

Eine wichtige Aufgabe des Aufsichtsrats einer AG ist die Kontrolle und Überwachung des Vorstandes, welcher für den Jahresabschluss verantwortlich ist. Bei einer GmbH existiert grundsätzlich ein Wahlrecht zur Einführung eines Aufsichtsrats (vgl. § 52 GmbHG). Eine verpflichtende Einführung ergibt sich nur, wenn die GmbH der Mitbestimmung der Arbeitnehmer unterliegt. Dies ist i.d.R. bei der Beschäftigung von mehr als 2.000 Mitarbeitern der Fall. Die Vorschriften der AG sind dann auch bei der GmbH anzuwenden. Vom Aufsichtsrat werden der Jahres- / Konzernabschluss, der (Konzern-) Lagebericht und der Gewinnverwendungsvorschlag auf Richtigkeit geprüft (vgl. § 171 AktG). Um das von den Aktionären erlangte Vertrauen nachhaltig aufrechtzuerhalten hat er sicherzustellen, dass sich keinerlei Verstöße, auch nicht gegen die Rechnungslegungsnormen, ergeben.

Da jedoch immer wieder Verstöße entdeckt wurden, schreibt der Gesetzgeber seit einigen Jahren insbesondere für Aktiengesellschaften (vgl. § 91 AktG), Unternehmen der Finanzdienstleistungsbranche (vgl. § 25a KWG) sowie für Versicherungen (vgl. § 64a VAG) die Einrichtung von geeigneten Überwachungssystemen vor. Viele GmbH's richten sogar freiwillig ein entsprechendes System ein. In den meisten Unternehmen wird diese Rolle von der Internen Revision ausgeführt. Sie wird direkt von der Unternehmensführung eingesetzt und ist von den anderen Bereichen getrennt, um die Unabhängigkeit und Objektivität zu wahren. Durch die Interne Revision sollen ordnungsgemäße und optimale Abläufe des Unternehmens und die Einhaltung der gesetzlichen Vorschriften gewährleistet werden. Dies erfolgt durch Prüfung und Analyse der unternehmenseigenen Prozesse und Systeme. Darunter fallen auch die Verlässlichkeit und Ordnungsmäßigkeit des Rechnungswesens und die Einhaltung der gesetzlichen Vorschriften. Nach dem Vorbild des Siemens-Konzerns, wird die Interne Revision immer häufiger um eine sogenannte Compliance-Abteilung erweitert. Sie kann auch einen Teilbereich innerhalb der Internen Revision darstellen. Compliance Organisationen werden speziell für die Überwachung der Einhaltung interner und externer Regelungen eingerichtet.

Außerhalb des Unternehmens gibt es ebenfalls wichtige Kontrollinstitutionen: das Finanzamt, privatrechtliche Abschlussprüfer und die Deutsche Prüfstelle für Rechnungslegung (DPR). Ob ein Unternehmen von der einen und/oder der anderen Institution zu prüfen ist, unterscheidet sich nach den gesetzlich geregelten Kriterien zur Prüfungspflicht.

Eine steuerliche Außenprüfung durch das Finanzamt kann bei jeglichen gewerblichen Betrieben, Freiberuflern sowie Land- und Forstwirten vorgenommen werden (vgl. § 193 AO). Ziel ist es zu überprüfen, ob der Steuerpflichtige durch Einhaltung der steuerlichen Ansatz- und Bewertungsvorschriften zuzüglich der außerbilanziellen Anpassungen, die korrekten Besteuerungsgrundlagen ermittelt hat. Sie bilden die Basis der Berechnung der zu entrichtenden Steuern. Es liegt also im Interesse des Fiskus, dass der Steuerpflichtige die gesetzlichen Vorschriften einhält.

Die Prüfung durch einen Abschlussprüfer (Wirtschaftsprüfer oder vereidigter Buchprüfer) ist für mittlere und große Kapitalgesellschaften (vgl. § 267 HGB) sowie für Konzerne, deren Mutterunternehmen eine Kapitalgesellschaft ist, durch das HGB vorgeschrieben (vgl. § 316 HGB). Eine Prüfungspflicht für Personengesellschaften und Einzelkaufleute ergibt sich, wenn die Größenkriterien des Publizitätsgesetzes überschritten werden (vgl. §§ 1 und 6 PublG). Geprüft wird ebenfalls nach den Vorschriften des HGB. Zu prüfen sind der handelsrechtliche Jahres- / Konzernabschluss (Bilanz, GuV, Anhang) und ggf. der (Konzern-) Lagebericht. Bei der Prüfung sind auch die Buchführung, das rechnungslegungsbezogene interne Kontrollsystem und die ergänzenden Bestimmungen des Gesellschaftsvertrags sowie ggf. einer Satzung, mit einzubeziehen. Ist ein (Konzern-) Lagebericht zu erstellen, so muss auch dieser vom Abschlussprüfer geprüft werden und dahin gehend beurteilt werden, ob er im Einklang mit den Erkenntnissen der Abschlussprüfung steht. Bei börsennotierten AG's ist darüber hinaus auch eine Aussage zu treffen, ob ein geeignetes Überwachungssystem gemäß § 91 Abs. 2 AktG (siehe oben) eingerichtet ist (vgl. § 317 Abs. 4 HGB). Die Prüfungsergebnisse werden in einem Bericht und in dem Bestätigungsvermerk zusammengefasst. Dies ist notwendig, da ohne einen Bestätigungsvermerk die Organe den Jahresabschlusses nicht feststellen (billigen) können (vgl. 42a GmbHG, bzw. 172 AktG).

Auch Unternehmen die nicht der gesetzlichen Prüfungspflicht unterliegen, lassen sich teilweise freiwillig von Abschlussprüfern prüfen, um im Ergebnis den Bestätigungsvermerk zu erhalten. Dies erleichtert zum Beispiel die Aufnahme von Fremdkapital oder die Erweiterung des Kreises neuer Kapitalgeber.

Unter den oben genannten Aspekten sollten Unternehmen daher im eigenen Interesse auf eine korrekte Bilanzierung achten und funktionierende Überwachungssysteme einrichten, da sich Verstöße letztlich nicht nur in finanziellen Geldbußen niederschlagen, sondern auch erhebliche Reputationsschäden nach sich ziehen können, wenn sie von den externen Kontrollen aufgedeckt werden.

lung Gebrauch, um beispielsweise den Jahresabschluss nicht in die Urlaubszeit um Weihnachten und Neujahr fallen zu lassen. Die Ausgestaltung des externen Rechnungswesens unterliegt strengen gesetzlichen Vorschriften.[215]

5.1.1 Bilanz und GuV

Der Begriff Bilanz stammt von dem italienischen Begriff Bilancia ab und beschreibt eine zweischalige Waage. Ist ein Unternehmen kaufmännisch tätig oder durch seine Rechtsform zur Bilanzierung verpflichtet, verlangt das deutsche Bilanzrecht zunächst die Erstellung einer Handelsbilanz nach den Vorschriften des Handelsgesetzbuchs (HGB). Diese wird zum Ende jedes Geschäftsjahres, dem Bilanzstichtag, aufgestellt und gibt Auskunft über die einzelnen Vermögensgegenstände (wie beispielsweise Grundstücke, Maschinen, Fahrzeuge oder Bargeld) und Schulden (wie beispielsweise Kredite oder zu bezahlende Rechnungen). Die Differenz von Vermögensgegenständen und Schulden wird als Reinvermögen oder Eigenkapital bezeichnet.[216] Abbildung 5-1 zeigt schematisch den Aufbau einer Bilanz.

Abbildung 5-1: *Schematischer Aufbau einer Bilanz*
vgl. Döring, U./Buchholz, R., Buchhaltung, 2003, S. 11.

Aktiva (A)	Bilanz	Passiva (P)
Anlagevermögen	Eigenkapital	
- Immaterielle Vermögensgegenstände	Rückstellungen	
- Sachanlagen		
- Finanzanlagen	Verbindlichkeiten	
Umlaufvermögen	- langfristige Schulden	
	- kurzfristige Schulden	
- Vorräte		
- Forderungen		
- Wertpapiere		
- Liquide Mittel		

Die linke Seite der Bilanz zeigt eine Auflistung aller Vermögensgegenstände eines Unternehmens. Sie wird als *Aktivseite* und die in ihr enthaltenen Bilanz-

---

215 vgl. Thommen, J.-P. / Achleitner, A.-K., Betriebswirtschaftslehre, 2006, S. 423 ff.
216 vgl. Vahs, D./Schäfer-Kunz, J., Betriebswirtschaftslehre, 2007, S. 615.

posten als *Aktiva* bezeichnet. Die Aktivseite der Bilanz ist in zwei Bereiche unterteilt: Anlage- und *Umlaufvermögen*. Zum *Anlagevermögen* gehören alle Vermögensgegenstände, die für einen längeren Zeitraum im Unternehmen eingesetzt werden. Dazu zählen beispielsweise Grundstücke, Maschinen oder Büromöbel. Vermögensgegenstände, die nicht dazu bestimmt sind dauernd dem Geschäftsbetrieb zu dienen, zählen zum Umlaufvermögen. Beispiele hierfür sind Rohstoffe oder Waren, aber auch flüssige Mittel wie Bargeld.

Die rechte Seite der Bilanz wird als *Passivseite*, die in ihr enthaltenen Bilanzposten als *Passiva* bezeichnet. Sie zeigt die Verbindlichkeiten eines Unternehmens sowie das *Eigenkapital*, welches durch Subtraktion der Verbindlichkeiten von den Vermögensgegenständen des Unternehmens (Aktiva) ermittelt wird. Ist die Differenz positiv, d. h. hat das Unternehmen positives Reinvermögen, dann steht das Eigenkapital auf der Passivseite der Bilanz. Denkbar ist jedoch auch der negative Fall. Hat ein Unternehmen negatives Eigenkapital, steht der Bilanzposten auf der Aktivseite der Bilanz. Aktiv- und Passivseite einer Bilanz sind stets gleich groß, da die Differenz von Vermögen und Schulden immer durch das Eigenkapital ausgeglichen wird.[217]

Die Anordnung der Vermögensgegenstände und Schulden in der Bilanz ist gesetzlich vorgeschrieben. Die Gliederung der Aktivseite erfolgt grundsätzlich nach der Liquidierbarkeit der Bilanzposten, d. h. nach der erwarteten Dauer in der die Posten wieder zu Bargeld gemacht werden können. Die Gliederung der Passivseite erfolgt nach der Fristigkeit des Kapitals, d. h. nach der Zeitspanne, wann das Unternehmen den geschuldeten Betrag bezahlen muss bzw. wie lange ein Darlehen dem Unternehmen zur Verfügung steht. Ausgangspunkt für die Erstellung einer Bilanz ist eine Bestandsaufnahme der Vermögensgegenstände und Schulden eines Unternehmens. Diese Bestandsaufnahme bezeichnet man als *Inventur*, ihr Ergebnis, eine Auflistung aller Bestände, als *Inventar*. Jeder Kaufmann ist laut HGB dazu verpflichtet zum Schluss eines Geschäftsjahres ein Inventar zu erstellen. Dazu erfolgt eine körperliche Bestandsaufnahme (z. B. durch zählen) aller Vermögensgegenstände und Schulden des Unternehmens.[218]

Abbildung 5-2 zeigt exemplarisch das Inventar eines Restaurants zum 31.12.2009. Dazu werden zusammengehörige Gruppen von Inventar zu sogenannten Posten zusammengefasst. So bilden im Beispiel die Gegenstände Kühlschrank, Gasherd, Tische und Stühle, Teller, Besteck und Gläser den Bilanzposten Betriebs- und Geschäftsausstattung. Abbildung 5-3 zeigt beispielhaft die aus dem Inventar des Restaurants abgeleitete Bilanz zum 31.12.2009.

---

217 vgl. Coenenberg, Adolf G., u.a., Jahresabschluss, 2009, S. 3 ff.
218 vgl. Döring, U./Buchholz, R., Buchhaltung, 2003, S. 7 ff.

Abbildung 5-2: *Beispielhaftes Inventar eines Restaurants*

---

1. Vermögensgegenstände

1	Grundstück mit aufstehendem Gebäude	250.000 €
1	Kühlschrank	1.000 €
5	Tische	1.500 €
20	Stühle	1.000 €
40	Teller	200 €
60	Gläser	150 €
500	Flaschen Bier	500 €
400	Flaschen Wasser	200 €
	Forderung	250 €
	Bankguthaben	1.500 €
	Kasse	100 €

Vermögen	256.400 €

2. Schulden

Kreissparkasse	120.000 €
Getränkemarkt Maier	600 €

Schulden	120.600 €

2. Eigenkapital

Vermögensgegenstände	256.400 €
- Schulden	120.600 €

Vermögen	135.800 €

Der Vergleich der Inventare, bzw. der Bilanzen von zwei aufeinanderfolgenden Geschäftsjahren ermöglicht das Erkennen von Veränderungen der einzelnen Bilanzposten und des Eigenkapitals. Man bezeichnet diese Vorgehensweise auch als Distanzrechnung. Wenn sich beispielsweise das Eigenkapital vergrößert hat, hat das Unternehmen im Betrachtungszeitraum Gewinn gemacht. Da die Quellen des Erfolgs aus der Distanzrechnung nicht sichtbar werden, hat der Gesetzgeber in Deutschland die Verbuchung aller Geschäftsvorfälle vorgeschrieben, d. h. alle Veränderungen der einzelnen Bilanzposten müssen chronologisch über das Geschäftsjahr hinweg dokumentiert werden. Zu diesem Zweck werden die einzelnen Bilanzposten als Konten geführt. Zu Beginn

Abbildung 5-3: *Beispielhafe Bilanz eines Restaurants*

Aktiva (A)	Eröffnungsbilanz 2009	Passiva (P)	
Grundstücke	250.000	Eigenkapital	135.800
Betriebs- und		Darlehensverbindlichkeiten	120.000
Geschäftsausstattung	3.850	Lieferantenverbindlichkeiten	600
Vorräte	700		
Forderungen	250		
Bankguthaben	1.500		
Kasse	100		
	256.400		256.400

eines neuen Geschäftsjahres wird dann der Anfangsbestand der Konten aus der Eröffnungsbilanz des neuen Geschäftsjahres übernommen. Anschließend werden chronologisch die Geschäftsvorfälle in den entsprechenden Konten verbucht. Alle in der Bilanz enthaltenen Konten werden als *Bestandskonten* bezeichnet. Die Konten der Aktivseite werden *Aktivkonten*, die der Passivseite *Passivkonten* genannt.[219]

Um auch im Zusammenhang mit dem Unternehmenserfolg eine hohe Transparenz zu gewähleisten, werden alle erfolgswirksamen Geschäftsvorfälle, d. h. alle Geschäftsvorfälle, die sich auf das Eigenkapital des Unternehmens auswirken, in der Gewinn- und Verlustrechnung gesondert erfasst. Alle Geschäftsvorfälle, die zu einer Erhöhung des Eigenkapitals beitragen, werden als *Ertrag*, alle, die zu einer Verringerung des Eigenkapitals beitragen, als *Aufwand* bezeichnet. Die Konten, die im Zusammenhang mit erfolgswirksamen Buchungen verwendet werden, nennt man dementsprechend *Aufwands- und Ertragskonten*. Zusammengefasst wird häufig auch von *Erfolgskonten* gesprochen. Im Gegensatz zu Bestandskonten tauchen die Erfolgskonten nicht direkt in der Bilanz auf. Ihr Bestehen wird in der Bilanz lediglich über die *Gewinn- und Verlustrechnung (GuV)* und damit über eine Erhöhung oder Verringerung des Eigenkapitals sichtbar.[220] Abbildung 5-4 zeigt schematisch den Prozess der Erstellung eines Jahresabschlusses.

---

219 vgl. Baetge, J., Bilanzen, 2009, S. 81 ff.
220 vgl. Döring, U./Buchholz, R., Buchhaltung, 2003, S. 33 ff.

Abbildung 5-4: *Schematischer Prozess zur Erstellung eines Jahresabschlusses*

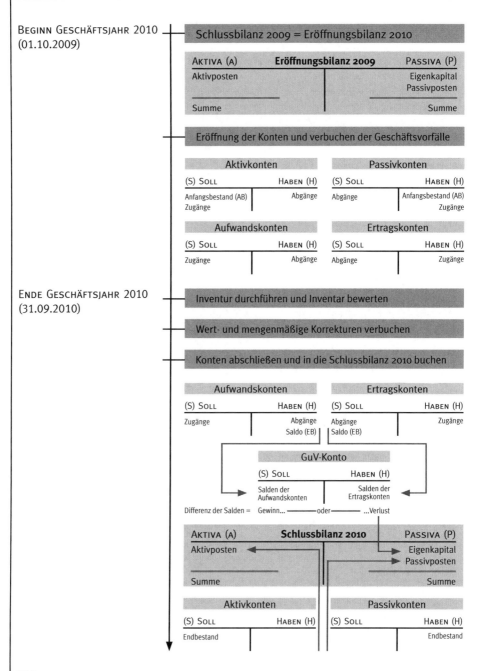

Da es in Deutschland keine gesetzlichen Vorschriften hinsichtlich der Bezeichnung der Konten der Bilanz gibt, können Unternehmen diese theoretisch frei wählen. In der Praxis greifen Unternehmen jedoch häufig auf normierte Kontenrahmen, wie beispielsweise den Standardkontenrahmen (SKR) 04 von DATEV zurück.[221]

Nach europäischem Gesetz müssen kapitalmarktorientierte Unternehmen ihre Handelsbilanz zusätzlich zur Aufstellung nach dem deutschen Handelsgesetzbuch auch nach dem International Financial Reporting Standart (IFRS) aufstellen. Unternehmen, die außerhalb der EU börsennotiert sind, sind außerdem dazu verpflichtet ihren Jahresabschluss nach anderen international anerkannten Rechnungslegungsstandards, wie beispielsweise US-GAAP (United States Generally Accepted Accounting Principles) aufzustellen.[222]

Im Anschluss an die Erstellung der Handelsbilanz sind Unternehmen in Deutschland verpflichtet, zur Festlegung ihrer Steuerlast eine sogenannte Steuerbilanz nach den Vorschriften des Einkommensteuergesetzes (EStG) des Umsatzsteuergesetzes (UStG) und der Abgabenordnung (AO) zu erstellen. Handels- und Steuerbilanz weichen auf Grund unterschiedlicher Vorschriften z. B. bei der Bewertung von Bilanzposten regelmäßig voneinander ab.[223]

Ein typisches Beispiel für eine abweichende Bewertung von Aktivposten in der Bilanz ist die Berechnung von *Abschreibungen*. Kauft ein Unternehmen beispielsweise einen Neuwagen für 50.000 Euro, so muss dieses Auto als Anlagevermögen in die Bilanz aufgenommen werden. Bei der Aufstellung der nächstjährigen Bilanz muss davon ausgegangen werden, dass das Auto keine 50.000 Euro mehr wert ist, da es sich nun um ein ein Jahr altes Gebrauchtfahrzeug handelt. Der Wert in der Bilanz muss also korrigiert werden. Dies geschieht mit Hilfe sogenannter Abschreibungen. Die Grundform der Abschreibungen ist die lineare Abschreibung, bei der Aktivposten auf ihre Lebensdauer gerechnet jährlich eine konstante Wertminderung erfahren. Die Höhe der Wertminderung entspricht dabei dem Anschaffungspreis geteilt durch die Anzahl der Nutzungsjahre, so dass ein Aktivposten der seine angenommene Lebensdauer erreicht hat, in der Bilanz nur noch mit einem symbolischen Wert von einem Euro geführt wird. Er ist dann vollständig abgeschrieben. Im Steuerrecht gibt der Gesetzgeber genaue Lebensdauern vor. Ein Neuwagen darf nach deutschem Recht beispielsweise über sechs Jahre abgeschrieben werden. Ein Neuwagen für 60.000 Euro würde somit jährlich 10.000 Euro an Wert verlieren. In der Handelsbilanz können Unternehmen die Nutzungsdauer ihrer Aktiv-

---

221 www.datev.de
222 vgl. Buchholz, R., Jahresabschluss, 2009, S. 225 ff. und Coenenberg, A. u.a., Jahresabschluss, 2009, S. 3 ff.
223 vgl. Vahs, D./Schäfer-Kunz, J., Betriebswirtschaftslehre, 2007, S. 632.

posten frei wählen. So könnte ein Unternehmer, der seinen Gewinn gegenüber Externen möglichst hoch ausweisen will, beispielsweise die Nutzungsdauer seines Neuwagens auf 20 Jahre ausweiten. Er müsste also jährlich nur 3.000 Euro abschreiben. Sein Gewinn vor Steuern wäre damit um 7.000 Euro höher als in der Steuerbilanz.

Im Gegensatz zum technischen Bereich, dessen Formeln, Gesetze und Regeln zumeist aus Naturgesetzen herleitbar sind, ist das Rechnungswesen eine Welt, deren Gesetze und Richtlinien fallweise ausgelegt sind. Dadurch ist es in vielen Fällen möglich, dass Unternehmen sich nach außen hin „arm" oder „reich" rechnen können. Die Höhe von ausgewiesenen Unternehmensgewinnen hängt demnach zu einem Teil auch von der Rechtsgrundlage ab, nach der die Ausweisung der Gewinne erfolgt ist. Dies bezieht sich nicht nur auf Handels- und Steuerbilanz in Deutschland, sondern vor allem auch auf die internationale Rechnungslegung, z. B. wenn man die Bilanzen eines Unternehmens, die nach deutschem und nach amerikanischem Gesetz erstellt werden, vergleicht.

5.1.2 Verbuchung von Geschäftsvorfällen

Der Begriff „Verbuchung" stammt aus einer Zeit, in der Buchführung mittels schriftlicher Eintragungen in Bücher erfolgte. Heute wird diese fast ausnahmslos mit entsprechender Software durchgeführt. Die Buchführung basiert im Wesentlichen auf drei Büchern:[224]

- **Grundbuch**

  Das Grundbuch (englisch: Journal) beinhaltet eine zeitlich geordnete Auflistung aller Buchungen. Die einzelnen Buchungen werden durchnummeriert und die Nummern den entsprechenden Belegen zur Belegsicherung zugeordnet.

- **Hauptbuch**

  Das Hauptbuch stellt eine sachlich, nach Konten geordnete Auflistung aller durchgeführten Buchungen dar. Moderne Softwaresysteme listen die Buchungen in den einzelnen Konten in ähnlicher Form auf, wie Banken dies auf Kontoauszügen tun. Aus der Zeit der manuellen Buchführung stammt die Buchung in sogenannte T-Konten. In diesen erfolgt eine Trennung der Ein- und Auszahlungen bzw. Zu- und Abgängen. Charakteristisch für T-Konten ist, dass der Anfangsbestand und die Zugänge jeweils

---

224 zur Verbuchung von Geschäftsvorfällen vgl. Döring, U./Buchholz, R., Buchhaltung, 2003, S. 15 ff.

auf der einen Seite, die Abgänge und der Endbestand jeweils auf der anderen Kontoseite erfasst werden. Die linke Seite eines T-Kontos wird als Soll-Seite, die rechte Seite als Haben-Seite bezeichnet. Wie die Bilanz sind auch T-Konten stets ausgeglichen, d. h. Anfangsbestand + Zugänge = Abgänge + Endbestand. Obwohl T-Konten im Zeitalter EDV gestützter Buchungssysteme in der Praxis an Bedeutung verloren haben, sind diese als didaktisches Hilfsmittel auch heute noch unverzichtbar.

■ *Nebenbücher*

Nebenbücher enthalten ergänzende Informationen zu bestimmten Konten. Wichtige Nebenbücher sind beispielsweise Lagerbücher, in denen Lagerbestände sowie Zu- und Abgänge aufgezeichnet werden, Debitorenbücher, in denen Höhe und Fälligkeit von Forderungen gegenüber Kunden aufgelistet werden oder Kreditorenbücher, die die Verbindlichkeiten gegenüber Lieferanten aufzeigen.

Wie bereits erwähnt, wird die Bilanz zu Beginn eines jeden Geschäftsjahres in einzelne Konten aufgelöst. Jeder Bilanzposten erhält dabei ein eigenes Bestandskonto. Die Verbuchung der einzelnen Geschäftsvorfälle verändert im Laufe des Geschäftsjahrs die Kontenbestände. Das System der doppelten Buchführung verlangt jeden Geschäftsvorfall auf (mindestens) zwei Konten zu verbuchen. Die Verbuchung der Geschäftsvorfälle geschieht in Form von Buchungssätzen. Dabei wird stets von „Soll" an „Haben" gebucht, d. h. die Konten, die durch die Buchung im Soll angesprochen werden, werden im Buchungssatz zuerst erwähnt.

Beim Geschäftsvorfall „Kauf von Rohstoffen für 1000,- Euro gegen Barzahlung würden zwei Konten angesprochen werden: Kasse und Rohstoffe (der bereits erwähnte Kontenrahmen SKR 04 enthält adäquate Pendants zu diesen Konten). Sowohl Kasse als auch Rohstoffe sind Aktivkonten der Bilanz (dies kann wahlweise dem Kontenrahmen entnommen oder durch etwas Überlegungsarbeit geschlussfolgert werden, da beide Konten Vermögensgegenstände darstellen). Bei Aktivkonten werden Zugänge im „Soll" und Abgänge im „Haben" gebucht. Der Buchungssatz des beschriebenen Beispiels würde also *„Rohstoffe 1000,- Euro an Kasse 1000,- Euro"* lauten. Im Gegensatz zu den Aktivkonten werden Zugänge auf Passivkonten im Haben, Abgänge von Passivkonten im Soll gebucht. Hinsichtlich der Zu- und Abgänge verhalten sich Aufwandskonten wie Aktivkonten, Ertragskonten wie Passivkonten. Abbildung 5-4 zeigt die vier Kontenarten und die jeweilige Verbuchung von Zu- und Abgängen. Das obige Beispiel stellt einen Buchungssatz dar, bei dem genau zwei Konten angesprochen werden. In der Praxis treten aber regelmäßig auch Fälle auf, bei denen gleichzeitig mehr als zwei Konten angesprochen werden. Abbildung 5-5 zeigt einige Beispiele von Buchungssätzen sowie deren Verbuchung auf die entsprechenden T-

Konten. Werden bei einer Buchung nur Bestandskonten angesprochen, spricht man von erfolgsneutralen Buchungen. Erfolgsneutral sind die Buchungen deshalb, weil wie im obigen Beispiel lediglich Geld aus der Kasse gegen Rohstoffe „getauscht" wird, die dann z. B. im Lager des Unternehmens liegen. Zwar hat das Unternehmen 1000,- Euro weniger Bargeld in der Kasse, dafür besitzt es nun aber Rohstoffe für 1000,- Euro. Der Bilanzwert bzw. das Eigenkapital wird durch diesen Vorgang nicht verändert. Sobald in einer Buchung mindestens ein Aufwands- oder Ertragskonto und mindestens ein Bestandskonto angesprochen wird, spricht man von erfolgswirksamen Buchungen. Ein Beispiel für eine erfolgswirksame Buchung ist die Auszahlung von Gehältern. Dabei sinkt der Bestand an flüssigen Geldmitteln z. B. auf dem Bankkonto. Gleichzeitig nimmt aber kein anderes Bestandskonto zu. Damit sinkt das Eigenkapital des Unternehmens – die Buchung ist also erfolgswirksam.

Abbildung 5-5: *Beispielhafte Buchungssätze*

---

1. Warenverkauf zu 100 € gegen Barzahlung.

Buchungssatz: Kasse 100 € an Waren 100 €.

Man spricht in diesem Fall von einem Aktivtausch, da gleichzeitig mindestens eine Aktivposition zunimmt und mindestens eine andere Aktivposition abnimmt. Da zwei Bestandskonten angesprochen werden, ist der Buchungsvorgang erfolgsneutral.

Kasse		Waren	
(S) Soll	Haben (H)	(S) Soll	Haben (H)
Zugang 100			Abgänge 100

2. Kredittilgung bei der Bank B durch zusätzliche Kreditaufnahme bei Bank A (2000 €).

Buchungssatz: Verbindlichkeiten Bank B 2000 € an Verbindlichkeiten Bank A 2000 €.

Man spricht in diesem Fall von einem Passivtausch, da gleichzeitig mindestens eine Passivposition zunimmt und mindestens eine andere Passivposition abnimmt. Da zwei Bestandskonten angesprochen werden, ist der Buchungsvorgang erfolgsneutral.

Verbindlichkeiten Bank B		Verbindlichkeiten Bank A	
(S) Soll	Haben (H)	(S) Soll	Haben (H)
Abgänge 2000			Zugänge 2000

3. Überweisung von Miete für die Büroräume (1000 €).

Buchungssatz: Mietaufwand 1000 € an Bank 1000 €.

Da neben dem Bestandskonto „Bank" das Erfolgskonto „Mietaufwand" angesprochen wird ist die Buchung erfolgswirksam.

Mietaufwand		Bank	
(S) Soll	Haben (H)	(S) Soll	Haben (H)
Zugänge 1000			Abgänge 1000

3. Geschäftsjahresende: Verbuchung des Gewinns aus der GuV in das Eigenkapital (10.000 €)

Buchungssatz: GuV-Konto 10.000 € an Eigenkapital 10.000 €.

GuV-Konto		Eigenkapital	
(S) Soll	Haben (H)	(S) Soll	Haben (H)
Abgänge 10.000			Zugänge 10.000

5.2   Internes Rechnungswesen

Zur Steuerung von Unternehmen benötigen Entscheidungsträger detaillierte Informationen über unternehmensinterne monetäre und mengenmäßige Größen. Ohne eine entsprechende Erfassung und Gliederung werden die in einem Unternehmen anfallenden Kosten nur als pauschale Summe bekannt sein. Entscheidungsträger würden dann bestenfalls die Beträge kennen, die das Unternehmen einnimmt oder bezahlt. Erst am Ende des Geschäftsjahres könnte man feststellen, ob Gewinn oder Verlust erwirtschaftet wurde. Das interne Rechnungswesen hat daher die Aufgabe, die zur Unternehmenssteuerung benötigten Informationen über Wertströme nach Kosten und Leistungen zu erfassen, zu analysieren und aufzubereiten. Dabei gliedert sich das interne Rechnungswesen in zwei Teilbereiche: *Kostenrechnung* (die auch als Kosten- und Leistungsrechnung oder KLR bezeichnet wird) sowie *Betriebsstatistik*.[225]

- Aufgabe der Kostenrechnung (Betriebsbuchhaltung oder Betriebsbuchführung) ist die Kontrolle der Wirtschaftlichkeit der Produktion durch Erfassen, Verteilen und Zurechnen der Kosten und Leistungen, die im Rahmen der betrieblichen Leistungserstellung anfallen. Die Kostenrechnung stellt Informationen für die Kalkulation von Angebotspreisen und Preisuntergrenzen bereit, dient zur Betriebskontrolle, indem sie Kosten und Erträge vergleicht und schafft die Grundlage für betriebliche Investitionsentscheidungen.

- Aufgabe der Betriebsstatistik ist die Aufbereitung von Zahlen der Buchführung und der Kostenrechnung zu Kennzahlen, Tabellen und grafischen Darstellungen.

Als Hauptbestandteil des internen Rechnungswesens steht die Kostenrechnung im Mittelpunkt der folgenden Ausführungen.

5.2.1   Begriffsdefinitionen

Grundlage für das Verständnis der Kostenrechnung ist ein Verständnis der in diesem Zusammenhang gebrauchten Begriffe. Zu diesem Zweck werden im Folgenden zunächst die Begriffe Auszahlung, Ausgabe, Aufwand und Kosten voneinander abgegrenzt. Im Anschluss daran werden fünf Begriffspaare definiert, die im Zusammenhang mit der Kostenrechnung eine wichtige Rolle spielen: Einzel- und Gemeinkosten, fixe und variable Kosten, primäre und

---

225 vgl. Jóraz, W., Kostenrechnung, 2009, S. 15 ff.

sekundäre Kosten, Ist-, Normal- und Plankosten sowie Voll- und Teilkostenrechnung. Innerhalb der Kostenrechnung werden vier Begriffspaare unterschieden, die umgangssprachlich oft synonym verwendet werden. Während sich das externe Rechnungswesen insbesondere mit den Größen Auszahlungen und Einzahlungen, Ausgaben und Einnahmen, sowie Aufwänden und Erträgen beschäftigt, stehen die Kosten und Leistungen im Mittelpunkt des internen Rechnungswesens. Im Folgenden werden Auszahlungen, Ausgaben, Aufwände und Kosten voneinander abgegrenzt. Die Abgrenzung der Begriffe Einzahlungen, Einnahmen, Erträge und Leistungen erfolgt analog und wird aus diesem Grund nicht weiter behandelt.[226] (vgl. Abbildung 5-6).

- ■ *Auszahlungen*

  Auszahlungen bezeichnen Geldabflüsse, die zu einer Verringerung des Bestands an Bar- oder Buchgeld[227] führen. Ein typisches Beispiel für eine Auszahlung ist die Überweisung von Löhnen und Gehälter an die Mitarbeiter.

- ■ *Ausgaben*

  Als Ausgaben werden Geldabflüsse bezeichnet, die zu einer Verringerung des Bestands an Bar- oder Buchgeld, einer Erhöhung der Verbindlichkeiten oder einer Verringerung der Forderungen führen. Ein Beispiel für eine Ausgabe ist der Kauf von Produktionsmaterialien „auf Ziel".

- ■ *Aufwände*

  Aufwände beschreiben Abflüsse von Reinvermögen innerhalb einer Abrechnungsperiode (z. B. Geschäftsjahr). Das Reinvermögen umfasst neben Geldvermögen auch das Sachvermögen (z. B. Maschine, LKW oder Fabrikgebäude). Bei den Aufwänden wird zwischen Zweckaufwänden und neutralen Aufwänden unterschieden:

  - ➲ *Zweckaufwände* umfassen alle Aufwände, die mit der betrieblichen Leistungserstellung und Verwertung in direktem Zusammenhang stehen.

  - ➲ *Neutrale Aufwände* umfassen *betriebsfremde Aufwände*, die nicht aus der eigentlichen betrieblichen Tätigkeit resultieren, *periodenfremde Aufwände*, die nicht in der Abrechnungsperiode entstehen und *außerordentliche Aufwände*, die zwar im Zusammenhang mit der betrieblichen Leistungserstellung stehen, aber aufgrund ihrer Höhe und „Nichtvorhersagbarkeit" nicht den Zweckaufwänden zugerechnet werden.

---

226 vgl. Olfert, K., Kostenrechnung, 2008, S. 33 ff.
227 Als Buchgeld werden immaterielle Zahlungsmittel wie beispielseise Bankguthaben bezeichnet.

Abbildung 5-6: *Beispielhafte Buchungssätze*

vgl. Thommen, J.-P. / Achleitner, A.-K., Betriebswirtschaftslehre, 2006, S. 1015.

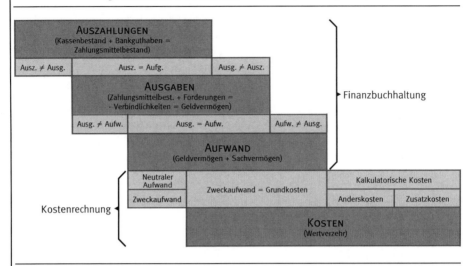

Aufwände und Erträge sind erfolgswirksam, werden in der Gewinn- und Verlustrechnung verbucht, beeinflussen das Eigenkapital und haben direkten Einfluss auf den Unternehmenserfolg.

- **Kosten**

Kosten bezeichnen den Werteverzehr im betrieblichen Leistungserstellungsprozess innerhalb einer Abrechnungsperiode. Bei den Kosten werden Grundkosten und kalkulatorische Kosten unterschieden.

- ⊃ Die *Grundkosten* beschreiben den Werteverzehr aller Güter in einer Abrechnungsperiode, der aus der betrieblichen Leistungserstellung und -verwertung resultiert. Die Grundkosten entsprechen dem Zweckaufwand.

- ⊃ *Kalkulatorische Kosten* bezeichen alle Kosten, die vom Aufwand der laufenden Periode abweichen, weil sie aus handelsrechtlichen Gründen nicht (Zusatzkosten) oder nicht in gleicher Höhe (Anderskosten) als Aufwand angesetzt werden können.

In der Kostenrechnung werden Kosten regelmäßig hinsichtlich verschiedener Kriterien gegliedert. Die wichtigsten fünf Gliederungskriterien und die mit diesen im Zusammenhang stehenden Begriffe werden im Folgenden erläutert:[228]

---

228 vgl. Olfert, K., Kostenrechnung, 2008, S. 48 ff.

■ **Einzelkosten vs. Gemeinkosten**

Hinsichtlich der Zurechenbarkeit auf die Kostenträger werden Einzel- und Gemeinkosten unterschieden. Einzelkosten sind alle Kosten, die einem Kalkulationsobjekt (z. B. einem Endprodukt) direkt zugerechnet werden können. Beispiele für Einzelkosten sind Fertigungslöhne oder Fertigungsmaterial. Gemeinkosten sind dagegen alle Kosten, die gemeinsam für mehrere Kalkulationsobjekte anfallen. Beispiel für Gemeinkosten sind Raumkosten oder die Gehälter für zentrale Abteilungen, wie z. B. die Personalabteilung.

■ **Fixe Kosten vs. variable Kosten**

Hinsichtlich des Verhaltens der Kosten bei Änderung der Kapazitätsausnutzung werden fixe und variable Kosten unterschieden. Während fixe Kosten unabhängig vom Grad der Kapazitätsausnutzung entstehen und fix für einen bestimmten Zeitraum anfallen (z. B. Mieten oder Gehälter), verändern sich variable Kosten mit der Ausbringungsmenge. Beispiele für variable Kosten sind die Kosten für Fertigungsmaterialen.

■ **Primäre vs. sekundäre Kosten**

In der Kostenrechnung werden die Kosten für Einsatzgüter, die von außerhalb des Unternehmens bezogen werden, als primäre Kosten bezeichnet. Im Gegensatz dazu werden alle Kosten für Einsatzgüter, die von innerhalb des Unternehmens bezogen werden, als sekundäre Kosten bezeichnet.

■ **Ist- vs. Normal- vs. Plankosten**

Gegenstand der Istkostenrechnung sind die tatsächlich angefallenen Kosten einer vergangenen Periode. Im Gegensatz dazu nutzen Berechnungen auf Normalkostenbasis durchschnittliche Kosten vergangener Perioden. Plankosten sind zukünftige, für eine bestimmte Auslastung erwartete Kosten. Plankosten werden als Kostenvorgaben genutzt, um die Einhaltung von Budgets zu kontrollieren und Abweichungen zu analysieren.

■ **Vollkosten- vs. Teilkostenrechnung**

Die Kostenrechnung kann grundsätzlich auf Basis von Voll- oder Teilkosten basieren. „Voll" und „Teil" bezieht sich dabei auf den Umfang der Zurechnung der Kosten auf den Kostenträger (z. B. das Produkt). Währnd die Vollkostenrechnung alle angefallenen Kosten eines Unternehmens auf die einzelnen Kostenträger verrechnet, werden im Rahmen der Teilkostenrechnung lediglich die variablen Kosten zugeordnet, um auf diese Weise eine Verrechnung von fixen Kosten bzw. Gemeinkosten zu vermeiden. Bekannte konkrete Ausprägungen von Teilkostenrechnungssystemen sind etwa das Direct Costing oder die Deckungsbeitragsrechnung.

5.2.2 Vorgehensweise bei der Kostenrechnung

Die Kostenrechnung erfolgt in drei aufeinander aufbauenden Stufen: der Kostenarten-, der Kostenstellen- und der Kostenträgerrechnung.[229] Abbildung 5-7 zeigt die Vorgehensweise sowie mögliche Ausprägungen der Kostenrechnung.

5.2.2.1 Kostenartenrechnung

Die Kostenartenrechnung beschäftigt sich mit der Fragestellung „Welche Kosten sind angefallen?" Sie dient der Erfassung sämtlicher Kosten, die bei der Beschaffung, Lagerung, Produktion und dem Absatz betrieblicher Leistungen während einer Abrechnungsperiode in einem Unternehmen angefallen sind. Dabei teilt sie die Gesamtkosten in verschiedene Kostenarten auf, die dann verursachungsgerecht auf die entsprechenden Kostenstellen und Kostenträger verrechnet werden. Die Kostenartenrechnung erfasst ausschließlich primäre Kosten. Abbildung 5-8 zeigt ein Beispiel für eine mögliche Gliederung der Kostenarten in der Praxis.

Abbildung 5-7: *Gestaltung der Kostenrechnung in der Praxis*
vgl. Warnecke, H.-J., Kostenrechnung, 1996, S. 135.

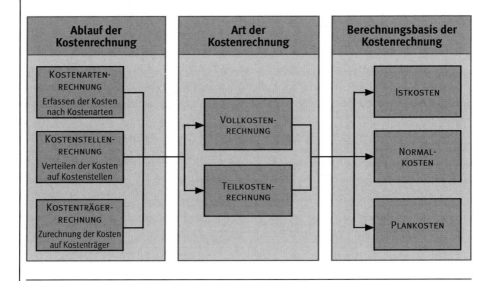

---

229 vgl. Warnecke, H.-J., Kostenrechnung, 1996, S. 48 ff.

Abbildung 5-8: *Beispiel für eine Kostenartengliederung*
vgl. Warnecke, H.-J., Kostenrechnung, 1996, S. 62.

Personalkosten

- **Gehaltskosten**
  - ⮑ Gehälter
  - ⮑ Gehaltsnebenkosten

- **Lohnkosten**
  - ⮑ Zeitlöhne
  - ⮑ Akkordlöhne
  - ⮑ Zusatzentgelte
  - ⮑ Arbeitgeberanteil Sozialversicherung
  - ⮑ Beiträge zur Berufsgenossenschaft
  - ⮑ Behindertenabgabe
  - ⮑ sonstige Lohnnebenkosten

- **Personalleasing**

Anlagekosten

- **Grundstücke und Gebäude**
  - ⮑ Gebühren und Steuern
  - ⮑ Feuerversicherungen
  - ⮑ Einbruchsversicherung
  - ⮑ sonstige Versicherungen
  - ⮑ Instandhaltungskosten
  - ⮑ planmäßige Abschreibungen
  - ⮑ Raummieten

- **Maschinenkosten**
  - ⮑ Maschinenversicherungen
  - ⮑ Instandhaltung
  - ⮑ planmäßige Abschreibungen
  - ⮑ geringwertige Wirtschaftsgüter
  - ⮑ Maschinenmieten und -leasing

- **Kosten sonstiger Anlagen**

Materialkosten

- ⮑ Handelswaren
- ⮑ Fertigungsmaterial
- ⮑ Fertigungsstoffe
- ⮑ Instandhaltungsmaterial
- ⮑ Büromaterial
- ⮑ sonstige Materialien

Energiekosten

- ⮑ Öl
- ⮑ Gas
- ⮑ Strom
- ⮑ sonstige Energieträger

Dienstleisungskosten

- ⮑ Fremdfertigung
- ⮑ Fremdtransporte
- ⮑ Bewirtung
- ⮑ Reisekosten
- ⮑ sonstige Dienstleisungen

Versicherungskosten

- ⮑ Produkthaftpflicht
- ⮑ Warenkreditversicherung
- ⮑ sonstige Versicherungen

Kosten fremder Rechte

- ⮑ Lizenzgebühren
- ⮑ Patentgebühren
- ⮑ Kosten sonstiger Rechte

Kapitalkosten

- ⮑ Eigenkapitalzinsen
- ⮑ Fremdkapitalzinsen
- ⮑ Kosten des Kapitalverkehrs
- ⮑ sonstige Kapitalkosten

Werbekosten

- ⮑ Werbematerial
- ⮑ Werbung in Fachzeitschriften
- ⮑ sonstige Werbekosten
- ⮑ sonstige Kosten

5.2.2.2 Kostenstellenrechnung

Die Kostenstellenrechnung gibt Antwort auf die Frage „Wo sind die Kosten entstanden?" Die Endkosten, die auf die Kostenträger zu verteilen sind, errechnen sich folgendermaßen: *Endkosten = primäre Kosten +/- Kosten für innerbetriebliche Leistungen.* Um Kosten möglichst verursachungsgerecht zurechnen zu können, werden die gesamten entstandenen Kosten des Unternehmens in Einzel- und Gemeinkosten unterteilt. Während Einzelkosten einem Kostenträger direkt zugerechnet werden können, müssen Gemeinkosten den Kostenträgern je nach Inanspruchnahme zugeschlüsselt werden.

Sofern ein Betrieb nur ein Produkt herstellt, kann eine verursachungsgerechte Zuordnung durch Division der gesamten Gemeinkosten durch die Anzahl der hergestellten Produkte erfolgen (Divisionsverfahren). Sofern ein Unternehmen mehr als ein Produkt herstellt, führt diese Vorgehensweise nicht länger zu einer verursachungsgerechten Zuschlüsselung, da die verschiedenen Produkte die Bereiche, in denen die Gemeinkosten entstehen, mit großer Wahrscheinlichkeit unterschiedlich stark beanspruchen.

Um dieser Situation Rechenschaft zu tragen, werden innerhab eines Unternehmens Kostenstellen gebildet, auf die die anfallenden Erzeugnisgemeinkosten weitgehen verursachungsgerecht mittels Zuschlüsselung verteilt werden. Abbildung 5-8 zeigt eine mögliche Gliederung von Kostenstellen. Auch bei den einzelnen Kostenstellen werden Kostenstelleneinzel- und Kostenstellengemeinkosten unterschieden. Kostenstelleneineinzelkosten können einer bestimmten Kostenstelle direkt zugerechnet werden (vgl. Abbildung 5-10). Kostenstellengemeinkosten fallen gemeinsam für mehrere Kostenstellen an und müssen rechnerisch auf die betreffenden Kostenstellen verteilt werden.

Das wichtigste Instrument zur verursachungsgerechten Kostenverrechnung ist der Betriebsabrechnungsbogen (BAB). Dieser ermöglicht eine verursachungsgerechte Verteilung der Gemeinkosten auf die Kostenstellen, ein Umlegen der Kosten der allgemeinen Kostenstellen auf die Hauptkostenstellen, das Ermitteln der Gemeinkostenzuschlagssätze für die Hauptkostenstellen durch eine Gegenüberstellung von Einzel- und Gemeinkosten, den Vergleich von verrechneten und entstandenen Kosten und die Kontrolle der Wirtschaftlichkeit der einzelnen Kostenstellen. Die Kostenstellenrechnung mit dem Betriebsabrechnungsbogen verläuft in fünf Schritten. Im Folgenden werden die einzelnen Schritte anhand des in Abbildung 5-11 dargestellten beispielhaften Betriebsabrechnungsbogens besprochen.

Abbildung 5-9: *Beispiel für eine Kostenstellengliederung*

vgl. Warnecke, H.-J., Kostenrechnung, 1996, S. 72 ff.

■ **Allgemeine Kostenstellen**

Die Leistungen der allgemeinen Kosten-stellen werden von fast allen Kostenstellen eines Unternehmens in Anspruch genom-men. Ihre Kosten müssen entsprechend der Nutzung auf die nachgelagerten Kos-tenstellen verteilt werden. Beispiel: Kos-ten für Gebäudeverwaltung.

■ **Fertigungshilfskostenstellen**

Die Aufgabe der Fertigungshilfskosten-stellen ist die Verrichtung von Hilfsfunk-tionen für die eigentliche Leisungserstel-lung in den Fertigungshauptkostenstellen. Ihre Kosten müssen mittels inntebetriebli-cher Leistungsverrechnung auf die nach-gelagerten Kostenstellen verteilt werden. Beispiel: Konstruktionsabteilung

■ **Fertigungshauptkostenstellen**

In den Fertigungshauptkostenstellen findet die eigentliche Produktion statt. Sie sind der eigentliche Mittelpunkt der Kostenrechnung. Beispiel: Dreherei.

■ **Materialkostenstellen**

Die Materialkostenstellen übernehmen die Kosten für Materialeinkauf, -prüfung, -lagerung und -entnahme.

■ **Verwaltungskostenstellen**

Die Verwaltungskostenstellen erfassen die Kosten der Geschäftsführung, des Rechnungswesens und der allgemeinen Verwaltung.

■ **Vertriebskostenstellen**

Die Vertriebskostenstellen beinhalten alle Kosten, die für den Absatz der Er-zeugnisse eines Unternehmens entste-hen.

Abbildung 5-10: *Beispiel für eine Kostenartengliederung*

vgl. Warnecke, H.-J., Kostenrechnung, 1996, S. 135.

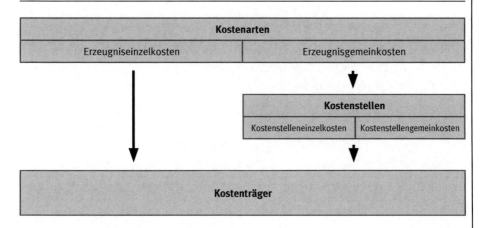

1. Im ersten Schritt werden Einzelkosten direkt auf die Kostenträger verrechnet (Zeile 1.2 und 1.3). Sie dienen als Grundlage für die Berechnung der Gemeinkostenzuschlagssätze. Danach werden die primären Gemeinkosten aus der Kostenartenrechnung übernommen und verursachungsgerecht auf die entsprechenden Kostenstellen verteilt (Zeile 1.4 bis 1.13).

2. Im zweiten Schritt werden dann die Kosten der allgemeinen Kostenstellen und der Fertigungshilfskostenstellen auf die Hauptkostenstellen verrechnet. Im Beispiel wurden die Verteilungsschlüssel „investiertes Kapital" für die allgemeinen Kostenstellen und „Anzahl beschäftigter Personen" als Verteilungsschlüssel angenommen. Die Addition der Zeilen 2.1 bis 2.3 ergibt die endgültigen Gemeinkosten je Kostenstelle.

3. Im dritten Schritt werden die Gemeinkostenzuschlagssätze ermittelt, bei deren Verwendung in der aktuellen Kalkulation es nicht zu einer Kostenüber- oder unterdeckung gekommen wäre. Die Berechnung der Zuschlagssätze erfolgt nach den Formeln:

   Fertigungsgemeinkostenzuschlagssatz (FGK)
   = Fertigungsgemeinkosten / Fertigungslöhne x 100

   Materialgemeinkostenzuschlagssatz (MGK)
   = Materialgemeinkosten / Fertigungsmaterial x 100

   Verwaltungsgemeinkostenzuschlagssatz (VwGK)
   = Verwaltungsgemeinkosten / Herstellkosten x 100

   Vertriebsgemeinkostenzuschlagssatz (VtGK)
   = Vertriebsgemeinkosten / Herstellkosten x 100

4. Aus praktischen Gründen werden die Zuschlagssätze in der Praxis meist nur jährlich angepasst. Kosten- und Beschäftigungsschwankungen, die während dieses Zeitraumes auftreten führen daher zu Kostenüber- bzw. unterdeckungen, da die auf Basis der Zuschlagssätze verrechneten Kosten nicht mit den tatsächlichen Kosten übereinstimmen. Im vierten Schritt erfolgt deshalb eine Überprüfung der verrechneten Kosten.

5. Im fünften Schritt werden abschließend Kennzahlen ermittelt. Kennzahlen dienen der einfachen und anschaulichen Darstellung von Veränderungen im Unternehmensgeschehen. Abbildung 5-11 zeigt einige Beispiele von Kennzahlen die mit Hilfe des BAB ermittelt werden können (Zeilen 5.1 bis 5.11).

Abbildung 5-11: *Beispiel eines Betriebsabrechnungsbogens*
vgl. Warnecke, H.-J., Kostenrechnung, 1996, S. 87.

Kostenarten / Kostenstellen	Zahlen der Buchhaltung	Allgemeine Kostenstellen	Fertigungskostenstellen Hauptkostenstellen A	B	Summe	Hilfskostenstellen	Materialkostenstellen	Verwaltungskostenstellen	Vertriebskostenstellen
1.1 Produktionswert	900		520	380					
1.2 Fertigungsmaterial (FM)	250		150	100	250				
1.3 Fertigungslöhne (FL)	92		60	32	92				
1.4 Gemeinkostenlöhne	54	2	21	19	40	10	2		
1.5 Gehälter	96	8	6	6	12	16	8	25	27
1.6 Personalkosten	44	4	3	3	6	8	4	12	10
1.7 Gemeinkostenmaterial	31	9	7	8	15	3	1	1	1
1.8 Energie (Fremdbezug)	30	2	14	10	24	4			
1.9 Instandhaltung und Reparatur (Fremdleistung)	34	5	10	9	19	8	2		
1.10 Steuern, Versicherung, Gebühren, Miete, Beiträge	61	6	10	10	20	8	3	12	12
1.11 Werbung, Repräsentation	7					1		2	4
1.12 Kundendienst, Vertreterprovision	30								30
1.13 kalkulatorische Abschreibungen	113	10	29	29	58	12	8	10	15
2.1 Summe 1.4 - 1.13	500	46	100	94	194	70	28	63	99
2.2 Umlage der allgemeinen Kostenstellen		⤷ 13	13	13	26	6	1	5	8
2.3 Umlage der Fertigungshilfskostenstellen			50	26	76	⬅			
3.1 Summe der Gemeinkosten			163	133	296				
3.2 Fertigungslöhne			60	32	92				
3.3 Fertigungsgemeinkostenzuschlag (FGKZ)			270%	415%					
3.4 Fertigungskosten (FK) = LF + FGKZ					388				
3.5 Fertigungsmaterial (FM)					250		250		
3.6 Materialgemeinkostenzuschlag (MGKZ)					29		11,5%		
3.7 Herstellkosten (HK) = FK + FM + MGKZ					667			667	667
3.8 Verwaltungsgemeinkostenzuschlag (VwGKZ)					68			10%	
3.9 Vertriebsgemeinkostenzuschlag (VtGKZ)					107				16%
3.10 Gesamtkosten 3.1 - 3.9					842				
4.1 verrechnete Durchschnittssätze			300%	400%			10%	10%	15%
4.2 verrechnete Fertigunglöhne (FL)			60	32	92				
4.3 verrechnete Fertigungsgemeinkosten (FGK)			180	128	308				
4.4 verrechnete Fertigungskosten (FK)					400				
4.5 verrechnetes Fertigungsmaterial (FM)					250		250		
4.6 verrechnete Materialgemeinkosten (MGK)					25		⬅ 25		
4.7 verrechnete Herstellkosten (HK)					675			675	675
4.8 verrechnete Verwaltungsgemeinkosten (VwGK)					68			⬅ 68	
4.9 verrechnete Vertriebsgemeinkosten (VtGK)					101				101
4.10 verrechnete Gesamtkosten					844				
4.11 Abweichung / Überdeckung gegenüber 3.10					+2				
5.1 beschäftigte Personen	240	20	105	55	160	20	10	10	20
5.2 Gemeinkosten 2.1 je Beschäftigtem	2100	2300	1000	1600	1200	3500	2800	6300	500
5.3 Gesamtkosten 3.10 je Beschäftigtem	ca. 42000 €								
5.4 Maschinenstunden	ca. 30000 €								
5.5 Beschäftigungsgrad	ca. 80%								
5.6 Fertigungskosten 3.4 je Maschinenstunde	ca. 13 €/h								
5.7 Gesamtkosten 3.10 je Maschinenstunde	ca 28 €/h								
5.8 Mannstunden	ca. 40000 h								
5.9 Gemeinkosten 2.1 je Mannstunde	ca. 12,5 €/h								
5.10 Produktionsleistung	ca. 120 t								
5.11 Gesamtkosten 3.10 je KG Produktionsleistung	ca. 7 €/Kg								

5.2.2.3   Kostenträgerrechnung

Die Kostenträgerrechnung ist die dritte und letzte Stufe der Kostenrechnung. Sie fußt auf zwei Rechnungen: Kostenträger-Zeitrechnung und Kostenträger-Stückrechnung.

- Im Rahmen der Kostenträger-Zeitrechnung wird in bestimmten Zeiträumen (z. B. monatlich oder quartalsweise) ermittelt, welchen Beitrag die betrachteten Kostenträger zum Unternehmengesamterfolg leisten. Diese Betrachtungsweise ist vor allem für die Produktionsprogrammplanung unter Berücksichtigung der Marktanforderungen und der eventueller Produktionsengpässe durchgeführ wird.

- Bei der Kostenträger-Stückrechnung werden die Selbstkosten der einzelnen Kalkulationsobjekte ermittelt. Diese werden insbesondere verwendet, um Verkaufspreise und interne Verrechnungspreise festzulegen.

In Abhängigkeit von der Komplexität und der Anzahl verschiedenartiger Produkte eignen sich verschiedene Verfahren zur Bestimmung der Selbstkosten (vgl. Abbildung 5-12). Neben der bereits erwähnten Divisionskalkulation (vgl. 5.2.2.2 Kostenstellenrechnung) sind dies vor allem die Äquivalenzziffernkalkulation und die Zuschlagskalkulation:[230]

- *Divisionskalkulation*

  Die Divisionskalkulation kommt bei Unternehmen zum Einsatz, die nur ein einziges Produkt vertreiben. Die Selbstkosten werden durch Division der Gesamtkosten durch die Menge an verkauften Produkten ermittelt (Selbstkosten = Gesamtkosten / Leistungsmenge).

- *Äquivalenzziffernkalkulation*

  Die Äquivalenzziffernkalkulation ist eine Abwandlung der Divisionskalkulation. Sie kommt zum Einsatz, wenn Unternehmen verschiedene ähnliche Produkte vertreiben. Mit Äquivalenzziffern auf Basis eines Standardproduktes angegeben, wie viel größer oder kleiner der Aufwand zur Herstellung eines Produktes im Vergleich zur Herstellung des Standardproduktes ist. Abbildung 5-13 zeigt beispielhaft die Vorgehensweise bei der Äquivalenzziffernkalkulation.

- *Zuschlagskalkulation*

  Die Zuschlagskalkulation kommt in Unternehmen zum Einsatz, die sehr verschiedene Produkte vermarkten. Da dies in der Praxis die Regel ist, ist

---

230 vgl. Coenenberg, A., Kostenrechnung, 2009, S. 74 ff. und Jóraz, W., Kostenrechnung, 2009, S. 180 ff.

Abbildung 5-12: *Methoden der Kostenträgerrechnung*

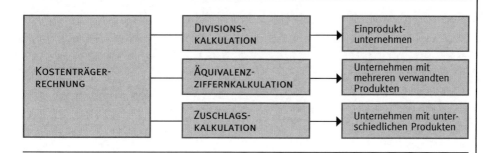

Abbildung 5-13: *Äquivalenzziffernkalkulation am Beispiel einer Flaschenproduktion*

Gesamtkosten 99.000 €	Sorte			Summe
Produkt (Plastikflasche)	0,33 Liter	0,5 Liter	1 Liter	
Produktionsmengen	180.000	80.000	120.000	
Äquivalenzziffern	0,3	0,5	1	
Menge x Äquivalenzziffer	54.000	40.000	120.000	214.000
Kostenanteil	25%	19%	56%	100%
Selbstkosten je Sorte	24.750 €	18.810 €	55.440 €	99.000 €
Selbstkosten je Flasche	0,14 €	0,24 €	0,46 €	

die Zuschlagskalkulation die am häufigsten verwendete Methode der Kostenträgerrechnung. In ihr werden die in der Kostenstellenrechnung aufbereiteten Informationen (Fertigungseinzel- und Gemeinkosten) genutzt, um die Selbstkosten zu errechnen. Abbildung 5-14 veranschaulicht die Vorgehensweise zur Ermittlung der Selbstkosten mittels Zuschalgskalkulation.

Ausgehend von den ermittelten Selbstkosten kann der Bruttoverkaufspreis ermittelt werden. Dazu werden zu den Selbstkosten ein Gewinnaufschlag und die Umsatzsteuer addiert.[231]

---

231 vgl. Vahs, D./Schäfer-Kunz, J., Betriebswirtschaftslehre, 2007, S. 676.

Abbildung 5-14: *Methoden der Kostenträgerrechnung und deren Einsatzfelder*
vgl. Warnecke, H.-J., Kostenrechnung, 1996, S. 121.

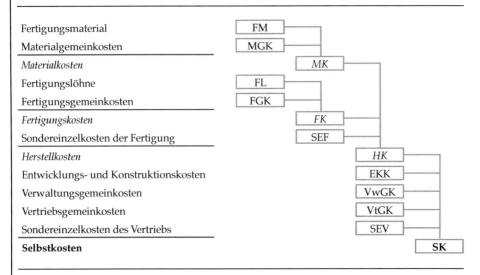

Fertigungsmaterial	FM
Materialgemeinkosten	MGK
Materialkosten	*MK*
Fertigungslöhne	FL
Fertigungsgemeinkosten	FGK
Fertigungskosten	*FK*
Sondereinzelkosten der Fertigung	SEF
Herstellkosten	*HK*
Entwicklungs- und Konstruktionskosten	EKK
Verwaltungsgemeinkosten	VwGK
Vertriebsgemeinkosten	VtGK
Sondereinzelkosten des Vertriebs	SEV
Selbstkosten	**SK**

5.2.2.4 Erfolgsrechnungen

Aufgabe der Erfolgsrechnungen ist es, den Gewinn oder den Verlust von Unternehmen und ihren Geschäftsbereichen zu ermitteln. Im Gegensatz zur Gewinn- und Verlustrechnung des externen Rechnungswesens, in der Erträge und Aufwendungen verglichen werden, stellt das interne Rechnungswesen hierzu Kosten und Leistungen gegenüber.[232]

Erfolgsrechnungen können als Voll- oder als Teilkostenrechnungen durchgeführt werden. Vollkostenrechnungen beruhen in der Regel auf den Daten vergangener Perioden. In der Praxis am häufigsten anzutreffen ist die Vollkostenrechnung auf Istkostenbasis. Traditionell werden die Kosten in der Vollkostenrechnung proportional zur Fertigungsmenge verrechnet.

Da fixe Kosten über einen gewissen Zeitraum hinweg unveränderlich sind und für einen gewissen Zeitraum proportional anfallen, führt diese Vorgehensweise bei sinkender Produktion zu einer Erhöhung der Kosten pro Kostenträger. Entscheidungsrechnungen auf Vollkostenbasis versagen demnach, sobald sie auf Basis gegebener Kapazitäten zu treffen sind.[233]

---

232 vgl. Warnecke, H.-J., Kostenrechnung, 1996, S. 151 ff.
233 vgl. Vahs, D./Schäfer-Kunz, J., Betriebswirtschaftslehre, 2007, S. 679 ff.

Teilkostenrechnungen bieten einen Ausweg zur Lösung des Fixkostenproblems, in dem den Kostenträgern lediglich die tatsächlich verursachten Kosten zugerechnet werden. Teilkostenrechnungen werden in der Praxis meist als Plankostenrechnungen durchgeführt. Eine der am häufigsten anzutreffenden Ausprägungen der Teilkostenrechnung ist die einstufige Deckungsbeitragsrechnung (englisch: Direct Costing).

Ziel des Direct Costing ist es, den sogenannten Deckungsbeitrag von Produkten zu ermitteln und daraus die Profitabilität von Produkten abzuleiten. Dies geschieht, in dem die variablen Selbstkosten von den Umsatzerlösen abgezogen werden (*Deckungsbeitrag = Umsatzerlös - variable Selbstkosten*). Der Grundgedanke des Direct Costing besteht demnach darin, dass alle Produkte, die beim Verkauf mindestens ihre variablen Kosten decken, einen gewissen Beitrag zur Deckung der übergeordneten Fixkosten leisten – d. h. dass auch ein Produkt bzw. ein Auftrag welcher/s in der Vollkostenrechnung als nicht profitabel eingestuft werden würde unter Umständen in die Produktion aufgenommen werden sollte, wenn der Deckungsbeitrag dies rechtfertigt. Deckungsbeiträge können pro Stück, pro Produktart oder für ein gesamtes Unternehmen entwickelt werden. In der Praxis werden die aus dem Direct Costing resultierenden Informationen häufig zur Ermittlung des gewinnoptimalen Produktionsprogrammes genutzt. Abbildung 5-15 verdeutlicht dies beispielhaft.

Eine weitere Form der Teilkostenrechnung, die in der Praxis häufig zur Anwendung kommt, ist die mehrstufige Deckungsbeitragsrechnung (auch Fixkostendeckungsrechnung), eine Weiterentwicklung des Direct Costing. Im Gegensatz zum Direct Costing wird in der Fixkostendeckungsrechnung zwischen verschiedenen Fixkostenkategorien unterschieden. In Abhängigkeit davon „wie direkt" ein bestimmter Fixkostenblock einem Kostenträger zugerechnet werden kann, werden die Fixkosten dann Stufenweise von den Gesamtkosten des Kostenträgers abgezogen. Diese Vorgehensweise wird als erweitertes Verursachungsprinzip bezeichnet.[234] Abbildung 5-16 stellt eine mehrstufige Deckungsbeitragsrechnung beispielhaft dar. Dabei werden folgende Fixkostenblöcke unterschieden:

- Erzeugnisfixkosten: entstehen bei der Entwicklung, Produktion und dem Vertrieb (z. B. Kosten für eine produktspezifische Spritzgussform).

- Erzeugnisgruppenfixkosten: werden durch eine Gruppe von mehreren Erzeugnissen verursacht (z. B. Produktionsanlagen und Gebäude).

- Kostenstellenfixkosten: Kosten von Kostenstellen die nicht im direkten Zusammenhang mit dem Erzeugnis stehen (z. B. Raumkosten).

---

234 vgl. Warnecke, H.-J., Kostenrechnung, 1996, S. 161 ff.

Abbildung 5-15: *Beispiel zur einstufigen Deckungsbeitragsrechnung*
vgl. Warnecke, H.-J., Kostenrechnung, 1996, S. 168.

Betriebsergebnis bei freier Kapazität vor der Entscheidung über die Aufnahme eines Zusatzauftrags:

Produktion	Fixkosten	Var. Kosten	Ges. Kosten	Umsatz	Ergebnis
1.000 Stück	30.000 €	80.000 €	110.000 €	100.000 €	-10.000 €

Kalkulation eines Zusatzauftrags über 100 Stück bei einem Preis von 100 € pro Stück und variablen Kosten von 80 € pro Stück:

Vollkostenkalkulation	
Variable Kosten	80 € / Stück
Fixkosten	30 € / Stück
Gesamtkosten	110 € / Stück
Erlös	100 € / Stück
Verlust	**10€/Stück**

Deckungsbeitragskalkulation	
Erlös	100 € / Stück
Variable Kosten	80 € / Stück
Decklungsbeitrag	**20 €/Stück**

Ablehnung des Zusatzauftrags: altes Betriebsergebnis bleibt bestehen.

Annahme des Zusatzauftrags: neues Betriebsergebnis führt zu einer Verringerung des Verlustes.

Produktion	Fixkosten	Var. Kosten	Ges. Kosten	Umsatz	Ergebnis
1.100 Stück	30.000 €	88.000 €	118.000 €	110.000 €	-8.000 €

- Bereichsfixkosten: Werden von mehreren Kostenstellen verursacht (z. B. Gehälter der Bereichsleitung, Kosten für Zwischenlagerung).

- Unternehmensfixkosten: Alle nach Verrechnung der vorherigen Stufen noch verbleibenden Fixkosten (z. B. Kosten für Wachpersonal).

5.2.2.5   Entscheidungsrechnungen

Die im Rahmen der Kostenrechnung gewonnenen Informationen unterstützen die Vorbereitung und Durchführung von Unternehmensentscheidungen. In der Praxis nutzen Unternehmen die Daten der Kostenrechnung vor allem zur Planung des Produktionsprogramms, zur Bestimmung von Preisober-, untergrenzen und Gewinnschwellen sowie für Make-or-buy-Analysen. [235]

---

235 zu den Entscheidungsrechnungen vgl. Coenenberg, A., Kostenrechnung, 2009, S. 301 ff.

Abbildung 5-16: *Beispiel für eine mehrstufige Deckungsbeitragsrechnung*

	Geschäftsbereich 1				Geschäftsbereich 2
	Produktgruppe 1		Produktgr. 2		Produktgruppe 3
	Produkt 1	Produkt 2	Produkt 3	Produkt 4	Produkt 4
Umsatz	900 mio. €	750 mio. €	130 mio. €	160 mio. €	180 mio. €
- variable Selbstkosten	450 mio. €	350 mio. €	100 mio. €	170 mio. €	130 mio. €
= *Deckungsbeitrag 1*	450 mio. €	400 mio. €	30 mio. €	-10 mio. €	50 mio. €
- Erzeugnisfifkosten	250 mio. €	100 mio. €	50 mio. €	20 mio. €	10 mio. €
= *Deckungsbeitrag 2*	200 mio. €	300 mio. €	-20 mio. €	-30 mio. €	40 mio. €
- Erzeugnisgruppenfixkosten		120 mio. €	60 mio. €		10 mio. €
= *Deckungsbeitrag 3*		380 mio. €	-80 mio. €		0 mio. €
- Kostenstellenfixkosten		10 mio. €			40 mio. €
= *Deckungsbeitrag 4*		290 mio. €			-40 mio. €
- Bereichsfixkosten		40 mio. €			10 mio. €
= *Deckungsbeitrag 5*		250 mio. €			-50 mio. €
- Betriebsfixkosten					10 mio. €
Betriebsergebnis					**190 mio. €**

■ *Programmplanung*

Wie bereits angesprochen, können die im Rahmen der Kostenrechnung gewonnenen Daten Unternehmen dabei helfen, die Wirtschaftlichkeit ihrer Produktion zu erhöhen. Das Vorgehen ist davon abhängig, ob ein Kapazitätsengpass vorliegt oder nicht.

Bestehen keine Engpässe, ist es das Betreben von Unternehmen die Produktionskapazitäten bestmöglich auszulasten. Es werden daher alle Kostenträger in das Programm aufgenommen, die einen positiven Deckungsbeitrag aufweisen (vgl. Abbildung 5-15). In der Praxis werden ungenutzte Produktionskapazitäten häufig mit Aufträgen aufgefüllt, die anschließend unter anderem Namen zu günstigeren Preisen verkauft werden. Die Anwendung derartiger Preisgestaltung findet man beispielsweise in der Waschmittelindustrie.

In der Praxis ergeben sich häufig Situationen, in denen eine Engpasskapazität die Annahme weiterer Aufträge verhindert. In diesen Fällen gilt es dann das Produktionsprogramm so zu optimieren, dass unter allen möglichen Produktmixen derjenige gewählt wird, der den höchsten Deckungsbeitrag erwirtschaftet. Zur Berechnung des optimalen Produktionsprogramms muss daher zunächst der Deckungsbeitrag alternativer Produktionsmöglichkeiten auf die von dem Auftrag in Anspruch genommene „Menge" des Engpassfaktors bezogen werden. Man spricht in diesem Zusammenhang häufig vom Verdrängungsgrad (VG).

VG = Deckungsbeitrag pro Stück / Engpassbelastung pro Stück

Je größer der Verdrängungsgrad, desto vorteilhafter ist die Produktion des entsprechenden Kostenträgers.

■ **Preisbestimmung**

Im Bezug auf die Preisbstimmung übernimmt die Kostenrechnung traditionell zwei Aufgaben: Hilfe bei der Bestimmung von Preisobergrenzen im Einkauf, sowie Festlegung von Preisuntergrenzen beim Verkauf. Die Preisschwelle bzw. die Preisobergrenze kann im Einkauf von Werkstoffen dort gezogen werden, wo der Deckungebeitrag der Produkte die mit Hilfe unter Verwendung der entsprechenden Werkstoffe gebaut und verkauft werden Null wird. Im Hinblick auf die Festlegung von Preisuntergrenzen von Marktpreisen müssen zwei Szenarien unterschieden werden: Langfristig darf die Preisuntergrenze für den Verkauf von Produkten nicht unterhalb der Selbstkosten liegen. Kurzfristig (z. B. zur Abwehr von Wettbewerbern oder zum Zweck einer Markteinführung), können die Preise auf das Niveau der variablen Selbstkosten gesenkt werden, bei denen der Deckungsbeitrag gerade gleich Null ist.

■ **Break-even-Analyse**

Die in der Kostenrechnung geschaffene Trennung der fixen und variablen Kosten ermöglicht eine genaue Analyse der Gewinnschwelle (Break-even-Point). Dieser wird ermittelt, in dem die Gesamtkostenfunktion mit der Umsatzfunktion gleichgesetzt wird. Die Break-even-Analyse wird insbesondere im Rahmen von Businessplänen für Neuprodukte eingesetzt, um einzuschätzen, ob das Marktpotenzial ausreicht, um die Gewinnzone zu erreichen.

■ **Make-or-buy-Analysen**

Neben den strategischen Aspekten, wie Differenzierungsaspekten oder Risikoabwägungen, die die Frage über den Zukauf von Leistungen beeinflussen, sind auch Kostengesichtspunkte ein wesentlicher Einflussfaktor bei der Entscheidungsfindung. Dabei spielen vor allem die variablen Kosten eine entscheidende Rolle, da die Kosten der zugekauften Güter grundsätzlich unterhalb der bei der Eigenproduktion entstehenden variablen Kosten liegen sollten.

5.2.2.6 Kontrollrechnungen

Aufgabe von Kontrollrechnungen ist es, Kosten- und Leistungensabweichungen zu identifizieren und zu analysieren, um so bei kritischen Abweichungen das Einleiten geeigneter Gegenmaßnahmen zu ermöglichen. Die wichtigsten Systeme, die im Rahmen der Kontrollrechnung zum Einsatz kommen, sind Plankostenrechnungen, Ergebnisabweichungsanalysen und Kostenkontrollen von Projekten.

Im Rahmen der Budgetierung werden Kostenstellen regelmäßig Budgets vorgegeben (meist pro Geschäftsjahr), die diese einhalten sollen. Die Budgets der Kostenstellen bilden die geplanten Kosten und Leistungen ab, die innerhalb der betreffenden Kostenstellen verursacht bzw. verrechnet werden (Einzel- und Gemeinkosten). Die Berechnung der Budgets basiert auf einer bestimmten Auslastung der Kostenstelle, die als Planbeschäftigung bezeichnet wird. Um eine Prognose der Höhe der Kosten zu ermöglichen, die in einer Kostenstelle anfallen, wird für jede Kostenart eine auf einer Beschäftigung x basierende Sollkostenfunktion $K_s(x)$ aufgestellt.

Bei der flexiblen Plankostenrechnung auf Vollkostenbasis enthält diese die fixen Kosten K_f und die variablen Kosten k_v: $K_s(x) = K_f + k_v \cdot x$. Mit dieser Funktion können die Plankosten K_p für eine geplante Beschäftigung x_p ermittelt werden. Zur Kostenkontrolle können diese dann mit den tatsächlich entstandenen Kosten K_i bei Istbeschäftigung x_i verglichen werden. Da Planungsabweichungen, die auf Grund einer Beschäftigungsabweichung entstanden, sind nicht der Kostenstelle angelastet werden können, werden außerdem die Sollkosten K_s ermittelt, die bei Istbeschäftigung x_i eigentlich hätten anfallen müssen. Die Abweichung zwischen den errechneten Sollkosten und den tatsächlich entstandenen Istkosten wird als Verbrauchsabweichung bezeichnet. Im Regelfall wird die Leitung einer Kostenstelle für Verbrauchsabweichungen verantwortlich gemacht.[236]

---

236 vgl. Coenenberg, A., Kostenrechnung, 2009, 481 ff.

5.3 Investition

Damit Unternehmen langfristig erfolgreich sein können, müssen diese das ihnen zur Verfügung stehende Kapital entsprechend ihren Zielsetzungen „richtig" einsetzen beziehungsweise investieren. Im unternehmerischen Sinn wird daher unter einer Investition die Verwendung finanzieller Mittel für Güter verstanden, die wiederum der Erwirtschaftung finanzieller Mittel dienen. Bei einer Investition erfolgt also zunächst eine Auszahlung. Dieser stehen in den nachfolgenden Perioden Rückflüsse (Einzahlungen) und am Ende (beim Verkauf des Investitionsobjekts) ein Liquidationserlös gegenüber. Die Auszahlungen und Rückflüsse ergeben die sogenannte Zahlungsreihe (Vgl. Abbildung 5-17). [237]

Praxisbeispiel: Ein Fischer fängt täglich drei Fische und verwendet diese zur Ernährung seiner Familie. Er entschließt sich nun, zu sparen und legt jeden Tag einen Fisch zur Vorratshaltung beiseite. Nach neun Tagen sind genügend Fische angesammelt worden, damit der Fischer drei Tage lang ein Netz knüpfen kann (Investition), ohne dass er und seine Familie verhungern müssen. Durch den Einsatz des neuen Netzes fängt der Fischer nun bis zu zehn Fische am Tag und kann diese auf Märkten verkaufen und so weitere Investitionen ermöglichen.

Im Regelfall laufen Investitionsentscheidungen in der Praxis in drei aufeinanderfolgenden Schritten ab:[238]

1. *Planung*

   Jede Investitionsentscheidung beginnt mit der Anregung einer Investition. In den meisten Fällen stammen diese aus den verschiedenen Unternehmensbereichen, deren Planung die Notwendigkeit bestimmter Investitionen ergab. Im Anschluss an die Investitionsanregung werden mögliche Investitionsalternativen geprüft und die entsprechenden Daten ermittelt.

2. *Entscheidung*

   Nachdem alle relevanten Daten erhoben wurden, werden diese mittels der im Folgenden beschriebenen Verfahren quantitativ und qualitativ beurteilt. Basierend auf dieser Beurteilung, werden die verschiedenen Investitionsalternativen hinsichtlich ihrer Vorteilhaftigkeit gegeneinander abgewogen. Im Anschluss erfolgt die Auswahl für eine Investitionsalternative.

---

237 vgl. Däumer, K.-D., Investition, 2003, S. 16 ff.
238 vgl. Götze, U., Investitionsrechnung, 2008, S. 15 ff.

Abbildung 5-17: *Beispielhafte Zahlungsreihe einer Investition*
vgl. Däumer, K.-D., Investition, 2003, S. 18 ff.

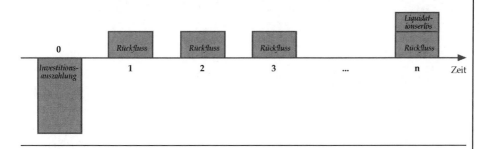

In der Praxis kommt es häufig zu Situationen, in denen mehrere Investitionsbedarfe in verschiedenen Unternehmensbereichen bestehen. In vielen Fällen stehen Unternehmen dann nicht genügend Mittel zur Verfügung, um alle Investitionen parallel durchzuführen. Daher besteht häufig die Notwendigkeit, Investitionsoptionen zu priorisieren und eine Entscheidung darüber zu treffen, welche Investitionsoptionen mit den zur Verfügung stehenden finanziellen Ressourcen umgesetzt werden.

3. Realisierung & Kontrolle

Nachdem entschieden wurde, welche Investitionsalternativen durchgeführt werden sollen, werden diese realisiert. Im Anschluss daran wird im Rahmen der Investitionskontrolle überprüft, ob die Investition wie geplant realisiert wurde, und ob die erwarteten Ergebnisse realisiert wurden.

Im Folgenden wird auf die Grundlagen zur Erhebung der Investitionsdaten sowie auf die wichtigsten Methoden zur quantitativen Beurteilung von Investitionsalternativen eingegangen. Da die quantitativen Verfahren der Investitionsrechnung lediglich monetäre und Aspekte von Investitionsalternativen beurteilen und qualitative Faktoren unberücksichtigt lassen, erfolgt im letzten Teil dieses Kapitels eine kurze Zusammenfassung der wichtigsten qualitativen Faktoren, die zu ergänzend zu den quantitativen Investitionsrechnung betrachtet werden sollten.

5.3.1 Ermittlung der Investitionsdaten

In Abhängigkeit davon, welches Verfahren zur Investitionsrechnung herangezogen wird, müssen verschiedene Daten zur Verfügung stehen, um die Berechnung zu ermöglichen:[239]

■ *Investitionsauszahlung*

Die Ermittlung des Kapitaleinsatzes für eine Investition erfolgt in der Regel anhand einer vollständigen Auflistung aller benötigten Betriebsmittel sowie ihrer Anschaffungspreise und einer Abschätzung der durch die Produktion, den Kauf und die Inbetriebnahme entstehenden Anschaffungsnebenkosten. So müssen für den Bau einer neuen Fabrik beispielsweise Grundtücke gekauft, Gebäude errichtet, Maschinen gekauft und aufgestellt sowie Mitarbeiter eingestellt und geschult werden.

■ *Nutzungsdauer*

Die Nutzungsdauer einer Investition gibt an, über welchen Zeitraum mit den aus der Investition entstehenden Rückflüssen zu rechnen ist.

■ *Rückflüsse*

Die durch eine Investition entstehenden Rückflüsse (R), ergeben sich aus der Differenz zwischen Einzahlungen (E) und Auszahlungen (A) in der entsprechenden Periode . Damit ergibt sich für jede Periode: $R = E - A$.

■ *Liquidationserlös*

Ist die Nutzungsdauer eines Investitionsobjekts abgelaufen, kann dieses im Regelfall verkauft werden. Die Einnahme, die dabei entsteht, wird als Liquidationserlös bezeichnet.

■ *Zinszahlungen*

Wird zur Finanzierung einer Investition eigenes Kapital genutzt (Innenfinanzierung), verringern sich die Zinserträge, die das Unternehmen für das Kapital bekäme, wenn es dieses weiterhin anlegen würde. Es entsehen sogenannte Opportunitätskosten. Bei Innenfinanzierung muss das angelegte Kapital daher mit dem Zinnsatz belegt werden, den das Kapital erwirtschaften würde, wenn das Unternehmen es anlegen würde. Wird zur Finanzierung Fremdkapital verwendet (Außenfinanzierung), entstehen Zinskosten gegenüber dem Kapitalgeber. Diese müssen bei der Investitionsrechnung berücksichtigt werden.

---

239 vgl. Vahs, D./Schäfer-Kunz, J., Betriebswirtschaftslehre, 2007, S. 704 ff.

■ *Steuerzahlungen*

Durch Investitionen entstehen Erträge und Aufwendungen, die die vom Unternehmen zu zahlenden Steuern erhöhen oder reduzieren. Aus Vereinfachungsgründen werden dies steuerlichen Effekte bei den nachfolgenden Ausführungen nicht berücksichtig.

Grundsätzlich liegen den nachfolgenden Ausführungen einige vereinfachende Annahmen zu Grunde: Es wird unterstellt, dass die Zahlungsströme den Investitionsobjekten eindeutig zugeordnet werden können, dass Zeitpunkte und Höhe der künftigen Zahlungen bekannt sind, dass die tatsächliche Nutzungsdauer bekannt ist und dass sich die Zinsen während der Nutzungsdauer der Investitionobjekte nicht verändern.

5.3.2 Verfahren der Investitionsrechnung

Allgemein wird zwischen statischen und dynamischen Investitionsrechnungen unterschieden. Während die statischen Verfahren mit Durchschnittswerten operieren, berücksichtigen die dynamischen Verfahren die Zeitpunkte zu denen Rückflüsse anfallen. Statische Verfahren glänzen daher auf Grund Ihrer relativ einfachen Rechenmethodik. Die dynamischen Verfahren bieten den Vorteil der höheren Genauigkeit. [240]

5.3.2.1 Statische Verfahren der Investitionsrechnung

Nachfolgend werden die wichtigsten Verfahren zur statischen Investitionsrechnung kurz vorgestellt (vgl. Abbildung 5-18). Konkret wird auf die Kostenvergleichsrechnung, die Gewinnvergleichsrechnung, die Rentabilitätsrechnung und die statische Amortisationsrechnung eingegangen.[241]

5.3.2.1.1 Kostenvergleichsrechnung

Im Rahmen der Kostenvergleichsrechnung werden die Kosten mehrerer Investitionsalternativen verglichen. Diese ergeben sich aus der Summe der Auszahlungen und der Abschreibungen. Kostenvergleichsrechnungen können in absoluten Werten (über die geamte Nutzungsdauer) oder in Durchschnittswerten pro Periode erfolgen. Die Kosten über die geamte Nutzungsdauer werden häufig als

---

240 vgl. Bieg, H., u.a., Investition, 2009, S 49 f.
241 zu den statischen Verfahren vgl. Olfert, K., u.a., Kostenrechnung, 2009, S. 135 ff.; Götze, U., Investitionsrechnung, 2008, S. 50 ff. und Bieg, H., Investition, 2009, S 51 ff.

Abbildung 5-18: *Übersicht der Verfahren zur Investitionsrechnung*

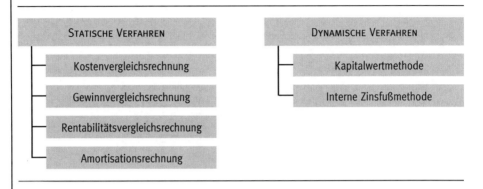

Total Cost of Ownership (TCO) bezeichnet. Der Einsatz der Kostenvergleichsrechnung ist nur dann sinnvoll, wenn sich die Investitionsalternativen hinsichtlich der Einzahlungen nicht unterscheiden, d. h. wenn der Vorteil, den ein Unternehmen durch die verschiedenen Investitionsalternativen erhält, der Gleiche ist.

5.3.2.1.2 Gewinnvergleichsrechnung

Die Gewinnvergleichsrechnung vergleicht verschiedene Investitionsalternativen hinsichtlich ihrer Periodengewinne. Dazu werden die in der Kostenvergleichsrechnung errechneten durchschnittlichen Kosten pro Periode von den entsprechenden Einzahlungen abgezogen werden (*Gewinn = Einzahlungen – Kosten*). Die Investition mit dem höchsten durchschnittlichen Periodengewinn ist die vorteilhafteste Alternative. Da der Kapitaleinsatz nicht berücksichtigt wird, ist die Gewinnvergleichsrechnung zwar zum Alternativenvergleich, nicht aber zur Beurteilung der absoluten Vorteilhaftigkeit einer Investition einsetzbar.

5.3.2.1.3 Rentabilitätsvergleichsrechnung

Im Rahmen der Rentabilitätsverlgeichsrechnung wird der durch die Investition verursachte Gewinn ins Verhältnis zu der Investitionsauszahlung gesetzt. Man spricht in diesem Zusammenhang auch vom Return-on-Investment (RoI):

RoI = Durschnittlicher Gewinn / Investitionsauszahlung

Die Investitionsalternative mit der höchsten Rentabilität ist die vorteilhafteste. Da die Rentabilitätsvergleichsrechnung auch den Kapitaleinsatz berücksichtigt, ermöglicht sie auch die Beurteilung der absoluten Vorteilhaftigkeit einer Investition (z. B. durch den Vergleich mit der Gesamtrentabilität es Unternehmens).

5.3.2.1.4 Statische Amortisationsrechnung

Im Rahmen der Amortisationsrechnung wird der Zeitram bestimmt, welcher benötigt wird, um das investierte Kapital über die periodischen Rückflüsse zurückzugewinnen. Die vorteilhafteste Investitionsalternative ist die mit der kürzesten Amortisationsdauer. Die Amortisatiosrechnung wird in der Praxis meist zur Beurteilung des Investitionsrisikos verschiedener Investitionsalternativen genutzt. Aus Gründen der Risikominimierung geben Unternehmen häufig Zeitvorgaben, innerhalb derer sich alle Investitionen spätestens amortisieren müssen – übliche Zeiträume sind meist ein bis drei Jahre. Da die Amortisationsrechnung keine Aussagen über die Wirtschaftlichkeit von Investitionen macht, wird sie meist nur in Kombination mit anderen Verfahren angewendet.

5.3.2.2 Dynamische Verfahren der Investitionsrechnung

Im Folgenden werden die wichtigsten Verfahren zur dynamischen Investitionsrechnung kurz vorgestellt (vgl. Abbildung 5-18). Konkret wird auf die Kapitalwertmethode und die Interne Zinsfußmethode eingegangen.[242]

5.3.2.2.1 Kapitalwert- oder Net Present Value (NPV) -Methode

Die Kapitalwertmethode vergleicht die Gesamtheit aller Ein- und Auszahlungen einer Investition. Um dabei nicht nur die absoluten Beträge, sondern auch deren Verzinsung zu berücksichtigen, werden alle Ein- und Auszahlungen mit dem Kalkulationszinssatz auf den Investitionsbeginn (Zeitpunkt 0) abgezinst – oder im Fachjargon: diskontiert. Die Abzinsung der ein einzelne Rückflüsse erfolgt nach der Formel:

$$W_0 = \frac{R_n}{(1+r)^n}$$

W_0 = Wert zum Zeitpunkt 0
R_n = Rückfluss der Periode n
r = Diskontierungszinssatz

So ist ein Rückfluss von 600.000 Euro, der in 2 Jahren ab dem Zeitpunkt 0 erwartet wird, bei einem Diskontierungszinssatz von 10 Prozent, zum Zeitpunkt 0 nur 545.454 wert. Bei einem Vergleich mehrerer Investitionsalternativen ist diejenige die Vorteilhafteste, welche den höchsten Kapitalwert aufweist. Abbildung 5-19 stellt das Vorgehen bei der Berechnung der Kapitalwertmethode graphisch dar.

---

242 zu den dynamischen Verfahren vgl. Olfert, K., u.a., Kostenrechnung, 2009, S. 185 ff.; Götze, U., Investitionsrechnung, 2008, S. 66 ff. und Bieg, H., Investition, 2009, S 71 ff.

Abbildung 5-19: *Ermittlung des Kapitalwerts*

vgl. Warnecke, H.-J., Witschaftlichkeitsrechnung, 1996, S. 92

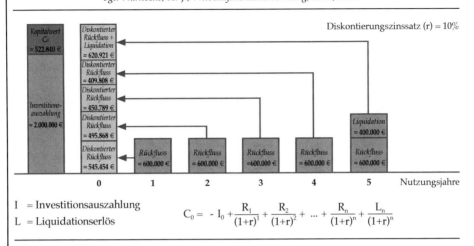

$$C_0 = -I_0 + \frac{R_1}{(1+r)^1} + \frac{R_2}{(1+r)^2} + \ldots + \frac{R_n}{(1+r)^n} + \frac{L_n}{(1+r)^n}$$

I = Investitionsauszahlung

L = Liquidationserlös

5.3.2.2.2 Interne Zinsfußmethode

Im Rahmen der internen Zinsfußmethode wird der erwartete interne Zinssatz (die Rendite) errechnet, mit dem sich das investierte Kapital verzinst. Im Anschluss daran wird der interne Zinssatz mit der Mindestverzinsungsanforderung verglichen (z. B. mit den Zinsen, die ein Unternehmen bekommen würde, wenn das Kapital in ein anderes Projekt investiert oder einfach auf einem Bankkonto abgelegt werden würde). Die Ermittlung des internen Zinsfußes r_i erfolgt, indem der Kapitalwert C_0 gleich Null gesetzt wird. In der Praxis wird der interne Zinssatz meist durch Interpolation ermittelt, weil die mathematische Rechnung die Lösung einer Gleichung n-ten Grades bedarf. Dazu werden zu zwei beliebigen Versuchszinssätzen r_1 und r_2 die entsprechenden Kapitalwerte errechnet. Aufbauend auf den Ergebnissen kann dann der interne Zinsfuß r_i näherungsweise errechnet werden:

$$r_i \approx r_1 - (r_2 - r_1) \frac{C_1}{C_2 - C_1}$$

r_i = Interner Zinsfuß in %

$r_{1,2}$ = Versuchszinssätze

$C_{1,2}$ = Kapitalwerte der Perioden n (Versuchszinssätze 1 u. 2)

Bei der internen Zinsfußmethode ist die Investitionsalternative mit dem höheren Zinsfuß zu bevorzugen.

5.4 Finanzierung

Gegenstand der Finanzierung ist die Beschaffung und die Rückzahlung finanzieller Mittel. Die finanziellen Mittel werden auch als Kapital bezeichnet. Die Gesamtmenge an benötigtem Kapital hängt in der Regel insbesondere davon ab, wie viele Mittel in das Anlagevermögen investiert werden und welcher Betrag des Umlaufvermögens auf Grund des Cash-to-Cash-Zyklusses finanziert werden muss. Der Cash-to-Cash-Zyklus definiert den Zeitraum zwischen den Auszahlungen, für die zur Leistungserstellung benötigten Güter und den Einzahlungen der Kunden für die erhaltenen Produkte. Die Finanzierung hat die Aufgabe sicherzustellen, dass Unternehmen jederzeit ihre fälligen Verbindlichkeiten zurückzahlen können, d. h. liquide sind.[243]

Grundsätzlich lassen sich die Möglichkeiten zur Kapitalbeschaffung nach der Herkunft des Kapitals und nach der Rechtsstellung der Kapitalgeber systematisieren (vgl. Abbildung 5-20). Nach Kapitalherkunft lassen sich die Innen- und die Außenfinanzierung, nach der Rechtsstellung der Kapitalgeber die Eigen- und die Fremdfinanzierung unterscheiden.[244] Im Folgenden werden die wichtigsten Formen der Innen- und der Außenfinanzierung vorgestellt. Wie bereits erwähnt, unterscheiden sich die einzelnen Methoden jeweils nach der Rechtsstellung der Kapitalgeber in Eigen- und Fremdfinanzierung.

5.4.1 Innenfinanzierung

Hat ein Unternehmen die zur Finanzierung einer Investition verwendeten Mittel selbst erzeugt, spricht man von Innenfinanzierung. Die wichtigsten Formen der Innenfinanzierung sind: Selbstfinanzierung, Finanzierung aus Rückstellungen und die Finanzierung aus Vermögensumschichtungen.[245]

■ *Selbstfinanzierung*

Bei der Selbstfinanzierung behalten Unternehmen Gewinne ein (schütten diese also nicht aus) und erhöhen auf diese Weise ihr Eigenkapital. Die Selbstfinanzierung wird insbesondere von kleinen und mittleren Unternehmen eingesetzt. Bei der Selbstfinanzierung handelt es sich um eine Eigenfinanzierung.

---

243 vgl. Vahs, D./Schäfer-Kunz, J., Betriebswirtschaftslehre, 2007, S. 734 f.
244 vgl. Olfert, K./u.a., Finanzierung, 2008, S. 32.
245 zur Innenfinanzierung vgl. Wöhe, G./u.a., Finanzierung, 2009, S. 14 ff.

■ **Finanzierung aus Bilanzierungs- und Bewertungsvorschriften**

Unternehmen können durch die Wahl bestimmter Bewertungsverfahren ihrer Vermögensgegenstände und Schulden, oder durch die Bildung bestimmter Bilanzpositionen, Aufwände erzeugen, obwohl kein Geldmittelabfluss erfolgt.

Ein Beispiel hierfür ist die Finanierung aus Rückstellungen. Rückstellungen sind Passivposten der Bilanz, die als eine Art Sparbuch gebildet werden, wenn vorauszusehen ist, dass bestimmte Sachverhalte in der Zukunft zu einer Auszahlung führen werden. Die Bildung von Rückstellungen ist im Handelsgesetzbuch gesetzlich geregelt. Häufige Rückstellungsarten sind beispielsweise Rückstellungen für Mitarbeiterpensionen oder Instandhaltungsmaßnahmen. Bei der Finanzierung aus Rückstellungen werden die für Rückstellungen vorgesehenen finanziellen Mittel bis zu ihrer Fälligkeit (dem Zeitpunkt, zu dem sie für den eigentlich vorgesehenen Rückstellungsgrund gebraucht werden) zur Finanzierung verwendet. Die Finanzierung aus Rückstellungen ist eine Form der Fremdfinanzierung.

■ **Finanzierung durch Vermögensumschichtungen**

Bei der Finanzierung durch Vermögensumschichtung erfolgt die Bereitstellung des Kapitals furch den Verkauf von Vermögensgegenständen. Aus bilanzieller Sicht handelt es sich hierbei um einen Aktivtausch. Unternehmen gewinnen flüssige Mittel durch den Verkauf von gebundenem Kapital. Da die Passivseite der Bilanz bei einer Vermögensumschichtung unberührt bleibt, ist eine eindeutige Zuordnung als Eigen- oder Fremdfinanzierung bei dieser Finanzierungsform nicht möglich.

5.4.2 Außenfinanzierung

Im Rahmen der Außenfinanzierung wir das zur Finanzierung verwendete Kapital von externen Kapitalgebern bereitgestellt. Die wichtigsten Formen der Außenfinanzierung sind Beteiligungsfinanzierung, Kreditfinanzierung und die Finanzierung durch Kapitalsubstitution.[246]

■ **Beteiligungsfinanzierung**

Eine Beteiligungsfinanzierung liegt vor, wenn das Kapital zur Verfügung gestellt wird, in dem sich neue Kapitalgeber an einem Unternehmen beteiligen oder wenn die bisherigen Kapitalgeber ihre Kapitaleinlagen erhöhen.

---

246 vgl. Olfert, K./u.a., Finanzierung, 2008, S. 32 ff. und Drukarcyk, J., Finanzierung, 2008, S. 249 ff.

Die Rechte und Pflichten, die sich aus einer Beteiligung ergeben, hängen von der Rechtsform des Unternehmens und dessen Gesellschaftsvertrag ab. Die Beteiligungsfinanzierung ist eine Form der Eigenfinanzierung.

■ *Kreditfinanzierung*

Bei der Kreditfinanzierung wird zwischen dem Unternehmen und einem externen Kapitalgeber ein schuldrechtlicher Vertrag geschlossen. Der Kreditgeber hat kein Mitwirkungsrecht bei der Geschäftsführung. Aufgrund der vom Basler Ausschuss für Bankenaufsicht erarbeiteten Eigenkapitalvorschriften, die als Basel II bekannt sind, erfolgt die Vergabe größerer Kredite im Rahmen sogenannter Ratings, im Rahmen derer die Unternehmen vor Kreditvergabe hinsichtlich ihrer Bonität überprüft werden. Die Kreditfinanzierung ist die klassische Form der Fremdfinanzierung.

■ *Finanzierung durch Kapitalsubstitution*

Anstelle der Beschaffung von neuem Eigen- oder Fremdkapital, haben Unternehmen auch die Möglichkeit durch Kapitalsubstitution die Menge an gebundenem Kapital zu reduzieren und auf diese Weise verfügbares Kapital zu schaffen. Möglichkeiten hierzu bieten insbesondere das Leasing und das Factoring. Leasing und Factoring sind Formen der Eigenfinanzierung. [247]

➲ *Leasing*

Beim Leasing werden Güter des Anlagevermögens ge- oder vermietet. Der Vermieter wird in diesem Zusammenhang als Leasinggeber, der Mieter als Leasingnehmer bezeichnet. Die Miete bezeichnet man als Leasingrate. Da das Leasingobjekt Eigentum des Leasinggebers ist, erscheint dieses nicht als Aktivposten in der Bilanz des Leasingnehmers. Statt dessen erscheinen die Leasingraten als Aufwände in dessen GuV. Da das Leaingobjekt nicht gekauft wurde, können die nicht benötigten Mittel somit für andere Investitionen verwendet werden.

➲ *Factoring*

Beim Factoring verkauft ein Unternehmen offene Forderungen (aus dem Bilanzkonto „Forderungen aus Lieferungen und Leistungen") an ein anderes Unternehmen, den sogenannten Factor. Das Unternehmen tritt dem Factor also die offene Forderung ab und substituiert diese durch liquide Mittel (Aktivtausch). Der Factor übernimmt gegen eine Gebühr alle mit der Forderung verbundenen Aufgaben. Die Gebühr beträgt in der Praxis häufig bis zu 15 Prozent des Forderungswertes.

---

247 vgl. Wöhe, G./u.a., Finanzierung, 2009, S. 318 ff.

5.4.3 Finanzierungskennzahlen

Zur Steuerung der Unternehmensfinanzierung und zur Beurteilung der Finanziellen Situation von Unternehmen haben sich eine Reihe von Kennzahlen und Finanzierungsregeln etabliert. Die Kennzahlen, die in diesem Zusammenhang zum Einsatz kommen, setzen bestimte Bilanzposten ins Verhältnis zueinander und ermitteln auf diese Weise die Zusammensetzung der Kapitalstruktur eines Unternehmens. Dabei wird davon ausgegangen, dass bestimmte Kapitalstrukturen Rückschlüsse auf wichtige Faktoren, wie beispielsweise die Liquidität oder die Rentabilität von Unternehmen zulassen. Je nach dem, ob zwei Bilanzposten der gleichen Seite (Aktiva oder Passiva) ins Verhältnis gesetzt werden, oder je ein Bilanzposten der Aktiv- und einer der Passivseite zur Verhältnisbildung genutzt werden, unterscheidet man zwischen horizontaler und vertikaler Kapitalstruktur. Im Folgenden werden einige der wichtigsten Kennzahlen kurz vorgestellt.

■ *Liquiditätsanalyse*

Bei der Liquidität 1. Grades werden die flüssigen Mittel und die kurzfristigen Verbindlichkeiten ins Verhältnis gesetzt, um so Rückschlüsse auf die kurzfristige Zahlungsfähigkeit eines Unternehmens schließen zu können. Die Liquidität 1. Grades sollte im Bereich von 10 bis 30 Prozent liegen.

$$\textit{Liquidität 1. Grades} = \frac{\text{liquide Mittel}}{\text{kurzfristiges Fremdkapital}}$$

Bei der Liquidität 2. Grades werden die flüssigen Mittel um die kurzfristigen Forderungen ergänzt und mit den kurzfristigen Verbindlichkeiten ins Verhältnis gesetzt. Die Liquidität 2. Grades sollte zwischen 100 und 120 Prozent betragen. Liegt sie unter 100 Prozent, könnte dies ein Hinweis auf einen zu hohen Lagerbestand. Die mittelfristige Zahlungsfähigkeit könnte gefährdet sein.

$$\textit{Liquidität 2. Grades} = \frac{\text{liquide Mittel + Forderungen aus Lieferungen und Leistungen}}{\text{kurzfristiges Fremdkapital}}$$

Bei der Liquidität 3. Grades werden die flüssigen Mittel um die kurzfristigen Forderungen und die Vorräte ergänzt und mit den kurzfristigen Verbindlichkeiten ins Verhältnis gesetzt. Sie sollte mindestens 120 Prozent betragen. Liegt sie darunter, kann es bei der Preisgestaltung bzw. beim Absatz Probleme geben. Liegt sie deutlich darüber, könnten im Lager zu viele Produkte liegen, die das Kapital binden. [248]

---

248 vgl. Olfert, K./u.a., Finanzierung, 2008, S. 425.

$$\textit{Liquidität 3. Grades} \ = \ \frac{\text{Umlaufvermögen}}{\text{kurzfristiges Fremdkapital}}$$

■ **Goldene Bilanzregel**

Die goldene Bilanzregel besagt, dass das langfristige Vermögen auch lang-fristig finanziert sein soll. Kurzfristiges Vermögen (Umlaufvermögen) kann auch kurzfristig finanziert sein. Ist das Verhältnis von Eigenkapital zum Anlagevermögen also gleich oder größer als 1, so ist das langfristige Vermögen eines Unternehmens (Anlagevermögen) langfristig finanziert und die Fristenkongruenz zwischen Mittelherkunft und Mittelverwen-dung wird eingehalten.[249]

$$\textit{Goldene Bilanzregel:} \quad \frac{\text{Eigenkapital}}{\text{Anlagevermögen}} \geqq 1$$

■ **Vertikale Kapitalstrukturregel**

Um das Risiko vom Gläubigern zu minimieren, soll gemäß der vertika-len Kapitalstrukturregel genauso viel Eigen - wie Fremdkapital eingesetzt werden. Die vertikale Kapitalstruktur kann mittels der Eigenkapitalquote untersucht werden. Als Faustregel gilt, dass die Eigenkapitalquote größer als 50 Prozent sein sollte.[250]

$$\textit{Eigenkapitalquote} \ = \ \frac{\text{Eigenkapital (EK)}}{\text{Eigenkapital + Fremdkapital (FK)}}$$

■ **Leverage Effekt**

Gemäß dem Leverage Effekt, kann die Rentabilität[251] des in ein Unter-nehmen investierten Eigenkapitals durch einen zusätzlichen Fremdkapi-taleinsatz gesteigert werden, sofern das zusätzliche Fremdkapital mehr bringt als es kostet.[252]

$$\textit{Eigenkapitalrentabilität } (R_E) = R + (R\text{-}r) \cdot \frac{\text{FK}}{\text{EK}}$$

---

249 vgl. Wöhe, G./u.a., Finanzierung, 2009, S. 36 ff.
250 vgl. Olfert, K./u.a., Finanzierung, 2008, S. 420 ff.
251 Rentabilität ist desiniert als das Verhältnis von Gewinn zum eingesetzten Kapital.
252 vgl. Däumer, K.-D., Finanzwirtschaft, 2002, S. 68.

Übungsaufgaben

Aufgabe 1: Was ist das Ziel des externen Rechnungswesens?

Aufgabe 2: Skizzieren Sie schematisch den Aufbau einer Bilanz und benennen Sie die einzelnen Bereiche.

Aufgabe 3: Nennen Sie je zwei Beispiele für Güter des Anlage- und des Umlaufvermögens.

Aufgabe 4: Wie errechnet sich das Eigenkapital in der Bilanz?

Aufgabe 5: Was versteht man unter einer GuV? Wie beeinflusst die GuV die Bilanz?

Aufgabe 6: Was versteht man unter erfolgswirksamen, was unter erfolgsneutralen Buchungen? Nennen Sie je einen beispielhaften Buchungssatz.

Aufgabe 7: Ihr Unternehmen kauft Waren im Wert von 1000 Euro und bezahlt diese bar. Wie lautet der Buchungssatz dieses Geschäftsvorfalls? Stellen Sie die Buchung in Form von T-Konten dar.

Aufgabe 8: Wofür stehen die Abkürzungen IFRS und US-GAAP? In welchem Zusammenhang können Ihnen diese Begriffe begegnen?

Aufgabe 9: Sie kaufen einen Geschäftswagen für 50.000 Euro. Zwei Jahre später ist dieser Wagen nur noch 40.000 Euro Wert. Wie wird diesem Wertverlust bilanziell Rechnung getragen?

Aufgabe 10: Was versteht man unter den Begriffen Grund- und Hauptbuch? Was enthalten diese?

Aufgabe 11: Was ist die Hauptaufgabe der Kostenrechnung?

Aufgabe 12: Grenzen Sie die Begriffe Auszahlung, Ausgabe, Aufwand und Kosten voneinander ab.

Aufgabe 13: Definieren Sie die Begriffe fixe und variable Kosten.

Aufgabe 14: Was ist der Unterschied zwischen Einzel- und Gemeinkosten?

Aufgabe 15: Aus welchen drei Phasen besteht die Kostenrechnung? Was sind die Ausgaben der einzelnen Phasen.

Aufgabe 16: Ein Unternehmen stellt mehrere Drahtsorten verschiedener Dicke her. Welche Methode halten Sie für geeignet, um eine verursachungsgerechte Kostenzurechnung zu erreichen?

Aufgabe 17: „Die Divisionskalkulation führt stets zu einer verursachungsgerechten Kostenverteilung." Diskutieren Sie diese Aussage.

Aufgabe 18: Wozu dient der Betriebsabrechnungsbogen? Im Betriebsabrechnungsbogen kommt das Verfahren der Zuschlagskalkulation zum Einsatz – was versteht man darunter?

Aufgabe 19: „Die Herstellung von Produkten mit negativem Deckungsbeitrag ist nicht ratsam." Diskutieren Sie diese Aussage.

Aufgabe 20: Was versteht man unter dem Betriff Direct-Costing?

Aufgabe 21: Was versteht man unter einer Kostenstelle?

Aufgabe 22: Welchen Vorteil hat die Deckungsbeitragskalkulation gegenüber der Vollkostenkalkulation?

Aufgabe 23: Ein Unternehmen verkauft monatlich 1000 Stück von Produkt A für je 120 Euro. Die Fixkosten des Unternehmens belaufen sich auf 20.000 Euro pro Monat. Variable Kosten pro Stück betragen 50 Euro. Wie hoch ist der Deckungsbeitrag pro Stück?

Aufgabe 24: Die Kostenrechnung ist ein wichtiges Instrument zur Preisbestimmung. Diskutieren Sie diese Aussage.

Aufgabe 25: Definieren Sie den Betriff Investition.

Aufgabe 26: Skizzieren Sie eine beispielhafte Zahlungsreihe.

Aufgabe 27: Erläutern Sie den Betriff „Total Cost of Ownership".

Aufgabe 28: Worin besteht der grundlegende Unterschied der statischen und der dynamischen Investitionsrechnungsverfahren?

Aufgabe 29: Nennen Sie je zwei Beispiele statischer dynamischer Investitionsrechnugsmethoden und beschreiben Sie deren wesentliche Merkmale.

Aufgabe 30: Was versteht man unter dem Kapitalwert einer Investition?

Aufgabe 31: Unternehmen A kauft eine Maschine für 10.000 Euro und verspricht sich durch den Kauf jährliche Rückflüsse von 2000 Euro. Es wird davon ausgegangen, dass die Maschine nach ihrer fünfjährigen Nutzungsdauer noch für 1000 Euro verkauft werden kann. Wie hoch ist der Kapitalwert der Investition bei einem Zinssatz von 10 Prozent?

Aufgabe 32: „Die alleinige Berechnung der quantitativen Vorteilhaftigkeit einer Investition ist zur Beurteilung von Investitionsvorhaben nicht ausreichend." Diskutieren Sie diese Aussage.

Aufgabe 33: Was beschreibt der Cash-to-Cash-Zyklus?

Aufgabe 34: Worin unterscheiden sich Innen- und Außenfinanzierung?

Aufgabe 35: Was verbirgt sich hinter dem Kürzel „Basel II"?

Aufgabe 36: Was versteht man unter dem Begriff „Liquidität"?

Aufgabe 37: Wozu dienen Rückstellungen?

Aufgabe 38: Erläutern Sie die Begriffe Leasing und Factoring.

Aufgabe 39: „Wenn Sie ein Auto leasen anstatt es zu kaufen, verringert sich Ihre Bilanzsumme." Diskutieren Sie diese Aussage.

Aufgabe 40: Was versteht man unter der Goldenen Finanzierungsregel?

Aufgabe 41: „Die Rentabilität des in ein Unternehmen investierten Eigenkapitals kann durch den zusätzlichen Einsatz von Fremdkapital gesteigert werden." Diskutieren Sie diese Aussage.

Case Study: *Bilanz der Blohm + Voss Industries*
Quelle: www.ebundesanzeiger, 17.08.2011.

Die Blohm + Voss Industries GmbH kann erneut auf ein sehr gutes Geschäftsjahr 2009/10 zurückblicken. Der Umsatz betrug rd. 90 Mio EUR und lag damit etwas unter dem Niveau des Vorjahres in Höhe von 95 Mio EUR. Vor dem Hintergrund des sich erholenden Welthandelsvolumens konnten die Produktbereiche Wellenkomponenten, Stabilisatoren und Ruderanlagen sowie Entölertechnik ihre Auftragseingänge gegenüber dem Vorjahr leicht steigern. Der Auftragseingang lag mit rd. 74 Mio EUR um rd. 6 % über dem des Vorjahres. Das Ergebnis vor Steuern konnte gegenüber dem Vorjahr verdoppelt werden.

1. *Wie hat sich in dem Ihnen vorliegenden Muster-Beispiel das Fremdkapital entwickelt?*
2. *Worin unterscheiden sich Verbindlichkeiten und Rückstellungen grundsätzlich?*
3. *Wird der „Goldenen Bilanzregel" entsprochen?*
4. *Betrachten Sie die Gewinn- und Verlustrechnung: Gibt es auffällige Veränderungen?*
5. *Wie hat sich die Umsatz-Rendite entwickelt?*
6. *Die ThyssenKrupp AG hat einen Vertrag über den Verkauf der Blohm+Voss Industries GmbH an die Abu Dhabi MAR abgeschlossen. Errechnen Sie überschlägig für den Käufer die zu erwartende Verzinsung seiner Investition.*
7. *Wie hat sich die Wertschöpfung pro Mitarbeiter entwickelt?*
8. *Wie kann ein Jahresüberschuss zukünftig verwendet werden?*
9. *Wie wirkt sich eine Erweiterungs-Investition aus auf die Bilanz aus?*

III. GEWINN- und VERLUSTRECHNUNG (1. Oktober 2009 bis 30. September 2010)			
	Anhang Nr.	2008/09 T€	2009/10 T€
1. Umsatzerlöse	(11)	94.785	89.763
2. Herstellungskosten der zur Erzielung der Umsatzerlöse erbrachten Leistungen		-71.060	-60.611
3. Bruttoergebnis vom Umsatz		23.725	29.152
4. Vertriebskosten		-13.860	-13.047
5. Allgemeine Verwaltungskosten		-8.141	-7.818
6. Sonstige betriebliche Erträge	(12)	3.636	4.827
7. Sonstige betriebliche Aufwendungen	(13)	-1.916	-2.590
8. Beteiligungsergebnis	(14)	1.390	389
9. Zinsergebnis	(15)	856	826
10. Ergebnis der gewöhnlichen Geschäftstätigkeit		5.690	11.739
11. Steuern vom Einkommen und vom Ertrag	(16)	-957	-3.872
12. Jahresüberschuss	(23)	4.733	7.867

II. BILANZ zum 30.09.2010

Aktiva

	Anhang Nr.	30.09.09 T€	30.09.10 T€
A. Anlagevermögen	(3)		
I. Immaterielle Vermögensgegenstände		641	579
II. Sachanlagen		14.490	12.413
III. Finanzanlagen		166	166
B. Umlaufvermögen			
I. Vorräte	(4)	18.052	14.127
II. Forderungen und sonstige Vermögensgegenstände	(5)		
1. Forderungen aus Lieferungen und Leistungen		15.277	15.362
2. Übrige Forderungen und sonstige Vermögensgegenstände		25.377	45.749
		40.654	61.111
III. Flüssige Mittel		7	134
Summe Umlaufvermögen		58.713	75.372
C. Rechnungsabgrenzungsposten		0	88
Summe Aktiva		74.010	88.618

Passiva

	Anhang Nr.	30.09.09 T€	30.09.10 T€
A. Eigenkapital	(6)		
I. Gezeichnetes Kapital		10.226	10.226
II. Gewinnrücklagen		71	4.804
III. Jahresüberschuss		4.733	7.867
		15.030	22.897
B. Rückstellungen	(7)		
1. Rückstellungen für Pensionen und ähnliche Verpflichtungen		28.887	28.897
2. Steuerrückstellungen		0	2.490
3. Sonstige Rückstellungen		24.527	26.290
		53.414	57.677
C. Verbindlichkeiten	(8)		
1. Verbindlichkeiten aus Lieferungen und Leistungen		2.972	5.993
2. Übrige Verbindlichkeiten		2.594	2.051
Summe Passiva		74.010	88.618

(18) Angaben bei Anwendung des Umsatzkostenverfahrens
Materialaufwand des Geschäftsjahres

(gegliedert nach § 275 Abs. 2 Nr. 5 HGB)	2008/09 T€	2009/10 T€
Aufwendungen für Roh-, Hilfs- und Betriebsstoffe und für bezogene Waren	38.416	31.281
Aufwendungen für bezogene Leistungen	8.020	8.570
INSGESAMT	46.436	39.851

Personalaufwand des Geschäftsjahres

(gegliedert nach § 275 Abs. 2 Nr. 6 HGB)	2008/09 T€	2009/10 T€
Löhne und Gehälter	22.225	21.100
Soziale Abgaben	3.719	3.773
Aufwendungen für Altersversorgung	4.651	1.758
Aufwendungen für Unterstützung	0	0
INSGESAMT	30.595	26.631

(19) Mitarbeiter

	2008/09	2009/10
Durchschnittliche Anzahl der Arbeitnehmer	366	332
Hiervon entfallen auf:		
	2008/09	2009/10
Arbeiter	136	118
Angestellte	203	186
Auszubildende und Praktikanten	27	28

Lösung

1: FK = Bilanzsumme - Summe Eigenkapital, 08/09: 74.010 - 15.030 = 58.980, 09/10: 88.618 - 22.897 = 65.721, Das Fremdkapital ist um 11,4% gestiegen. **2:** Verbindlichkeiten sind in Betrag und Datum definiert, bei Rückstellungen ist entweder der Fälligkeitstermin, der Betrag, oder beides noch offen. **3:** Goldene Bilanzregel fordert: Eigenkapital / Anlagevermögen >= 1 08/09: EK = 15.030, AV = 15.28, knapp nicht erfüllt, 09/10: EK = 22.897, AV = 13.158, übererfüllt. **4:** Trotz Umsatzrückgang steigt der Jahresüberschuss, insbesondere das Ergebnis der Gewöhnlichen Geschäftstätigkeit deutlich. Herstellungskosten sind deutlich gesunken, erheblich mehr als der Umsatzrückgang. **5:** Umsatzrendite = Jahresüberschuss / Umsatz, 08/09: 4.733 / 94.784 x 100 = 4,99, 09/10: 7.867 / 89.763 x 100 = 8,76, Umsatzrendite ist gestiegen. **6:** ROI = Jahresüberschuss / Bilanzsumme x 100, 08/09: 4.733 / 74.010 x 100 = 6,4, 09/10: 7.864 / 88.618 x 100 = 8,9, ROI ist gestiegen. **7:** Mitarbeiterproduktivität = (Summe Personalaufwand + Jahresüberschuss) / Mitarbeiterzahl, 08/09: (30.595 + 4.733) / 366 = 96,52 K€, 09/10: (26.631 + 7.867) / 332 = 101.391 K€, Mitarbeiterproduktivität ist gestiegen. **8:** An Gesellschafter oder Mitarbeiter ausschütten, im Unternehmen belassen (z.B. für Inventar oder Rücklagen nutzen). **9:** Bilanz: Anlagevermögen steigt, Kasse sinkt oder Fremdkapital erhöht sich (je nach Finanzierungsform).

Weiterführende Informationen zum Thema „Bilanzen verstehen und richtig interpretieren" finden Sie in den Büchern „Wirtschaftsausschuss in der Praxis" von Wolfgang Hobmaier und Werner Kopf, 2. Auflage 2010, Seehausen am Staffelsee: Verlag der Betriebsrat KG, 2010 und „Wirtschaftswissen für Betriebsrat und Wirtschaftsausschuss" von Christa und Wolfgang Hobmaier, 2. Auflage, Seehausen am Staffelsee: Verlag der Betriebsrat KG, 2011.

Case Study:	*Strategic Cost Management*
	Quelle: squeaker.net, Consulting, 2010, S. 151.

In einem Bewerbungsgespräch legt Ihnen Ihr Interviewpartner folgenden Case vor:

Die Firma Metzger & Flottweil ist spezialisiert auf die Automatisierung von Verpackungs- und Kommissionierungsvorgängen. Der Aufgabenbereich erstreckt sich dabei von der Übernahme aus der Herstellungsanlage über Kommissionierung von gemischten Sortimenten mit anschließender Verpackung bis zur Palettierung. Dabei werden für die Kunden individuell angepasste, optimale Verpackungslösungen gefunden. Die Firma steht nun vor der Bewertung der Frage, ob ein Auftrag eines langjährigen Kunden angenommen werden soll, bei dem es um die Verpackung von Halbfertigprodukten geht, für die drei spezielle und teure Roboter-Palettierer gekauft werden müssten. Nach dieser kurzen Einführung fordert der Interviewer Sie auf, zu erklären, wie Sie an die Bewertung dieser Frage herangehen würden.

Frage 1: *Bevor Sie beginnen unsere Musterlösung zu lesen, machen Sie sich Gedanken und Notizen dazu, wie Sie diese Frage angehen würden. Notieren Sie sich hierzu erste Stichpunkte. Was wäre Ihr Ansatz?*

Bewerber: »Ich sehe zwei Themenbereiche, die meiner Meinung nach zu betrachten sind. Für beide geht es um eine grundlegende Berechnung der Kosten der neu anzuschaffenden Maschinen:

Zum einen geht es zunächst um eine Bewertung der Frage, ob sich der anstehende Auftrag für die Firma Metzger & Flottweil lohnt, selbst wenn spezielle, teure Verpackungsmaschinen nur für diesen Auftrag angeschafft werden müssten. Das heißt konkret: Ich schlage eine Rentabilitätsrechnung für den Auftrag an sich vor. So wie ich Sie aber verstanden habe, handelt es sich hier um den Auftrag eines langjährigen und möglicherweise bedeutenden Kunden; daher muss auf jeden Fall auch in Betracht gezogen werden, ob es sich um einen wichtigen Kunden handelt, von dem möglicherweise auch ein nicht rentabler Auftrag angenommen werden muss, der aber im Lauf der gesamten Geschäftsbeziehung profitabel für die Firma Metzger & Flottweil ist. Der zweite Themenbereich, der dann analysiert werden muss, ist die Frage, ob die Chance besteht, dass die anzuschaffenden Roboter-Palettierer sich über ihren Lebenszyklus hindurch amortisieren, d. h. die Firma andere Aufträge damit ausführen kann und die Kosten sich dadurch auf mehrere Aufträge verteilen lassen.«

> *In der Praxis folgt an dieser Stelle oft ein kurzer Business Case (d. h. Umsatz minus Kosten) zur Bewertung der Frage, ob der Auftrag per se rentabel ist oder nicht.*

> *Gut: Der Bewerber sieht nicht nur den Investitions-Case, sondern beachtet zwei wichtige Faktoren, nämlich den gesamten »Warenkorb« des Kunden sowie mögliche weitere Aufträge, die die Profitabilität der Anschaffung beeinflussen. Diese beiden Punkte nicht zu beachten und nur den Investitions-Case zu rechnen, würde Sie nicht zwischen anderen Bewerbern herausragen lassen.*

Der Interviewer ist einverstanden mit diesem Ansatz und lenkt die Diskussion mit seiner nächsten Frage gezielt auf die Bestimmung der Kosten. Der Interviewer legt dem Kandidaten folgende Zahlen vor und sagt: »Wie kommen Sie zu einer Entscheidung, welcher Roboter-Palettierer gekauft werden soll?«

Zulieferer	1	2	3	4
Kaufpreis (pro Roboter-Palettierer) in €	81.000	78.000	80.500	79.000

Frage 2: *Was sind die wichtigsten weiteren Informationen, nach denen Sie fragen sollten, um eine Entscheidung zu treffen? Wie unterscheiden sich die Maschinen...*

- ☐ *hinsichtlich der Herstellermarke?*
- ☐ *hinsichtlich weiterer Kostenkomponenten?*
- ☐ *hinsichtlich ihrer Lebensdauer?*
- ☐ *hinsichtlich der Zahlungskonditionen?*
- ☐ *hinsichtlich der Anforderungen zur Abwicklung des Auftrages und ihrer Leistungsmerkmale?*

Bewerber: »Entsprechen alle hier genannten Maschinen den Anforderungen für die Abwicklung des Auftrags?«

Interviewer: »Ja. Die Zulieferer wurden per Ausschreibung nach den genauen Spezifikationen ausgewählt. Gehen Sie davon aus, dass die Roboter-Palettierer gleichwertig sind, was ihre Leistungsmerkmale, Lebensdauer und Eignung angeht.«

Bewerber: »Da es sich hier um Investitionsgüter handelt, reicht es nicht, nur den ursprünglichen Kaufpreis zu betrachten. Um den günstigsten Anbieter zu identifizieren, muss ich die gesamten Kosten für die Maschine über die gesamte Nutzungszeit betrachten.«

> *Richtig! Der Bewerber spricht hier über das Konzept »Total Cost of Ownership (TCO)«. Dieser Fachbegriff muss nicht notwendigerweise verwendet werden – wichtig ist die Anwendung des Prinzips. Oft ist es bei Investitionsentscheidungen wichtig, nicht nur die Anschaffungskosten, sondern alle Kostenkomponenten über die Nutzungszeit zu vergleichen*

Frage 3: *Überlegen Sie, welche weiteren Kostenkomponenten bei einer solchen Maschine neben den Anschaffungskosten relevant sein könnten. Brainstormen Sie kurz und strukturieren Sie Ihre Punkte. Die Lösung finden Sie im folgenden Text. Was wäre Ihr Ansatz?*

Der Bewerber fährt fort: »Um die Kosten, die neben dem Anschaffungspreis hinzukommen zu analysieren, überlege ich mir entlang des Lebenszyklus der Maschine von Anschaffung bis Entsorgung, welche Kosten noch anfallen könnten:

- Finanzierungskosten (Lieferantenkredit)
- Transport (z. B. Frachtkosten, Zölle für die Einfuhr bei einem außereuropäischen Anbieter)
- Installation (Aufwand durch den Anbieter der Maschine, Schulung der Mitarbeiter, Reisekosten der Installateure)
- Betriebskosten (Strom, Schmierstoffe, Einstellung)
- Jährliche Wartung
- Anfallende Reparaturen
- Kosten für die Beseitigung der Maschine (Recyclingkosten, wiederum Frachtkosten für den Abtransport)
- Restwert der Maschine nach der Nutzungsdauer.

> *Wiederum sehr gut gemacht! Der Kandidat nennt nicht einfach alle möglichen Kosten, die ihm spontan einfallen, sondern er gibt sie strukturiert wieder, indem er den Lebenszyklus der Maschine zugrunde legt. Suchen Sie sich im Case Interview immer eine Struktur, bevor Sie drauflos brainstormen.*

Es gilt also zu klären, wie hoch diese Kosten pro Anbieter sind, welche Kosten tatsächlich zum angebotenen Kaufpreis hinzukommen und ob möglicherweise zusätzliche Kosten anfallen. Es ist wichtig, die Gesamtkostenstruktur der Lieferanten transparent und damit vergleichbar zu machen.«

Interviewer: »Gut. Die Betriebskosten sind bei allen Maschinen gleich. Der Procurement Manager der Firma Metzger & Flottweil hat zum Glück bereits die Kostenvoranschläge der vier Zulieferer zerlegt und die Kostenkomponenten in der Tabelle notiert, die ich Ihnen nun gebe.«

Frage 4: *Berechnen Sie die Total Cost of Ownership für einen Roboter-Palettierer für die vorliegenden Angebote der verschiedenen Lieferanten und treffen Sie eine Entscheidung, welche Maschine angeschafft werden sollte (Kapitalkosten: 3 %). Führen Sie die Rechnung auf einem Zettel durch und tragen Sie hier die Lösung ein. Versuchen Sie, zur Übung erstmal keinen Taschenrechner zu benutzen. Vergleichen Sie dann mit der Musterlösung.*

Zulieferer		1	2	3	4
Kaufpreis (pro Roboter-Palattierer) in €		81.000	78.000	80.500	79.000
Frachtgebühr (pro Roboter-Palattierer) in €		350	430	380	400
Installation (pro Roboter-Palattierer) in €		250	270	120	150
Schulung der Arbeiter (einmalig) in €		0	35.000	22.500	10.000
Wartung und Reparatur (pro Jahr) pro Roboter-Palattierer	1	300	250	150	250
	2	5000	450	300	450
	3	750	650	500	650
	4	950	900	700	850
	5	1.200	1.150	900	1.050
Restwert (nach 5 Jahren)		4.000	3.000	3.500	3.000
Recyclingkosten pro Roboter-Palettierer in €		250	300	350	400

Bewerber: »Zulieferer 1 verzichtet auf Schulungskosten, diese sind bei den anderen Lieferanten nicht gerade unerheblich, bei Zulieferer 2 betragen sie sogar knapp 45 % des Kaufpreises. Die Anteile für Frachtgebühr, Installation, Wartung / Reparatur bzw. Abfallbeseitigung unterscheiden sich nicht wesentlich. Gut. Ich werde nun also die Gesamtkosten errechnen, indem ich pro Zulieferer den Kaufpreis, die Fracht-gebühr und die Kosten für die Installierung des Roboter-Palettierers in der Firma addiere. Hinzu kommen die Kosten für Schulung, Wartung und Reparatur sowie die Abfallbeseitigungs- bzw. Recyclingkosten. Wenn die Maschine nach 5 Jahren nicht verschrottet werden soll, könnte sie zum angegebenen Restwert verkauft werden; in diesem Falle muss dann der Restwert (also der Wiederverkaufswert) subtrahiert werden und die Kosten für Abfallbeseitigung / Recycling entfallen.

Detailrechnung für Zulieferer Nr. 1:

Jahr 0 (Anschaffung):

Kaufpreis 81.000 Euro + Frachtgebühr 350 Euro + Installation 250 Euro + Schulung (im Falle des Zulieferers 1: 0 Euro) = 81.600 Euro

Dazu kommen die Kosten für Wartung, die ich diskontieren muss, um den Netto-Barwert (Net Present Value, NPV) zu erhalten:

Jahr 1:	300 Euro, d. h. bei Kapitalkosten von angenommenen 3 % = 291 Euro (eigentlich 291,3)
Jahr 2:	500 Euro, analog 471 Euro (eigentlich 471,3)
Jahr 3:	750 Euro, analog 686 Euro (eigentlich 686,4)

Jahr 4:   950 Euro, analog 844 Euro (eigentlich 844,1)

Jahr 5:   1.200 Euro, analog 1.035 (eigentlich 1.035,1)

Wartungskosten Summe: + 3.328 Euro, also insgesamt 84.928 Euro.

Dann bleiben zwei Möglichkeiten:

1. Verschrottung der Maschine nach 5 Jahren, wofür nochmals 250 Euro fällig würden, d. h. diskontiert 216 Euro (eigentlich 215,6) was zu Total Costs von 85.144 Euro führt.

2. Verkauf der Maschine nach 5 Jahren zum Restwert 4.000 Euro, der – wiederum diskontiert (3.450 Euro eigentlich 3.450,4) - von dem bisher berechneten Wert abgezogen wird. Total Costs im Falle 2: 81.478 Euro.«

Die Total Costs of Ownership (TCO) der anderen Zulieferer werden analog berechnet:

Anbieter	Anschaffung	Jahr 1	Jahr 2	Jahr 3	Jahr 4	Jahr 5	Kosten Verschrottung / Recycling	TCO Verschrottung	Wert Weiterverkauf Jahr 5	TCO Weiterverkauf
1	81.600	291	471	686	844	1.035	216	95.144	3.450	81.478
2	113.700	243	424	595	800	992	259	117.012	2.588	114.166
3	103.500	146	283	458	622	776	302	106.086	3.019	102.765
4	89.550	243	424	595	755	906	345	92.818	2.588	89.885

➲ *Total Costs Zulieferer 2: 117.012 Euro*
   (bzw. 114.166 Euro im Falle eines Wiederverkaufes)

➲ *Total Costs Zulieferer 3: 106.086 Euro*
   (bzw. 102.765 Euro im Falle eines Wiederverkaufes)

➲ *Total Costs Zulieferer 4: 92.818 Euro*
   (bzw. 89.885 Euro im Falle eines Wiederverkaufes)

Interviewer: »Einverstanden. Schließen Sie nun bitte ab mit einer Empfehlung für unseren Kunden.«

Bewerber: »Meinen Berechnungen der Gesamtkosten zufolge, würde ich zu Anbieter 1 raten, da dieser das günstigste Angebot abgegeben hat. Zusätzlich sollte aber eventuell noch verhandelt werden zu den Themen Lieferantenkredit oder alternativ Skonto bei kurzfristiger Zahlung. Zudem sollten insbesondere Einsparungen bei Frachtkosten und Personalkosten für die Installation verhandelt werden, da drei Maschinen gekauft werden sollen.

Zulieferer 2 hatte zwar den niedrigsten Kaufpreis angeboten, liegt aber bei den Schulungskosten deutlich über der Konkurrenz. Am Beispiel dieses Zulieferers wird also die Bedeutung einer TCO-Analyse im Vergleich zum Kaufpreis klar: Am Ende hatte Zulieferer 2 das teuerste Angebot gemacht. Vorschnelle Schlüsse hätten hier zum falschen Ergebnis geführt.

Alternativ könnte mit den anderen Zulieferern, vor allem mit Nummer 4, über die Schulungskosten verhandelt werden, da ein Wettbewerber ein schulungskostenfreies Angebot gemacht hat und sich die Höhe der Schulungskosten in den verschiedenen Angeboten drastisch unterscheidet. In jedem Fall müssen alle berechneten Total Costs noch mit »3« multipliziert werden, da 3 Roboter-Palettierer bestellt werden sollen.«

Interviewer: »Gut. Ich danke Ihnen für diese Analyse. Damit sind alle meine Fragen zu den Kosten beantwortet; auf die Bewertung der Rentabilität des Auftrages sowie die Gesamtrentabilität der Anschaffung können wir aus Zeitgründen nun nicht mehr eingehen.«

Dieses Praxisbeispiel basiert auf dem Buch „Das Insider-Dossier: Consulting Case-Training - 30 Übungscases für die Bewerbung in der Unternehmensberatung" von squeaker.net. Die Bewerbungs- und Karriere-Bücher aus der Insider-Dossier-Reihe sind unter squeaker.net/insider erhältlich. Als Leser des Buches „BWL für Ingenieure" lädt squeaker.net Sie ein, Mitglied im Online-Karrierenetzwerk zu werden. Auf squeaker.net finden Sie zusätzliches Insider-Wissen zu den Büchern. Dazu gehören Brainteaser-Aufgaben aus dem Bewerbungsverfahren bei Unternehmensberatungen, Erfahrungsberichte über Hochschulen, Unternehmen und Gehälter sowie Termine und Fristen für aktuelle Karriere-Events. **Ihr Zugangscode: BWLFI2012. Einfach eingeben unter: squeaker.net/einladung**.

Literaturverzeichnis

Achouri, Cyrus [Recruiting, 2007]: Recruiting - Methoden und Instrumente der Personalauswahl und -platzierung, Wiesbaden: Gabler, 2007

Albers, Sönke/Gassmann, Oliver [Innovationsmanagement, 2005]: Handbuch Technologie und Innovationsmanagement: Strategie – Umsetzung – Controlling, Wiesbaden: Gabler, 2005

Ansoff, Harry I. [Management, 1979]: Strategic Management, New York: Halsted, 1979

Ansoff, Igor [Management, 1976]: From Strategic Management to Strategic Planning, New York, u.a.: John Wiley, 1976

Aurich, Wolfgang/Schröder, Hans U. [Unternehmensplanung, 1977]: Unternehmensplanung im Konjunkturverlauf, 2. Aufl., Landsberg: Moderne Industrie, 1977

Backhaus, Klaus [Industrie, 1997]: Industriegütermarketing, 5. Aufl., München: Vahlen, 1997

Backhaus, Klaus/Voeth, Markus [Industriegütermarketing, 2004]: Handbuch Industriegütermarketing: Strategien – Instrumente – Anwendungen, Wiesbaden: Gabler, 2004

Backhaus, Klaus/Voeth, Markus [Industriegütermarketing, 2007]: Industriegütermarketing, 8. Aufl., München, Vahlen, 2007

Baetge, Jörg/Kirsch, H.-J., u.a. [Bilanzen, 2009]: Bilanzen, 10. Aufl., Düsseldorf: IDW, 2009

Bain, Joe S. [Industrial, 1968]: Industrial Organization, 2. Aufl., New York, u.a.: John Wiley, 1968

Barney, Jay B. [Advantage, 1997]: Gaining and Sustaining Competitive Advantage, New York: Addison-Wesley Pub. Co., 1997

Bänsch, Axel [Käuferverhalten, 2002]: Käuferverhalten, 9. Aufl., München: Oldenbourg, 2002

Baßeler, Ulrich/Heinrich, Jürgen/Utecht, Burkhard [Volkswirtschaft, 2002]: Grundlagen und Probleme der Volkswirtschaft, 18. Aufl., Stuttgart: Schäffer-Poeschel, 2006

Bea, Franz-Xaver/Haas, Jürgen [Management, 2005]: Strategisches Management, 4. Aufl., Stuttgart: UTB, 2005

Beck, Christoph [Personalmarketing, 2008]: Personalmarketing 2.0, Köln: Wolters Kluwer, 2008

Becker, Jochen [Marketing, 2009]: Marketingkonzeption: Grundlagen des strategischen und operativen Marketing-Managements, 9. Aufl., München: Vahlen, 2009

Beckmann, Michael [Personalpolitik, 2004]: Betriebliche Personalpolitik im technologischen und organisatorischen Innovationsprozess, München, u.a.: Rainer Hamp Verlag, 2004

Bieg, Hartmut/Kußmaul Heinz [Investition, 2009]: Investition, 2. Aufl., München: Vahlen, 2009

Bleicher, Knut [Organisation, 1991]: Organisation : Strategien - Strukturen - Kulturen, 2. Aufl., Wiesbaden: Gabler, 1991

Blohm, Hans/u.a. [Produktionswirtschaft, 2002]: Produktionswirtschaft, 4. Aufl., Herne: Neue Wirtschafts-Briefe, 2002

Boutellier, Roman/Wagner, Stephan M. [Risiken, 2005]: Chancen nutzen, Risiken managen - Herausforderungen für die Beschaffung und das Supply Chain Management, Aarau: Schweizerischer Verband für Materialwirtschaft und Einkauf, 2005

Braun, Gernold [Verhandeln, 2008]: Verhandeln in Einkauf und Vertrieb: Mit System zu besseren Konditionen und mehr Profit, Wiesbaden: Gabler, 2008

Bruhn, Manfed [Marketing, 2008]: Marketing: Grundlagen für Studium und Praxis, 9. Aufl., Wiesbaden: Gabler, 2008

Bruhn, Manfred/Hadwich, Karsten [Produktmanagement, 2006]: Produkt- und Servicemanagement, München: Vahlen, 2006

Literaturverzeichnis

Buchholz, Rainer [Jahresabschluss, 2009]: Grundzüge des Jahresabschlusses nach HGB und IFRS, 5. Aufl., München: Vahlen, 2009

Camphausen, Bernd/u.a. [Betriebswirtschaftslehre, 2008]: Grundlagen der Betriebswirtschaftslehre - Bachelor Kompaktwissen, München: Oldenbourg, 2008

Carlton, Dennis W./Perlow, Jeffrey M. [Organization, 2005]: Modern Industrial Organization, 4th ed., New York: Pearson, 2005

Chandler, Alfred D. [Strategy, 1965]: Strategy and Structure, Cambridge: M.I.T. Press, 1965

Cialdini, Robert B. [Psychologie, 2007]: Die Psychologie des Überzeugens, 5. Aufl., Bern: Hans Huber Verlag, 2007

Coenenberg, Adolf G./Fischer, Thomas M./u.a. [Kostenrechnung, 2009]: Kostenrechnung und Kostenanalyse, 7. Aufl., Stuttgart: Schäffer-Poeschel, 2009

Coenenberg, Adolf G./Haller, Axel/u.a. [Jahresabschluss, 2009]: Jahresabschluss und Jahresabschlussanalyse: Betriebswirtschaftliche, handelsrechnlich, steuerrechtliche und internationale Grundsätze – HGB, IFRS, US-GAAP, 21. Aufl., Stuttgart: Schäffer-Poeschel, 2009

Corsten, Hans [Produktionsmanagement, 1994]: Handbuch Produktionsmanagement: Strategie – Führung – Schnittstellen, Wiesbaden: Gabler, 1994

Corsten, Hand [Produktionswirtschaft, 2004]: Produktionswirtschaft: Einführung in das industrielle Produktionsmanagement, 10. Aufl., München: Oldenbourg, 2004

Däumer, Klaus-Dieter [Finanzwirtschaft, 2002]: Betriebliche Finanzwirtschaft, 8. Aufl., Herne/Berlin: Verlag Neue Wirtschafts-Briefe, 2002

Däumer, Klaus-Dieter [Investition, 2003]: Grundlagen der Investitions- und Wirtschaftlichkeitsrechnung, 11. Aufl., Herne/Berlin: Verlag Neue Wirtschafts-Briefe, 2003

Döring, Ulrich/Buchholz, Rainer [Buchhaltung, 2003]: Buchhaltung und Jahresabschluss, 8. Aufl., Berlin: Erich Schmidt Verlag, 2003

Drukarcyk, Jochen [Finanzierung, 2008]: Finanzierung, 10. Aufl., Stuttgart: Lucius & Lucius, 2008

Dyckhoff, Harald [Produktionswirtschaft, 2003]: Grundzüge der Produktionswirtschaft, 4. Aufl., Berlin, u.a.: Springer, 2003

Esser, Werner [Wertkette, 1994]: Die Wertkette als Instrument der strategischen Analyse, in: Strategieentwicklung: Konzepte – Erfahrungen – Fallstudien, hrsg. v. Riekhof, Hans-Christian, 2. Aufl., Stuttgart: C. E. Poeschel, 1994

Farmer, Richard N./Richman, Berry M. [Management, 1970]: Comparative Management and Economic Progress, 2. Aufl., Homewood: Irwin, 1970

Gilbert, Xaver/Strebel, Paul J. [Outpcing, 1985]: Outpacing Strategies, in: IMEDE: Perspectives of Managers, Nr. 2, 1985

Gaubinger, Kurt/Werani, Thomas/Rabl, Michael [Innovation, 2009]: Praxisorientiertes Innovations- und Produktmanagement - Grundlagen und Fallstudien aus B-to-B Märkten, Wiesbaden: Gabler, 2009

Gerberich, Claus W. [Controlling, 2005]: Praxishandbuch Controlling: Trends – Konzepte – Instrumente, Wiesbaden: Gabler: 2005

Götze, Uwe [Investitionsrechnung, 2008]: Investitionsrechnung: Modelle und Analysen zur Beurteilung von Investitionsvorhaben, 6. Aufl., Berlin: Springer, 2008

Gudehus, Timm [Logistik, 1999]: Logistik: Grundlagen – Strategien – Anwendungen, Berlin: Springer, 1999

Härdler, Jürgen [Betriebswirtschaftslehre, 2007]: Betriebswirtschaftslehre für Ingenieure - Lehr- und Praxisbuch, 3. Aufl., Leipzig: Fachbuchverlag Leipzig, 2007

Hierl, Susanne/Huber, Steffen [Rechtsformen, 2008]: Rechtsformen und Rechtsformwahl: Recht, Steuern, Beratung, Wiesbaden: Gabler, 2008

Hirschsteiner, Günter [Materialwirtschaft, 2006]: Materialwirtscaft und Logistik, Ludwigshafen, Kiehl, 2006

Hofer, Charles W./Schendel, Dan [Strategy, 1978]: Strategy Formulation: Analytical Concepts, St. Paul: West Publishing Co., 1978

Holtbrügge, Dirk [Personalmanagement, 2007]: Personalmanagement, Berlin, u.a.: Springer, 2007

Horvath, Peter [Controlling, 2009]: Controlling, 11. Aufl., München, Vahlen, 2009

Howard, John A./Sheth, Jagdish N. [Behavior, 1969]: The Theory of Buying Behavior, New York, u.a.: John Wiley & Sons, 1969

Hummel, Thomas R. [Betriebswirtschaftslehre, 2007]: Betriebswirtschaftslehre kompakt, 3. Aufl., München: Oldenbourg, 2007

Hungenberg, Harald/Meffert, Jürgen [Management, 2003]: Handbuch Strategisches Management, Wiesbaden: Gabler, 2003

Hunger, David J./Wheelen, Thomas L. [Management, 2000]: Strategic Management, 7th ed., New York: Prentice Hall, 2000

Jacobs, Otto H. [Rechtsform, 2002]: Unternehmensbesteuerung und Rechtsform, 3. Aufl., München: Beck, 2002

Jóraz, William [Kostenrechnung, 2009]: Kosten und Leistungsrechnung: Lehrbuch mit Aufgaben und Lösungen, 5. Aufl., Stuttgart: Schäffer-Poeschel, 2009

Junge, Philip [Markets, 2006]: Emerging Markets - Customer Acquisition Strategies for the Mobile Communication Industry, Konstanz: Hochschule Konstanz, 2006

Junge, Philip [Opportunity, 2009]: Strategic Opportunity Management, Konstanz: Hochschule Konstanz, 2009

Kaplan, Robert S./Norton, David, P. [Scorecard, 1997]: Balanced Scorecard, Stuttgart: Schäffer-Poeschel, 1997

Kaplan, Robert S./Norton, David, P. [Scorecard, 1998]: Balanced Scorecard: Strategien erfolgreich umsetzen, Stuttgart: Schäffer-Poeschel, 1998

Kawasaki, Guy [Start, 2004]: The Art of Start, New York/u.a.: Penguin Group, 2004

Kawasaki, Guy [Rules, 2000]: Rules for Revolutionaries, New York: HarperCollins Publishers, 2000

Kim, W. Chan/Mauborgne, Renée [Blue Ocean, 2005]: Blue-Ocean-Strategie, Boston: Harvard Business School Publishing, 2005

King, William R./Cleland, David I. [Strength, 1987]: Strategic Strength - Weakness Analysis, in Strategic Planning and Management Handbook, New York: Van Nostrand Reinhold Co., 1987, S. 374-385

Knieß, Michael [Kreativitätstechniken, 2006]: Kreativitätstechniken - Möglichkeiten und Übungen, München: Deutscher Taschenbuch Verlag, 2006

Kotler, Philip/Armstrong, Gary [Marketing, 2008]: Principles of Marketing, 12th ed., Upper Saddle River: Pearson, 2008

Kotler, Philip/Armstrong, Gary/u.a. [Marketing, 2007]: Marketing: Grundagen des Marketing, 4. Aufl., München, u.a.: Pearson: 2007

Kotler, Philip/Bliemel, Friedhelm [Marketing, 2001]: Marketing-Management, 10. Aufl., Stuttgart: Schäffer-Poeschel, 2001

Kotler, Philip/Keller, Kevin L. [Marketing, 2009]: Marketing Management, 13th ed., Upper Saddle River: Pearson, 2009

Literaturverzeichnis

Kotler, Philip/Keller, Kevin L./Bliemel, Friedhelm [Marketing, 2007]: Marketing-Management: Strategien für wertschaffendes Handeln, 12. Aufl., München, u.a.: Pearson, 2007

Kubicek, Herbert/Thom, Norbert [Umsystem, 1976]:: Betriebliches Umsystem, In: HWB, hrsg. v. E. Grochla u. W. Wittmann, 4. Aufl., Stuttgart, 1976, S. 3977-4017

Küng, Pius, u.a. [Management, 2006]: Key Account Management - Praxistipps - Beispiele - Werkzeuge, 3. Aufl., St. Gallen, u.a.: Midas, 2006

Kreuzer, C. [BWL, 2005]: BWL kompakt: Die 100 wichtigsten Themen der BWL für Praktiker, Wien: Linde, 2005

Lehmann Donald R./Wiener Russel S. [Management, 2005]: Product Management, 4th ed., New York: McGraw-Hill, 2005

Loudon, David L./Della Bitta, Albert J. [Consumer, 1993]: Consumer Behavior, 4. Aufl., New York, u.a.: McGraw-Hill, 1993

Macharzina Klaus/Oesterle, Michael-Jörg [Management, 1997]: Handbuch Internationales Management, Wiesbaden: Gabler, 1997

Malorny, Christian [Quality, 2002]: Total Quality Management, 3. Aufl., München: Hanser Fachbuch, 2002

Mankiv, Nicholas G. [Makroökonomik, 2000]: Makroökonomik, 4. Aufl., Stuttgart: Schäffer-Poeschel, 2000

Meffert, Heribert [Marketing, 2000]: Marketing: Grundlagen marktorientierter Unternehmensführung, 9. Aufl., Wiesbaden: Gabler, 2000

Meffert, Heribert/u.a. [Marketing, 2008]: Marketing: Grundlagen marktorientierter Unternehmensführung, Konzepte – Instrumente – Praxisbeispiele, 10. Aufl., Wiesbaden: Gabler, 2008

Meffert, Heribert/u.a. [Marketing Arbeitsbuch, 2009]: Marketing: Arbeitsbuch, Aufgaben – Fallstudien – Lösungen, 10. Aufl., Wiesbaden: Gabler, 2009

Minzberg, Henry [Planung, 1995]: Strategische Planung: Aufstieg, Niedergang und Neubestimmung, München, u.a.: Carl Hanser, 1995

Müller-Stewens, Günter/Lechner, Christoph [Management, 2003]: Strategisches Management - Wie strategische Initiativen zum Wandel führen, 2. Aufl., Stuttgart: Schäffer-Poeschel, 2003

Nieschlag, Robert/u.a. [Marketing, 2002]: Marketing, 19. Aufl., Berlin: Duncker & Humblot, 2002

Niermeyer, Rainer/Postall, Nadia [Führen]: Führen - Die erfolgreichsten Instrumente und Techniken, München: Haufe, 2003

Oeldorf, Gerhard/Olfert, Klaus [Materialwirtschaft, 2008]: Materialwirtschaft, 12. Aufl., Ludwigshafen: Kiehl, 2008

Olfert, Klaus [Kostenrechnung, 2008]: Kostenrechnung, 15. Aufl., Ludwigshafen: Friedrich-Kiehl, 2008

Olfert, Klaus/Reichel, Christopher [Finanzierung, 2008]: Finanzierung, 14. Aufl., Ludwigshafen: Friedrich-Kiehl, 2008

Olfert, Klaus/Reichel, Christopher [Investition, 2009]: Investition, 11. Aufl., Ludwigshafen: Friedrich-Kiehl, 2009

Ossadnik, Wolfgang [Controlling, 2003]: Controlling, 3. Aufl., München, u.a.: Oldenbourg, 2003

Pearce, John A./Robinson, Richard B. [Management, 1988]: Strategic Management: Strategy Formulation and Implementation, 3. Aufl., Homewood: McGraw-Hill, 1988

Peters, Thomas J./Collins, Robert H. [Excellence, 1982]: In Search of Excellence: Lessons from America's best ran companies, New York: Harpercollins, 1982

Plinke, Wulff [Kundenanalyse, 1995]: Kundenanalyse, In: Handwörterbuch des Marketing, B. Tietz, u.a., 1328–1340, Stuttgart: Poeschel, 1995

Porter, Michael E. [Wettbewerbsvorteile, 2000]: Wettbewerbsvorteile: Spitzenleistungen erreichen und behaupten, 6. Aufl., Frankfurt: Campus, 2000

Porter, Michael E. [Wettbewerbsstrategie, 2008]: Wettbewerbsstrategie: Methoden zur Analyse von Branchen und Konkurrenten, 11. Aufl., Frankfurt: Campus, 2008

Preißner, Andreas [Controlling, 2008]: Praxiswissen Controlling: Grundlagen, Werkzeuge, Anwendungen, 5.Aufl., München: Hanser, 2008

Preißner, Peter R. [Controlling, 2007]: Controlling: Lehrbuch und Intensivkurs, 13. Aufl., München: Oldenbourg, 2007

Rasche, Christoph [Wettbewerbsvorteile, 1994]: Wettbewerbsvorteile durch Kernkompetenzen, Wiesbaden: Dt. Univ.-Verl., 1994

Reinecke, Sven/Janz, Simone [Marketingcontrolling, 2007]: Marketingcontrolling: Sicherstellen von Marketingeffektivität und -effizienz, Stuttgart: Kohlhammer, 2007

Remy, Volker [Aufträge, 2007]: Wie man Aufträge angelt und mit Fischen spricht, Berlin: Graco, 2007

Ruile, Herbert/Stettin, Andreas [Beschaffung, 2005]: Beschaffung, Marktleistungserstellung und Distribution, in: Hugentobler, W./Schaufenbühl, K./Blattner, M.: Integrale Betriebswirtschaftslehre, Zürich: Orell Füssli, 2005

Ringlstetter, Max J. [Organisation, 1997]: Organisation von Unternehmen und Unternehmensverbindungen: Einführung in die Gestaltung der Organisationsstruktur, München: Oldenbourg, 1997

Rose, Gerd/Glorius-Rose, Cornelia [Unternehmen, 2001]: Unternehmen: Rechtsformen und Verbindungen, 3. Aufl., Köln: Dr. Otto Schmitt, 2001

Schierenbeck, Henner [Betriebswirtschaftslehre, 2000]: Grundzüge der Betriebswirtschaftslehre, 15. Aufl., München: Oldenbourg, 2000

Schnetzler, Nadja [Ideenmaschine, 2006]: Die Ideenmaschine - Methode statt Geistesblitz - Wie Ideen industriell produziert werden, 5. Aufl., WILEY-VCH, 2006

Sheth, Jagdish N. [Behavior, 1973]: A Model of Industrial Buying Behavior, in: Journal of Marketing, 1973, Vol. 37, no. 4, S. 50-56.

Stevens, Howard/Kinni, Theodore [Sales, 2007]: Achieve Sales Excellence, Avon: Platinum Press, 2007

Sieck, Hartmut/Goldmann, Andreas [verkaufen, 2007]: Erfolgreich verkaufen im B2B: Wie Sie Kunden analysieren, Geschäftspotentiale entdecken und Aufträge sichern, Wiesbaden: Gabler, 2007

squeaker.net [Consulting, 2010]: Consulting Case-Training – 30 Übungscases für die Bewerbung in der Unternehmensberatung, Köln: squeaker.net, 2010

Teufel, Stephanie/Götte, Sascha/Steinert, Martin [Management2004]: Managementmethoden für ICT-Unternehmen - Aktuelles Wissen von Forschenden des imimt der Université Fribourg und Spezialisten aus der Praxis, Zürich: Orell Füssli, 2004

Thieme, Kurt H., u.a. [Preisdruck, 2007]: Preisdruck? Na und! Wie Spitzenverkäufer Preise erfolgreich verhandeln, 3. Aufl., Uffling am Staffelsee: AVANCE, 2007

Thommen, Jean-Paul/Achleitner, Ann-Kristin [Betriebswirtschaftslehre, 2006]: Allgemeine Betriebswirtschaftslehre - Umfassende Einführung aus managementorientierter Sicht, 5. Aufl., München: Gabler, 2006

Thompson, Arthur A./Strickland Alonzo J. [Management 1999]: Strategic Management, 11th ed., Boston: McGraw-Hill, 1999

Thonemann, Ulrich [Operations, 2005]: Operations Management: Konzepte, Methoden und Anwendungen, München: Pearson Education Deutschland, 2005

Tomczak, Torsten/Kuß Alfred [Käuferverhalten, 2007]: Käuferverhalten: Eine marktorientierte Einführung, 4. Aufl., Stuttgart: Lucius & Lucius, 2004

Literaturverzeichnis

Töpfer, Armin [Betriebswirtschaftslehre, 2007]: Betriebswirtschaftslehre: Anwendungs- und pro-
zessorientierte Grundlagen, 2. Aufl., New York: Springer, 2007

Trommsdroff, Volker [Konsumentenverhalten, 2002]: Konsumentenverhalten, 4. Aufl., Stuttgart:
Kohlhammer, 2002

Ulrich, Peter/Fluri, Edgar [Management, 1995]: Management: Eine konzentrierte Einführung,
7. Aufl., Bern, u.a.: Haupt, 1995

Wannenwetsch, Helmut [Materialwirtschaft, 2007]: Integrierte Materialwirtschaft und Logistik:
Beschaffung, Logistik, Materialwirtschaft und Produktion, Berlin, Heidelberg: Springer, 2007

Warnecke, Hans-Jürgen/u.a. [Kostenrechnung, 1996]: Kostenrechnung für Ingenieure, 5. Aufl.,
München: Hanser, 1996

Warnecke, Hans-Jürgen/u.a. [Witschaftlichkeitsrechnung, 1996]: Wirtschaftlichkeitsrechnung für
Ingenieure, 3. Aufl., München: Hanser, 1996

Weber, Jürgen/Schäffer Utz [Controlling, 2008]: Einführung in das Controlling, 12. Aufl., Stuttgart:
Schäffer-Poeschel, 2008

Weber, Wolfgang/Kabst, Rüdiger [Betriebswirtschaftslehre, 2008]: Einführung in die Allgemeine
Betriebswirtschaftslehre, 7. Aufl., München, Gabler, 2008

Webster, Frederick E./Wind, Yoram [Behaviour, 1972]: Organizational Buying Behaviour, Engle-
wood Cliffs: Prentice-Hall, 1972

Weis, Hans C./Olfert, Klaus [Marketing, 2007]: Marketing, 14. Aufl., Ludwigshafen: Kiehl, 2007

Welge, Martin K./Al-Laham, Andreas [Strategisches Management, 2008]: Strategisches Management: Grundlagen - Prozess - Implementierung, 5. Aufl., München: Gabler, 2008

Wild, Jürgen [Unternehmensplanung, 1991]: Grundlagen der Unternehmensplanung, 4. Aufl.,
Wiesbaden: VS-Verlag, 1991

Wöhe, Günter/Bilstein, Jürgen/u.a. [Finanzierung, 2009]: Grundzüge der Unternehmensfinanzierung, 10. Aufl., München: Vahlen, 2009

Wöhe, Günter/Döring, Ulrich [Betriebswirtschaftslehre, 2008], Einführung in die allgemeine Betriebswirtschaftslehre, 23. Aufl., München: Vahlen, 2008

Wolke, Thomas [Risikomanagement, 2008]: Risikomanagement, 2. Aufl., München: Oldenbourg,
2008

Woll, Arthur [Volkswirtschaftslehre, 2006]: Volkswirtschaftslehre, 15. Aufl., München: Vahlen, 2006

Wunderer, Rolf [Führung, 1993]: Führung und Zusammenarbeit: Beiträge zu einer Führungslehre,
Stuttgart: Schäffer-Poeschel, 1993

www.ebundesanzeiger, 17.08.2011: https://www.ebundesanzeiger.de/ebanzwww/wexsservlet?
session.sessionid=c5ed9d55c5aa5cd563f127528b2661c7&page.navid=detailsearchlisttodetail
searchdetail&fts_search_list.selected=44b686f4722c217c&fts_search_list.destHistoryId=02523,
18.08.2011, 09.21 Uhr.

Vahs, Dietmar/Schäfer-Kunz, Jan [Betriebswirtschaftslehre, 2007]: Einführung in die Betriebswirtschaftslehre, 5. Aufl., Stuttgart: Schäffer-Poeschel, 2007

Zollondz, Hans-Dieter [Marketing, 2008]: Grundlagen des Marketing: Von der Vermarktungsidee
zum Marketingkonzept, 4. Aufl., Berlin: Cornelsen, 2008

Glossar

AG	Siehe: Aktiengesellschaft.
Ablauforganisation	Setzt die Aufgaben der einzelnen Organisationseinheiten in stellenübergreifende Arbeitsprozesse um.
Abschreibung	Im Rechnungswesen: Verringerung des Buchwerts von Sachanlagen aufgrund von Abnutzung oder von Forderungen aufgrund von Uneinbringlichkeit.
Aktiengesellschaft	Rechtsform vom Typ einer Kapitalgesellschaft.
Aktiviertheit	Innerer Erregungszustand von Menschen. Grundvoraussetzung, um eine bewusste Verarbeitung von Stimuli zu erreichen.
Anlagengeschäft	Komplexe Leistungen werden kundenindividuell gefertigt. Verkauf von Produkten erfolgt vor deren Fertigung.
Ansoff-Matrix	Ansatz zur systematischen Entwicklung von Unternehmensstrategien von Igor Ansoff. Zentrale Fragestellung ist, ob bestehende oder neue Produkte auf bestehenden oder neuen Märkten angeboten werden sollen. Auf diese Weise werden vier Strategiealternativen unterschieden: Marktdurchdringung, Marktentwicklung, Produktentwicklung und Diversifikation.
Akquisition	Kauf eines Unternehmens durch ein anderes Unternehmen.
Aufbauorganisation	Legt fest, welche Aufgaben von welchen Mitarbeitern auszuführen sind.
Aufwand	Minderung des Erfolgs durch den Ver- oder Gebrauch von Gütern.
Ausgabe	Minderung des Geldvermögens durch den Zugang von Gütern.
Auszahlung	Minderung der flüssigen Mittel durch Abgang von Bar- oder Buchgeld.
B2B-Güter	Siehe: Investitionsgüter.
B2C-Güter	Siehe: Konsumgüter.
BAB (Betriebsabrechnungsbogen)	Werkzeug der Kostenrechnung, welches dazu dient, bestimmte Kostenarten, in erster Linie die Gemeinkosten, über die Kostenbereiche auf die einzelnen Kostenstellen zu verteilen.
Balanced Scorecard (BSC)	Managementmethode mit der Zielsetzung einer ausgewogenen Steuerung der wesentlichen Unternehmensperspektiven.
BCG-Matrix	Methode zur Portfolioanalyse der Boston Consulting Group, die das Produktportfolio in Abhängigkeit des relativen Marktanteils und des Marktwachstums darstellt. Auf diese Weise werden die Produkte eines Unternehmens in vier Kategorien eingeteilt: Question-Marks, Stars, Cash-Cows und Poor-Dogs.
Benchmarking	Benchmarking ist der systematische Vergleich unternehmenseigener Prozesse mit internen (andere Abteilungen oder Bereiche) oder externen Vergleichsobjekten (andere Unternehmen). Generelle Zielsetzung ist es, von Best Prac-

	tice weltweit zu partizipieren und mit ausgewählten Kennzahlen den Veränderungs- und Optimierungsbedarf zu analysieren. Damit sollen Qualität und Leistungsfähigkeit des betreffenden Prozesses deutlich gesteigert werden.
Bestandskonten	Aktiv- und Passivkonten der Bilanz.
Betrieb	Unternehmen und öffentliche Betriebe & Verwaltungen / Wirtschaftseinheiten, in denen Produktionsfaktoren kombiniert werden, um daraus Produkte herzustellen und abzusetzen.
Betriebswirtschaftslehre	Untersucht die Abläufe und Auswirkungen menschlicher Entscheidungen in Betrieben, mit dem Ziel Handlungsempfehlungen für die Unternehmensführung abzuleiten.
BGB-Gesellschaft	Siehe: GbR.
Bilanz	Gegenüberstellung von Vermögen (Aktiva) und Kapital (Passiva) eines Unternehmens.
Blue-Ocean-Strategie	Strategiealternative mit dem Ziel, aus bestehendem Konkurrenzdenken auszubrechen und Märkte zu finden, in denen die bestehende Konkurrenz irrelevant ist.
Branchenstrukturanalyse	Siehe: 5-Forces-Analyse.
Branding	Markengebung.
Break-Even-Point	Gewinnschwelle.
Bruttoinlandsprodukt (BIP)	Englisch: Gross National Product (GNP). Gesamtwert aller Güter, die innerhalb eines Jahres innerhalb der Landesgrenzen einer Volkswirtschaft hergestellt wurden und dem Endverbrauch dienen.
Bruttosozialprodukt (BSP)	Englisch: Gross Domestic Product (GDP). Das Bruttosozialprodukt ergibt sich aus dem Bruttoinlandsprodukt (BIP) plus der Einkünfte der Bürger aus ausländischen Investitionen, abzüglich der im Inland von ausländischen Staatsbürgern verdienten Gelder.
Buchgeld	Liquidierbares Bankguthaben auf einem Konto.
Bullwhip-Effekt	Phänomen, welches dynamische Abhängigkeiten entlang der Wertschöpfungskette beschreibt.
Business-Plan	Schriftliche Zusammenfassung eines unternehmerischen Vorhabens. Basierend auf einer Geschäftsidee, werden im Business-Plan die Strategie und die Ziele dargestellt, die mit der Produktion, dem Vertrieb und der Finanzierung der Geschäftsidee verbunden sind.
Buying-Center	Zusammenfassung aller an einem B2B-Kaufprozess beteiligten Personen.
BWL	Siehe: Betriebswirtschaftslehre.
Cash-Flow	Aus Ein- und Auszahlungen resultierende Geldzu- und abflüsse.
CEO (Chief Executive Officer)	Bezeichnung für den Geschäftsführer, Vorstand, Vorsitzenden der Geschäftsführung oder des Vorstands.
CFO (Chief Financial Officer)	Kaufmännischer Geschäftsführer oder Finanzvorstand bei Aktiengesellschaften.
Corporate Governance	Siehe: Unternehmensverfassung.

Controlling	Zentrale Managementaufgabe, die sinngemäß mit Unternehmenssteuerung gleichgesetzt werden kann. In der deutschen Industrie werden mit dem Controlling meist die traditionellen Aufgaben des Rechnungswesens und der Planung, Kontrolle und Information mit dem Begriff assoziiert.
Convenience Goods	Produkte, die von Kunden häufig und ohne besonderen Aufwand gekauft werden.
DCGK	Deutscher Corporate Governance Index. In Deutschland geltende Regeln für die Leitung und Überwachung von Unternehmen.
Deckungsbeitrag	Der Deckungsbeitrag ist in der Kosten- und Leistungsrechnung die Differenz zwischen den erzielten Erlösen (Umsatz) und den variablen Kosten. Es handelt sich also um den Betrag, der zur Deckung der Fixkosten zur Verfügung steht.
Diagonale Zusammenarbeit	Wird auch als laterale oder konglomerale Zusammenarbeit bezeichnet und beschreibt die Zusammenarbeit von Firmen aus verschiedenen Wertschöpfungsketten (z. B. Zusammenarbeit von Lufthansa und Mastercard).
Differenzierung	Wettbewerbsstrategie, die darauf abzielt, überdurchschnittliche Marktpreise zu erzielen, in dem Produkte vermarktet werden, die in den Augen der Kunden als einzigartig wahrgenommen werden.
Diversifikation	Strategievariante der Ansoff-Matrix, bei der Unternehmen versuchen, mit neuen Produkten neue Märkte zu erschließen. In Abhängigkeit der Wertschöpfungsstufe auf der diversifiziert wird, werden horizontale, vertikale und konglomerale Diversifikation unterschieden.
Dualistische Spitzenverfassung	Gewaltenteilung, in der der Aufsichtsrat als unabhängiges Kontrollorgan, das Leitungsorgan eines Unternehmens (den Vorstand) kontrolliert
Einkommensteuer	Besteuert Gewinne natürlicher Personen.
Einnahme	Mehrung des Geldvermögens durch den Abgang von Gütern.
Einzahlung	Mehrung der flüssigen Mittel durch Zugang von Bar- oder Buchgeld.
Einzelkosten	Kosten, die einem Kostenträger verursachungsgerecht zugerechnet werden können.
Einzelunternehmen	Jedes Unternehmen, welches von einer einzelnen natürlichen Person als Rechtssubjekt geführt wird.
Erfolgskonten	Ertrags- und Aufwandskonten der GuV.
Ertrag	Mehrung des Erfolgs durch die Erstellung, die Bereitstellung oder den Absatz von Gütern.
Erzeugnisse	Produkte, die in einem Unternehmen hergestellt wurden.
F&E	Forschung & Entwicklung. Siehe: R&D.
Fixe Kosten	Kosten die sich bei Veränderung der Beschäftigung kurzfristig nicht ändern oder ändern lassen.
Franchiseunternehmen	Langfristige, vertraglich geregelte Kooperation, bei der ein Franchisegeber einem rechtlich selbstständigen Franchi-

	senehmer die Nutzung eines Geschäftskonzeptes gegen ein Entgelt zur Verfügung stellt.
Freie Güter	Güter, die in unbegrenztem Umfang zur Verfügung stehen.
Fusion	Englisch: Merger. Zusammenschluss von Unternehmen ähnlicher Größe, bei dem mindestens eines der beteiligten Unernehmen neben seiner wirtschaftlichen auch seine rechtliche Selbstständigkeit aufgibt.
GbR	Gesellschaft bürgerlichen Rechts. Grundform aller Personengesellschaften.
GDP	Gross Domestic Product. Siehe: Bruttoinlandsprodukt.
Gebrauchsgüter	Güter, die bei ihrer Verwendung gar nicht oder nur sehr langsam aufgebraucht werden.
Gebundenes Kapital	Kapital ist dann gebunden, wenn es nicht sofort liquide ist, also wenn es zwar in der Unternehmensbilanz aufgelistet ist, jedoch nicht als Geldmittel zur Verfügung steht.
Gemeinkosten	Kosten, die nicht eindeutig einem einzelnen Kostenträger verursachungsgerecht zugerechnet werden können.
Gewinn- und Verlustrechnung	Teil des Jahresabschlusses, in dem Erträge und Aufwendungen gegenüber gestellt werden, und der die Höhe und die Quellen des unternehmerischen Erfolges ausweist.
GmbH	Gesellschaft mit beschränkter Haftung. Rechtsformtyp von Personengesellschaften.
GNP	Gross National Product. Siehe: Bruttosozialprodukt.
Grundbuch	Auch: Journal. Chronologische Auflistung aller Buchungen.
Güterknappheit	Situation, in der mehr Güter nachgefragt werden als zur Verfügung stehen.
GuV	Siehe: Gewinn und Verlustrechnung.
Handel	Kauf und Absatz von Waren.
Handelsregister	Öffentliche Bücher, die den Zweck haben, die Rechtsverhältnisse der Kaufleute offenzulegen.
Hauptbuch	Nach Konten geordnete Auflistung aller Buchungen.
Haushalte	Fragen Güter nach, die von Betrieben produziert wurden.
Horizontale Diversifikation	Neues Produkt, neuer Markt, gleiche Wertschöpfungsstufe. Beispiel: Automobilhersteller baut auch LKWs.
Horizontale Zusammenarbeit	Zusammenarbeit von Unternehmen auf derselben Wertschöpfungsstufe.
Industrieökonomischer Ansatz	Ansatz zur Wahl der Unternehmensstrategie bei dem davon ausgegangen wird, dass die Struktur der Branche einen signifikanten Einfluss auf den wirtschaftlichen Erfolg der Marktteilnehmer hat. Mittelpunkt der klassischen Industrieökonomik ist das Structure-Conduct-Performance-Paradigma von Bain.
Insourcing	Einlagerung einzelner Betriebsfunktionen oder Geschäftsprozesse in das eigenen Unternehmen. Gegenteil: Outsourcing.
Investitionsgüter	Alle Güter, die zur Produktion von anderen Gütern eingesetzt werden.

Involvement	Grad des Engagements, den Menschen an den Tag legen, um gezielt bestimmte Informationen zu beschaffen und zu bearbeiten.
Jahresabschluss	Bilanz + Gewinn und Verlustrechnung (+ evtl. Anhang).
Job-Enlargement	Quantitative Erweiterung des Aufgabenfeldes von Mitarbeitern durch das Hinzufügen inhaltlich ähnlicher Aufgaben.
Job-Enrichment	Qualitative Erweiterung des Aufgabenfeldes von Mitarbeitern durch die Übertragung von Aufgaben mit höheren Ansprüchen.
Joint-Venture	Gemeinschaftsunternehmen. Auf Kapitalbeteiligung oder vertraglichen Vereinbarungen beruhende Zusammenschlüsse von zwei oder mehr unabhängigen Unternehmen.
Juristische Person	Personenvereinigung, die aufgrund gesetzlicher Anerkennung rechtsfähig ist, d. h. selbst Träger von Rechten und Pflichten sein kann, dabei aber keine natürliche Person ist.
Kaufmann	Leiter eines kaufmännischen Betriebs.
Kaufmännischer Betrieb	Betriebe, die eine bestimmte Umsatzgröße übersteigen.
Käufermarkt	Marktform, bei der das Angebot die Nachfrage übersteigt. Kunden haben eine dominante Position.
Kapital	Summe aller von den Kapitalgebern zur Verfügung gestellten finanziellen Mittel.
Kartell	Spezialfall einer Kollusion. Kartelle sind wettbewerbsbeschränkende Absprachen oder aufeinander abgestimmtes Verhalten von rechtlich und wirtschaftlich selbstständigen Unternehmen.
Keiretsu	Japanisches Konzept. Hochintegrierte Form strategischer Netzwerke, an deren Spitze ein großes Unternehmen steht.
Kernkompetenz	Fähigkeit, die ein Unternehmen im Vergleich zur Konkurrenz besser ausführen kann und dadurch einen Wettbewerbsvorteil erlangt hat. Sie wird durch die vier Merkmale Kundennutzen, Imitationsschutz, Differenzierung und Diversifikation determiniert
KG	Rechtsform Kommanditgesellschaft. Personengesellschaft.
Knappe Güter	Auch Wirtschaftsgüter – Güter, die nicht in unbegrenztem Umfang zur Verfügung stehen.
Konstitutive Entscheidungen	Grundsätzliche Entscheidungen, mit denen Unternehmen bestimmte Strukturen bzw. ihren Handlungsrahmen für einen längeren Zeitraum festlegen.
Konsortium	Befristete Vereinigung von zwei oder mehr rechtlich und wirtschaftlich selbstständigen Unternehmen zur Führung eines gemeinsamen, genau abgegrenzten Geschäftes.
Konsumgüter	Güter, die der Bedarfsdeckung der Haushalte dienen.
KonTraG	Gesetz zur Kontrolle und Transparenz in Unternehmen. Ziel ist die Stärkung der Kontrollfunktion des Aufsichtsrates und der Hauptversammlung sowie die Verbesserung der Qualität der Jahresabschlussprüfung.
Kollusion	Bewusstes und gewolltes Zusammenwirken von Firmen. Kollusionen sind Gegenstand des Kartellverbotes.

Glossar

Konzentration	Prozess der Zusammenfassung von Marktanteilen und Ballung von Verfügungsmacht über Produktionsmittel. Drei Arten: Konzern, Fusion und Akquisition.
Konzern	Zusammenfassung von einem herrschenden und einem oder mehreren abhängigen Unternehmen unter der einheitlichen Leitung des herrschenden Unternehmens.
Kooperation	Zusammenarbeit von Unternehmen, die rechtlich selbstständig bleiben, jedoch für den Bereich der Zusammenarbeit einen Teil ihrer wirtschaftlichen Souveränität aufgeben.
Kostendegressionseffekt	Kostenabnahme durch die Verteilung von Fixkosten auf die verkaufte Produktmenge.
Kostenartenrechnung	Erste Stufe der Kostenrechnung (internes Rechnungswesen) mit der Aufgabe der Ermittlung der angefallenen Kosten und der Unterteilung der Kosten nach Kostenarten.
Kostenführerschaft	Unternehmensstrategie, bei der die gesamte Wertkette eines Unternehmens kostenminimiert arbeitet. Ziel ist es, die Kostenstruktur von Unternehmen zum Wettbewerbsvorteil zu entwickeln. Um eine gute Kostenstruktur zu erreichen, müssen Größen- und Verbundvorteile optimal ausgenutzt werden.
Kostenstelle	Sachliches Kriterium zur Gliederung von Kosten (und Erträgen) nach ihrem Entstehungsort.
Kostenträger	Absatzleistungen oder innerbetriebliche Leistungen, denen Kosten zugerechnet werden können.
Lastenheft	Anforderungsspezifikation oder Kundenspezifikation. Beschreibt die Gesamtheit der Forderungen des Auftraggebers an die Lieferungen und Leistungen eines Auftragnehmers.
Liquidität	Fähigkeit, jederzeit seine fälligen Verbindlichkeiten zurückzahlen zu können (Zahlungsfähigkeit).
M&A	Mergers & Acquisitions. Firmenzusammenschlüsse und -übernahmen.
Makroökonomie	Teil der VWL, der sich mit der Struktur, Leistungsfähigkeit und dem Verhalten der Gesamtwirtschaft beschäftigt.
Marketing	Planung, Koodination und Kontrolle aller auf die aktuellen und potenziellen Märkte ausgerichteten Unternehmensaktivitäten.
Marketing-Mix	Abstimmung, Koordination und Gestaltung der absatzpolitischen Instrumente Product, Price, Promotion und Place.
Marktarealstrategien	Siehe: Ansoff-Matrix.
Marktsegmentierung	Aufteilung des heterogenen Gesamtmarkts in kleinere Marktsegmente mit möglichst homogenen Anforderungen.
Maximalprinzip	Vorgegebener Aufwand. Ziel: bestmögliches Ergebnis.
Mikroökonomie	Teil der VWL, der sich mit einzelnen Wirtschaftssubjekten beschäftigt.
Minimalprinzip	Vorgegebenes Ergebnis. Ziel: möglichst wenig Aufwand.
Mission	Handlungsauftrag von Unternehmen.
Märkte	Gesamtheit von Wirtschaftseinheiten, die ein bestimmtes Gut oder ein Substitut anbieten und nachfragen.

Natürliche Person	Mensch in seiner Rolle als Rechtssubjekt, d. h. als Träger von Rechten und Pflichten.
Net Present Value	Gegenwert (Barwert) einer Investition unter Berücksichtigung aller Ein- und Auszahlungen der Investition im Investitionszeitraum. Deutsch: Kapitalwert.
Nominalgüter	Güter, die mehr Wert sind als ihr reiner Materialwert (z. B. Geldscheine).
ODM	Unternehmen, welches von anderen Unternehmen in Auftrag gegebene, jedoch zum Teil selbst entwickelte Produkte herstellt, die letztlich unter dem Markennamen des Auftraggebers verkauft werden.
OEM	Hersteller fertiger Komponenten oder Produkte, der diese in seinen eigenen Fabriken produziert, sie aber nicht selbst in den Handel bringt.
OEM-Geschäft	Produkte werden für einen OEM (Original Equipment Manufacturer) entwickelt und im Anschluss für diesen massengefertigt.
OHG	Rechtsform der Offenen Handelsgesellschaft. Personengesellschaft. Typische Rechtsform kleinerer und mittlerer Betriebe mit mehreren Gesellschaftern.
Ordnungsgemäße Buchführung	Pflicht, sämtliche Geschäfte des Unternehmens zu dokumentieren und zum Ende jedes Geschäftsjahres einen Jahresabschluss (Bilanz) zu erstellen.
Outsourcing	Auslagerung einzelner Betriebsfunktionen oder Geschäftsprozesse an externe Anbieter. Gegenteil: Insourcing.
Ökonomisches Prinzip	Aufgrund der Knappheit der Güter müssen Wirtschaftseinheiten eingesetzte Mittel und Ergebnis ins Verhältnis setzen und entsprechend ihren persönlichen Vorlieben vernünftig handeln.
PEST-Analyse	Siehe: STEP-Analyse.
Personengesellschaft	Rechtsgeschäftlicher Zusammenschluss von mindestens zwei natürlichen oder juristischen Personen.
Pflichtenheft	Beschreibt in konkreterer Form, wie der Auftragnehmer die Anforderungen im Lastenheft zu lösen gedenkt.
Positionierung	Gestaltung des Produktspektrums in der Art, dass es in den Augen der Zielkunden einen besonderen und von Wettbewerbern abgesetzten Platz einnimmt.
Produkte	Alle für den Absatz bestimmte Sach- und Dienstleisungen von Unternehmen.
Preiselastizität	Gibt an, welche relative Änderung der Angebots- bzw. Nachfragemenge bei einer bestimmten Preisänderung eintritt.
Produktgeschäft	Investitionsgüter werden als Massenware in einem anonymen Markt angeboten.
Produktionsfunktion	Mathematischer Zusammenhang zwischen verschiedenen Einsatzkombinationen der Produktionsfaktoren und Ausbringungsmengen.
Produktmanagement	Auf Produkte ausgerichtete Marketingorganisation.

Glossar

Public Relations	Nach dem Motto „Tue gutes und rede darüber" hat Public Relations oder Öffentlichkeitsarbeit die Aufgabe, das Vertrauen der Stakeholder zu gewinnen und zu erhalten.
R&D	Research & Development (deutsch: Forschung & Entwicklung).
Realgüter	Materielle (greifbare) Güter.
Rechnungswesen	Gegenstand: Ermittlung und Bereitstellung von Informationen über monetäre und mengenmäßige Größen in Betrieben.
Rechtssubjekt	Ein Mensch in seiner Rolle als Träger von Rechten und Pflichten (Rechtssubjekt).
Ressourcenbasierter Ansatz	Ansatz zur Wahl der Unternehmensstrategie, der davon ausgeht, dass jedes Unternehmen über einzigartige Ressourcen verfügt, die für den Erfolg von Unternehmen am Markt verantwortlich sind.
Risikomanagement	System zur Erfassung und Bewertung von Risiken sowie die Steuerung von Reaktionen auf festgestellte Risiken.
Rückstellung	Passivposten der Bilanz, der für erwartete bzw. in Zukunft anfallende Auszahlungen gebildet wird.
Segmentierung	Siehe: Marktsegmentierung.
Shareholder	Aktionär.
Shopping Goods	Produkte, bei deren Kauf sich Kunden ausführlich über mögliche Kaufalternativen informieren (z. B. Möbel).
Situationsanalyse	Unternehmensanalyse + Umweltanalyse.
Skaleneffekte	Englisch: economies of scale. Kostendegression auf Grund der Unternehmensgröße.
Speciality Goods	Güter, für die keine Substitute existieren. Erheblicher Suchaufwand auf Kundenseite (z. B. Oldtimer).
Sponsoring	Bereitstellung von Geld, Sachmitteln, Dienstleistungen oder Know-How durch Unternehmen zur Förderung von Personen, Organisationen oder Veranstaltungen.
Stakeholder	Personen und Institutionen, die in einer Beziehung zu dem Unternehmen stehen, von diesem beeinflusst werden und daher ein verstärktes Interesse an der Handlungsweise des Unternehmens haben.
STEP-Analyse	Methode zur Untersuchung der externen Unternehmensumwelt.
Stimulus	Reize, wie beispielsweise Wärme, Sonne, Regen, Werbung, Gerüche usw., die von Konsumenten durch ihre fünf Sinne wahrgenommen werden können.
Strategische Allianz	Längerfristige formalisierte Beziehungen zwischen Unternehmen.
Strategische Netzwerke	Langfristige institutionelle Einrichtungen zur Prozessoptimierung entlang der Wertschöpfungskette.
Substitute	Güter, die die Nachfrage ebenso decken können wie das originale Produkt.
Supply Chain	Siehe: Wertschöpfungskette.
Supply Chain Management	Ansatz zur Optimierung der Logistikkette vom Lieferanten

	bis zum Kunden durch einen fortlaufenden Austausch von Informationen.
SWOT-Analyse	Situationsanalyse – Analyse der externen und internen Unternehmensituation, bei der Strengths, Weaknesses, Opportunities und Threats erfasst werden.
Systemgeschäft	Produkte werden für einen anonymen Markt entwickelt. Verkauf der Produkte erfolgt nicht einmalig (als Gesamtpaket), sondern sukzessive.
Targeting	Analyse und Bewertung von Marktsegmenten.
Teilkostenrechnung	Methode des internen Rechnungswesens, bei der den Kostenträgern nach dem Verursachungsprinzip nur Einzelkosten zugerechnet werden.
TOWS-Matrix	Methode zur systematischen Analyse der Stärken, Schwächen, Opportunities und Threats und zur Ableitung von marktgerichteten Unternehmensstrategien.
Umsatz	Umgangssprachliches Synonym für Umsatzerlöse. Der Umsatz bezeichnet in der Theorie allerdings lediglich den mengenmäßigen „Umsatz" von Produkten.
Umsatzerlöse	Erträge aus dem Absatz von Produkten.
Umweltanalyse	Analyse der Unternehmensumwelt zur Ermittlung von Chancen und Risiken (Opportunities und Threats).
Unternehmensanalyse	Analyse von Unternehmen zur Ermittlung der unternehmensindividuellen Stärken und Schwächen (Strengths und Weaknesses).
Unternehmensverfassung	Unternehmensindividuelle Niederschrift der Grundsätze verantwortungsvoller Unternehmensführung.
Value Chain	Siehe: Wertkette.
Variable Kosten	Kosten, die sich bei einer Veränderung der Beschäftigung kurzfristig anpassen oder anpassen lassen.
Verbrauchsgüter	Güter, die bei ihrer Verwendung sofort/schnell aufgebraucht werden.
Verbundvorteile	Englisch: economies of scope. Kostenvorteile durch Einsparen redundanter Bereiche, z. B. können Vertriebsstrukturen bei einer Unternehmensverbindung gemeinsam genutzt werden.
Verkaufsförderung	Zeitlich befristete Maßnahmen mit Aktionscharakter auf nachgelagerten Vertriebsstufen, die Unternehmen dabei helfen, die gesetzten Kommunikations- und Vertriebsziele zu erreichen.
Verkäufermarkt	Marktform, auf der die Anbieter das Marktgeschehen fast monopolartig dominieren.
Vertikale Diversifikation	Neues Produkt, neuer Markt, verschiedene Wertschöpfungsstufe. Beispiel: Unternehmen kauft einen seiner Lieferanten.
Vertikale Zusammenarbeit	Zusammenarbeit mit Unternehmen auf vor- oder nachgelagerten Stufen der Wertschöpfungskette.
Virtuelle Unternehmen	Zusammenschluss unabhängiger Unternehmen mit individuellen Kernkompetenzen, ausschließlich durch Nutzung elektronischer Medien und moderner Kommunikationstechniken.

Vision	Grundsätzlich gehaltene Vorstellung der künftigen Rolle des Unternehmens.
Volkswirtschaft	Gesamtheit der wirtschaftlichen Individuen und Gruppen.
Volkswirtschaftslehre	Ziel der VWL ist es, Gesetzmäßigkeiten zu finden, um aus gewonnenen Erkenntnissen Handlungsempfehlungen für die Wirtschaftspolitik ableiten zu können.
Vollkostenrechnung	Methode des internen Rechnungswesens, bei der alle angefallenen Kosten auf die Kostenträger verrechnet werden.
VWL	Siehe Volkswirtschaftslehre.
Waren	Für den Absatz bestimmte Produkte, die von Betrieben eingekauft und abgesetzt, ohne dabei in irgendeiner Form verändert zu werden.
Wertschöpfungskette	Netzwerk von vor- und nachgelagerten Wirtschaftseinheiten, die an der Herstellung des Gutes beteiligt sind.
Wertschöpfungsnetzwerke	Gezielte In- und Outsourcing-Aktivitäten von Unternehmen entlang der Wertschöpfungskette, mit dem Ziel der strategischen Ein- oder Auslagerung von Randkompetenzen.
Wirtschaften	Planvolles Beschaffen und Verwenden von Gütern.
4Ps	Siehe: Marketing-Mix.
5-Forces-Analyse	Methode zur Analyse der Branchenstruktur von M. Porter.
7s-Modell	Modell zur strategischen Unternehmensführung von McKinsey. In einer gut funktionierenden Organisation befinden sich die 7s (Superordinate Goals, Strategy, Structure, Staff, Skills, Style und Systems) im Gleichgewicht.

Stichwortverzeichnis

Stichwortverzeichnis

Der Autor

Philip Junge studierte Wirtschaftsingenieurwesen an der HTWG Konstanz und der USI Lugano. Nach seinem Masterstudium war er in den Bereichen Marketing & Vertrieb in verschiedenen namhaften Industrieunternehmen tätig. Heute ist er Geschäftsführer der Firma Veact und hat Lehraufträge in den Bereichen Marketing und Allgemeine Betriebswirtschaftslehre an der Hochschule München. Neben seiner Tätigkeit hat er mehrere Beiträge für Wissenschaft und Praxis in den Bereichen Strategisches Management und Marketing veröffentlicht.